高等职业院校汽车类技能型人才培养“十三五”规划教材

汽车底盘机械系统构造与检修

主　编　何前儒

副主编　赵志强　吴泉成

西南交通大学出版社

·成　都·

图书在版编目（CIP）数据

汽车底盘机械系统构造与检修 / 何前儒主编. —成都：西南交通大学出版社，2016.1

高等职业院校汽车类技能型人才培养“十三五”规划教材

ISBN 978-7-5643-4362-0

Ⅰ. ①汽… Ⅱ. ①何… Ⅲ. ①汽车－底盘－机械系统－结构－高等职业教育－教材②汽车－底盘－机械系统－车辆检修－高等职业教育－教材 Ⅳ. ①U463.103 ②U472.41

中国版本图书馆 CIP 数据核字（2015）第 258375 号

高等职业院校汽车类技能型人才培养“十三五”规划教材

汽车底盘机械系统构造与检修

主编　何前儒

责任编辑	孟苏成
封面设计	何东琳设计工作室
出版发行	西南交通大学出版社 （四川省成都市金牛区交大路 146 号）
发行部电话	028-87600564　028-87600533
邮政编码	610031
网址	http: //www.xnjdcbs.com
印刷	成都蓉军广告印务有限责任公司
成品尺寸	185 mm × 260 mm
印张	21
字数	524 千
版次	2016 年 1 月第 1 版
印次	2016 年 1 月第 1 次
书号	ISBN 978-7-5643-4362-0
定价	45.00 元

课件咨询电话：028-87600533

前　言

随着我国经济的高速增长，我国的汽车保有量急剧增加，公路交通建设快速发展，这对汽车维修等汽车后市场的发展提出了更高的要求。近年来，尽管我国职业教育取得了很大的成就，但是有些职业院校的教学并没有完全反映企业的实际需求和学生的职业发展规律。职业教育的“职业性”不强，这已成为困扰职业教育适应行业企业发展需要的瓶颈问题。“汽车底盘机械系统构造与检修”是一门理论、实践、技能三合一的专业技术课程，通过本课程的学习，使学生掌握汽车底盘机械系统构造的相关知识，培养实用型及具有创新能力的技能人才。

本书共包含 8 个学习项目内容。学习项目 1 介绍讲解了汽车底盘总体构造认知，主要讲汽车底盘的结构组成和部件名称；学习项目 2 介绍离合器检修，包含离合器总成检修、离合器操纵机构检修以及离合器典型故障诊断；学习项目 3 介绍手动变速器检修，包含手动变速器传动机构检修、手动变速器操纵机构检修以及手动变速器典型故障诊断；学习项目 4 介绍万向传动装置检修，包含万向传动装置检修以及万向传动装置典型故障诊断；学习项目 5 介绍驱动桥检修，包含主减速器与差速器的检修以及驱动桥典型故障诊断；学习项目 6 介绍行驶系统检修，包含车架与车桥检修、悬架检修、车轮与轮胎检修以及行驶系统典型故障诊断；学习项目 7 介绍转向系统检修，包含转向操纵机构与转向器检修、转向传动机构检修、液压助力转向系统检修以及转向系统典型故障诊断；学习项目 8 介绍制动系统检修，包含行车制动传动系统检修、鼓式制动器检修、盘式制动器检修、驻车制动器检修以及制动系统典型故障诊断。

本书有很强的实用性和可读性，涵盖内容广泛，思路表达清晰。本教材适合职业院校汽车检测与维修等相关专业使用，还可供汽车修理工、驾驶员、汽车行业工程技术人员阅读参考。

本书由南充职业技术学院机电工程系教师团队何前儒、赵志强、吴泉成等老师联合编写，何前儒担任主编，全书由何前儒组织、策划、统稿。何前儒负责编写学习项目 1、3、4、7，赵志强负责编写学习项目 2、5，吴泉成负责编写学习项目 6、8。

本书在编写过程中得到西南交通大学出版社、兄弟院校等单位的热心帮助和指导，在此谨向在本书编写过程中给予帮助的同志表示衷心的感谢。

由于编者水平所限，教材中难免有不足和疏漏之处，敬请读者批评指正。

编　者

2015 年 9 月

前言

目　录

学习项目 1　汽车底盘总体构造认知

本学习项目主要学习汽车底盘总体构造认知，1 个工作任务：汽车底盘总体构造认知。通过工作任务的学习，能了解汽车底盘的总体构造，为底盘的检修学习和工作奠定基础。

工作任务　汽车底盘总体构造认知

任务情境

一、任务描述

一位客户到你工作的汽车 4S 店来选购车辆，但他对汽车底盘知识缺乏了解，你能根据所学知识较系统完整地介绍底盘相关知识吗？

二、任务提示

要完成本任务，必须对底盘总体结构，包括各总成的功用和组成有完整的认知。

任务目标

一、知识目标

（1）能描述汽车底盘的功用和组成。

（2）能描述传动系的布置形式。

二、能力目标

（1）能在实车上认识汽车底盘的各总成。

（2）能说明汽车底盘各总成之间的连接关系。

必备知识

一、基本知识

1. 汽车底盘的功用与组成

1）汽车底盘的功用

底盘是构成汽车的基础。汽车底盘接受发动机输出的动力，使汽车产生运动，并能按驾驶人的意志操纵使其正确行驶。

2）汽车底盘的组成

汽车底盘由传动系统、行驶系统、转向系统和制动系统等组成，如图 1-1-1 所示。

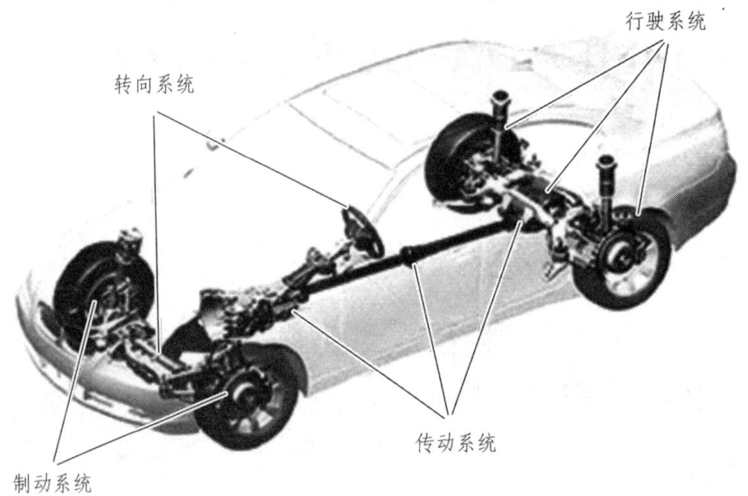

图 1-1-1　汽车底盘构造

2. 传动系统的功用与组成

1）传动系统的功用

传动系统的功用是将发动机产生的动力传给驱动轮。汽车发动机所产生的动力靠传动系统传递到驱动车轮。传动系统具有减速、变速、倒车、中断动力、轮间差速和轴间差速等功能，与发动机配合工作，能保证汽车在各种工况条件下的正常行驶，并应具有良好的动力性和经济性。

2）传动系统的组成

汽车传动系统一般由离合器、变速器、万向传动装置（万向节、传动轴）、驱动桥（包括主减速器、差速器和半轴）等组成，如图 1-1-2 所示（以手动变速器、后轮驱动为例）。发动机的动力依次通过各总成传给驱动车轮，使汽车克服各种阻力而行驶。

传动系统各总成的基本功用分别介绍如下：

（1）离合器：按照需要适时地切断或结合发动机与传动系之间的动力传递。

（2）变速器：改变发动机输出转速的高低、转矩的大小及旋转方向，也可以切断发动机向驱动轮的动力传递。

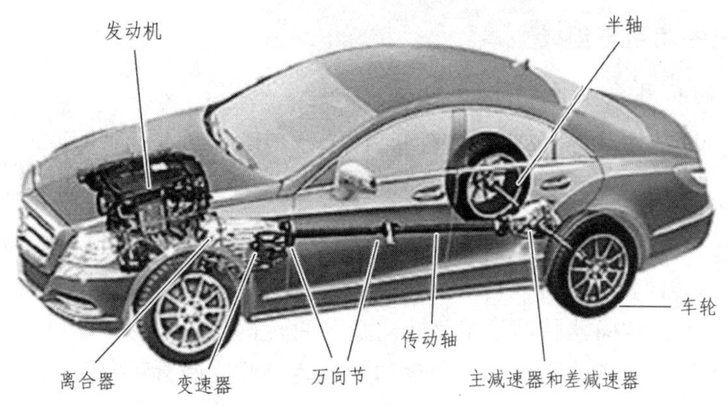

图 1-1-2　汽车传动系统的组成

（3）万向传动装置：将变速器输出的动力传递给主减速器，并适应两者之间距离和轴线夹角的变化。

（4）主减速器：降低转速，增大转矩，改变动力的传递方向。

（5）差速器：将主减速器传来的动力分配给左、右两半轴，并允许左、右两半轴以不同角速度旋转，以满足左、右两驱动轮在行驶过程中差速的需要。

（6）半轴：将差速器传来的动力分别传给左右驱动轮，使驱动轮获得旋转的动力。

对于四轮驱动的汽车，在变速器与万向传动装置之间还装有分动器，其功用是将发动机的动力分配给前、后驱动桥。

3. 行驶系统的功用与组成

1）行驶系统的功用

行驶系统的功用是将汽车各相关总成连接成一个整体，承受汽车总质量；传递并承受路面作用于车轮上的各种力和力矩，保证汽车正常行驶。此外，行驶系统应尽可能缓和不平路面对车身造成的冲击和振动，保证汽车行驶的平稳性，并且与汽车转向系统配合工作，实现汽车行驶方向的正确控制。

2）行驶系统的组成

行驶系统主要由车架、车桥、车轮和悬架组成，车桥又分为前桥与后桥，如图 1-1-3 所示。

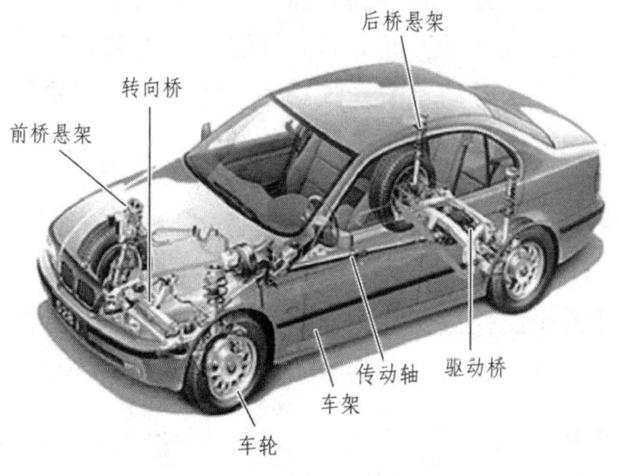

图 1-1-3　行驶系统组成示意图

4. 转向系统的功用与组成

1）转向系统的功用

转向系统的功用是控制汽车的行驶方向，保证汽车按驾驶人选定的方向行驶。

2）转向系统的组成

汽车转向系统的结构形式多种多样，但都由转向操纵机构（转向盘到转向器之间的零部件）、转向器（也称转向机）和转向传动机构三大部分组成。转向操纵机构的功能是产生转动转向器所需的操纵力；转向器的功能是将转向盘的回转运动转换为传动机构的往复运动；转向传动机构的功能是将转向器输出的力和运动通过转向臂传递给转向轮。

汽车转向系统按转向能源的不同分为机械转向系统和动力转向系统。

机械转向系统是以驾驶人的体力作为转向能源，所有传递力的构件都是机械的，可靠性高，但输出的转向力矩相对较小。典型的机械转向系统组成及布置如图 1-1-4 所示。

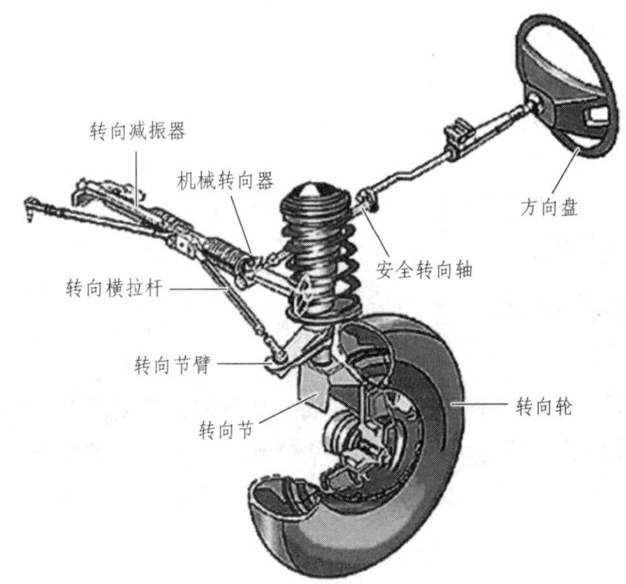

图 1-1-4　独立悬架的机械转向系统

动力转向系统是在机械转向系统的基础上加设一套转向助力装置而成，兼用驾驶人体力和发动机动力作为转向能源，也就是大部分转向能源由助力装置提供。助力装置主要有液压助力系统、电控液压助力系统和电动转向系统。动力转向曾经主要用在大型车上，目前绝大多数商用车和乘用车都采用液压动力转向系统，如图 1-1-5 所示。

5. 制动系统的功用与组成

1）制动系统的功用

制动系统的功用是使汽车减速或停车，并保证驾驶人离开车后汽车能可靠地停驻原地。

2）制动系统的组成

（1）按制动系统的作用制动系统可分为行车制动系统（又称脚制动系统）、驻车制动系统（又称手制动系统）以及应急和辅助制动系统等。

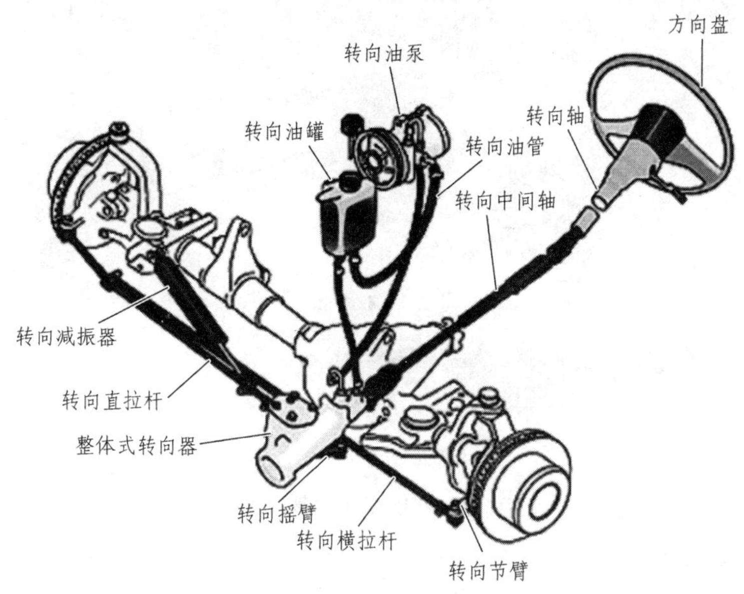

图 1-1-5 动力转向系统

用以使行驶中的汽车降低速度甚至停车的制动系统，称为行车制动系统；用以使已停驶的汽车驻留原地不动的制动系统，称为驻车制动系统。在行车制动系统失效的情况下，可使汽车仍能实现减速或停车的制动控制系统称为应急制动系统；在行车过程中，可降低车速或保持车速稳定的制动控制系统称为辅助制动系统。行车制动系统和驻车制动系统是每一辆汽车都必须具备的，是汽车最基本的两套独立的制动装置，如图 1-1-6 所示。

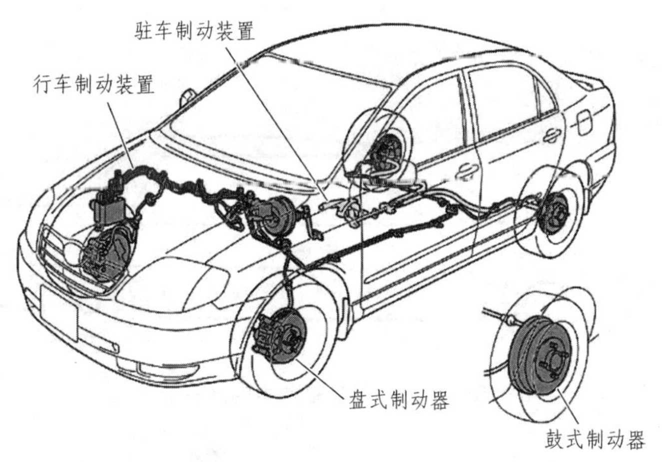

图 1-1-6 行车制动系统和驻车制动系统布置示意图

（2）按制动器类型制动系统可分为盘式制动系统和鼓式制动系统。

汽车制动系统的基本结构是由制动器和制动传动机构两大部分组成，如图 1-1-7 所示。

制动器是产生制动作用而使车轮减速或停转的机件。制动传动机构是将驾驶人操纵或其他能源作用于制动系的力传给制动器。

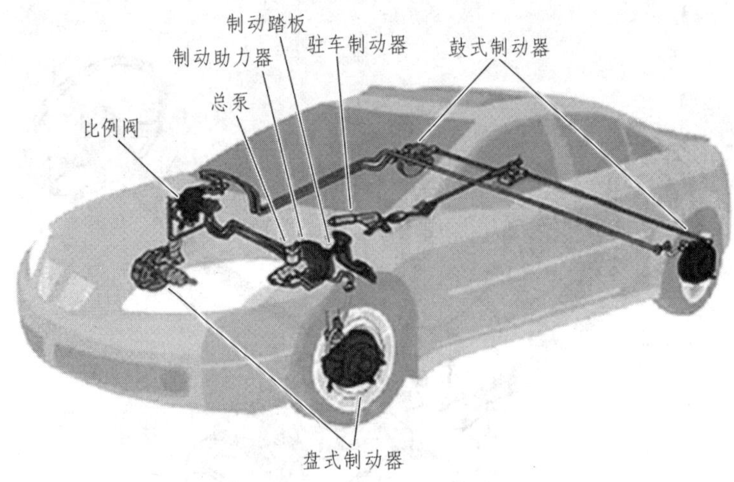

图 1-1-7 制动系统的基本组成

6. 汽车行驶的基本原理

汽车若要行驶，应对其施加一个驱动力，并能克服汽车行驶时遇到的各种阻力，这就是汽车行驶的基本原理。

1）驱动力和行驶阻力

（1）驱动力。

汽车行驶时，发动机的转矩经传动系施加给驱动轮，驱动轮的转矩 T_t 对地面产生一个圆周力 F_0，其方向与汽车行驶方向相反。与此同时，路面对车轮形成一个大小相同、方向相反的反作用力 F_t，其作用方向与汽车行驶方向相同，这就是推动汽车行驶的驱动力，如图 1-1-8 所示。

驱动力与发动机的转矩、传动系的传动比和机械效率成正比，与车轮半径成反比。

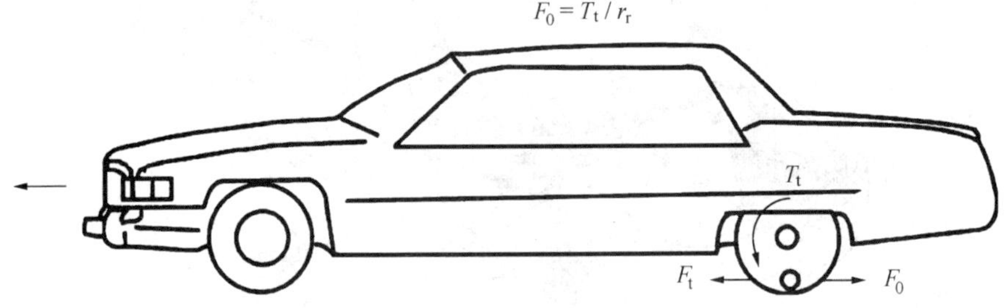

图 1-1-8 汽车驱动力的产生

（2）行驶阻力。

汽车的行驶阻力主要有滚动阻力、空气阻力、上坡阻力和加速阻力。

滚动阻力主要是由于轮胎和路面的变形产生的。汽车在松软路面上行驶时，滚动阻力主要是由路面变形引起的；而汽车在硬路面上行驶时，滚动阻力主要由轮胎变形引起。

空气阻力是汽车在行驶中与空气相互作用而形成的。空气阻力主要包括汽车前面受到气流的压力与后面形成的一定的真空作用而产生的压力差，以及空气与汽车表面相互摩擦而形成的摩擦力。

上坡阻力是汽车上坡时，其重力沿坡道的分力方向与汽车行驶方向相反而形成的，上坡阻力只在汽车上坡时才存在，并且在汽车下坡时转换成动能。

加速阻力就是汽车速度发生变化的过程中需要克服的惯性力。包括汽车加速时平移质量的惯性阻力和旋转质量（主要是曲轴、飞轮、传动系的旋转机件等）的惯性阻力。

克服加速阻力所消耗的发动机动力也是一种能量储存，是汽车滑行的主要动力源。

2）汽车行驶原理

（1）汽车的驱动条件。

当驱动力逐渐增大到足以克服汽车行驶时遇到的各种阻力之和时，汽车便可起步。汽车起步后，其行驶状态取决于驱动力和各种阻力之和的关系。

当驱动力大于各种阻力之和时，汽车将加速行驶；当驱动力等于各种阻力之和时，汽车等速行驶；当驱动力小于各种阻力之和时，汽车将减速行驶。此时若要维持原车速行驶，驾驶人需要加大发动机负荷或将变速器挂入低挡位以增加驱动力。

（2）汽车的驱动与附着条件。

汽车驱动力的最大值除了受发动机最大转矩和传动系的影响外，还受驱动轮与接触面的附着作用的限制。

在汽车技术中，把轮胎与路面之间的相互摩擦以及轮胎花纹和路面凸起部分的相互作用综合在一起，称为附着作用。由附着作用所决定的阻碍车轮打滑的力的最大值称为附着力。附着力与驱动轮承受的垂直作用力以及附着系数（与轮胎类型及路面状态有关）成正比。

由此可见，汽车行驶过程中决定汽车运动状态的，除了汽车的驱动力和行驶阻力之外，还与附着力的大小有关。

当汽车在附着力较小的路面（泥泞或冰雪路面）行驶时，汽车行驶的驱动力受附着力的限制而不能克服遇到的行驶阻力，致使汽车减速以致不能前进。此时，即使加大发动机负荷或变速器换入低挡位，车轮也只能滑转但仍无法获得汽车行驶所需的驱动力。

综上所述，汽车行驶的基本原理是驱动力必须大于或等于行驶阻力，但必须小于或等于附着力。这就是汽车行驶的必要与充分条件，即驱动与附着条件。

7. 汽车的驱动形式

汽车传动系统的布置形式主要与发动机的布置和汽车驱动形式有关。

汽车的驱动形式通常用汽车车轮总数 × 驱动车轮总数来表示（其中车轮数按轮毂数计）。普通汽车多装有 4 个车轮，其中只有 2 个驱动轮，其驱动形式为 4 × 2。越野汽车的全部车轮都可作为驱动轮，其驱动形式有 4 × 4 和 6 × 6 等。

汽车的驱动形式也可以用车桥总数 × 驱动桥总数表示，如 2 × 1 和 2 × 2 等。传动系统的布置，一般有以下几种形式，如图 1-1-9 所示。

1）发动机前置、前轮驱动

发动机前置、前轮驱动的传动系统，变速器、主减速器和差速器合为一体并同发动机、离合器一起集中安装在汽车前部。发动机有纵向布置和横向布置之分。这种布置形式，除具有发动机散热条件好，操纵方便等优点外，还省去了很长的传动轴，传动系统结构紧凑，整车重心降低，汽车高速行驶稳定性好，故主要用于重心较低的轿车上。但上坡时前轮附着力减小，易出现打滑现象。

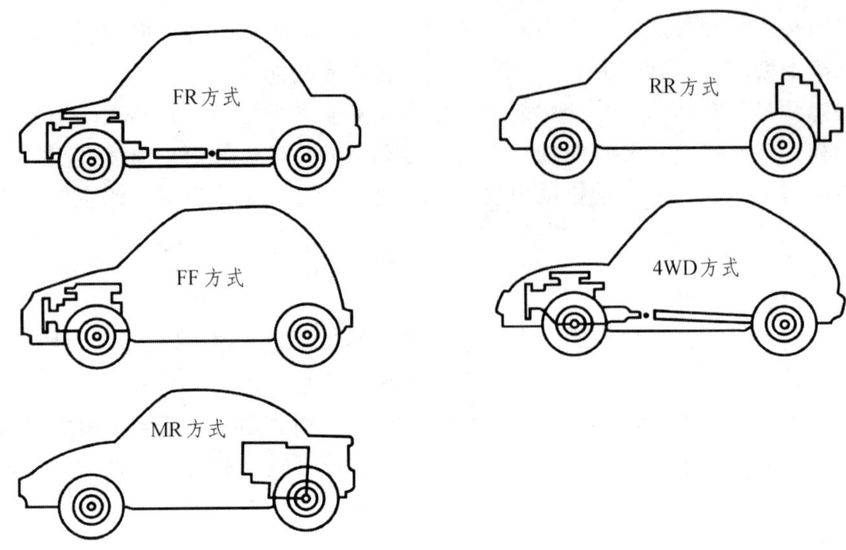

图 1-1-9　汽车传动系统的布置形式

2）发动机前置、后轮驱动

发动机前置、后轮驱动（FR 型）是目前普通货车广泛采用的一种传动系统布置形式。它一般是将发动机、离合器和变速器连成一个整体安装在汽车前部，而主减速器、差速器和半轴则安装在汽车后部的驱动桥中，两者之间通过万向传动装置相连。这种布置形式，发动机散热条件好，发动机、离合器和变速器的操纵机构简单，且重载时驱动轮的附着力大，易获得足够的驱动力。

3）发动机后置、后轮驱动

发动机后置、后轮驱动（RR 型）的传动系统，发动机、离合器和变速器合为一体布置在汽车后部的驱动桥之后，这样可以大大缩短传动轴的长度，传动系统结构紧凑，质心有所降低，前轴不易过载，后驱动轮附着力大，并能更充分地利用车厢面积。但由于发动机后置，其散热条件较差。发动机、离合器和变速器的远距离操纵机构较为复杂，维修调整不便。这种布置形式多用在大型客车上，有些轿车也采用这种布置形式。发动机也有横向布置和纵向布置之分。

4）四轮驱动（4WD）

为了充分利用所有车轮与地面之间的附着力，以获得尽可能大的驱动力，越野汽车必要时可采用全轮驱动。4×4 越野汽车传动系统的布置形式与发动机前置、后轮驱动的 4×2 汽车相比较，其前桥既是转向桥也是驱动桥。为了将发动机传给变速器的动力分配给前、后驱动桥，在变速器后增设了分动器，并相应地增设了从变速器通向分动器，从分动器通向前、后两驱动桥之间的万向传动装置。由于转向桥又是驱动桥，所以左、右半轴均采用两段式，并用万向节相连。

二、基本技能

汽车底盘总体构造认知：

下面以丰田卡罗拉轿车为例，介绍对汽车底盘的总体认知。

1. 准备工作

（1）防护装备：工作服、工作帽、手套、劳保鞋。

（2）车辆、台架、总成：卡罗拉整车或其他车辆整车。

（3）车间设备：举升机。

（4）手工工具：拆装工具一套。

（5）辅助材料：翼子板布和前格栅布、三件套、抹布、手套、白板笔。

2. 卡罗拉底盘认知

（1）离合器位置在发动机飞轮后面，属于传动系统，如图 1-1-10 所示。

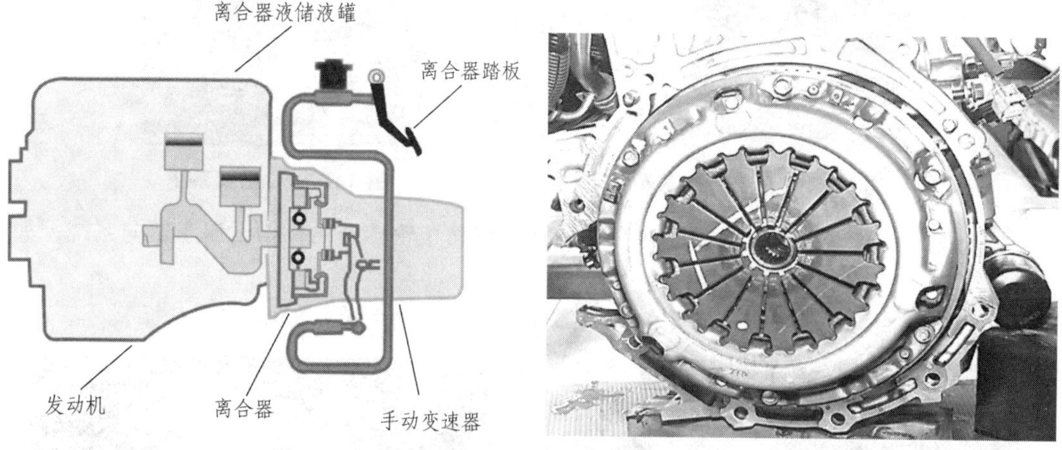

图 1-1-10　离合器的位置

（2）手动变速器总成位置在离合器总成后面，属于传动系统，如图 1-1-11 所示。

（3）发动机前置前驱轿车，主减速器和差速器总成位置在手动变速器的旁边，差速器在主减速器总成里面，属于传动系统，如图 1-1-12 所示。

图 1-1-11　手动变速器的位置

图 1-1-12　主减速器的位置

（4）半轴位置在车轮和差速器的轴或者车轮与车轮之间的轴，属于传动系统，如图 1-1-13 所示。

（5）悬架位置在每个车轮内侧车桥与车轮上部车身的连接部件，属于行驶系统，如图 1-1-14 所示。

图 1-1-13 半轴的位置

图 1-1-14 悬架系统

（6）转向传动机构是位置与前轮半轴平行、拉动车轮转动的机构，属于转向系统，如图 1-1-15 所示。

（7）制动器是固定在每个车轮的总成部件，属于制动系统，如图 1-1-16 所示。

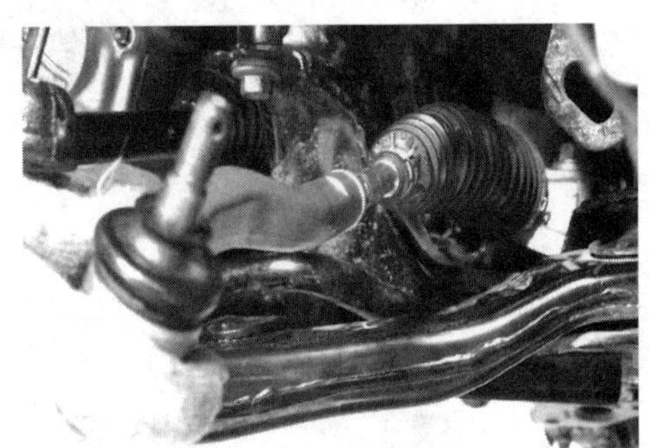

图 1-1-15 转向传动机构

图 1-1-16 车轮制动器

三、拓展知识

汽车底盘检修中，涉及较多的工具设备，以下介绍常用工具、设备和量具的使用。

1. 工 具

1）工具的选择

（1）根据工作类型选择工具。

在汽车修理中拆装螺栓、螺母或零件时，常使用成套套筒扳手。如果由于工作空间限制不能使用成套套筒扳手，可按其顺序选用梅花扳手或开口扳手，如图 1-1-17 所示。

（2）根据工作速度选择工具。

套筒扳手用于旋转螺栓、螺母。套筒扳手的工作方式取决于手柄的安装，如图 1-1-18 所示。

图 1-1-17　扳手的选择

图 1-1-18　手柄的选择

操作时注意以下几点：

- 棘轮手柄适合在狭窄空间中使用。由于棘轮的结构，不能获得很大的扭矩。
- 滑动手柄需要较大的工作空间，但可以提供较快的工作速度。
- 旋转手柄在调整好手柄长度后可以迅速工作。但由于手柄过长，很难在狭窄的空间中使用。

（3）根据旋转扭矩的大小选用工具。

① 拧紧或拧松螺栓、螺母需要大扭矩时，应使用施加大力的扳手，扳手手柄长度选择如图 1-1-19 所示。

图 1-1-19　扳手手柄长度的选择

注意：

a. 施加力的大小取决于扳手手柄的长度。手柄越长，需要施加的力越小，得到的扭矩越大。

b. 如果使用超长手柄，需注意用力不宜过猛，扭矩过大会造成螺栓折断。

② 操作时的注意事项。

a. 工具的大小和应用。工具的直径必须与螺栓、螺母的头部大小适合，如图 1-1-20 所示，如果间隙过大会损坏螺栓、螺母。

b. 用力强度。使用拆卸工具时，一般采用向内拉动的方法。如果由于空间限制无法拉动工具，可以用手掌推动工具，如图 1-1-21 所示。

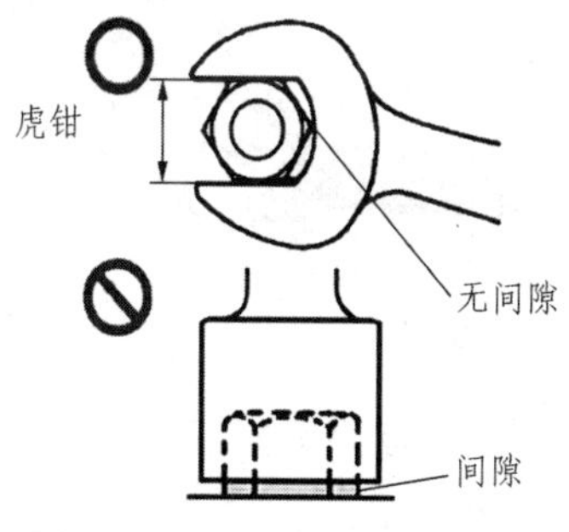

图 1-1-20　工具大小及应用

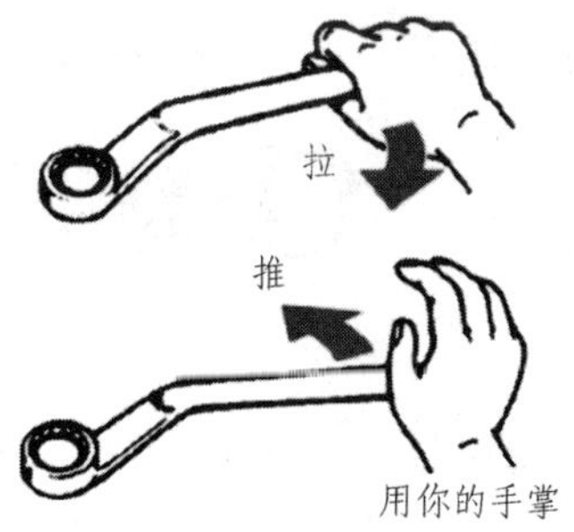

图 1-1-21　用力强度

2）扳　手

（1）开口扳手。

开口扳手是汽车维护作业中最常用的工具之一，开口扳手一般在工作区域较小时使用，在使用开口扳手时应选择合适的尺寸型号。常用的开口扳手尺寸型号有 7-9、8-10、9-11、12-14、14-17、13-15、17-19、19-22、24-27 等，扳手上的尺寸数字为开口的毫米数，如图 1-1-22 所示。

图 1-1-22　开口扳手

开口扳手使用时，其开口应与螺栓、螺母尺寸相适应，为防止扳手损坏或滑脱，应使拉力作用在开口较厚的一边，否则会损坏螺栓、螺母的棱角，使用方法如图 1-1-23 所示。

（2）梅花扳手。

梅花扳手也是汽车维护作业中最常用的工具之一。拆卸或拧紧螺栓与螺母，一般选用梅花扳手。使用梅花扳手不容易损坏螺栓与螺母的凸角，如工作区域小而不能使用梅花扳手，才选用开口扳手。在使用梅花扳手时应选择合适的尺寸型号，如图 1-1-24 所示。

图 1-1-23　开口扳手的使用

图 1-1-24　梅花扳手

梅花扳手的工作部分为封闭的环状，可以保护螺栓、螺母的六角形表面。常用的梅花扳手尺寸型号有 7-9、8-10、9-11、12-14、14-17、13-15、17-19、19-24、24-27 等，扳手上的尺寸数字为开口的毫米数，如图 1-1-25 所示。

图 1-1-25　梅花扳手的规格

梅花扳手使用时，大拇指抵住其扳头，另外四指握紧扳手手柄部，向内拉动，扳手的平面一定要和螺帽平行且用力适度，使用方法如图 1-1-26 所示。

（3）套筒扳手。

① 成套套筒扳手。

套筒扳手是使用最方便、最灵活和最安全的工具之一。它可以很快地拆下并更换螺栓、螺母。套筒扳手有大小两种型号。套筒的深度有标准和深式两种类型，后者比标准的深 2 ~ 3 倍，较深的套筒适用于螺栓突出的螺帽。套筒钳口有两种类型，即双六角形和六角形的。六角部分与螺栓、螺母的表面有很大的接触面，可以保护螺栓、螺母的表面，如图 1-1-27 所示。

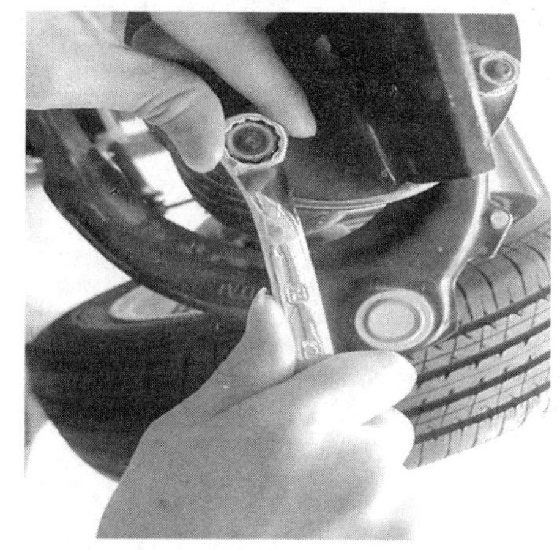

图 1-1-26　梅花扳手的使用

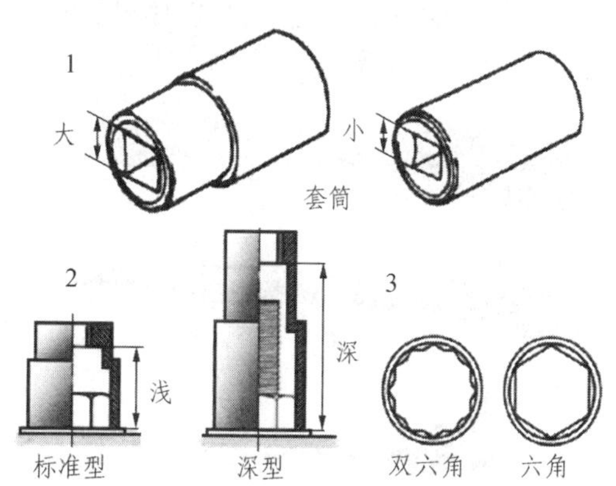

图 1-1-27　成套套筒扳手

② 万向节。

套筒的方形套头部分可以前后或左右移动，手柄和套筒扳手之间的角度可以自由变化，使其成为可在有限空间内工作的工具，如图 1-1-28 所示。注意不要使手柄倾斜较大角度来施加扭矩，勿用风动工具。因为球节不能吸收旋转摆动而脱开，造成工具、零件或车辆损坏。

③ 加长杆。

加长杆用于拆下或更换装得太深的螺栓、螺母，也可用于将工具抬离平面一定高度。使用方法如图 1-1-29 所示。

④ 滑动手柄。

滑动套筒的套头部分，滑动手柄有两种使用方法，如图 1-1-30 所示。

a. L 形改变扭矩。

b. T 形增加速度。

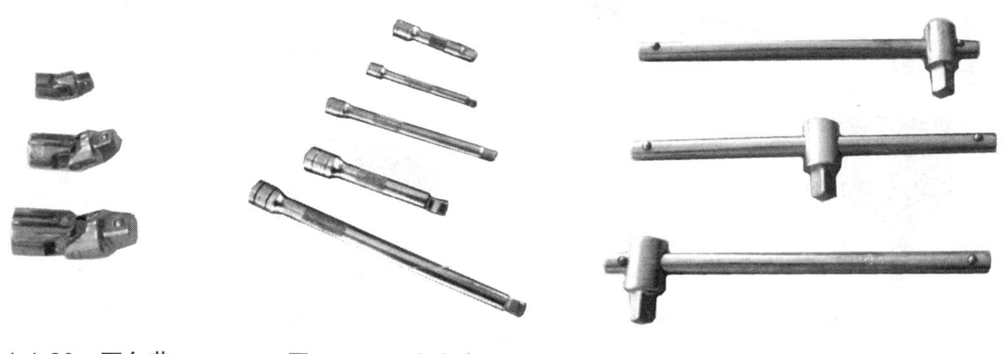

图 1-1-28　万向节　　图 1-1-29　加长杆　　图 1-1-30　滑动手柄

（4）棘轮扳手。

棘轮扳手的锁止手柄往右转可以拧紧螺栓、螺母，往左转可以松开螺栓、螺母。套筒扳手可以以小的回转角锁住，可以在有限的空间中工作。不要施加过大扭矩，否则会损坏棘爪的结构，如图 1-1-31 所示。

（5）可调扳手。

可调扳手（也称活动扳手或活络扳手）适用于拆装尺寸不规则的螺栓、螺母。转动调节螺杆，可以使孔径与螺栓、螺母头部相配合。使用扳手时，扳手开口的固定端在用力的一侧，活动端在支持的一侧，否则会损坏可调扳手，如图 1-1-32 所示。

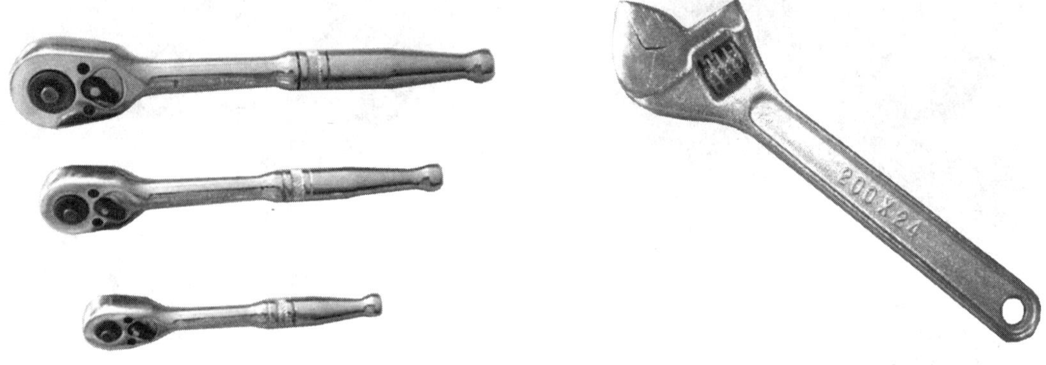

图 1-1-31　棘轮扳手

图 1-1-32　可调扳手

（6）风动扳手。

风动扳手（也称气动扳手或“风炮”）是利用压缩空气来拆卸或更换螺栓、螺帽。风动工具拆卸或更换螺母时，一般先用手将螺母对准螺钉，如图 1-1-33 所示。

操作注意：

① 必须在正确的气压下使用。

② 定期检查风动工具并用风动工具油润滑和防锈。

③ 利用风动工具拧紧螺母后，必须使用扭矩扳手紧固到规定扭矩。

（7）扭力扳手。

扭力扳手用于拧紧螺栓、螺母使其达到规定的扭矩，如图 1-1-34 所示。

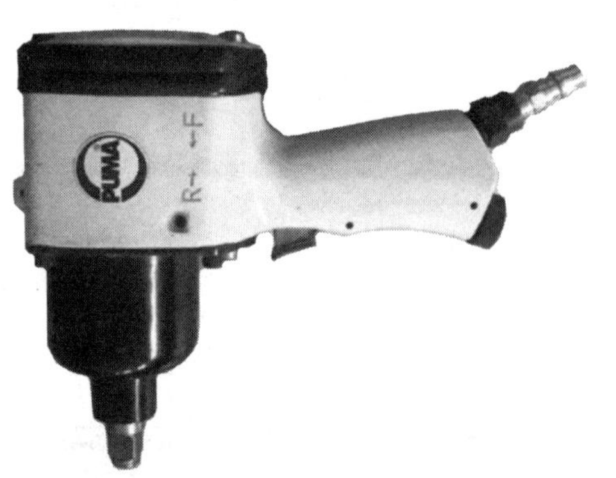

图 1-1-33　冲击式风动扳手

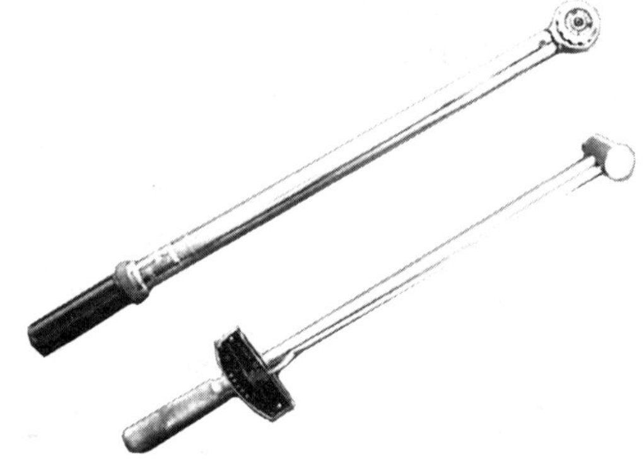

图 1-1-34　扭力扳手类型

① 扭力扳手的类型。

a. 预置型。通过旋转套筒来预设扭矩。拧紧时，听到咔嗒声表明已拧紧到规定的扭矩。

b. 板簧式。

• 标准式：扭力扳手通过弯曲梁板，借助作用到旋转手柄上的力进行操作，此梁板由钢板弹簧制成。作用力可通过指针和刻度读出，以便取得规定的扭矩。

• 小扭矩：最大值约 0.98 N · m。用于测量预负荷。

② 扭力扳手的操作方法。

a. 拧紧螺栓时，在螺栓上施加均匀的扭力，重复 2 ~ 3 次，如图 1-1-35 所示。

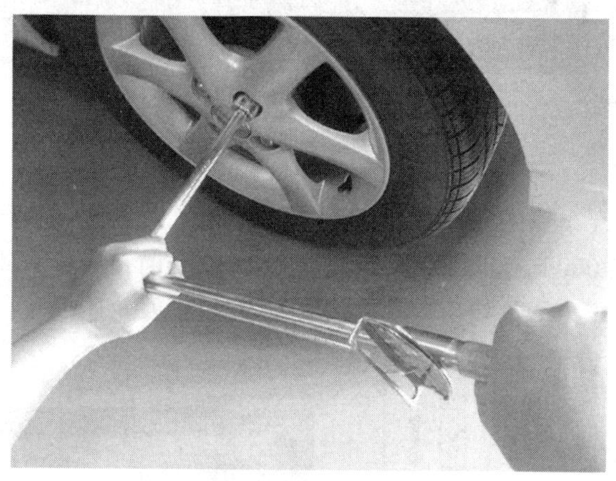

图 1-1-35　扭力扳手的操作

b. 专用维修工具与扭力扳手一起使用时，则拧紧到维修手册中规定的扭矩。

扭力扳手的操作注意事项：

• 操作时用左手握住套筒，右手握紧扭力扳手手柄向内扳转。
• 当拧紧力矩较大、工件较大和螺栓、螺母较多时，应按一定的顺序分次拧紧。
• 禁止使用无刻度盘或刻度线不清的扭力扳手。
• 拆装时，禁止在扭力扳手的手柄上加套管或用锤子敲击。
• 扭力扳手使用后应擦净，妥善放置。
• 预置型扭力扳手使用前应做好校准工作，用后应将预紧力矩恢复零位。

2. 设　备

1）举升机

举升机用于将车辆抬高，以便使维修技师能在车下作业。

举升机有板条型（剪刀式）、摆臂型（二立柱）和四柱提升型（四立柱）3 种类型。

使用时，首先把车辆置于举升机中心，把板和臂固定到修理手册所标示位置上，如图 1-1-36 所示。在抬升和降下举升机前进行安全检查，并向其他人发出举升机即将启动的信号。轮胎稍离地面，检查车辆支撑是否合适。

使用注意：将所有的行李从车上搬出并提升空车；切勿提升超过举升机提升极限的车辆；带有空气悬架的车辆因其机构关系需要特别处理，具体参考维修手册；在提升车辆时切勿移动车辆；在拆除和更换大部件时应小心，因为汽车中心可能改变；切勿将车门打开时提升车辆；如果在一段时间未完成作业，则要把车放低一些。

图 1-1-36　举升机顶起位置

2）千斤顶

千斤顶一般用于提升车辆的某一端，常用的千斤顶有液压式、气压式和机械式 3 种。液压千斤顶有 3 000 kg、5 000 kg 和 10 000 kg 等规格。顶升前，应检查维修手册中的车辆举升点，如果车辆从后面顶升，车轮挡块应放在左前轮胎和右前轮胎的前面，如图 1-1-37 所示。

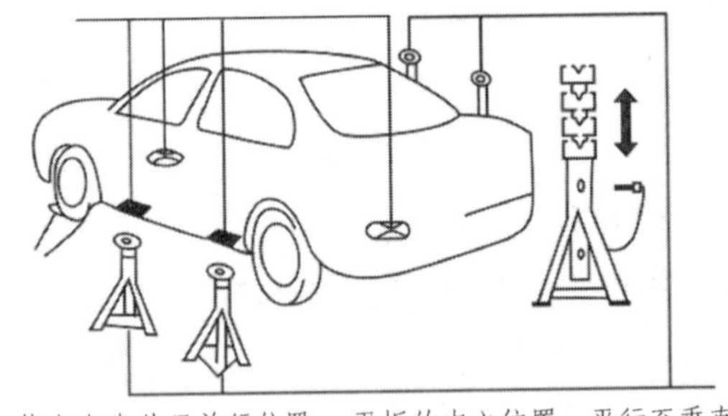

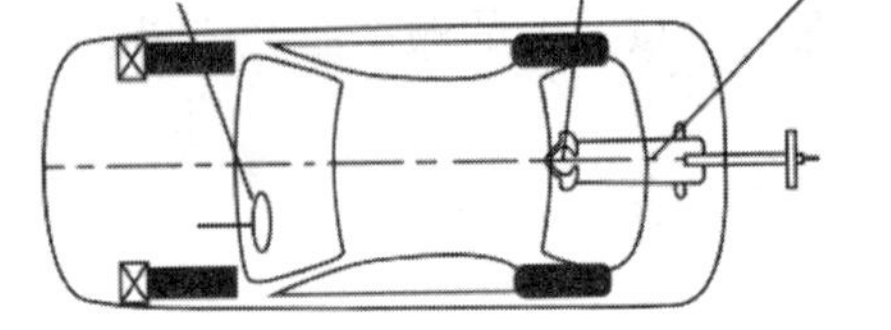

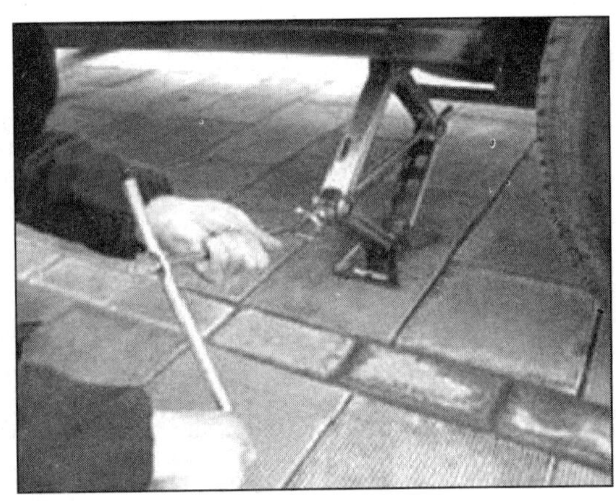

图 1-1-37　随车千斤顶

用液压千斤顶举升时，拧紧释放把手，将千斤顶放在规定位置。切勿将千斤顶放在扭矩梁车桥上顶升，一次切勿使用多个修车千斤顶，如图 1-1-38 所示。

降下时，缓慢松开释放把手。轮胎缓慢落地，如图 1-1-39 所示。在升降车辆前须进行安全检查，并告知其他人即将开始作业。降下车辆前须检查车下应没有东西。

3. 量　具

1）量具的使用知识

使用量具或测量仪器是为了检查零件尺寸或调整车辆状态是否处于正常工作状态。在选用测量工具及测量时应注意以下操作要点：

（1）测量前。

① 清洁被测部件和测量仪器表面。

② 选择适合的测量仪器。

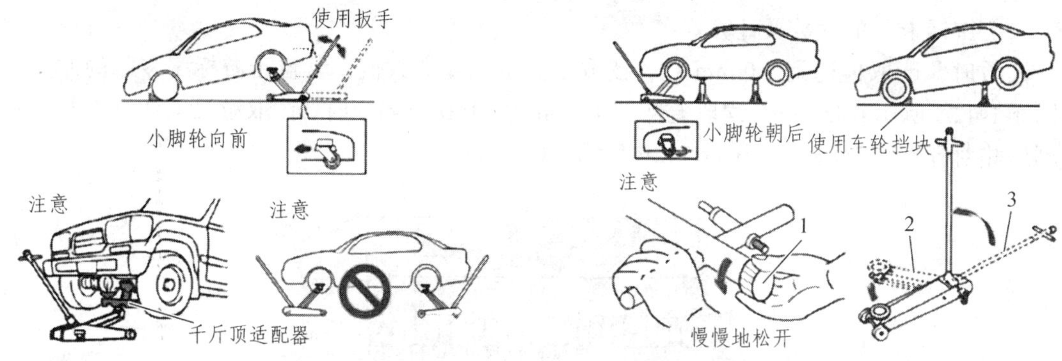

图 1-1-38　千斤顶的使用（举升车辆）　　图 1-1-39　千斤顶的使用（降下车辆）

③ 零校准：检查零刻度是否对准其正确的位置。

④ 测量仪器应定期进行维修和校准。

（2）测量时。

① 测量仪器与被测零件呈直角。朝向被测零件移动测量仪器的同时，压紧测量仪器与零件成直角。

② 读出测量值。确保眼睛视线与表盘和指针成直角。

2）游标卡尺

（1）游标卡尺的结构及使用。

游标卡尺的量程有 0 ~ 150 mm，0 ~ 200 mm，0 ~ 300 mm 3 种类型；测量精度有 0.10 mm，0.05 mm，0.02 mm 3 种类型，其构造如图 1-1-40 所示。

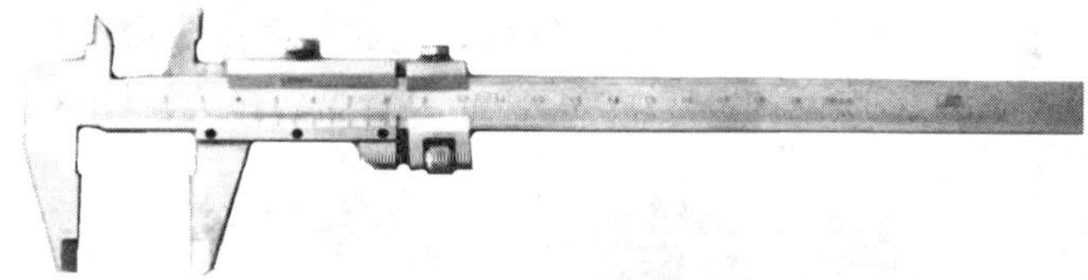

图 1-1-40　游标卡尺

使用时，用软布将测量爪擦干净，使其并拢，查看游标和主尺身的零刻度线是否对齐。如果对齐就可以进行测量，如没有对齐则要记取零误差。游标的零刻度线在尺身零刻度线右侧的叫正零误差，在尺身零刻度线左侧的叫负零误差。

测量时，右手拿住尺身，大拇指移动游标，左手拿待测外径或内径的物体，使待测物位于外测量爪之间，当与测量爪紧紧相贴时，即可读数，如图 1-1-41 所示。

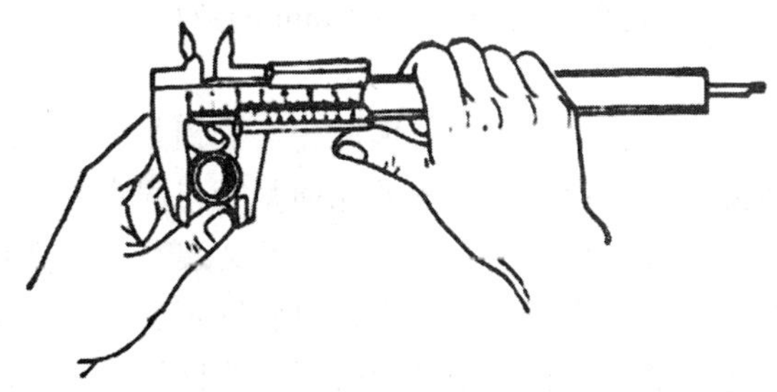

图 1-1-41　游标卡尺的使用

（2）游标卡尺的读数及计算。

读数时，读取值达到 1.0 mm 时，读取主测量刻度的数值，其位于游标“零”的左边。如图 1-1-42A 所示：45 mm。读取值低于 1.0 mm 高于 0.05 mm 时，读取游尺上的刻度与主测量刻度相对齐点的数值，如图 1-1-42B 所示：0.25 mm。

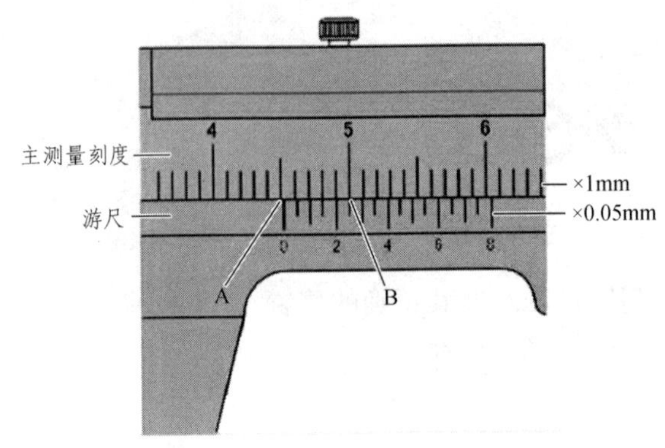

图 1-1-42　游标卡尺的读数

计算测量值　A + B = 45 + 0.25 = 45.25 mm

3）外径千分尺

（1）外径千分尺的结构和原理。

外径千分尺常简称为千分尺，它是比游标卡尺更精密的长度测量仪器，常见的一种如图 1-1-43 所示，它的量程是 0 ~ 25 mm，分度值是 0.01 mm。外径千分尺的结构由固定的尺架、测砧、测微螺杆、固定套管、微分筒、测力装置、锁紧装置等组成。固定套管上有一条水平线，这条线上、下各有一列间距为 1 mm 的刻度线，上面的刻度线恰好在下面两相邻刻度线的中间。微分筒上的刻度线是将圆周分为 50 等分的水平线，它是旋转运动的。

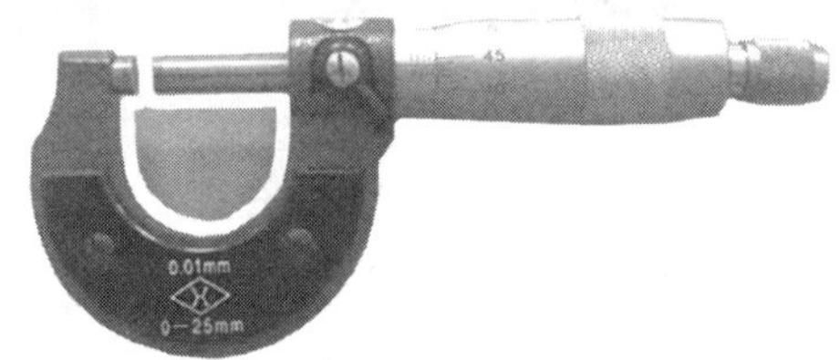

图 1-1-43　外径千分尺

根据螺旋运动原理，当微分筒旋转一周时，测微螺杆前进或后退一个螺距——0.5 mm。这样，当微分筒旋转一个分度后，它转过了 1/50 周，这时螺杆沿轴线移动了 1/50 × 0.5 mm = 0.01 mm，因此，使用千分尺可以准确读出 0.01 mm 的数值。

（2）外径千分尺的零位校准。

使用千分尺时先要检查其零位是否校准，因此先松开锁紧装置，清除油污，特别是测砧与测微螺杆间接触面要清洗干净。检查微分筒的端面是否与固定套管上的零刻度线重合，若不重合应先旋转旋钮，直至螺杆要接近测砧时，旋转测力装置，当螺杆刚好与测砧接触时会听到喀喀声，这时停止转动。如两零线仍不重合，可将固定套管上的小螺丝松动，用专用扳手调节套管的位置，使两零线对齐，再把小螺丝拧紧。不同厂家生产的千分尺的调零方法不一样，这里仅是其中一种调零的方法。

检查千分尺零位是否校准时，要使螺杆和测砧接触，偶尔会发生向后旋转测力装置两者不分离的情形。这时可用左手手心用力顶住尺架上测砧的左侧，右手手心顶住测力装置，再用手指沿逆时针方向旋转旋钮，可以使螺杆和测砧分开。

（3）外径千分尺的读数。

读数时，先以微分筒的端面为准线，读出固定套管下刻度线的分度值（只读出以毫米为单位的整数），再以固定套管上的水平横线作为读数准线，读出可动刻度上的分度值，读数时应估读到最小刻度的十分之一，即 0.001 mm。如果微分筒的端面与固定刻度的下刻度线之间无上刻度线，测量结果即为下刻度线的数值加可动刻度的值；如微分筒端面与下刻度线之间有一条上刻度线，测量结果应为下刻度线的数值加上 0.5 mm，再加上可动刻度的值，如图 1-1-44 读数为 8.384 mm，图 1-1-45 读数为 7.923 mm。

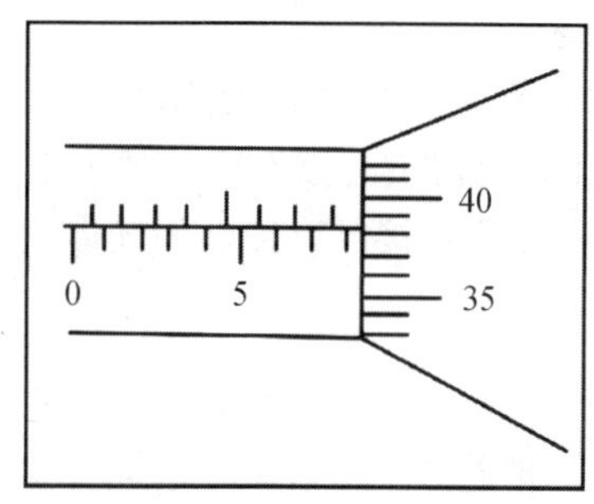

图 1-1-44　千分尺的读数（一）

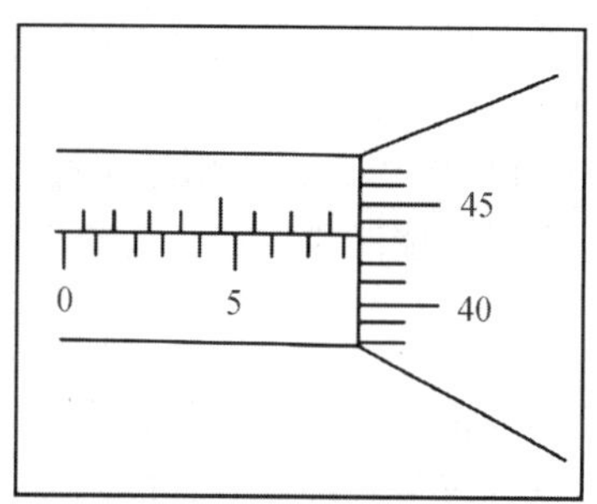

图 1-1-45　千分尺的读数（二）

有的千分尺的可动刻度分为 100 等分，螺距为 1 mm，其固定刻度上不需要半毫米刻度，可动刻度的每一等分仍表示 0.01 mm。有的千分尺，可动刻度为 50 等分，而固定刻度上无半毫米刻度，只能用眼进行估计。对于已消除零误差的千分尺，当微分筒的前端面恰好在固定刻度下刻度线的两线中间时，若可动刻度的读数在 40 ~ 50，则其前沿未超过 0.5 mm，固定刻度读数不必加 0.5 mm；若可动刻度上的读数在 0 ~ 10，则其前端已超过下刻度两相邻刻度线的一半，固定刻度数应加上 0.5 mm。

（4）外径千分尺的零误差的判定。

校准好的千分尺，当测微螺杆与测砧接触后，可动刻度上的零线与固定刻度上的水平横线应该是对齐的，如图 1-1-46（a）所示。如果没有对齐，测量时就会产生系统误差——零误差。如无法消除零误差，则应考虑它们对读数的影响。若可动刻度的零线在水平横线上方，且第 x 条刻度线与横线对齐，即说明测量时的读数要比真实值小 $x/100$ mm，这种零误差叫作负零误差，如图 1-1-46（b）所示，它的零误差为 – 0.04 mm；若可动刻度的零线在水平横线的下方，且第 y 条刻度线与横线对齐，则说明测量时的读数要比真实值大 $y/100$ mm，这种零误差叫正零误差，如图 1-1-46（c）所示，它的零误差为 + 0.05 mm。

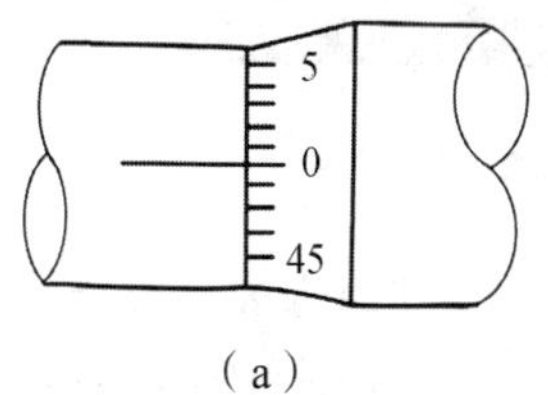

（a）

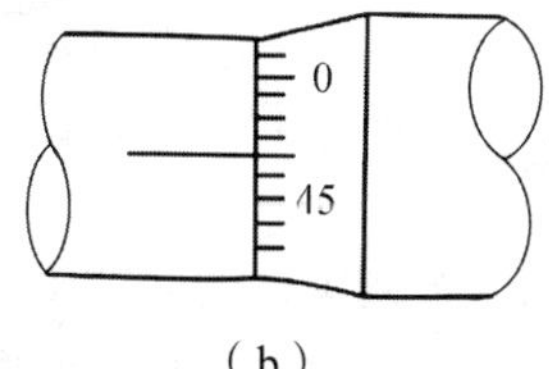

（b）

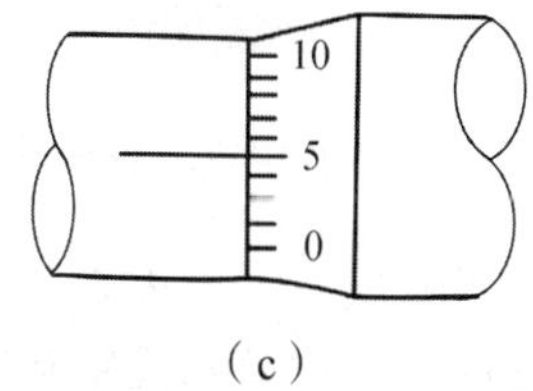

（c）

图 1-1-46　外径千分尺的零误差

对于存在零误差的千分尺，测量结果应等于读数减去零误差，即物体长度 = 固定刻度读数 + 可动刻度读数 – 零误差。

（5）千分尺的使用注意事项。

① 千分尺是一种精密量具，使用时应小心谨慎，动作轻缓，不要让它受到打击和碰撞。千分尺内的螺纹非常精密，使用时要注意：

a. 旋钮和测力装置在转动时都不能过分用力；

b. 当转动旋钮使测微螺杆靠近待测物时，一定要改旋测力装置，不能转动旋钮使螺杆压在待测物上；

c. 当测微螺杆与测砧已将待测物卡住或旋紧锁紧装置的情况下，决不能强行转动旋钮。

② 有些千分尺为了防止手温使尺架膨胀引起微小的误差，在尺架上装有隔热装置。实验时应手握隔热装置，而尽量少接触尺架的金属部分。

③ 使用千分尺测同一长度时，一般应反复测量几次，取其平均值作为测量结果。

④ 千分尺用毕后，应用纱布擦干净，在测砧与螺杆之间留出一点空隙，放入盒中。如长期不用可抹上黄油或机油，放置在干燥的地方。注意不要让它接触腐蚀性的气体。

4）百分表

百分表也是一种测量工具，广泛用于测量工件几何形状误差及位置误差。在汽车维修中常用于测量汽车上各种旋转件的圆度、圆柱度及其偏差，并可进一步对齿轮的配合间隙进行检查。实际工作中，将百分表连接到一套接杆和底座上加以固定，如图 1-1-47 所示。

5）测隙规

测隙规也称为厚薄规或者塞尺，如图 1-1-48 所示，它具有两个平行的测量平面，是由一组厚薄不同的金属片或者塑料片组成，每片都标有厚度，如：0.05 mm，0.10 mm，0.30 mm 等，多用于测量发动机气门间隙、变速器齿轮轴向间隙、分电器触点间隙和制动鼓片间隙等。

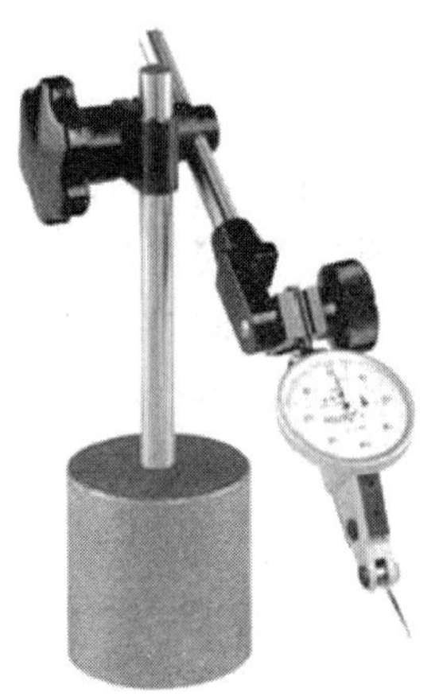

图 1-1-47　百分表的使用

图 1-1-48　测隙规

使用测隙规时，要小心操作。插入被测零件的间隙中时，不要硬塞进去，应选择合适的测量片进行。若拉动塞尺感到略有摩擦力，此即为被测间隙的尺寸。使用中应保持塞尺的清洁，不能随意弯曲或摔打。

四、学习小结

（1）汽车底盘可以接受发动机输出的动力，使汽车产生运动，并能按照驾驶员的意志操纵使其正确行驶。

（2）汽车底盘由传动系、行驶系、转向系和制动系等组成。

（3）汽车若要行驶，应对其施加一个驱动力，并能克服汽车行驶时遇到的各种阻力，这就是汽车行驶的基本原理。

（4）当驱动力逐渐增大到足以克服汽车行驶时遇到的各种阻力之和时，汽车便可起步。起步后，其行驶状态取决于驱动力和各种阻力之和的关系。

（5）汽车驱动力的最大值除了受发动机最大转矩和传动系的影响外，还受驱动轮与接触面的附着作用的限制。

（6）汽车的驱动形式通常用汽车车轮总数 × 驱动车轮数（车轮数系指轮毂数）来表示。普通汽车一般装有 4 个车轮。根据车轮总数不同，常见的驱动形式有 4 × 2、4 × 4、6 × 6。

（7）汽车传动系的布置形式主要与发动机的安置及汽车驱动形式有关。其布置形式有：发动机前置、后轮驱动（FR 型），发动机前置、前轮驱动（FF 型），发动机后置、后轮驱动（RR 型）及越野汽车传动系等。

五、任务分析

本情境中，底盘异响检查，必须将车辆顶起，检查底盘各部件是否有脱落、断裂、松旷等损坏，以及运动部件是否发生运动干涉或擦挂，也有可能有异物附着在底盘上，造成异响。

六、自我评估

1. 判断题

（1）汽车一般由发动机、底盘、车身和电气与电子设备组成。（　　）

（2）汽车底盘由传动系、行驶系和转向系 3 个系统组成。（　　）

（3）当驱动力大于各种阻力之和时，汽车将加速行驶。（　　）

2. 选择题

（1）下列不属于汽车底盘总成的是：（　　）

A. 变速器　　B. 车架　　C. 转向盘　　D. 转向灯

（2）关于汽车底盘的作用，下列描述错误的是：（　　）

A. 接受发动机的动力　　B. 驱动汽车，使之产生运动

C. 可以使汽车顺利转向　　D. 产生动力

学习项目2　离合器检修

本学习项目主要学习离合器的检修，分为3个工作任务：任务1离合器总成检修；任务2离合器操纵机构检修；任务3离合器典型故障诊断。通过3个工作任务的学习，掌握离合器的结构组成原理，以及拆装与检修的技能，能进行离合器典型故障的检修。

工作任务1　离合器总成检修

任务情境

一、任务描述

一辆2010款丰田手动挡卡罗拉GL轿车，出现如下故障现象：明显感觉动力不足，在上坡时有时还能闻到一股焦臭的味道。你的主管要求你检查和更换离合器总成，你能做到吗？

二、任务提示

由于离合器片频繁地接合与分离，负荷的不断变化，使离合器片与飞轮存在摩擦，导致离合器片过度消耗从而导致动力不足和伴有离合器片烧焦的味道。

任务目标

一、知识目标

（1）能描述离合器的作用。
（2）能描述对离合器的技术要求。
（3）能描述离合器的分类。
（4）能描述离合器的工作原理。
（5）能描述离合器的结构组成。

二、任务目标

（1）能够对离合器总成进行检查。
（2）能够更换离合器总成。

必备知识

一、基本知识

离合器位于发动机和手动变速器之间，是汽车传动系统中直接与发动机相连接的总成，用来切断和实现发动机对传动系的动力传递，如图 2-1-1 所示。

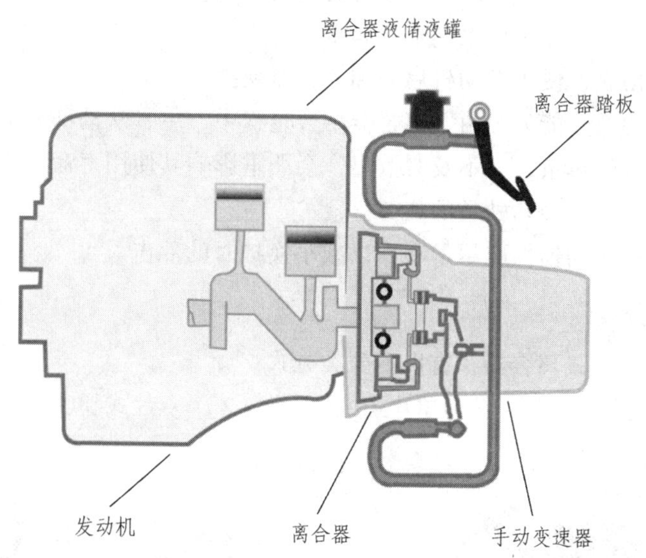

图 2-1-1 离合器与发动机连接示意图

1. 离合器的作用

1）保证汽车平稳起步

汽车起步前，发动机应在无载荷的状况启动。若没有离合器，发动机与传动系刚性连接，一旦变速器挂上挡，发动机由于突然增加负荷，不但会造成机件的损伤，而且不足以克服汽车突然起步产生的惯性力，使转速急剧下降而熄火。

若在起步时操纵离合器暂时将发动机和变速器分离，然后再逐渐接合，由于离合器的主动部分与从动部分之间存在着滑磨现象，可以使离合器传输的转矩逐渐增大，汽车驱动力也逐渐增大，从而让汽车平稳地起步。

2）便于汽车换挡

汽车行驶过程中，需要经常换用不同的变速器挡位，以适应不断变化的行驶条件。如果没有离合器将发动机与变速器暂时分离，那么变速器中啮合的传动齿轮就会因载荷没有卸除、其啮合齿面间的压力很大而难以分开，而另一对待啮合齿轮会因二者圆周速度不等而难以啮合。若强行进入啮合也会产生很大的齿端冲击，容易损坏机件。装设了离合器后，换挡前，先踩下离合器，暂时切断动力传递，然后进行换挡操作，以保证换挡操作过程的顺利进行，并减轻或消除换挡的冲击，使换挡柔和平顺。

3）防止传动系过载

汽车紧急制动时，车轮突然急剧降速，而与发动机相连的传动系由于旋转的惯性，仍保持原有转速，这往往会在传动系统中产生很大的惯性力矩，会造成传动系过载而使其机件损坏。由于离合器是靠摩擦力矩来传递转矩的，所以当传动系承受的载荷超过离合器所能传递的转矩时，离合器的主、从动部分就会自动打滑，从而起到过载保护的作用。

2. 对离合器的要求

（1）具有合适的储备能力，既能保证传递发动机的最大转矩又能防止传动系统过载。

（2）结合平顺柔和，以保证汽车平稳起步。

（3）分离迅速彻底，便于发动机启动和变速器换挡。

（4）具有良好的散热能力。由于离合器结合过程中，主、从动部分有相对的滑转，在使用频繁时会产生大量的热量，如不及时散出，会严重影响其使用寿命和工作的可靠性。

（5）操纵轻便，以减轻驾驶员的疲劳。

（6）从动部分的转动惯性应尽量小，以减小换挡时的冲击。

3. 离合器的分类

汽车主要采用摩擦式离合器，有以下分类方式：

（1）按从动盘的数目不同，分为单片式（见图 2-1-2）、双片式和多片式（见图 2-1-3）3 种。

图 2-1-2　单片式离合器

图 2-1-3　多片式离合器

（2）按压紧弹簧的行驶及布置形式不同，分为周布螺旋弹簧式（见图 2-1-4）、中央弹簧式、膜片式（见图 2-1-5）和斜置弹簧式等。

图 2-1-4　周布螺旋弹簧式离合器

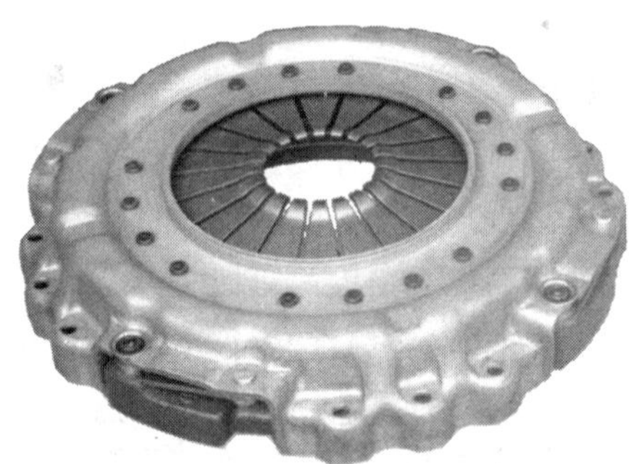

图 2-1-5　膜片式离合器

（3）按操纵机构不同，可分为机械式、液压式、气压式和空气助力式等。

4. 摩擦式离合器的组成和工作原理

1）摩擦式离合器的基本组成

摩擦式离合器总成主要由主动部分、从动部分、压紧装置和操纵机构组成，如图 2-1-6 所示。

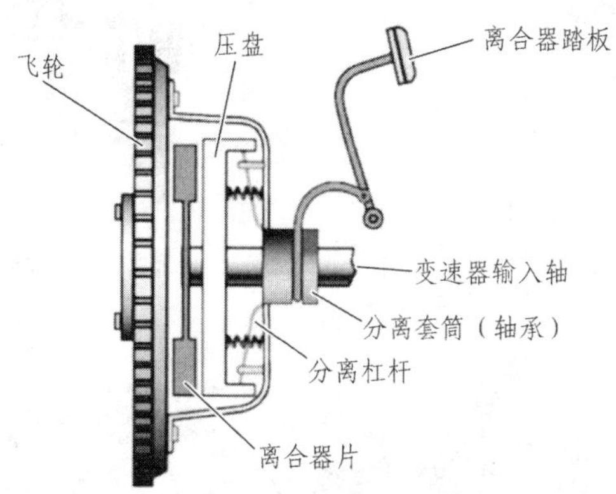

图 2-1-6 摩擦式离合器的结构

离合器的主动部分主要由飞轮、压盘和离合器盖组成，与发动机同步旋转。压盘的移动由分离杠杆操控。

从动部分主要是从动盘，常称为离合器片，连接变速器。

压紧装置是由安装在离合器盖和压盘之间、沿圆周均布的压紧弹簧等组成，其作用是将压盘和离合器片压向飞轮。

操纵机构由分离轴承和套筒、分离叉、拉杆或拉索、离合器踏板等组成，用以操控离合器的分离和接合。

2）摩擦式离合器的工作原理

（1）接合状态。

离合器踏板处于最高位置，压紧装置的弹簧将压盘、飞轮及离合器片互相压紧，发动机的转矩经飞轮及压盘通过摩擦面的摩擦力矩传至离合器片，如图 2-1-7 所示。

（2）分离过程。

踩下踏板，通过拉杆、分离拨叉使分离轴承前移，推动分离杠杆使压盘克服压紧弹簧的压力后移，压盘与飞轮之间产生间隙，作用在离合器片上的摩擦力矩消失，中断动力传递，如图 2-1-8 所示。

（3）接合过程。

缓慢地抬起离合器踏板，在压紧弹簧作用下，压盘前移使离合器片逐渐与飞轮恢复接触。随着离合器片上的压力逐渐增加，主、从动部分的转速差逐渐减小，直到转速相等、滑磨现象消失、离合器完全接合。

5. 膜片式离合器的组成

摩擦式离合器的种类虽多，但其组成和工作原理基本相同，都由主动部分、从动部分、压紧装置和操纵机构组成，如图 2-1-9 所示，下面主要以膜片式离合器进行介绍。

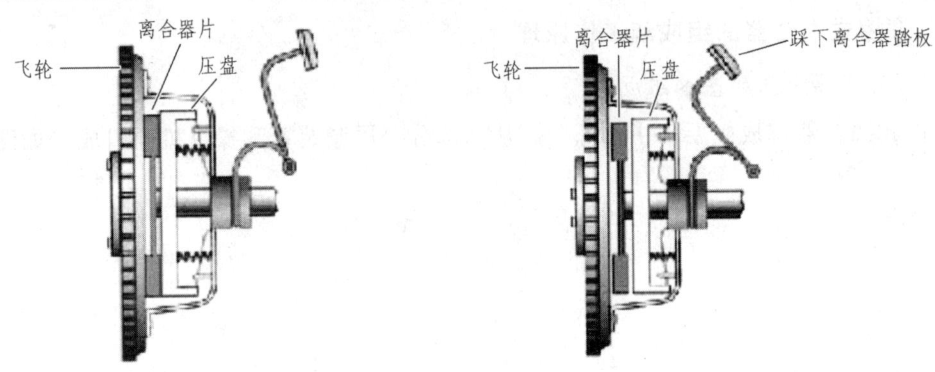

图 2-1-7　离合器接合状态　　　　图 2-1-8　离合器分离状态

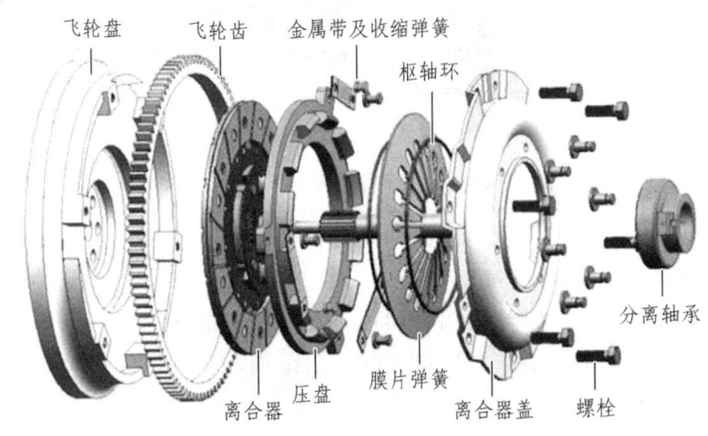

图 2-1-9　膜片离合器的组成

1）主动部分

膜片式离合器的主动部分主要由飞轮、压盘和离合器盖等组成。

（1）飞轮。飞轮是发动机曲轴飞轮组的主要零部件，飞轮的后端面同时也是离合器的动力输入部件。

（2）离合器盖和压盘。离合器盖和压盘的主要作用是连接或切断发动机动力。离合器盖通过螺栓与飞轮相连，压盘与离合器盖之间是通过周向均布的几组从动片和分离杠杆来传递转矩，压盘在弹簧力作用下，将离合器片压紧在飞轮上。

2）从动部分

从动部分主要是从动盘，常称为离合器片。

离合器片由离合器片本体、摩擦片和离合器片毂 3 个基本部分组成，如图 2-1-10 所示。为了避免转动方向的共振，缓和传动系受到的冲击载荷，大多数汽车都在离合器片上装有扭转减振器。

离合器片位于飞轮和压盘之间，离合器片的前、后摩擦片接触压盘和飞轮的摩擦面以传送动力，还可以缓和离合器啮合时的冲击。

离合器片分为：单片式、双片式、多片式。轿车和轻中型货车一般采用单片式离合器片。它将从飞轮传来的动力通过摩擦传给变速器的输入轴。

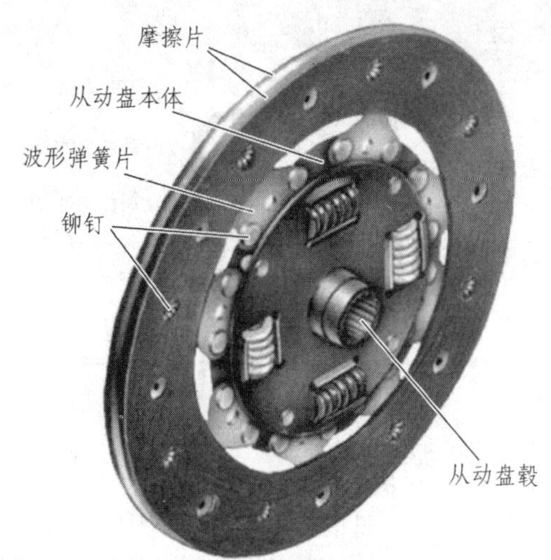

图 2-1-10 离合器片的结构

离合器接合时，发动机转矩经飞轮和压盘传给离合器片两侧的摩擦片，带动离合器片本体与离合器片本体铆接在一起的减振器盘转动。离合器片本体和减振器盘又通过减振弹簧把转矩传给了离合器片毂。因为有弹性环节的作用，所以传动系统受的转动冲击可以在此得到缓和。

传动系统中的扭转振动会使离合器片毂相对于离合器片本体和减振器盘来回转动，夹在它们之间的阻尼片靠摩擦消耗扭转振动的能量，将扭转振动衰减下来。

离合器片上的减振弹簧如图 2-1-11 所示。

3）压紧装置

压紧装置主要是膜片弹簧，如图 2-1-12 所示，位于离合器盖与压盘之间，其作用是以离合器盖为依托，将压盘压向飞轮，从而将离合器片压紧。传递转矩膜片弹簧式离合器在小型和轻型汽车上应用较多。

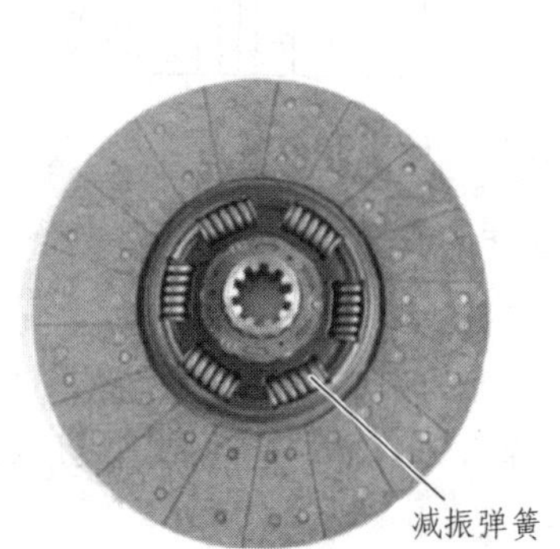

图 2-1-11 离合器片减振弹簧

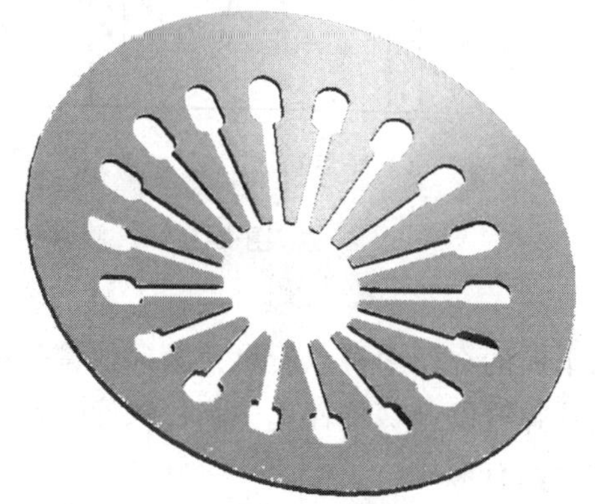

图 2-1-12 膜片弹簧

膜片弹簧是广泛采用的离合器压紧元件。膜片弹簧用优质弹簧钢板制成，为碟形，其上开有若干个径向开口，形成若干个弹性杠杆。膜片弹簧中部两侧有钢丝支承圈，用铆钉将其安装在离合器盖上，如图 2-1-13 所示。

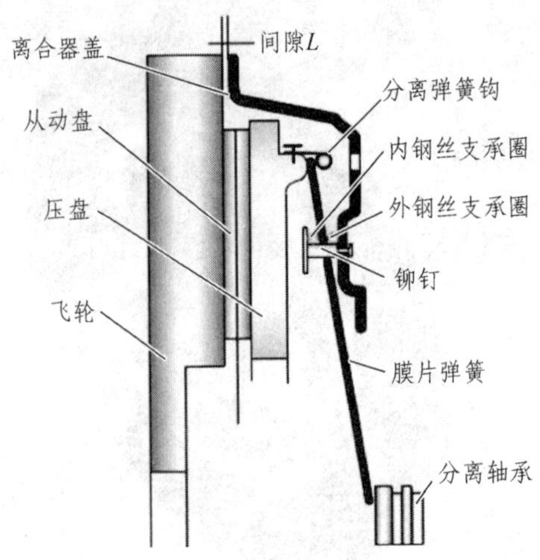

图 2-1-13　膜片弹簧的弹性杠杆结构组成示意图

膜片弹簧离合器的工作原理如图 2-1-14 所示。当离合器盖未安装到飞轮上时，膜片弹簧不受力而处于自由状态，此时离合器盖与飞轮之间有一距离 S，如图 2-1-14（a）所示。当离合器盖通过螺栓固定在飞轮上时，膜片弹簧在支承环处受压产生弹性变形，此时膜片弹簧的外圆周对压盘产生压紧力使离合器处于接合状态，如图 2-1-14（b）所示。当踩下离合器踏板时，分离轴承推动膜片弹簧，使膜片弹簧以支承环为支点外圆周向后翘起，通过分离钩拉动压盘后移使离合器分离，如图 2-1-14（c）所示。

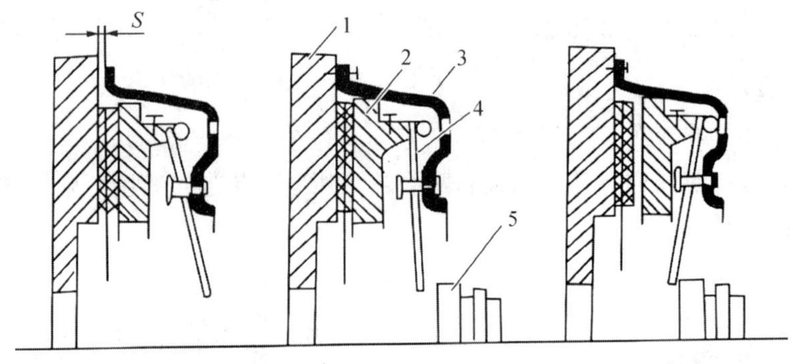

（a）安装前位置　（b）安装后（接合）位置　（c）分离位置

图 2-1-14　膜片弹簧离合器的工作原理图

1—飞轮；2—压盘；3—离合器盖；4—膜片弹簧；5—分离轴承

从上面的介绍中可以看出，膜片弹簧既是压紧弹簧，又是分离杠杆，使结构简化了。另外，膜片弹簧的弹簧特性优于圆柱螺旋弹簧，所以膜片弹簧离合器的应用越来越广泛，在各种车型上都有应用。

二、基本技能

离合器总成的拆卸与安装：

由于驾驶习惯不尽相同，车辆行驶的路况不同，将会导致离合器总成的工作负荷有所差异，会出现离合器过度磨损、离合器片翘曲、飞轮不均匀磨损等而导致起步抖动、换挡困难、加速无力等现象。离合器片达到磨损极限或其他损坏时，需要进行离合器总成的拆卸、检查与安装，必要时更换离合器片。下面以丰田卡罗拉轿车为例讲解离合器总成的拆卸与安装步骤。

1. 准备工作

（1）防护装备：工作服、工作帽、手套、劳保鞋。

（2）车辆、台架、总成：卡罗拉整车或其他车辆整车。

（3）车间设备：举升机。

（4）手工工具：拆装工具一套。

（5）专用工具：游标卡尺、带滚子的百分表及磁力表座、离合器总成安装工具（09301-0020）、膜片弹簧顶端检查工具（09333-00013）、检查离合器管路工具（09992-00242）。

（6）辅助材料：3 颗离合器分离缸总成安装螺栓、离合器花键润滑脂、抹布、手套、白板笔。

2. 离合器总成的拆卸步骤

1）拆卸离合器分泵总成及液压管路

用 10 mm 扳手拆卸离合器分泵总成的两个固定螺栓，如图 2-1-15 所示。

小心将离合器分泵和离合器液压管路从变速器固定架上分离，用扎带将其固定在一旁（不得妨碍变速器拆下，在未安装之前不允许踩下离合器）。

2）拆卸手动变速器总成

如图 2-1-16 所示：

（1）吊下发动机后，参照手动变速器相关内容或维修手册进行拆卸（如果已经事先拆卸变速器则省略本步骤）。

（2）拆卸变速器连接至发动机的固定螺栓。

（3）拆下手动变速器总成。

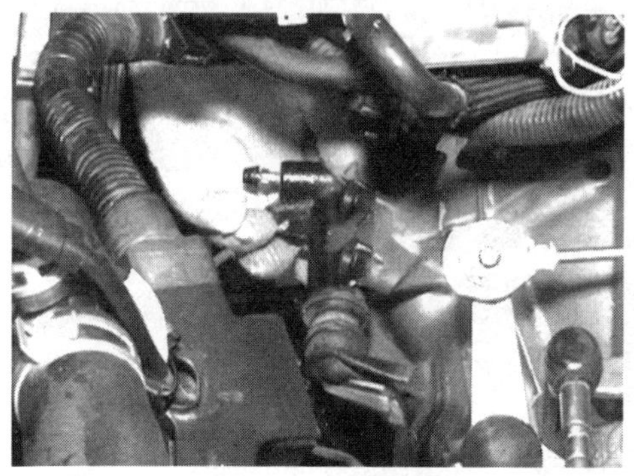

图 2-1-15　拆卸离合器分泵

图 2-1-16　拆卸手动变速器

3）拆卸离合器分离轴承

如图 2-1-17 所示：

（1）从手动变速器总成上拆下离合器分离拨叉。

（2）取下离合器分离轴承。

图 2-1-17　拆卸离合器分离拨叉和离合器分离轴承

4）拆卸离合器盖总成

如图 2-1-18 所示：

（1）在离合器盖总成和飞轮总成上做装配标记。

（2）每次将各固定螺栓拧松一圈，直至弹簧张力被完全释放。

（3）拆下固定螺栓并取下离合器总成。

图 2-1-18　拆卸离合器盖总成

3. 离合器总成的安装步骤

1）安装离合器盘总成

将离合器片安装工具插入离合器盘总成，然后一起接合至飞轮总成，如图 2-1-19 所示。

图 2-1-19　安装离合器盘总成

2）安装离合器盖总成

（1）将离合器盖总成上的装配标记和飞轮总成上的装配标记对准，如图 2-1-20 所示。

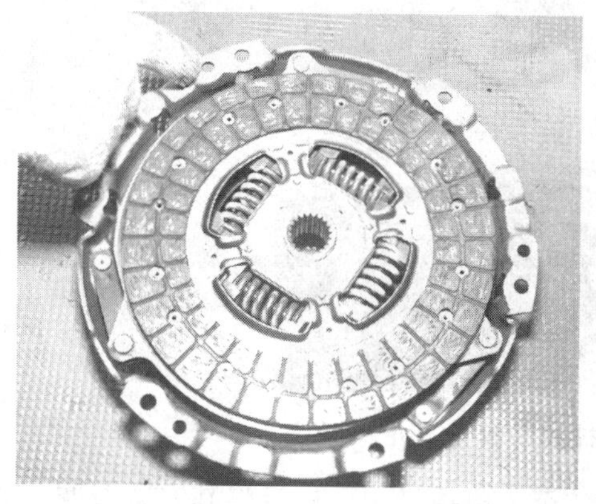

图 2-1-20　对准标记

（2）从位于顶部锁销附近的螺栓开始拧紧 8 个螺栓，力矩为 19 N · m，如图 2-1-21 所示。

图 2-1-21　安装离合器盖总成

3）安装离合器分轴承

（1）如图 2-1-22 所示，清洁离合器分离拨叉和分离轴承。

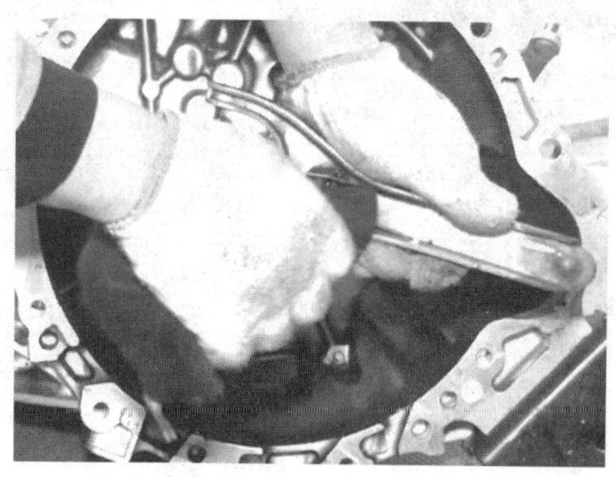
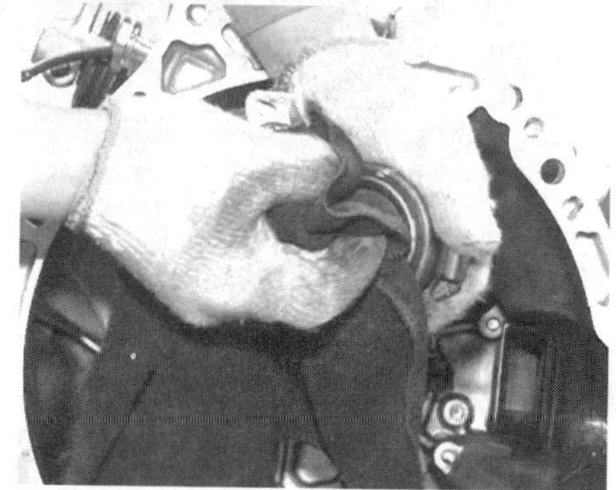

图 2-1-22　清洁离合器分离轴承和拨叉

（2）如图 2-1-23 所示，将离合器分离拨叉和分离轴承接触面涂抹润滑脂。

图 2-1-23　涂抹润滑脂

（3）如图 2-1-24 所示，将离合器分离轴承安装至分离拨叉上，然后将其安装至变速器输入轴中，安装后应检查拨叉和分离轴活动自如，无卡滞现象。

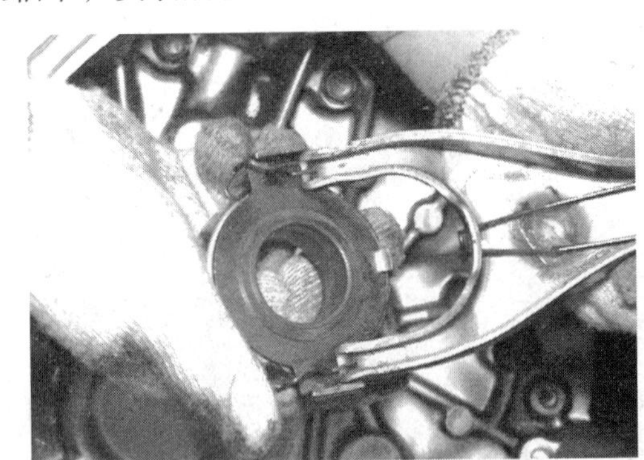

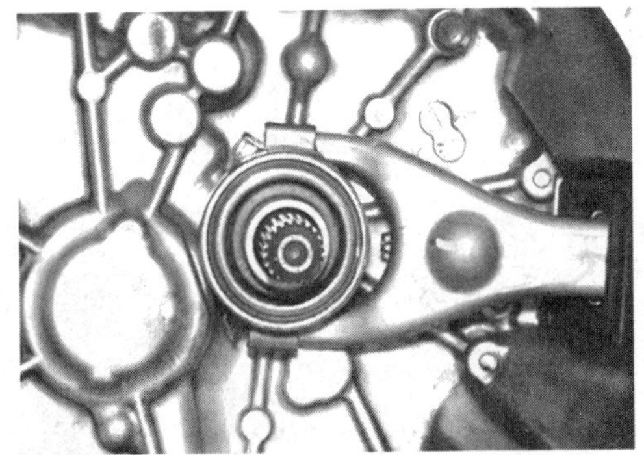

图 2-1-24　安装离合器分离轴承及分离拨叉

4）安装手动变速器总成

按照手动变速器相关章节或维修手册规范操作，将变速器安装至发动机上，如图 2-1-25 所示。

图 2-1-25　安装手动变速器

5）将离合器分泵及管路固定在变速器支架上

如图 2-1-26 所示：

（1）将离合器分泵正确安装至离合器拨叉处。

（2）用套筒（10 mm）紧固离合器分泵的螺栓，力矩 14 N · m。

（3）踩下离合器踏板，检查离合器的工作情况。

图 2-1-26 离合器分泵的安装

三、拓展知识

1. 膜片式离合器与螺旋弹簧式离合器的对比

膜片弹簧和螺旋弹簧的特性曲线如图 2-1-27 所示，横轴表示弹簧压缩变形量，纵轴表示弹簧作用力。实线指示膜片弹簧的特性，虚线指示螺旋弹簧的特性。

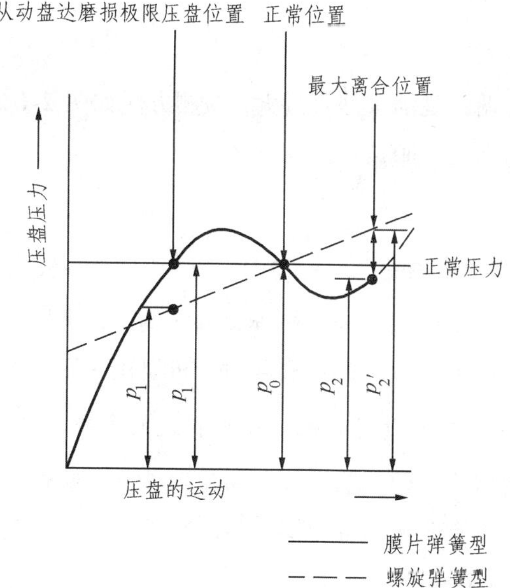

图 2-1-27 膜片弹簧和螺旋弹簧的特性曲线图

膜片弹簧的弹性特性如下所述：

1）正常状态（离合器片未磨损时）

当两种离合器压盘的压紧力都为 p_0 时，完全踩下离合器踏板的力分别为 p_2 和 p_2'。这意味着要完全踩下离合器踏板，膜片弹簧所需的力要小于螺旋弹簧。

2）当离合器片的摩擦面磨损超过容许极限时

施加到螺旋弹簧式离合器压板上的压力减小到 p_1'。另外，施加到膜片弹簧式离合器压板上的压力为 p_1'，与 p_0 相同。

这意味着膜片弹簧式离合器的动力传送能力直到离合器片磨损到极限时才降低。相反，施加到螺旋弹簧式离合器压板上的压力减小到 p_1'。结果，传送能力降低，从而导致离合器滑转。由此说明在离合器片磨损后，膜片弹簧离合器比螺旋弹簧离合器能更可靠地传递转矩。

膜片弹簧除了有上述优点外，还有以下好处：

（1）膜片弹簧既起压紧弹簧的作用，又起分离杠杆的作用，使离合器结构得以简化，轴向尺寸缩短，质量减小。

(.2）膜片弹簧与压盘在整个圆周上接触，对压盘压力分布均匀，摩擦面接触良好，磨损均匀。

（3）在高速旋转时，膜片弹簧受离心力的影响较少，压紧力降低很小。

2. 离合器分离轴承的检查

用手转动分离轴承，应灵活自如，没有噪声和阻力。分离轴承为封闭式，不能拆卸清洗或充注润滑剂，若损坏时必须更换。

3. 飞轮的检查

飞轮检查项目主要有端面跳动量是否过大，检测方法如图 2-1-28 所示；有无过热部位或热裂纹；有无磨损凹槽；飞轮齿圈是否损坏。

4. 离合器片的检查

1）离合器片轴向偏摆的检查

将离合器片放在定位轴上，用百分表检查其轴向偏摆，在距边缘 2.5 mm 处测量，标准值为 0.15 mm，使用极限为 0.5 mm，超过极限时，可以用专用工具进行修正或更换。

2）离合器片与变速器第一轴（输入轴）配合花键的检查

将离合器片装在变速器第一轴（输入轴）的花键轴上，检查离合器片的花键孔与变速器第一轴花键轴的配合，不得有明显的轴向摆动与圆周摆动，但在轴上能顺利移动。

3）离合器片磨损的检查

检查离合器片的磨损，如图 2-1-29 所示，用卡尺测量离合器片铆钉头至端面的深度，不得小于 0.3 mm，否则应更换离合器片。

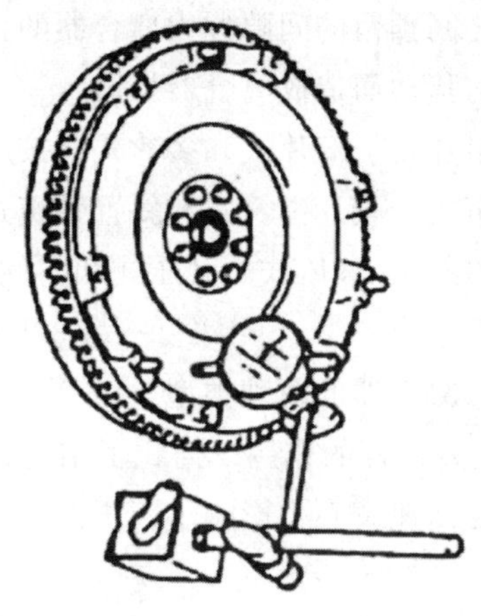

图 2-1-28　检查飞轮

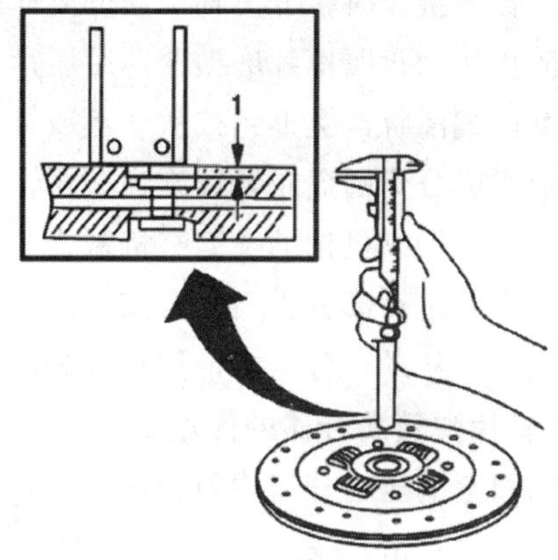

图 2-1-29　离合器片磨损检查

5. 离合器压盘的检修

1）压盘端面跳动检查

将压盘固定在芯轴上，用百分表检查其端面跳动，使用极限为 0.2 mm。亦可用直尺和厚薄规检查，如图 2-1-30 所示。如压盘铆接点损坏或开铆，应更换压盘。

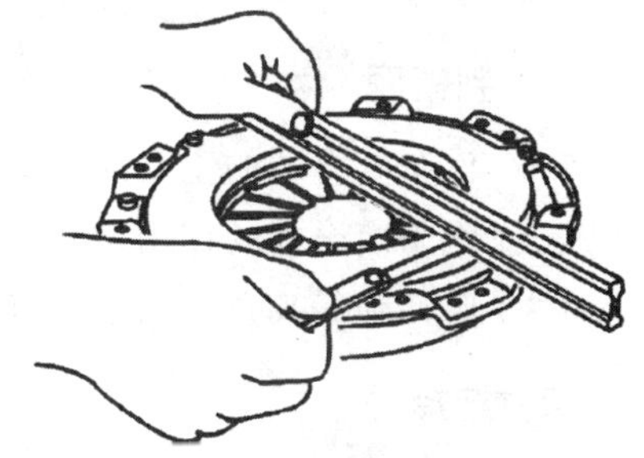

图 2-1-30　离合器压板端面检查

2）膜片弹簧高度检查

膜片弹簧高度若发生变化，表示膜片弹簧弹力不足，必须更换。可用卡尺检查膜片弹簧的高度，其与标准高度相差不应大于 0.5 mm。

螺旋弹簧式离合器的检查方法相同，技术参数请参阅原厂资料。

3）膜片弹簧内端面检查

膜片弹簧内端面（分离杠杆端面）磨损用卡尺检查。离合器压盘上膜片弹簧的内端与分离轴承接触磨损的痕迹，深度不得大于 0.6 mm。

4）检查膜片弹簧（或螺旋弹簧）是否损伤

检查压盘表面是否磨损或开裂，压盘表面是否有油污，必要时更换压盘。

四、学习小结

（1）离合器的功用是保证汽车平稳起步、便于换挡、防止传动系过载。

（2）摩擦式离合器由主动部分、从动部分、压紧装置和操纵机构 4 部分组成。

（3）离合器处于接合状态时，压紧弹簧将压盘、从动盘、飞轮互相压紧。发动机的转矩经飞轮及压盘通过摩擦面的摩擦力矩传到从动盘，再经从动轴向传动系输出。

（4）离合器分离过程，踏下踏板时，离合器的主、从动部分处于分离状态，中断动力传递。

（5）离合器接合时，分离轴承与分离杠杆内端之间预留的间隙称为离合器的自由间隙，其作用是防止从动盘摩擦片磨损变薄后压盘不能向前移动而造成离合器打滑。

（6）摩擦式离合器类型：按从动盘数目可分为单片式、双片式和多片式；按压紧弹簧形式及布置形式可分为圆周布置螺旋弹簧式、中央弹簧式、膜片弹簧式和斜置弹簧式等。

（7）离合器操纵机构的类型有机械式（杆式和绳式）、液压式、气压式和空气助力式等。

（8）离合器主动部分由飞轮、离合器盖和压盘等组成。

（9）离合器从动盘分为不带扭转减振器和带扭转减振器的两种类型。

（10）膜片弹簧离合器的优点是膜片弹簧兼起分离杠杆的作用，简化了结构，轴向尺寸小；压盘圆周上的压力分布均匀，接合平顺；弹簧受高速离心力影响小，压力变化小，传动可靠性高，不易打滑；操纵轻便。

五、任务分析

本情境中，故障可能是离合器片打滑或严重磨损，更换时应按照操作规范进行。

六、自我评估

1. 判断题

（1）汽车离合器的主动部分主要由飞轮、压盘、离合器盖、摩擦盘等组成。（　　）

（2）汽车离合器的作用之一是降低转速增大扭矩。（　　）

（3）膜片弹簧离合器的结构特点之一是：用膜片弹簧取代压紧弹簧和分离杠杆。（　　）

2. 选择题

（1）属于离合器从动部分零件的是（　　）。

A. 压板　　B. 离合器盖　　C. 扭转减振器　　D. 压紧弹簧

（2）膜片弹簧离合器膜片弹簧的作用为（　　）。

A. 压紧弹簧　　B. 分离杠杆　　C. 从动盘　　D. A 和 B

（3）当离合器处在结合状态时：

A. 压盘、飞轮和从动盘之间没有压紧力

B. 离合器处于滑磨状态

C. 弹簧将压盘、飞轮及从动盘相互压紧

D. 飞轮和压盘之间互相没有接触

（4）当离合器处于完全接合时，变速器第一轴的状态是：

A. 不转动　　B. 与发动机曲轴转速不相同

C. 与发动机曲轴转速相同　　D. 转速不能确定

（5）膜片弹簧不具备以下哪个特点：

A. 轴向尺寸小　　B. 分离杠杆安装方便

C. 高速行驶压力稳定　　D. 弹簧力分布均匀

工作任务2 离合器操纵机构检修

任务情境

一、任务描述

一辆2010款丰田卡罗拉手动挡GL轿车，出现如下故障现象：踩下离合器踏板后，发动机启动发抖，在行驶过程中换挡困难。技术主管初步判断离合器系统有故障，让你进行进一步检查，你能完成吗？

二、任务提示

离合器踏板的位置不在规定范围内将会导致踩下离合器踏板后，离合器片未能完全分离而导致发动机启动时发抖和换挡困难。

任务目标

一、知识目标

（1）能够简述离合器操纵机构的种类和基本组成。
（2）能够复述检查离合器操纵机构的紧固情况方法。
（3）能够复述检查与调整离合器踏板高度的方法。

二、能力目标

（1）能够规范地检查离合器操纵机构的紧固情况。
（2）能够规范地检查与调整离合器踏板高度。

必备知识

一、基本知识

1. 离合器操纵机构的作用

离合器操纵机构是使驾驶员可以让离合器分离，而后又使之柔和接合的一套机构。

2. 离合器操纵机构的分类及组成

按照分离离合器所需的操纵能源不同，离合器操纵机构可分成人力式和气压式两类。

气压式操纵机构是以发动机驱动的空气压缩机作为主要操纵动力，而以人力作为辅助和后备的操纵动力，这种类型主要用于重型车辆。

人力式操纵机构是以驾驶员的肌体作为唯一的操纵动力。人力式操纵机构按所用传动装置的形式不同，又可分为机械式和液压式两种。

1）机械式操纵机构

机械式操纵机构由离合器踏板、拉杆（或绳索）、分离拨叉、分离轴承及套筒等组成。机械式操纵机构利用拉杆或拉线将离合器与踏板相连，结构简单、工作可靠，操纵时有直观的感觉，目前应用最广。

机械式离合器操纵机构有杆式和绳索式两种。

（1）杆式机械离合器操纵机构。

杆式离合器操纵机构装置中（见图 2-2-1）关节点多，所以摩擦损失大，车身和车架的变形会影响其工作。当离合器需要远距离操控时，较难合理安排杆系。

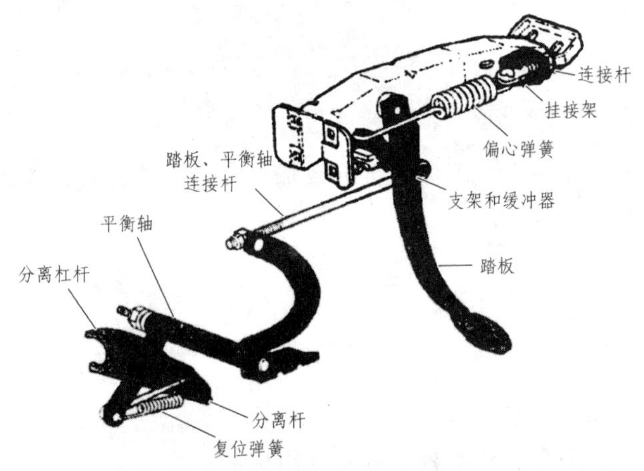

图 2-2-1　离合器杆式操纵机构

（2）绳索式机械式离合器操纵机构。

绳索式（拉线式）离合器操纵机构（见图 2-2-2）结构简单，布置灵活，不受车身和车架变形的影响，但传递的力比较小，多用于轻型和微型汽车。

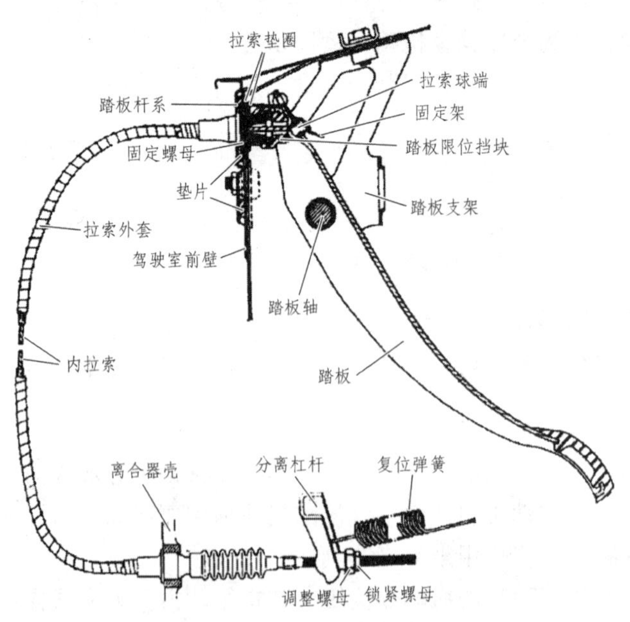

图 2-2-2　离合器绳索式操纵机构

2）液压式操纵机构

液压式离合器操纵机构，主要由离合器踏板、离合器主缸、离合器分离缸、管路系统、复位弹簧、储油罐、分离轴承和分离叉组成，如图 2-2-3 所示。

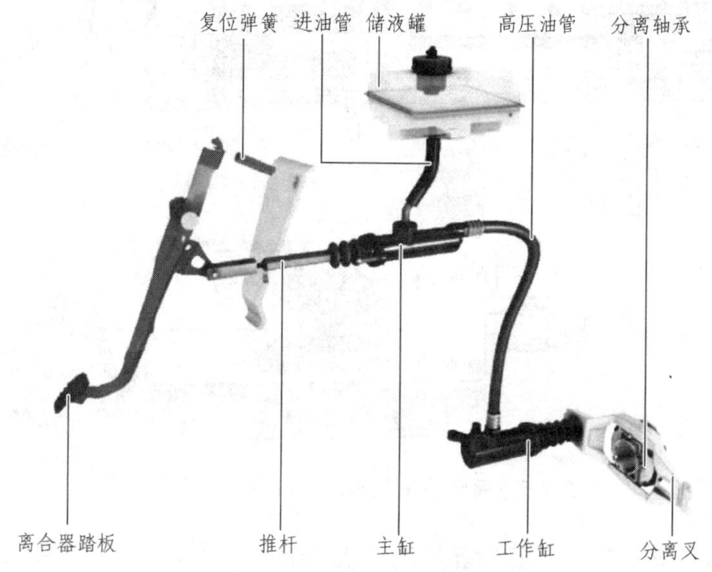

图 2-2-3 离合器液压操纵机构结构

当踩下离合器踏板时，通过离合器主缸推杆使主缸活塞压缩活塞弹簧，管路中油液受压压力升高。在油压的作用下，工作缸活塞推动推杆，带动分离轴承使离合器分离。当松开离合器踏板时，踏板在复位弹簧作用下回位，使主缸回位，油压下降，工作缸中的活塞回位，使离合器结合。

离合器主缸（总泵）和工作缸（分泵）实物图如图 2-2-4 所示。

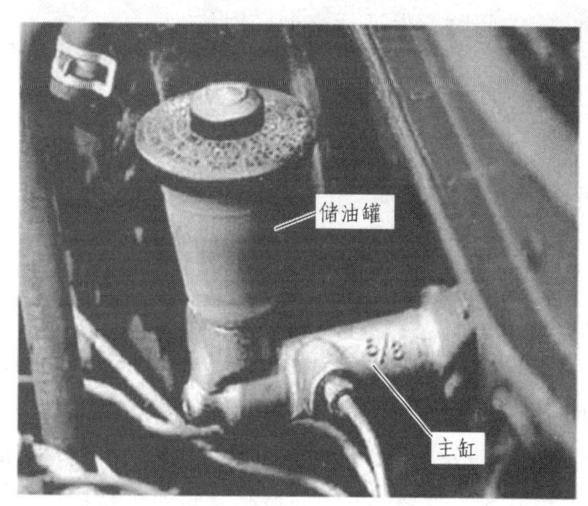

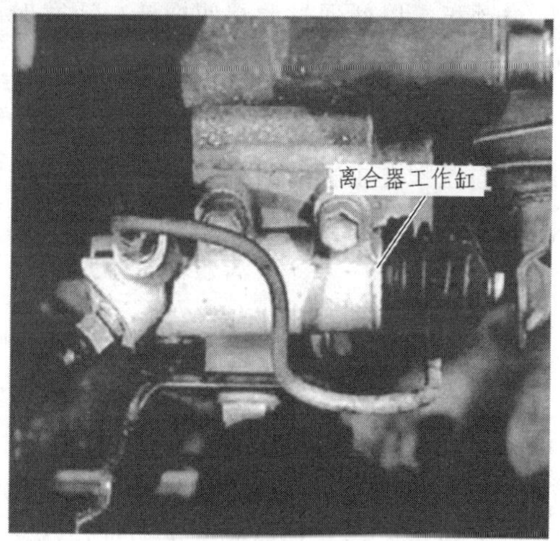

图 2-2-4 离合器主缸、工作缸实物图

离合器主缸和工作缸的结构如图 2-2-5 所示。

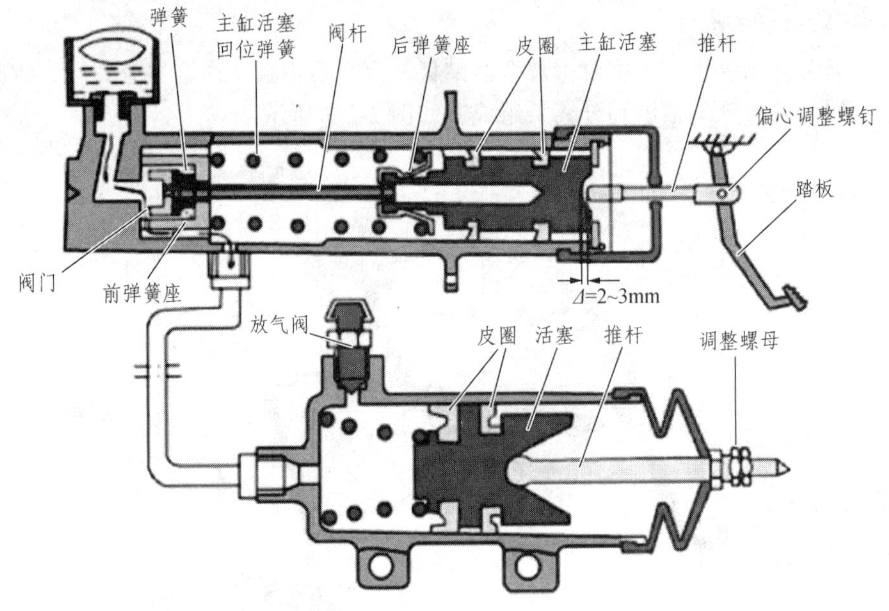

图 2-2-5　离合器主缸和工作缸的结构和原理图

主缸的上部是储油罐，并通过阀门与工作缸相通，阀杆后端穿在活塞的中心孔中。后弹簧座紧靠在活塞的前端并被轴向定位，它可单向拉动阀杆，在阀杆的前端装有橡胶密封圈的阀门，后端装有锥形的回位弹簧。前弹簧座具有轴向中心孔和轴向径向的槽，回位弹簧安装在前后弹簧座之间。

离合器工作缸内装有活塞、两皮圈、推杆和放气螺钉等。两皮圈的刃口方向相反，其作用是不同的：左侧皮圈是用来密封油液防止泄漏的；右侧皮圈是防止迅速抬起离合器踏板。放气螺钉的作用是放净系统内的空气。推杆的长度一般是可调整的，或采用偏心螺钉连接推杆与踏板，以便通过调整使推杆与活塞保持一定的间隙，保证活塞彻底回位。

液压式离合器操纵机构的工作过程如下：

踩下离合器踏板时，活塞左移，在压缩回位弹簧的同时放松了阀杆，锥形回位弹簧使杆端阀门压紧在主缸的前端，密封了主缸与储油罐之间的通孔。继续踩下离合器踏板，则缸内油液就在活塞及皮圈的作用下，压力上升，并通过管路传输给工作缸。工作缸内压力升高，推动活塞和推杆移动，使分离叉工作。

当抬起离合器踏板时，回位弹簧的一端使主缸活塞后移，另一端使前弹簧座压在主缸缸体的前端，活塞后移到位时，通过后弹簧座拉动阀杆及杆端密封圈阀门，压缩锥形弹簧，打开储油罐与主缸通孔，并通过前弹簧座径向和轴向槽，使管路与工作缸相通，整个系统无压力。

离合器工作缸内的推杆带动拨叉运动，拨叉带动分离轴承运动（见图 2-2-6），离合器压盘就会将离合器片与发动机飞轮进行分离。当松开离合器踏板后，回位弹簧将拨叉拉回原位。分离轴承的作用是在分离叉（不转动）和离合器压板上的分离杠杆（转动）之间进行力和位移的传递。

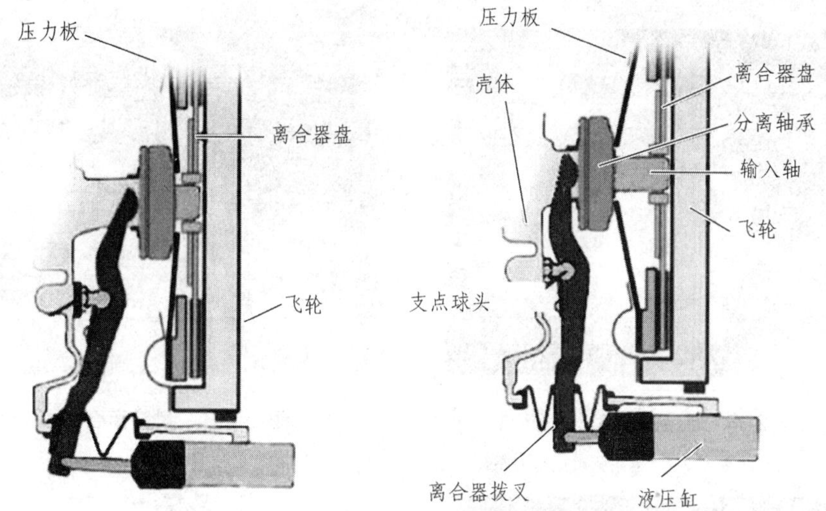

图 2-2-6 离合器分离拨叉和分离轴承的工作示意图

二、基本技能

1. 准备工作

（1）防护装备：工作服、工作帽、手套、劳保鞋。

（2）车辆、台架、总成：卡罗拉整车，或其他同类车型。

（3）车间设备：举升机等。

（4）测量工具：200 mm 的钢尺一把。

（5）手工工具：拆装工具一套。

（6）辅助材料：翼子板布和前格栅布、三件套、抹布、手套、白板笔。

2. 实施步骤

由于驾驶员经常需要操纵离合器踏板，使离合器踏板的高度发生改变，从而导致离合器不能正常工作，会出现发动机启动发抖、换挡困难和起步困难等现象，因此需要检查和调整离合器踏板高度。现以卡罗拉的离合器踏板高度检查与调整为例，讲解离合器踏板高度检查与调节的方法。

注意：请按举升机使用规范及车辆防护标准操作。

1）翻起驾驶室地毯

如图 2-2-7 所示，在驾驶室铺好防护措施，防止翻起地毯时弄脏驾驶室。

2）检查离合器踏板高度

如图 2-2-8 所示，让钢尺垂直离合器踏板与地板接触。

离合器踏板高度：143.6 ~ 153.6 mm。

注意：钢尺测量时应保证与离合器踏板高度垂直，否则将会导致测量数据错误。

3）调整离合器踏板高度

如果离合器踏板高度不正确，则进行调整，如图 2-2-9 所示。

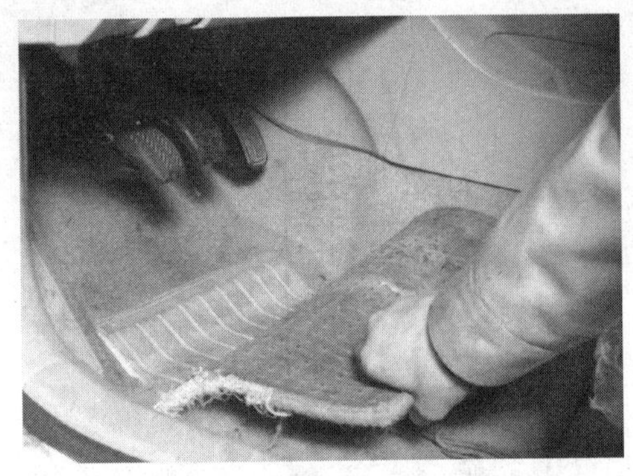

图 2-2-7 翻起驾驶室地毯

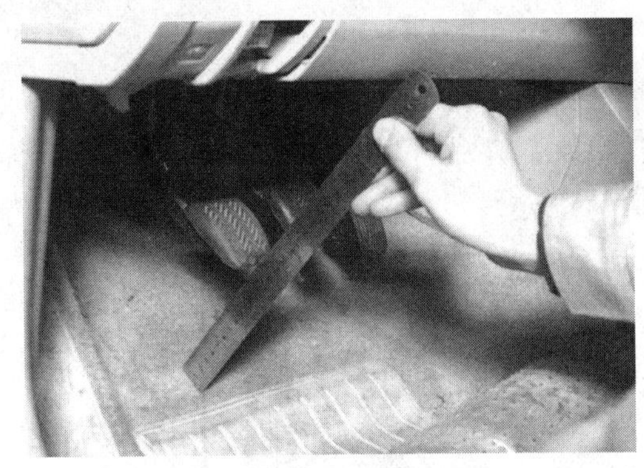

图 2-2-8 测量离合踏板高度

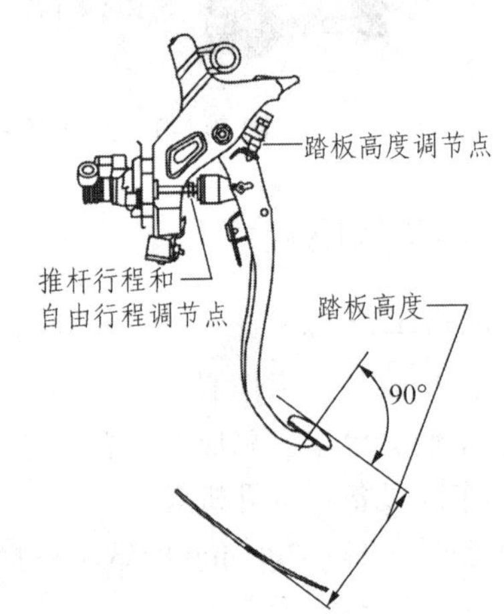

图 2-2-9 离合器高度调整、锁紧螺母位置

（1）松开锁紧螺母并转动限位螺栓直至获得正确高度。

（2）拧紧离合器高度锁紧螺母，扭矩：16 N · m。

三、拓展知识

1. 离合器的自由间隙和踏板自由行程

从离合器的工作原理可知，为了保证离合器在传递转矩时处于完全接合状态，不会出现打滑现象，特别是防止离合器片磨损变薄后，压板不能前移而造成离合器打滑，离合器在接合状态时，在分离杠杆内端与分离轴承之间必须预留一定量的间隙，称为离合器的自由间隙。

踩下离合器踏板时，首先必须消除这一间隙，然后才能使离合器分离。为消除离合器的自由间隙所需的离合器踏板行程，称为离合器踏板自由行程。

离合器的自由间隙以及离合器踏板自由行程会随着离合器片使用磨损而逐渐变小，应及时调整，否则易使离合器打滑。

2. 离合器踏板自由行程的调整

首先测出踏板完全放松时的高度，再测出踩下踏板感觉有阻力时的高度，两者之差即为自由行程。自由行程过大，离合器分离不彻底；反之，离合器打滑。每种车型的离合器踏板自由行程的参数不一定相同，但测量方法和调整基本相同。

（1）确定离合器踏板自由行程。用手轻压离合器踏板并在感到有阻力时测量踏板的位移，如图 2-2-10 所示。

（2）调整离合器踏板自由行程。松开锁止螺母并转动推杆，调整离合器踏板自由行程在 6 ~ 12 mm，调整后紧固锁止螺母，如图 2-2-11 所示。

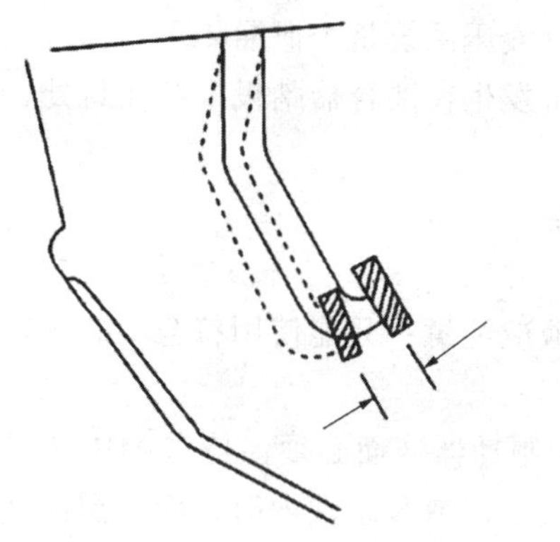

图 2-2-10 离合器踏板自由行程

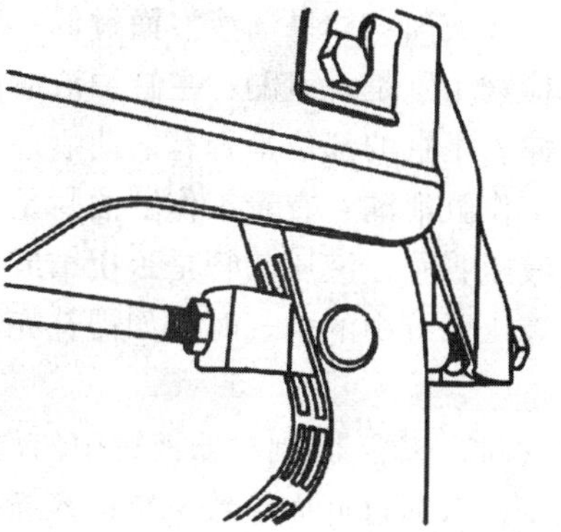

图 2-2-11 调整离合器踏板自由行程

（3）测量离合器踏板工作行程。将离合器踏板踩到底，测量起止位置之间的距离，如图 2-2-12 所示。

（4）调整离合器踏板工作行程。松开锁止螺母并转动推杆，调整离合器踏板工作行程应在 130 ~ 140 mm，调整后紧固锁止螺母，如图 2-2-11 所示。

对于钢丝绳索式离合器的操纵机构在设计上采用无自由行程的离合器踏板。调节离合器拉线调节螺母满足以下技术参数就可以实现离合器操纵机构的正常工作，如图 2-2-13 所示。

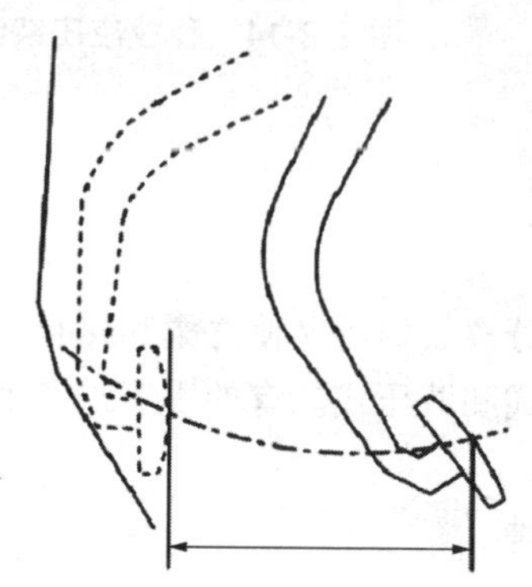

图 2-2-12 测量离合器踏板工作行程

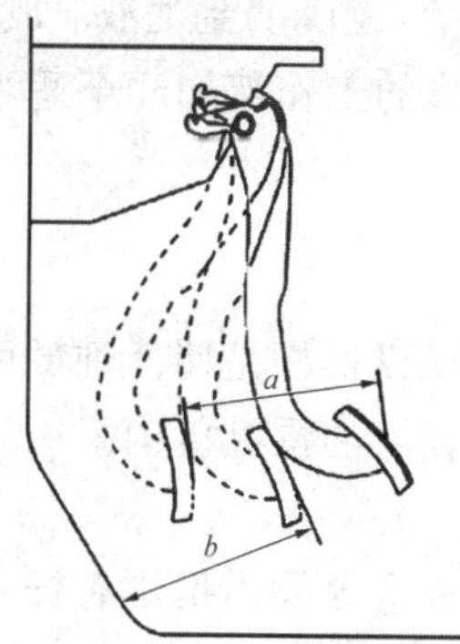

图 2-2-13 离合器踏板行程图

离合器踏板分离行程（a）：踏板行程 120 ~ 130 mm；

离合器接合前离合器踏板与地板间的间隙（b）：离合器接合前踏板与地板间的间隙为 50 ~ 60 mm。

启动发动机后，检查踏板与地板间的间隙是否在规定参数范围内。 如果不能进行离合器调整，应检查离合器踏板是否受到干扰。如果未发现干扰或障碍物，则为离合器拉线可能磨损，需要更换。

3. 离合器液压式操纵机构中的空气排除

离合器液压式操纵机构和制动系统一样使用制动液作为工作介质，离合器液压式操纵机构正常工作的前提是液压系统中没有空气，因此必须对液压系统进行排除空气作业。

对离合器液压操纵系统进行检查时，要注意查看：

（1）油液液面：如果油液液面过低，应检查液压系统是否泄漏。

（2）检查主缸是否泄漏：主缸油液泄漏经常发生在离合器踏板推杆油封处，查看离合器踏板推杆伸入主缸的部位是否有漏油痕迹。

（3）工作缸泄漏：查看工作缸油封是否泄漏。

（4）液压管路或液压软管是否扭结或损坏。

释放液压系统中的空气时，如需补充工作液应注意：只能使用符合厂商规定或推荐的工作液。

在排气时，离合器/制动器液罐中的离合器/制动器液面必须保持在 MIN（最低）以上位置，不能使其液面过低而导致系统进入新的空气。泄放系统油液时，应直至油液中不出现气泡为止。

下面介绍离合器液压系统排气过程：

（1）将塑料软管连接至离合器分泵放气塞。将该管的另一端插入装有制动液的玻璃容器内，如图 2-2-14 所示。

（2）缓慢踏放离合器踏板数次。

（3）踩下离合器踏板并保持，松开放气螺塞，直到开始有油液流出。关闭放气螺塞。

（4）重复步骤（3），直到油液泄放中无气泡为止。

（5）将储液罐的工作液加注至适当液位。

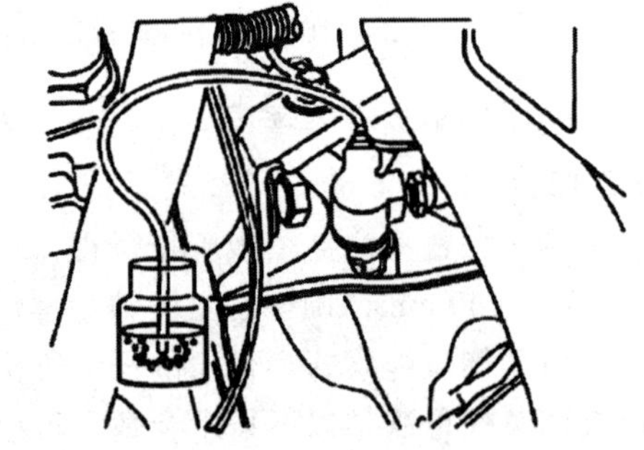

图 2-2-14　释放液压系统的空气

四、学习小结

（1）离合器操纵机构是使驾驶员可以让离合器分离，而后又使之柔和接合的一套机构。

（2）汽车离合器的操纵机构采用较多的是机械式和液压式。有的重型汽车上还装有气压加力装置。

（3）机械式离合器操纵机构有杆式和绳索式两种。

（4）丰田 2010 款卡罗拉离合器踏板高度范围在 143.6 ~ 153.6 mm。

（5）丰田 2010 款卡罗拉离合器踏板高度锁紧螺母在 16 N · m。

五、任务分析

本情境中，故障为离合器操纵机构不良引起的。检修时需要对离合器操纵机构进行检查，包括对自由行程、液压系统进行检查，发现故障应进行调整或更换。

六、自我评估

1. 填空题

（1）汽车离合器的操纵机构采用较多的是________和液压式。有的重型汽车上还装有气压加力装置。

（2）机械式离合器操纵机构有杆式和__________两种。

2. 判断题

（1）离合器踏板高度不对可能导致发动机启动时抖动。（　　）

（2）绳索式（拉线式）离合器操纵机构传递的力比较大。（　　）

3. 选择题

2010 款卡罗拉轿车离合器踏板高度锁紧螺母的力矩为为（　　）N·m。

A. 12　　B. 14　　C. 16　　D. 1

工作任务 3　离合器典型故障诊断

任务情境

一、任务描述

一辆卡罗拉手动挡轿车，客户描述说车子在急加速和上陡坡时明显感觉动力不足。你能排除这个故障吗？

二、任务提示

根据故障现象，可能是由于离合器片过度磨损导致离合器打滑，需要进行离合器的检查。

任务目标

一、知识目标

（1）能描述离合器打滑的故障现象和原因。

（2）能描述离合器分离不彻底的故障现象和原因。

二、能力目标

（1）能够对离合器打滑故障进行故障诊断与排除。

（2）能够对离合器分离不彻底进行故障诊断与排除。

必备知识

一、基本知识

离合器典型的故障现象有离合器打滑和离合器分离不彻底等。

1. 离合器打滑

1）离合器打滑造成的故障现象

（1）汽车用低挡起步，放松离合器踏板时，不能起步或起步困难。

（2）汽车加速行驶时，车速不能随发动机转速升高而提高，行驶无力，产生焦糊味或冒烟等现象。

2）离合器打滑的原因

（1）离合器踏板没有自由行程，使分离轴承压在分离杠杆上。

（2）从动盘摩擦片、压盘或飞轮工作面严重磨损。

（3）离合器盖与飞轮连接松动，使压紧力减弱。

（4）从动盘摩擦片油污、烧灼、表面硬化、铆钉外露，表面不平，摩擦系数下降。

（5）压力弹簧疲软或折断，膜片弹簧疲劳或开裂，使压紧力下降。

（6）离合器操纵杆卡滞，分离轴承套筒与导管间有油污、尘腻等，使分离轴承不能回位。

（7）分离杠杆弯曲变形，出现运动干涉，不能回位。

2. 离合器分离不彻底

1）离合器分离不彻底造成的故障现象

（1）离合器踏板踩到底时，离合器处于半接合状态，其从动盘没有完全与主动盘分离，换挡困难。

（2）挂低速挡时，离合器踏板尚未完全放松，汽车就有起步发抖或发动机熄火的现象。

2）离合器分离不彻底的原因

（1）离合器踏板行程过小，使离合器分离不彻底。

（2）离合器液压管路进入空气。

（3）主缸或分离缸漏油、变形和发卡。

（4）从动盘翘曲、铆钉松脱、摩擦衬片松动。

（5）压盘受热变形翘曲。

（6）摩擦片弹簧弹力减弱或分离指端磨损过度。

（7）摩擦片弹簧分离指端不平齐。

（8）离合器操纵机构中拉索端头紧固螺栓松动或紧固螺栓失效。

（9）离合器操纵机构拉索发卡，离合器踏板踩不到底。

（10）其他相关的原因。

二、基本技能

离合器典型的故障诊断：

对于离合器打滑或分离不彻底的故障，都应该对离合器进行就车检查和离合器总成检查。

1. 准备工作

（1）防护装备：工作服、工作帽、手套、劳保鞋。

（2）车辆、台架、总成：卡罗拉整车、离合器总成。

（3）专用工具：离合器总成安装工具（09301-0020）、膜片弹簧顶端检查工具（09333-00013）、检查离合器管路工具（09992-00242）。

（4）测量工具：直尺、游标卡尺、带滚子的百分表、刀口尺。

（5）手工工具：拆装工具一套。

（6）辅助材料：翼子板布和前格栅布、三件套、3 颗离合器工作缸缸总成安装螺栓；离合器花键润滑脂；制动液回收瓶、抹布、手套、白板笔。

2. 就车检查步骤

离合器系统故障诊断流程如图 2-3-1 所示。

（1）检查离合器踏板是否发卡，如图 2-3-2 所示，看有无异物导致离合器踏板发卡或不能踩到底。如果发现异常，则应清除异物。

（2）检查离合器踏板高度。如图 2-3-3 所示，测量并调节离合器踏板高度。

离合器踏板高度：143.6 ~ 153.6 mm。

注意：钢尺测量时不能保证与离合器踏板高度垂直，将会导致测量数据错误。

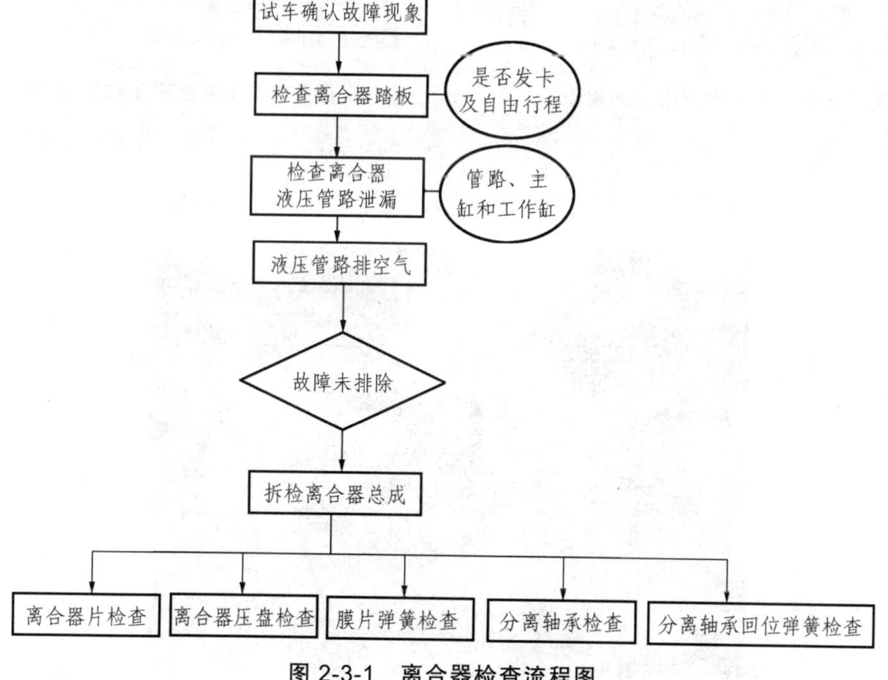

图 2-3-1 离合器检查流程图

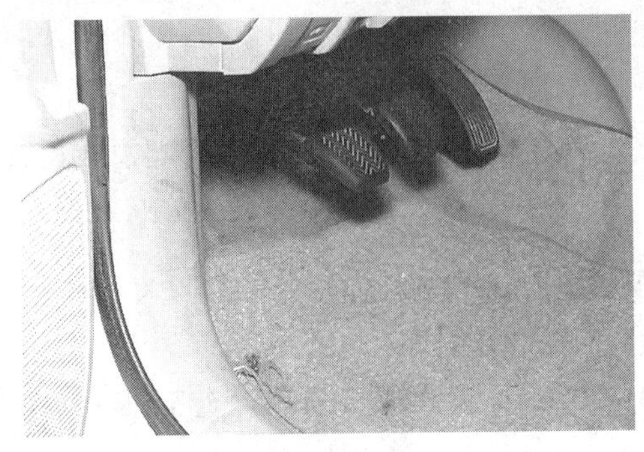

图 2-3-2　检查离合器踏板附近有无障碍物

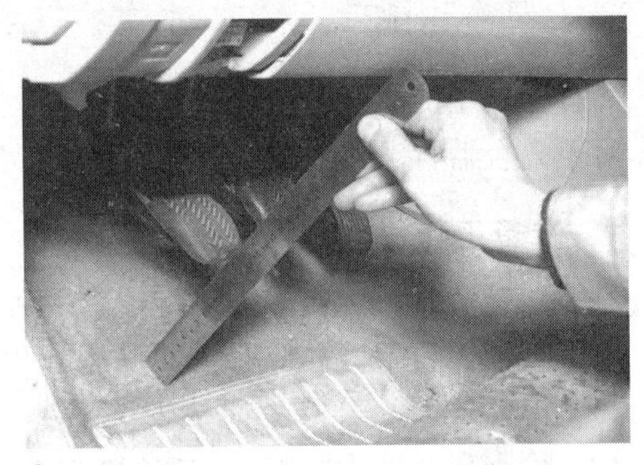

图 2-3-3　离合器踏板高度的检查

（3）检查离合器液压管路。如图 2-3-4 所示，检查离合器液压管路有无裂纹和漏油，如有异常，必须进行更换或维修。

（4）检查离合器主缸和工作缸。如图 2-3-5 所示，检查离合器主缸（制动总泵）有无漏油、变形、发卡现象。

图 2-3-4　离合器液压管路检查

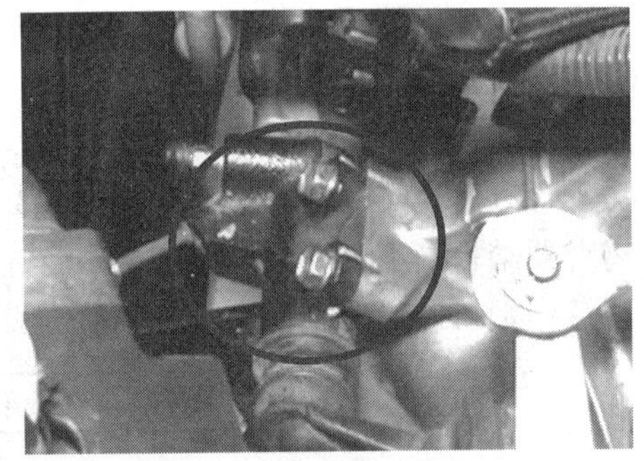

图 2-3-5　离合器工作缸检查

检查离合器工作缸（分泵）有无漏油、变形、发卡现象。

（5）离合器液压管路排气。如图 2-3-6 所示，完全排出液压管路中的气体。

图 2-3-6　离合器管路排气

3. 总成检查步骤

拆卸离合器总成（参照离合器检修或维修手册的拆卸步骤，如已经拆卸则省略本步骤），并做如下检查：

（1）检查离合器片外观。如图 2-3-7 所示，检查离合器片有无脏污、烧蚀、油污、破裂等现象。

（2）测量离合器片。如图 2-3-8 所示，测量离合器片铆钉深度。

铆钉深度不小 0.3 mm，小于规定值应更换离合器片。

图 2-3-7　离合器的外观检查

图 2-3-8　离合器片的测量

（3）测量离合器压盘。如图 2-3-9 所示，使用百分表测量离合器压盘轴向跳动，或用刀口尺测量平面度。

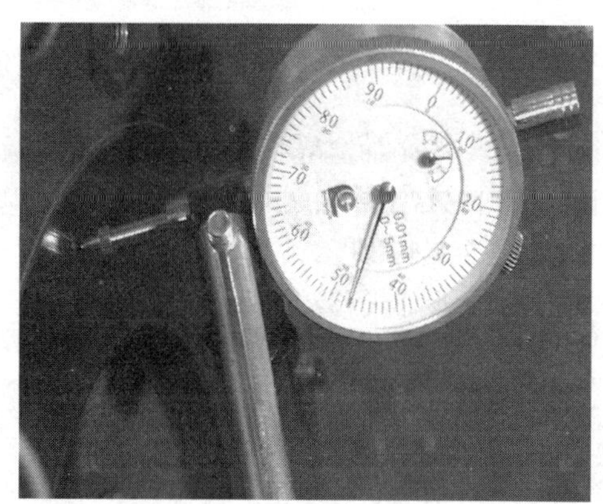

图 2-3-9　离合器压盘的测量

最大轴向跳动 0.8 mm，大于规定值应更换离合器压盘总成。

（4）测量离合器膜片弹簧。如图 2-3-10 所示，采用游标卡尺测量离合器膜片弹簧的磨损深度和宽度。

最大深度 0.5 mm，超出规定值应更换离合器盖总成。

最大宽度 6.0 mm，超出规定值应更换离合器盖总成。

图 2-3-10 测量离合器膜片弹簧的磨损深度和宽度

（5）测量飞轮的轴向跳动。如图 2-3-11 所示，采用百分表测量飞轮的轴向跳动。最大轴向跳动 0.6 mm，超出规定值更换飞轮总成。

图 2-3-11 测量飞轮的轴向跳动

（6）检查离合器分离轴承。

a. 目视检查离合器分离轴承是否损坏和磨损；

b. 如图 2-3-12 所示，在轴向施力时，旋转离合器分离轴承总成的滑动部件，检查并确认离合器分离轴承总成移动平稳且无异常阻力。

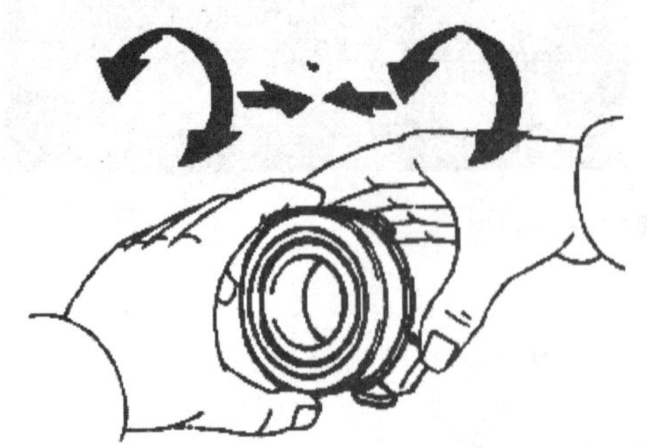

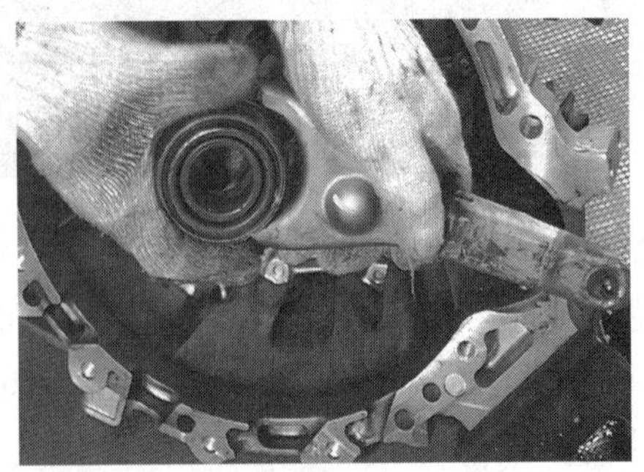

图 2-3-12 检查离合器分离轴承

三、拓展知识

1. 科鲁兹轿车离合器打滑的故障分析（见表 2-3-1）

表 2-3-1 科鲁兹轿车离合器打滑的故障原因和排除方法

故障原因	排除办法
不正确的离合器踏板高度无法使离合器主缸回位	调整离合器踏板位置开关
离合器踏板回位弹簧破损或缺失	更换离合器踏板回位弹簧
离合器踏板卡滞或卡住	1. 所有可能接触踏板的物品； 2. 踏板衬套是否易于移动； 3. 有故障，则更换离合器踏板
离合器主缸卡滞或卡死	更换离合器主缸
离合器工作缸卡滞或卡死	更换离合器工作缸
离合器工作缸前管扭结或损坏	1. 检查离合器工作缸前管布线是否正确； 2. 检查发动机支座是否存在使离合器工作缸前管扭结或夹住的松动或故障； 3. 或更换有故障的发动机支座； 4. 如果损坏，则更换离合器工作缸前管
离合器从动盘有润滑脂或被机油污染	1. 机油泄漏源； 2. 修理润滑脂泄漏源； 3. 清除离合器部件上的污染物； 4. 如果不能清除这些污染物，则更换离合器总成
膜片弹簧不耐用	更换离合器总成
离合器从动盘表面磨损	更换离合器总成
离合器从动盘烧毁或磨光	更换离合器总成

2. 科鲁兹轿车离合器分离不彻底的故障分析（见表 2-3-2）

表 2-3-2 科鲁兹轿车离合器分离不彻底故障原因和排除办法

故障原因	排除办法
离合器从动盘损坏	更换离合器总成
输入轴花键上的离合器从动盘毂卡滞	更换离合器总成
离合器从动盘翘曲或弯曲	更换离合器总成
踏板卡在最大行程位置	1. 检查是否有阻碍踏板踩至地板的障碍物； 2. 清除踏板区域下的所有障碍物，例如地板垫或内饰板

续表

故障原因	排除办法
踏板和液压离合器主缸之间行程过大	1. 检查踏板衬套是否磨损； 2. 如果踏板衬套磨损，则将其更换
液压离合器主缸卡死或卡滞	1. 检查主缸活塞是否能够自由移动并能在整个行程范围内移动； 2. 必要时，更换离合器主缸
离合器液压系统中有空气	排出离合器液压系统中的空气
液压离合器工作缸卡死或卡滞	1. 检查离合器工作缸活塞是否能自由移动； 2. 如果活塞卡滞，则更换离合器工作缸
液压离合器主缸内部泄漏	1. 检查踏板余量是否正确： 踏板升到一半； 踩下踏板几次； 检查以确保仍有适当的踏板余量。 2. 如果不能保持踏板余量，则更换离合器主缸

四、学习小结

（1）离合器打滑造成的故障现象和原因。

（2）离合器分离不彻底造成的故障现象和原因。

（3）离合器典型故障的诊断与排除步骤。

五、任务分析

本情境中，对离合器典型故障进行诊断与维修时，应参照流程图，按照简单到复杂的原则进行排除。发现故障点应根据实际情况，进行调整、维修或更换。

六、自我评估

判断题

（1）离合器液压系统进入空气导致离合器打滑。（　　）

（2）离合器膜片弹簧过度磨损会导致离合器打滑。（　　）

（3）离合器膜片弹簧损坏会导致离合器打滑。（　　）

（4）离合器液压管路进入空气会导致离合器分离不彻底。（　　）

学习项目3　手动变速器检修

本学习项目主要学习手动变速器的检修，分为3个工作任务：任务1手动变速器传动机构检修；任务2手动变速器操纵机构检修；任务3手动变速器典型故障诊断。通过3个工作任务的学习，掌握手动变速器的结构组成原理，以及拆装与检修的技能，能进行手动变速器常见故障的检修。

工作任务1　手动变速器传动机构检修

任务情境

一、任务描述

一辆2010款丰田卡罗拉GL轿车，出现如下故障：挂入一挡时有卡滞的现象。你的主管要求你对手动变速器传动机构进行分解检修，你能做到吗？

二、任务提示

挂入其他挡位正常，也无挂挡困难，因此可以排除手动变速器操纵机构问题，问题应该出现在一挡啮合齿轮上，因此需要对手动变速器传动机构进行拆装检修。

任务目标

一、知识目标

（1）能描述手动变速器的作用、分类。
（2）能描述两轴式变速器传动机构的结构和动力传力路线。

二、能力目标

（1）能进行手动变速器传动机构的拆解。
（2）能进行手动变速器传动机构检查。

必备知识

一、基本知识

1. 变速器的功用

汽车广泛使用的活塞式内燃机，其输出转矩和转速变化范围较小，而汽车的使用条件又非常复杂，要求汽车的驱动力和行驶速度能在相当大范围内变化，为此在传动系统中设置了变速器。

变速器的主要功用是：

（1）变速和变矩。根据不同的道路和交通情况，改变汽车的驱动力和汽车行驶速度（通过改变挡位来完成）。

（2）中断动力传递。在不需要传递动力但发动机仍保持运转的状态，在离合器接合的情况下，利用变速器中的空挡中断动力传递，使发动机能够启动和怠速运行。

（3）倒车。在发动机转向不变的前提下利用变速器，使汽车能倒向行驶。

2. 手动变速器的分类

手动变速器又称机械式变速器（简称 MT，Manual Transmission）。最常见的手动变速器多为 5 挡位（4 个前进挡、1 个倒挡），也有的汽车采用 6 挡位变速器，并且通常带同步器，换挡方便，噪声小。

1）按齿轮传动方式分类

按齿轮传动方式分类，常见的是二轴式和三轴式变速器。

二轴式手动变速器是指变速器只有输入轴和输出轴，它在任何前进挡工作时，都只有一对齿轮副（倒挡时为两对齿轮副）工作。二轴式变速器主要应用于发动机前置、前轮驱动的轿车。

三轴式手动变速器是指除了输入轴和输出轴外，还有中间轴。三轴式变速器每个挡位都是由两对齿轮传动，因此输入轴与输出轴的旋转方向相同（倒挡时两轴旋转方向相反）。这种变速器适应于发动机前置、后轮驱动的布置形式，在中型以上汽车和部分小轿车上应用。

2）按齿轮啮合方式分类

按齿轮啮合方式不同，汽车手动变速器分为滑动选择式、结合套式和同步啮合式变速器。

滑动选择式变速器采用平行的两根轴或多根轴，通过移动直齿啮合齿轮副中的一个齿轮，使之与另一个齿轮进行啮合或退出啮合，从而实现挂挡或退挡。当其中一个齿轮正在转动，那么进入啮合相当困难，传动中冲击大、噪声大、承受能力低，因此这种类型的变速器越来越少。

结合套式变速器同样应用于平行轴式变速器，其轴上装有啮合齿轮。通过使用滑动结合套锁定空转齿轮来实现速比的改变。欲挂入某一挡时，拨动结合套使之与花键毂及结合齿圈同时啮合，即挂入该挡。相对于滑动选择式变速器，其齿轮和结合套上的花键齿均有圆角，使换挡冲击减小，但在齿轮换挡时仍有齿轮碰撞。

目前，各类手动变速器几乎都是操纵方便的同步啮合式变速器，可实现换挡轻便、平稳。

3. 手动变速器的变速传动原理

变速器为什么可以调整发动机输出的转矩和转速呢？其实这里蕴含了齿轮传动和杠杆的

原理。变速箱内有多个不同的齿轮，通过不同大小的齿轮组合在一起，就能实现对发动机转矩和转速的调整。用低转矩可以换来高转速，用低转速则可以换来高转矩，如图 3-1-1 所示。

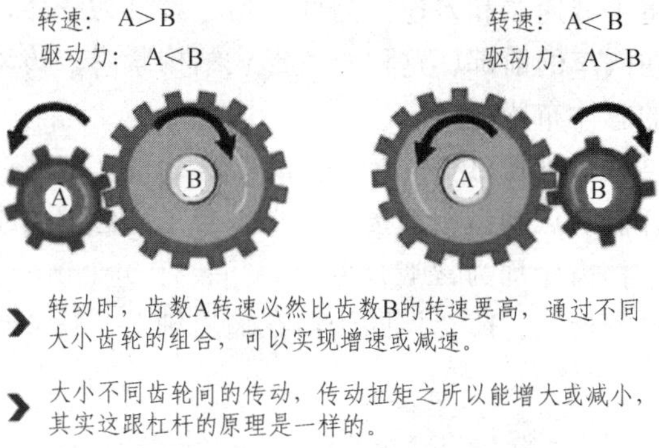

转速：A>B
驱动力：A<B
转速：A<B
驱动力：A>B
A
B
A
B
转动时，齿数A转速必然比齿数B的转速要高，通过不同大小齿轮的组合，可以实现增速或减速。
大小不同齿轮间的传动，传动扭矩之所以能增大或减小，其实这跟杠杆的原理是一样的。

图 3-1-1　变速器工作原理示意图

4. 手动变速器挡位选用原理

如图 3-1-2 所示，驾驶性能曲线显示 1 ~ 6 挡的驱动力和车辆速度之间的关系。理想情况下，发动机传至驱动轮上的驱动力应该像图中曲线 *A* 那样连续变动。但采用手动变速器后，驱动力不连续变动，如图中的 1 ~ 6 挡所示。因此，当缩小图中的阴影区域从而保持接近于理想的曲线便能有效地传递发动机至驱动轮上的驱动力。当挡位增加时可推测接近于驱动力的理想曲线 *A*。但变速器的设计就变得复杂或使驾驶员换挡操作复杂化。鉴于此缘故，换挡数由 4 ~ 6 挡构成。但目前大多数使用 5 挡。

1 挡
2 挡
A
3 挡
4 挡
5 挡
6 挡
驱动力
车辆速度

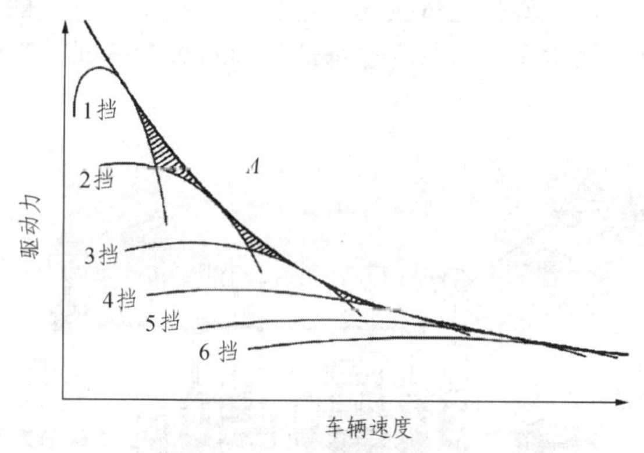

图 3-1-2　驾驶性能曲线

（1）起步。当汽车起步时，需要大量的动力，因此要使用具有最大驱动力的 1 挡。

（2）驱动。起步之后，要使用 2 挡和 3 挡，此时不需要太多的驱动力，主要增加车辆速度。

（3）高速行驶。高速行驶时，要使用 4 挡、5 挡和 6 挡以进一步增加车辆速度。采用高挡位可保持发动机适当的负荷率和经济转速，改善燃油消耗量。

（4）倒车。使用倒挡时，因加装倒挡惰轮，倒挡齿轮及输出轴反转，所以车辆便能倒车。

5. 两轴式变速器传动机构

1）什么是两轴式变速器

两轴式手动变速器是指变速器只有输入轴和输出轴，它在任何前进挡工作时，都只有一对齿轮副（倒挡时为两对齿轮副）工作。它主要应用于发动机前置、前轮驱动轿车上。这种变速器的特点是输入轴与输出轴平行，且无中间轴，各前进挡的动力分别经一对齿轮传递；取消了万向传动装置，将主减速器和差速器与变速器三者合为一体，共同安装于变速器壳体内。整个传动系都集中在汽车的前部，这种布置形式结构紧凑，传动效率高，有效地减少了体积和质量，便于汽车的总体布置。

两轴式齿轮变速器结构，如图 3-1-3 所示。该变速器有 5 个前进挡和 1 个倒挡。输入轴的前端为花键轴，与离合器的从动盘相连接，输出轴与主减速器的主动齿轮制成一体。输入轴和输出轴上的 5 个前进挡齿轮均为常啮合齿轮，并装有 3 个锁环式惯性同步器，5 个前进挡分别通过 3 个同步器进行换挡，1、2 挡同步器在输出轴上，3、4 挡同步器以及 5 挡同步器都在输入轴上。

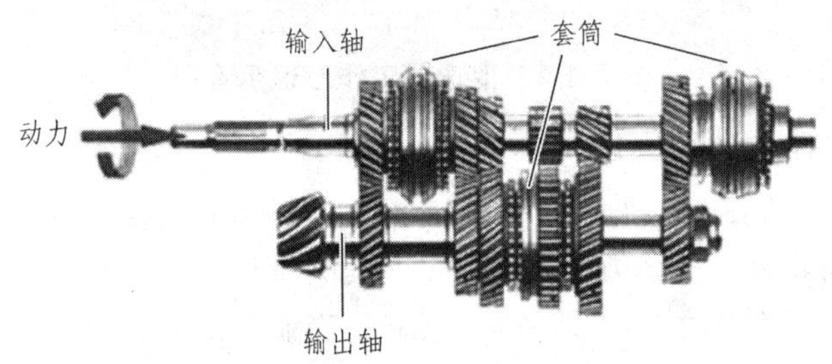

图 3-1-3　二轴变速器内部齿轮机构

2）两轴式手动变速器工作原理

手动变速器的工作原理，就是通过拨动变速杆，切换中间轴上的主动齿轮，通过大小不同的齿轮组合与动力输出轴结合，从而改变驱动轮的转矩和转速。简化的手动变速器（2 挡）的构造如图 3-1-4 所示。

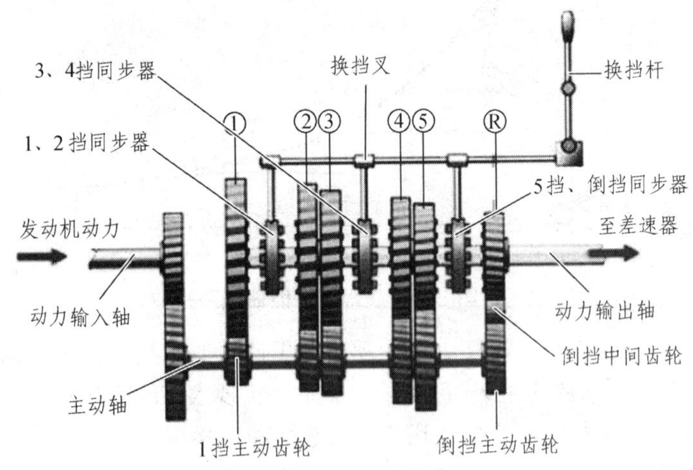

图 3-1-4　5 挡手动变速器结构示意图

发动机的动力输入轴是通过一根中间轴，间接与动力输出轴连接的。中间轴的两个齿轮与动力输出轴上的两个齿轮是随着发动机输出一起转动的。但是，如果没有同步器的接合，两个齿轮只能在动力输出轴上空转（即不会带动输出轴转动）。同步器位于中间状态，相当于变速器挂了空挡，如图 3-1-5 所示。

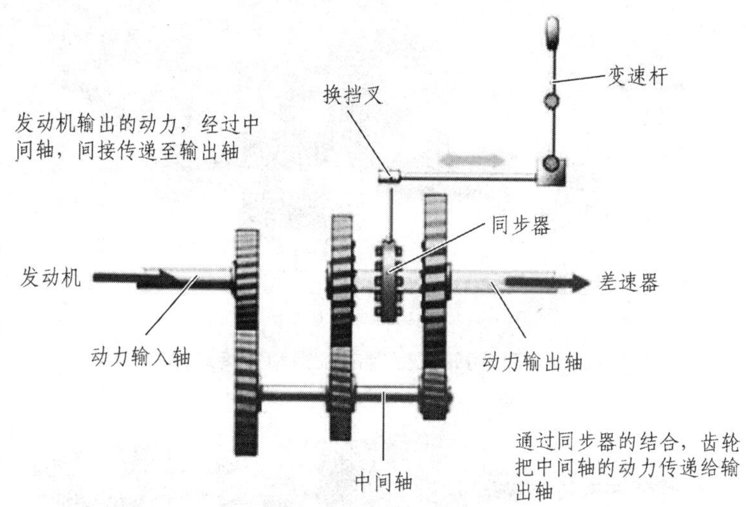

图 3-1-5　简单变速器结构示意图

当变速杆向左移动，使同步器向右移动与齿轮接合，发动机动力通过中间轴的齿轮，将动力传递给动力输出轴，如图 3-1-6 所示。

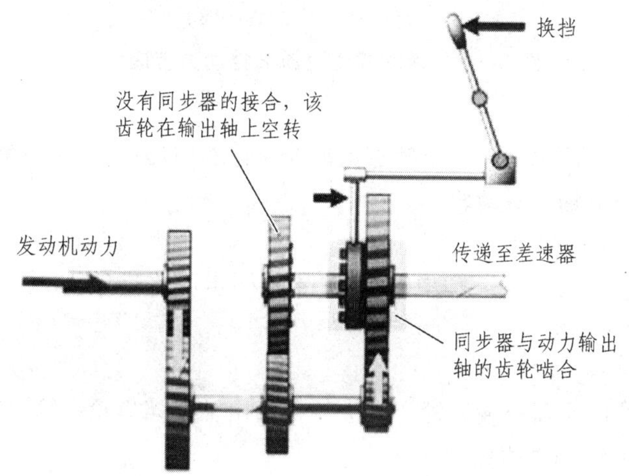

图 3-1-6　变速器换挡原理示意图

3）两轴式齿轮变速器动力传递过程

（1）1 挡动力传递过程。

换挡杆挂入 1 挡，位于输出轴前端的 1、2 挡移动齿轮前移，与输出轴上的 1 挡齿轮接合，如图 3-1-7 所示。

动力传递路线：

输入轴→输入轴一挡齿轮→输出轴一挡齿轮→1、2 挡移动齿轮→输出轴→驱动小齿轮→主减速器→差速器→半轴→驱动轮。

（2）2 挡动力传递过程。

换挡杆挂入 2 挡，位于输出轴前端的 1、2 挡移动齿轮后移，与输出轴上的 2 挡齿轮接合，如图 3-1-8 所示。

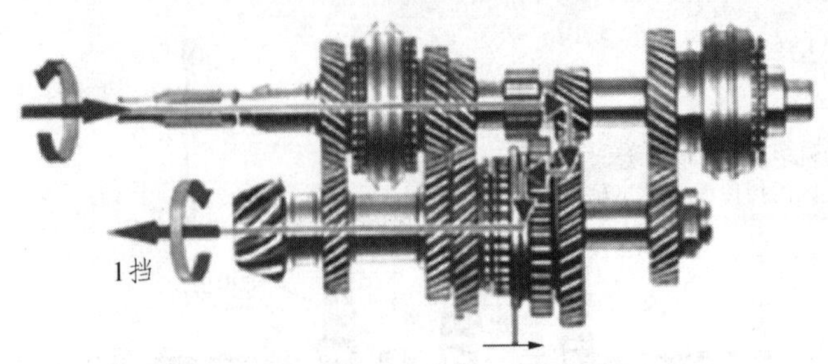

图 3-1-7　两轴式变速器 1 挡动力传递路线

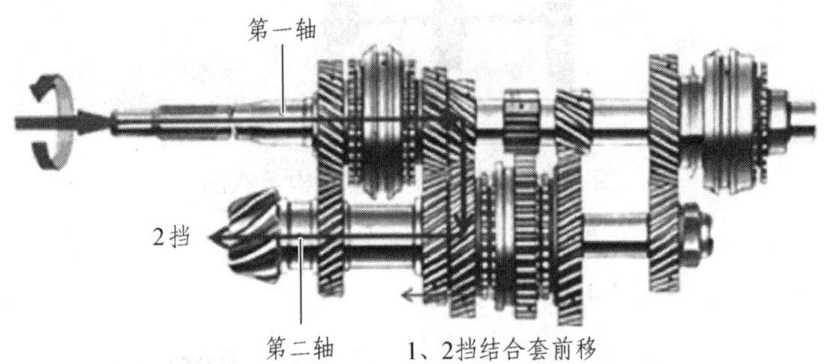

图 3-1-8　两轴式变速器 2 挡动力传递路线

动力传递路线：

输入轴→输入轴 2 挡齿轮→输出轴 2 挡齿轮→1、2 挡移动齿轮→输出轴→驱动小齿轮→主减速器→差速器→半轴→驱动轮。

（3）3 挡动力传递过程。

换挡杆挂入 3 挡，位于输入轴中间的 3、4 挡同步器的接合套前移，与输入轴上的 3 挡齿轮接合，如图 3-1-9 所示。

动力传递路线：

输入轴→3、4 挡同步器→输入轴 3 挡齿轮→输出轴 3 挡齿轮→输出轴→驱动小齿轮→主减速器→差速器→半轴→驱动轮。

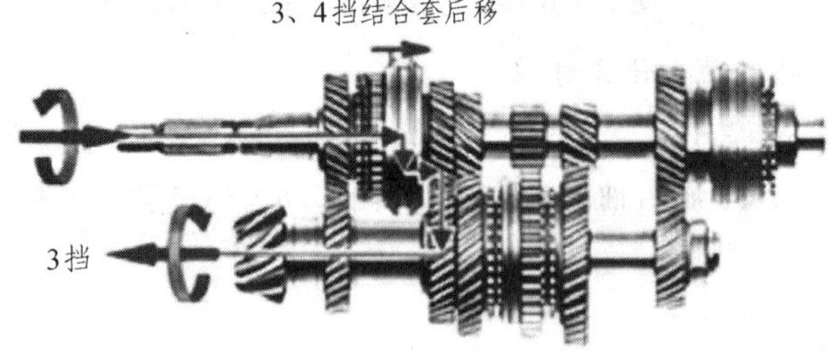

图 3-1-9　两轴式变速器 3 挡动力传递路线

（4）4 挡动力传递过程。

换挡杆挂入 4 挡，位于输入轴中间的 3、4 挡同步器的接合套后移，与输入轴上的 4 挡齿轮接合，如图 3-1-10 所示。

动力传递路线：

输入轴→3、4 挡同步器→输入轴 4 挡齿轮→输出轴 4 挡齿轮→输出轴→驱动小齿轮→主减速器→差速器→半轴→驱动轮。

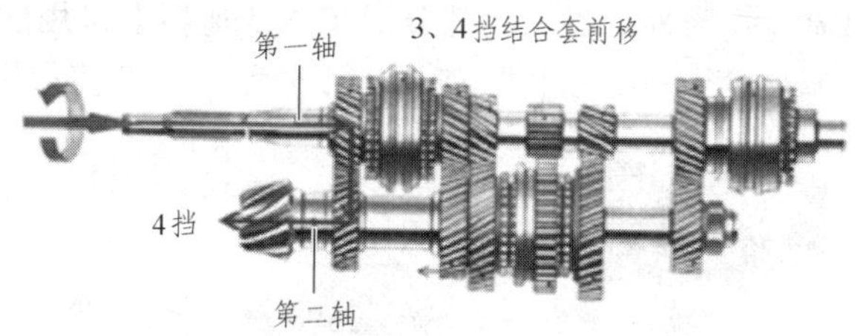

图 3-1-10　两轴式变速器 4 挡动力传递路线

（5）5 挡动力传递过程。

换挡杆挂入 5 挡，位于输入轴后端的 5 挡同步器的接合套前移，与输入轴上的 5 挡齿轮接合，如图 3-1-11 所示。

动力传递路线：

输入轴→5 挡同步器→输入轴 5 挡齿轮→输出轴五挡齿轮→输出轴→驱动小齿轮→主减速器→差速器→半轴→驱动轮。

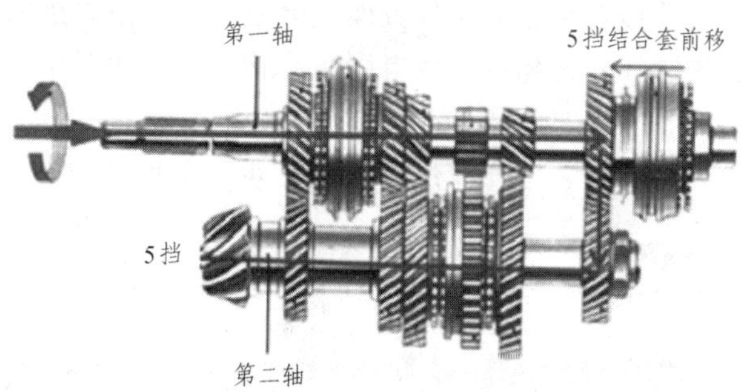

图 3-1-11　两轴式变速器 5 挡动力传递路线

（6）倒挡动力传递过程。

换挡杆挂入倒挡，倒挡惰轮移动，同时与输入轴倒挡齿轮和输出轴前端的 1、2 挡移动齿轮啮合，如图 3-1-12 所示。

动力传递路线：

输入轴→输入轴倒挡齿轮→惰轮→1、2 挡移动齿轮→输出轴→驱动小齿轮→主减速器→差速器→半轴→驱动轮。

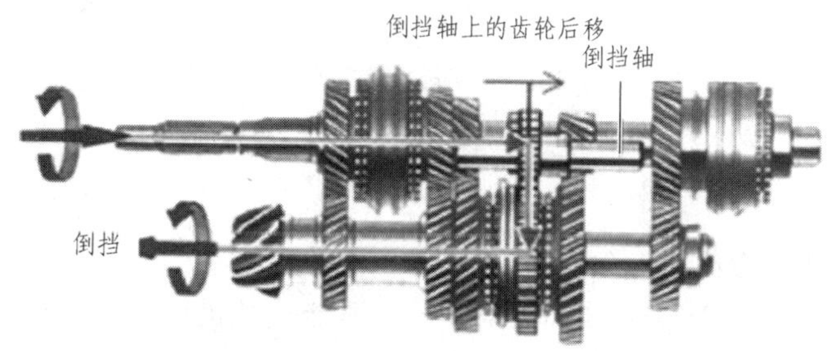

图 3-1-12　两轴式变速器倒挡动力传递路线

4）同步器的作用

变速器在进行换挡操作时，尤其是从高挡向低挡的换挡很容易产生轮齿或花键齿间的冲击。为了避免齿间冲击，在换挡装置中都设置有同步器。

同步器有常压式和惯性式两种，目前大部分同步式变速器上采用的是惯性同步器，它主要由接合套、同步锁环等组成，如图 3-1-13 所示，主要是依靠摩擦作用实现同步。

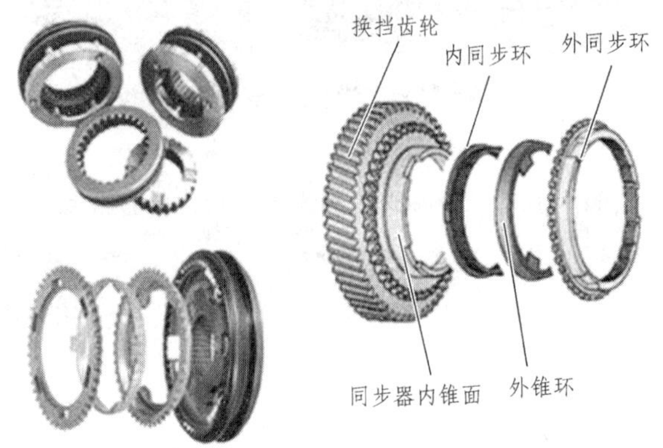

图 3-1-13　同步器结构示意图

当同步锁环内锥面与待接合齿轮齿圈外锥面接触后，在摩擦力矩的作用下齿轮转速迅速降低（或升高）到与同步锁环转速相等，两者同步旋转，齿轮相对于同步锁环的转速为零，因而惯性力矩也同时消失，这时在作用力的推动下，接合套不受阻碍地与同步锁环齿圈接合，并进一步与待接合齿轮的齿圈接合而完成换挡过程，如图 3-1-14 所示。

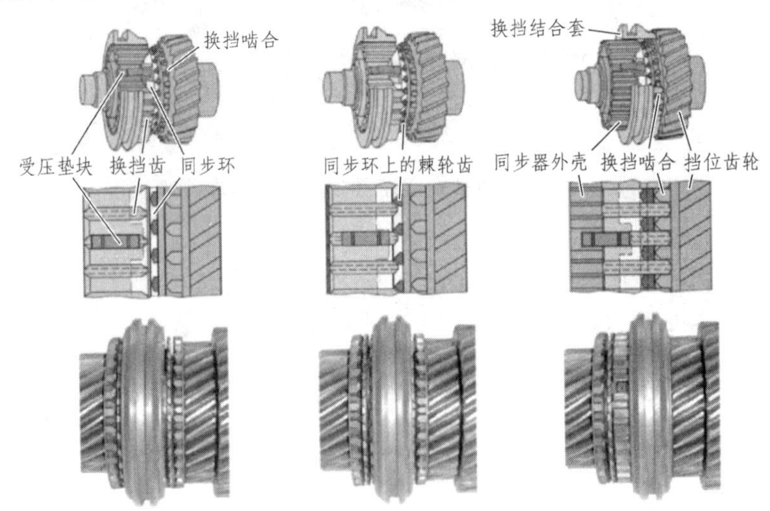

图 3-1-14　同步器工作过程

二、基本技能

手动变速器传动机构拆解与检查：

当手动变速器内部出现异响时，就需要对变速器传动机构进行拆解检查，下面以 2010 款卡罗拉轿车搭载的 C50 手动变速器进行拆解介绍。

1. 准备工作

（1）防护装备：工作服、工作帽、手套、劳保鞋。

（2）车辆、台架、总成：手动变速器总成。

（3）手工工具：拆装工具一套。

（4）辅助材料：润滑脂、丰田黏合剂 1344；抹布、手套、白板笔。

2. 卡罗拉轿车手动变速器传动机构的拆解

（1）从手动变速器壳上拆下手动变速器加油螺塞和衬垫，如图 3-1-15 所示。

（2）从手动变速器上拆下放油螺塞和衬垫，如图 3-1-16 所示。

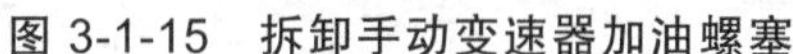

图 3-1-15　拆卸手动变速器加油螺塞

图 3-1-16　拆卸放油螺塞

（3）拆卸速度表从动齿轮孔盖分总成，如图 3-1-17 所示。

（4）拆卸倒车灯开关总成。如图 3-1-18 所示，用 27 mm 长套筒扳手，从手动变速器壳上拆下倒车灯开关和衬垫。

图 3-1-17　拆卸速度表从动齿轮孔盖

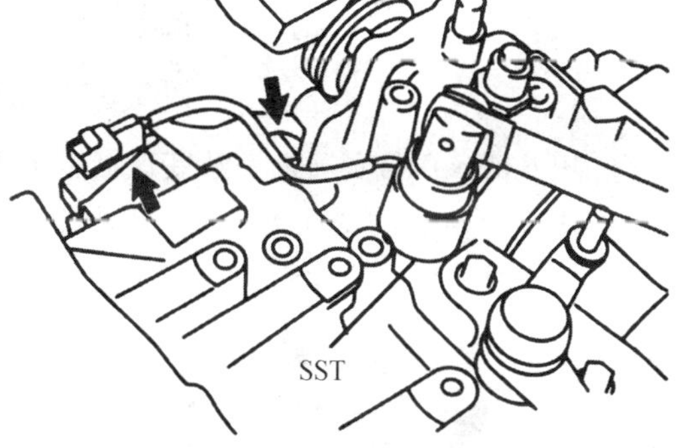

图 3-1-18　拆卸倒车灯开关总成

（5）从手动变速器壳上拆下 3 个螺栓和控制拉索支架，如图 3-1-19 所示。

（6）将手动变速器放置到木块上，固定手动变速器总成。

（7）拆卸锁止钢球销，如图 3-1-20 所示。

a. 用 10 mm 六角套筒扳手从手动变速器壳上拆下换挡和选挡轴带头直螺纹塞；

b. 用吸棒从手动变速器壳上拆下换挡和选挡杆轴压缩弹簧和锁止钢球销；

c. 用 10 mm 六角套筒扳手从手动变速器壳上拆下外换挡杆带头直螺纹塞；

d. 用吸棒从手动变速器壳上拆下外换挡杆压缩弹簧和锁止钢球销。

图 3-1-19　拆卸控制拉索支架总成

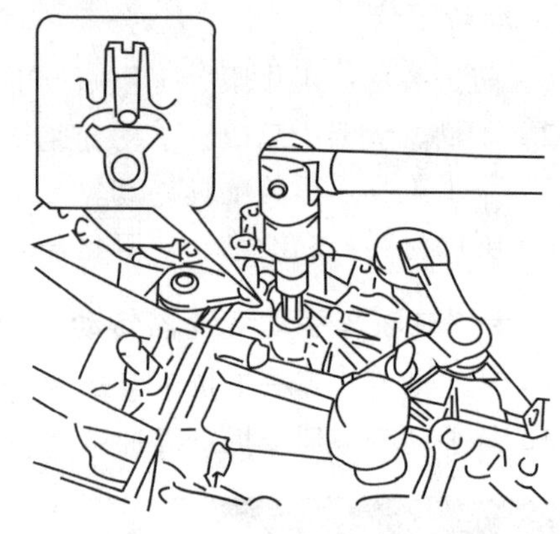

图 3-1-20　拆卸锁止钢球销

（8）拆卸换挡锁止钢球，如图 3-1-21 所示。

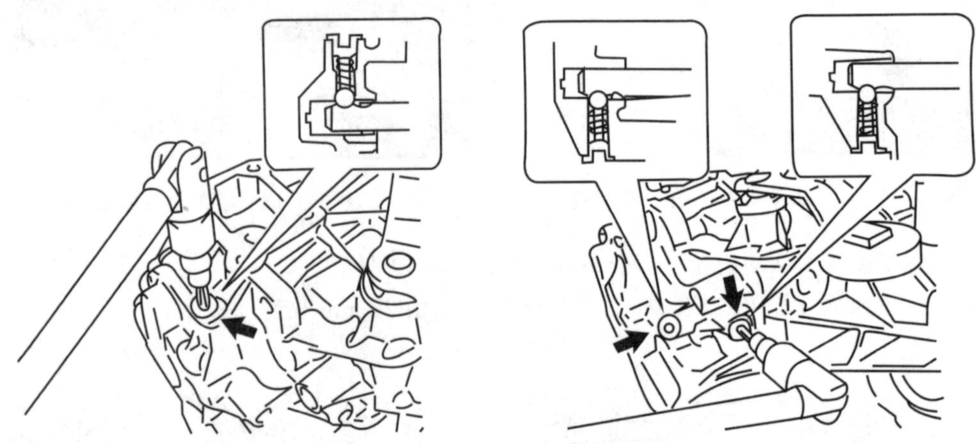

图 3-1-21　拆卸换挡锁止钢球

a. 用 6 mm 六角套筒扳手从变速器壳上拆下换挡锁止钢球螺塞；

b. 用吸棒从手动变速器壳上拆下压缩弹簧和换挡锁止钢球。

（9）拆卸手动变速器壳，如图 3-1-22 所示。

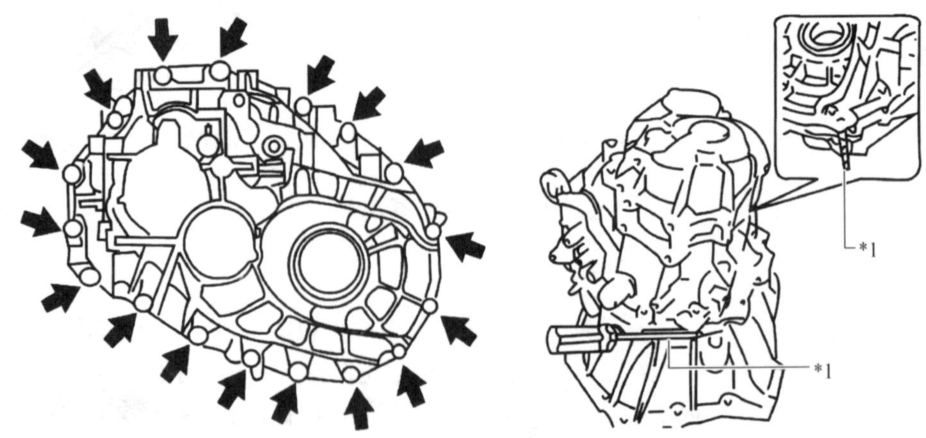

图 3-1-22　拆卸手动变速器壳

a. 拆下 17 个螺栓；

b. 用头部缠有保护胶带的螺丝刀从前传动桥壳上分离手动变速器壳；

c. 顺时针转动 1 号外换挡杆，直到其与凸台接触；

d. 推动 1 号外换挡杆并拆下手动变速器壳。

（10）从前传动桥拆下倒挡惰轮轴、倒挡惰轮止推垫圈和倒挡惰轮，如图 3-1-23 所示。

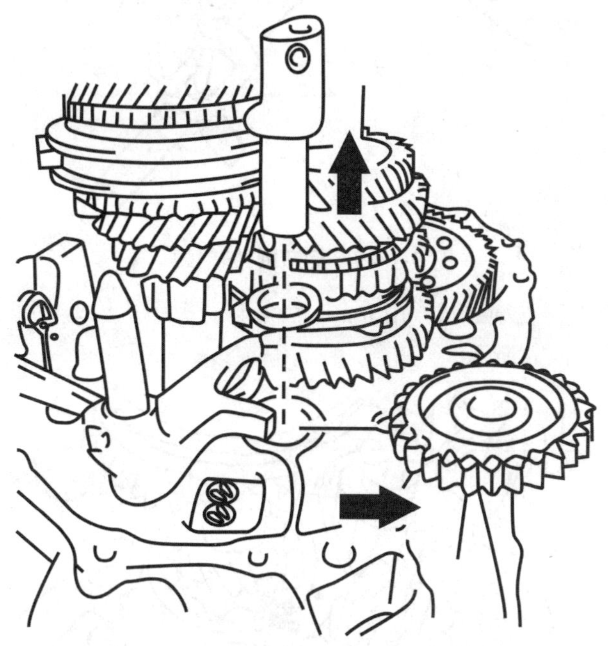

图 3-1-23 拆卸倒挡惰轮分总成

（11）拆卸倒挡换挡拨叉轴总成。顺时针转动倒挡换挡拨叉轴总成，并将其从前传动桥壳上拆下，如图 3-1-24 所示。

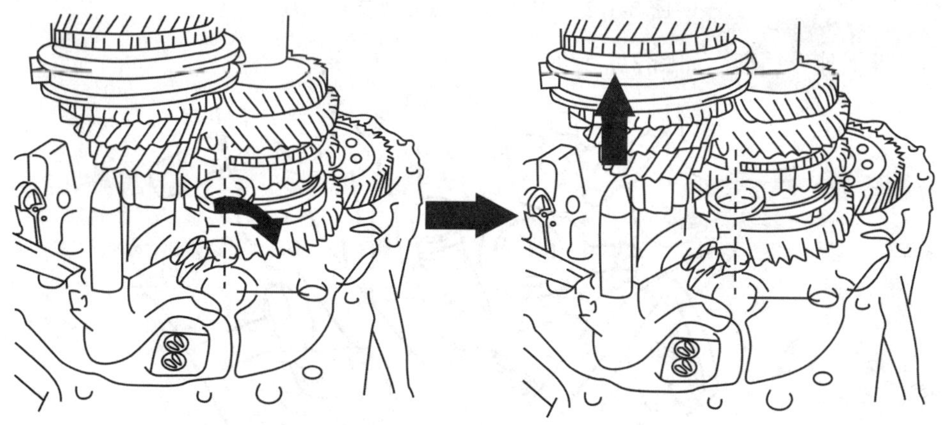

图 3-1-24 拆卸倒挡换挡拨叉轴总成

（12）拆卸倒挡轴拨叉，如图 3-1-25 所示。

a. 用 5 mm 的尖冲头和锤子敲出倒挡换挡拨叉开槽弹簧销；

b. 从 4 号换挡拨叉轴上拆下倒挡块拨叉。

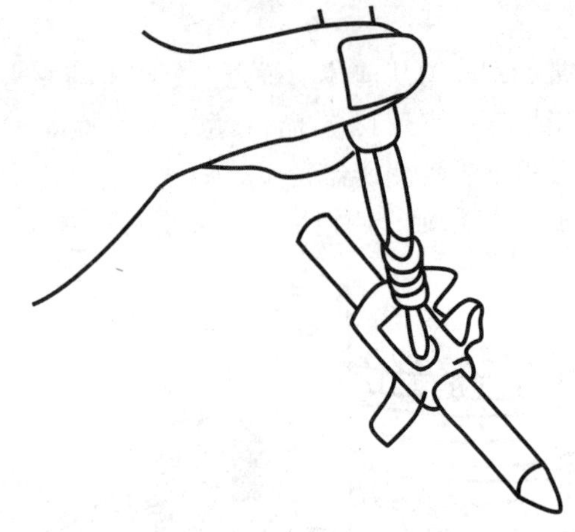

图 3-1-25　拆卸倒挡轴拨叉

（13）拆卸倒挡换挡臂支架总成。用 6 mm 六角套筒扳手从传动桥壳上拆下 2 个螺栓和倒挡换挡臂支架，如图 3-1-26 所示。

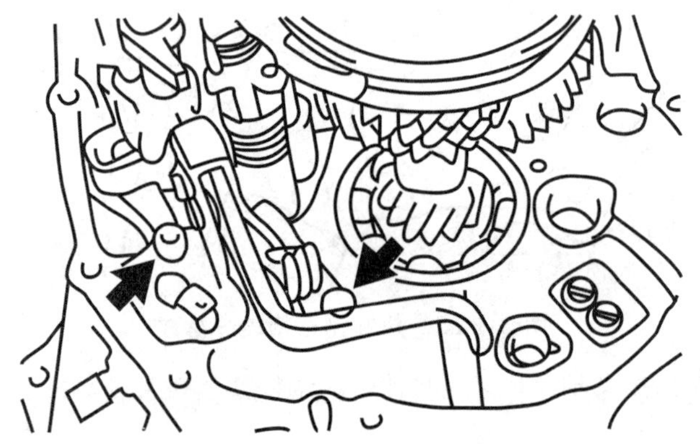

图 3-1-26　拆卸倒挡换挡臂支架总成

（14）拆下外选挡杆，如图 3-1-27 所示。

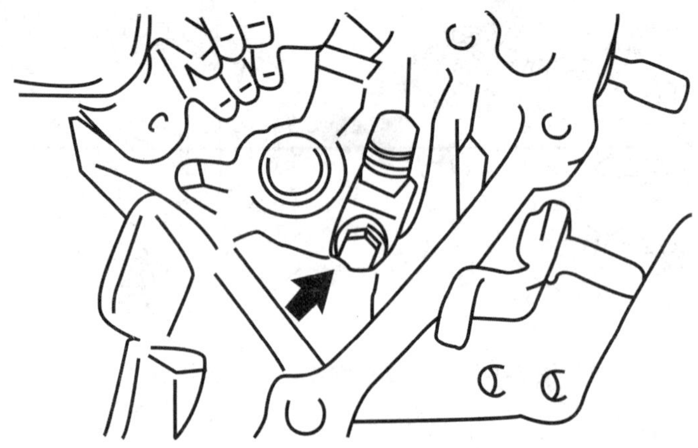

图 3-1-27　拆下外选挡杆

a. 拆下内选挡杆螺塞；

b. 从前传动桥壳上拆下外选挡杆和内选挡杆。

（15）拆卸换挡和选挡杆轴总成。顺时针转动换挡和选挡杆轴总成，并从前传动桥壳上拆下换挡和选挡杆轴总成和换挡互锁板，如图 3-1-28 所示。

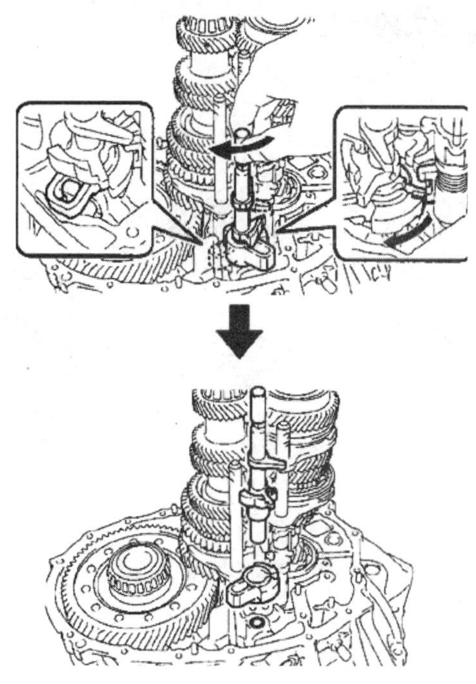

图 3-1-28　拆卸换挡和选挡杆轴总成

（16）拆卸外选挡杆油封。用头部缠有保护胶带的螺丝刀，从前传动桥壳上拆下外选挡杆油封，如图 3-1-29 所示。

（17）拆卸输入轴总成。如图 3-1-30 所示。

a. 从前传动桥壳上拆下输入轴总成、输出轴总成和两个换挡杆拨叉轴总成；

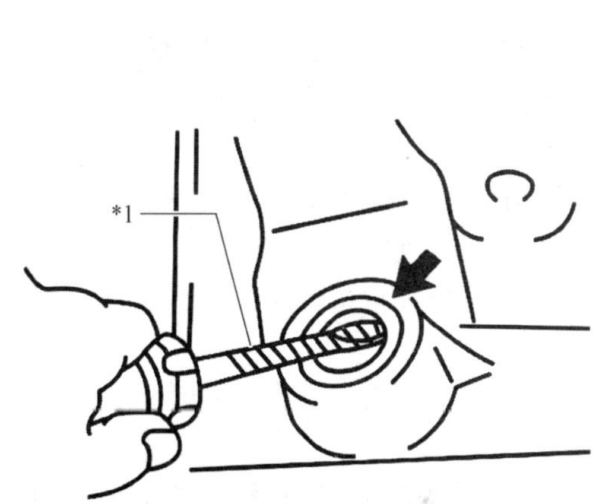

图 3-1-29　拆卸外选挡杆油封

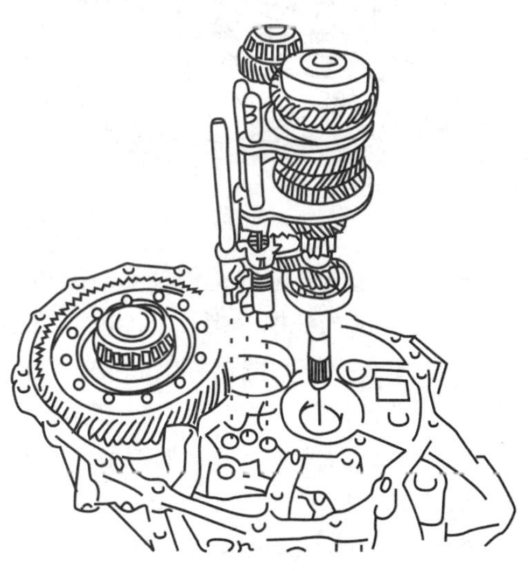

图 3-1-30　拆卸输入轴总成

b. 从输入轴总成上将输出轴总成和 1 号换挡拨叉轴总成一起拆下；

c. 从输入轴总成上拆下 2 号换挡拨叉轴总成；

d. 从输出轴总成上拆下 1 号换挡拨叉轴总成。

3. 卡罗拉手动变速器总成的组装

（1）安装输入轴总成，如图 3-1-31 所示。

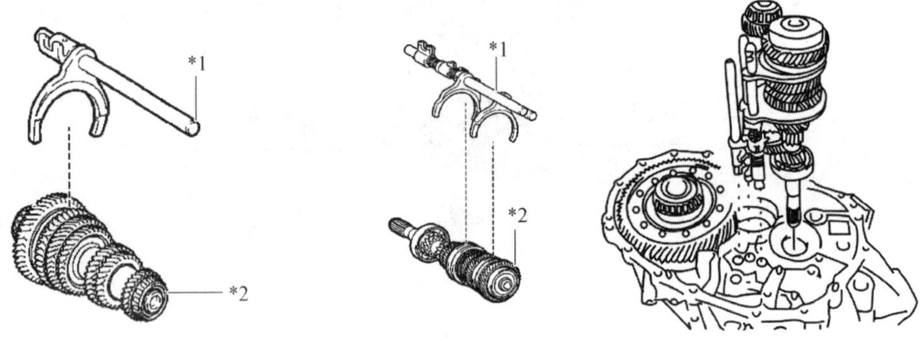

图 3-1-31 安装输入轴总成

a. 在所有的滑动和旋转零件上涂抹齿轮油；

b. 在 1 号换挡拨叉轴上涂抹齿轮油，并将其安装至输出轴总成；

c. 在 2 号换挡拨叉轴上涂抹齿轮油，并将其安装至输入轴总成；

d. 暂时将带 1 号换挡拨叉轴的输出轴安装至输入轴总成，并用绳或细线将其系紧；

e. 将输入轴总成、输出轴总成和 2 个换挡拨叉轴总成安装至前传动桥壳中。

（2）安装外选挡杆，如图 3-1-32 所示。

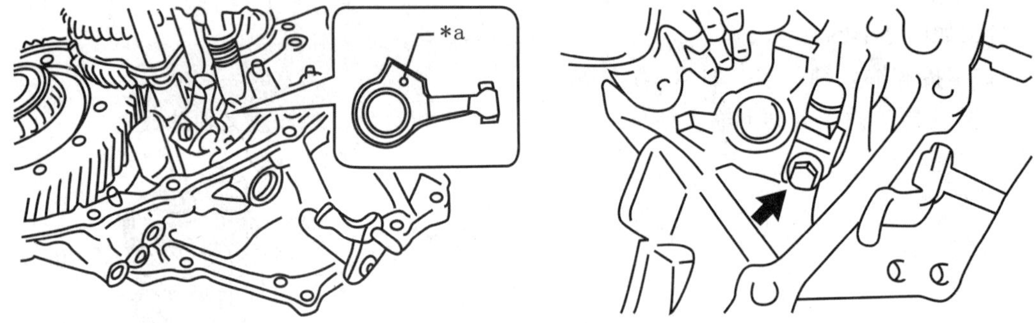

图 3-1-32 安装外选挡杆

a. 将外选挡杆和内选挡杆安装至前传动桥壳，使其标记位于前传动桥壳外部；

b. 在内选挡杆螺栓螺纹上涂抹黏合剂（型号 1344），并将其安装。

（3）安装换挡和选挡杆轴总成。将换挡互锁和换挡、选挡杆轴总成安装至前传动桥壳，并将其逆时针转动，如图 3-1-33 所示。

（4）安装倒挡换挡臂支架总成。在 2 个螺栓螺纹上涂抹黏合剂，用这 2 个螺栓安装倒挡换挡臂支架，如图 3-1-34 所示。

（5）安装倒挡换挡拨叉。用 5 mm 尖冲头和锤子，将倒挡换挡拨叉开槽销安装至 4 号换挡拨叉轴，如图 3-1-35 所示。

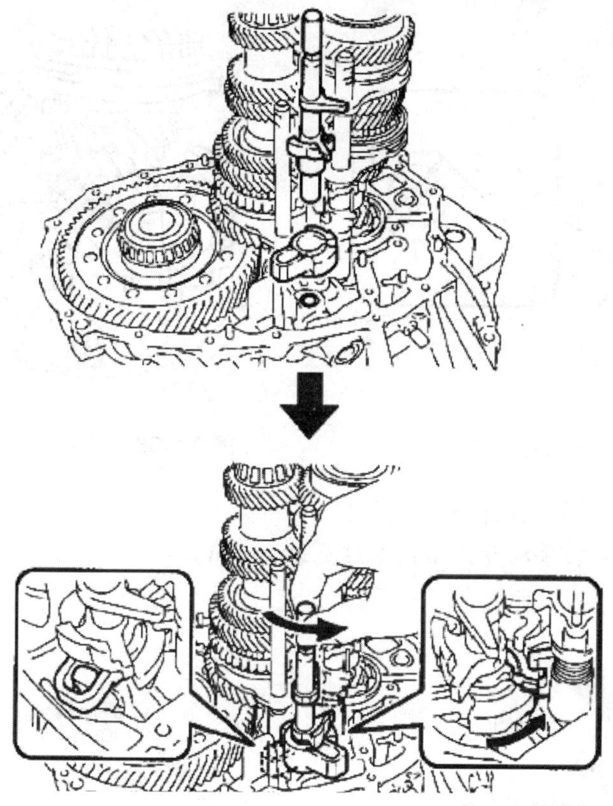

图 3-1-33　安装换挡和选挡杆轴总成

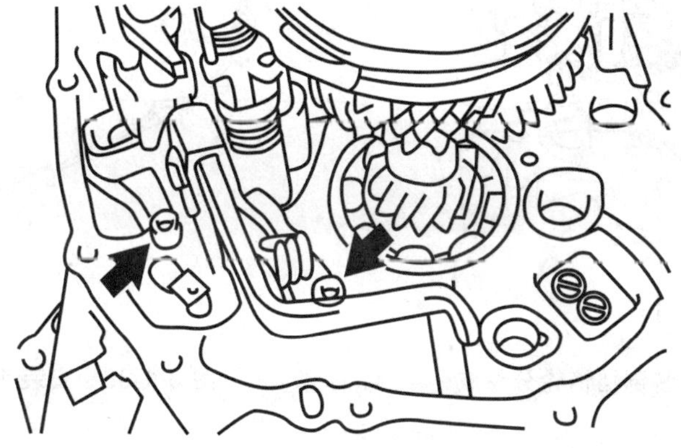

图 3-1-34　安装倒挡换挡臂支架总成

（6）安装倒挡换挡拨叉轴总成。在倒挡换挡拨叉轴总成上涂抹齿轮油，并将其安装至其传动桥壳，如图 3-1-36 所示。

（7）安装倒挡惰轮分总成。在倒挡惰轮分总成、止推垫圈和倒挡惰轮轴上涂抹齿轮油，用壳的螺栓孔作为参考，在所示范围（大约 20°）内对准倒挡惰轮轴的 I 形槽标记，如图 3-1-37 所示。

（8）安装手动变速器壳，如图 3-1-38 所示。

a. 在手动变速器壳上涂抹密封胶（型号 1281）；

b. 推动 1 号外换挡杆并安装手动变速器壳；

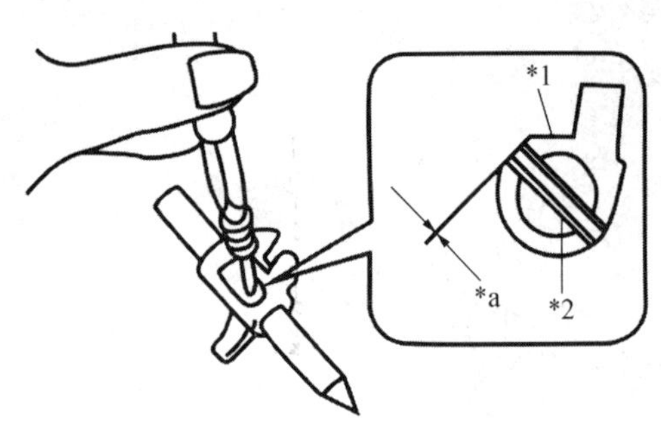

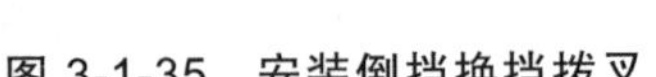
图 3-1-35　安装倒挡换挡拨叉

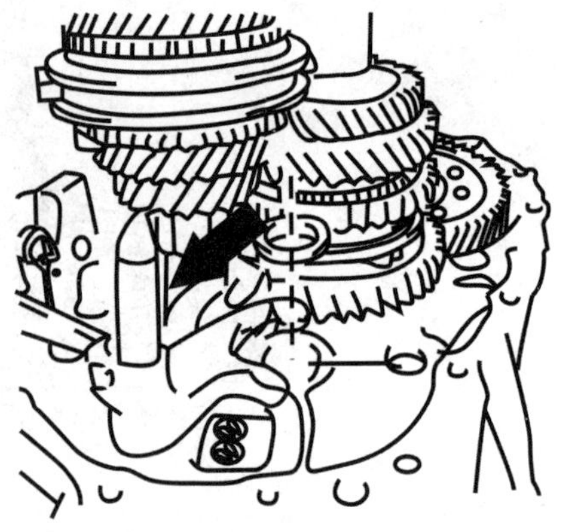
图 3-1-36　安装倒挡换挡拨叉轴总成

c. 逆时针转动 1 号外换挡杆并将其拉出；

d. 用 17 个螺栓安装手动变速器壳（力矩 29 N · m）。

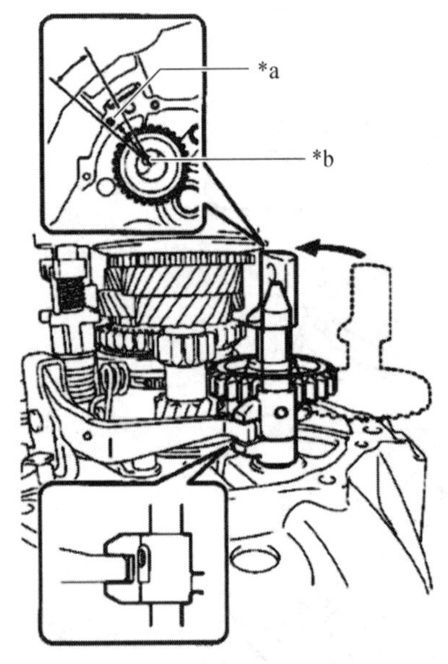

图 3-1-37　安装倒挡惰轮分总成

图 3-1-38　安装手动变速器壳

（9）安装换挡锁止钢球。

a. 将换挡锁止钢球和 2 个压缩弹簧安装至手动变速器；

b. 在换挡锁止钢球螺塞的螺纹上涂抹黏合剂，并用 6 mm 六角套筒扳手将其安装（力矩 22 N · m）；

c. 将换挡锁止钢球和压缩弹簧安装至手动变速器壳；

d. 在换挡锁止钢球螺塞螺纹上涂抹黏合剂，用 6 mm 内六角套筒扳手将其安装（力矩 22 N · m）。

（10）安装锁止钢球销。

a. 将锁止钢球销和换挡、选挡压缩弹簧安装至手动变速器壳；

b. 在换挡和选挡杆轴带头直螺纹塞的螺纹上涂抹黏合剂，并用 10 mm 六角套筒扳手将其安装（力矩 25 N · m）；

c. 将锁止钢球销、换挡和外换挡杆压缩弹簧安装至手动变速器壳；

d. 在外换挡杆带头直螺纹塞的螺纹上涂抹黏合剂，用 10 mm 内六角套筒扳手将其安装（力矩 25 N · m）。

（11）安装倒挡惰轮轴螺栓。在倒挡惰轮轴螺栓螺纹上涂抹密封胶，并用新衬垫将其安装至手动变速器壳，如图 3-1-39 所示。

图 3-1-39　安装倒挡惰轮轴螺栓

（12）安装控制拉索支架总成。用 3 个螺栓控制拉索支架安装至手动变速器壳（力矩 17 N · m），如图 3-1-40 所示。

（13）安装变速器壳塞。将新衬垫和变速器壳塞安装至手动变速器壳（力矩 39 N · m）。

（14）安装倒车灯开关总成。用 27 mm 长套筒扳手将新衬垫和倒车灯开关安装至手动变速器壳（力矩 40 N · m）。

（15）安装手动变速器加油螺塞。将新衬垫和手动变速器加油螺塞安装至手动变速器壳（力矩 40 N · m）。

（16）安装手动变速器放油螺塞（见图 3-1-41）。将新衬垫和手动变速器放油螺塞安装至手动变速器壳（力矩 40 N · m）。

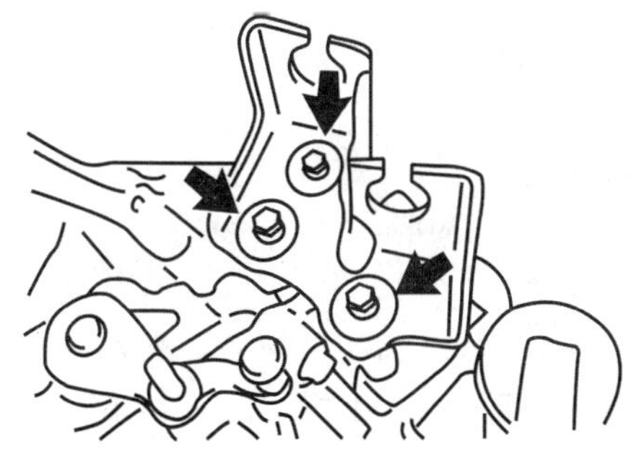

图 3-1-40　安装控制拉索支架总成

图 3-1-41　安装手动变速器放油螺塞

三、拓展知识

1. 三轴式变速器

三轴式变速器适应于发动机前置、后驱动布置形式的汽车。变速器设有第一轴、第二轴和中间轴，另外还有一根较短的倒挡轴。

东风 EQ1090E 型汽车是典型的三轴式五挡变速器，有 5 个前进挡和 1 个倒挡。该变速器的结构如图 3-1-42 所示，其传动过程可参阅结构示意图，如图 3-1-43 所示。

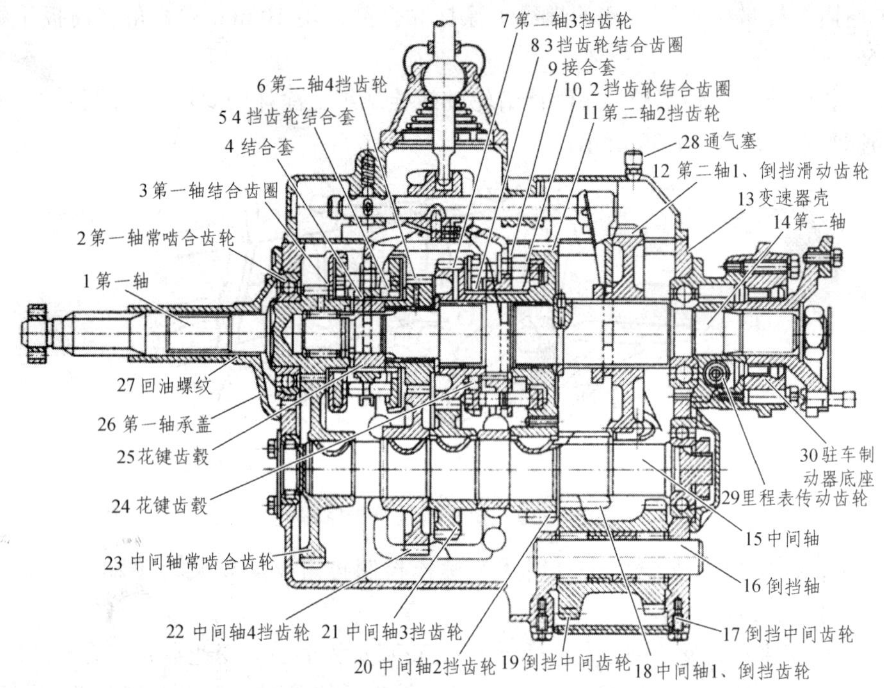

图 3-1-42　东风 EQ1090E 型汽车三轴式五挡变速器

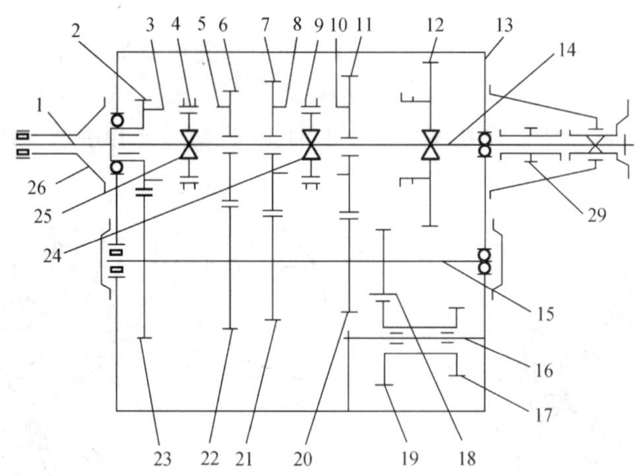

图 3-1-43　东风 EQ1090E 型汽车三轴式五挡变速器结构示意图（图注同图 3-1-42）

第一轴为变速器的输入轴。前端的花键部分安装离合器的从动盘，与发动机曲轴相连，接受动力。前端的轴颈由轴承支承在曲轴后端的孔内；后端的轴颈由轴承支承在变速器轴承孔内。后端的齿轮与轴制成一体，与中间轴上的齿轮组成常啮合齿轮副。

第二轴为变速器的输出轴。前端轴颈用滚针轴承支承在第一轴后端的轴承孔内，后端轴颈由轴承支承在壳体轴承孔内。第二轴上的各挡齿轮与中间轴相应的各挡齿轮均为常啮合齿轮副。后端通过凸缘与万向传动装置相连将动力输出。

中间轴由轴承支承在壳体上。中间轴上齿轮都固定在中间轴上，除与输入轴齿轮啮合之外，中间轴上的其他齿轮都作为主动轮分别与第二轴上相应的齿轮相互啮合，构成变速器各挡的第二级齿轮传动。

东风 EQ1090E 型汽车三轴式五挡变速器动力传递过程简述如下（见图 3-1-43）：

1）1 挡动力传递过程

前移第二轴上的 1、倒挡滑动齿轮 12 与中间轴 1 挡、倒挡齿轮 18 接合。

传动路线：第一轴→第一轴常啮合齿轮齿轮 2→中间轴常啮合齿轮 23→中间轴→中间轴 1、倒挡齿轮 18→第二轴 1、倒挡齿轮 12→第二轴。

2）2 挡动力传递过程

后移第二轴上的 2、3 挡同步器的接合套 9 与第二轴 2 挡齿轮 11 接合。

传动路线：第一轴→第一轴常啮合齿轮 2→中间轴常啮合齿轮 23→中间轴→中间轴 2 挡齿轮 20→第二轴 2 挡齿轮 11→第二轴 2、3 挡同步器→第二轴。

3）3 挡动力传递过程

前移第二轴上的 2、3 挡同步器的接合套 9 与第二轴 3 挡齿轮 7 接合。

传动路线：第一轴→第一轴常啮合齿轮 2→中间轴常啮合齿轮 23→中间轴→中间轴 3 挡齿轮 21→第二轴 3 挡齿轮 7→第二轴 2、3 挡同步器→第二轴。

4）4 挡动力传递过程

后移第二轴上的 4、5 挡同步器的接合套 4 与第二轴 4 挡齿轮 6 接合。

传动路线：第一轴→第一轴常啮合齿轮 2→中间轴常啮合齿轮 23→中间轴→中间轴 4 挡齿轮 22→第二轴 4 挡齿轮 6→第二轴 4、5 挡同步器→第二轴。

5）5 挡动力传递过程

前移第二轴上的 4、5 挡同步器的接合套 4 与第一轴常啮合齿轮 2 接合。

动力直接由第一轴传至第二轴，传动比为 1，称为直接挡，第二轴转速与第一轴相同。

6）倒挡动力传递过程

后移第二轴上的 1、倒挡滑动齿轮 12 与倒挡中间齿轮 17 接合。

传动路线：第一轴→第一轴常啮合齿轮 2→中间轴常啮合齿轮 23→中间轴→中间轴 1、倒挡齿轮 18→倒挡中间齿轮 19→倒挡中间齿轮 17→1、倒挡滑动齿轮 12→第二轴（与第一轴转向相反）。

2. 同步器

手动变速器的换挡装置有直齿滑动齿轮式、接合套式和同步器式等。同步器式是在接合套式的基础上，增设了一套同步元件而构成的。

同步器可使接合套与待啮合的齿圈迅速同步，缩短换挡时间，防止待啮合的齿轮达到同步之前产生轮齿冲击。因此，现代变速器中，前进挡齿轮都匹配同步器。以常见的二轴式变速器为例，一般有 2～3 个同步器，一个同步器在输入轴上位于 1 挡齿轮和 2 挡齿轮之间，另一个在输出轴上位于 3 挡齿轮和 4 挡齿轮之间。如图 3-1-44 所示的变速器有 5 挡齿轮，在 5 挡同样配有同步器。为了进一步保证挂挡平顺，目前部分轿车变速器的倒挡齿轮也配备了同步器。

现代汽车采用的几乎都是摩擦式惯性同步器，其常见形式有锁环式同步器和锁销式同步器。

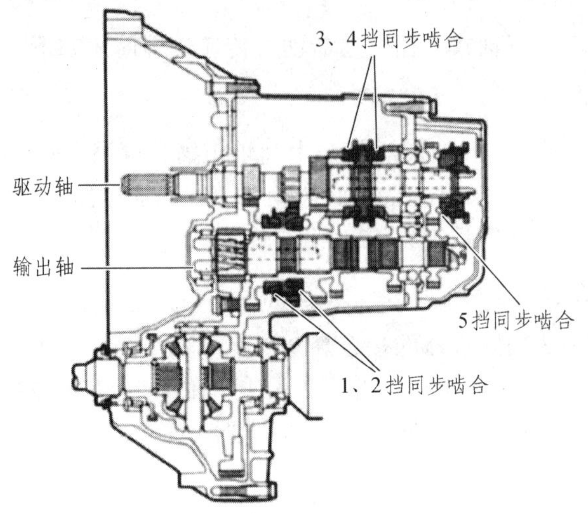

图 3-1-44　二轴式变速器的同步器

1）锁环式同步器

（1）锁环式同步器的结构。

锁环式惯性同步器主要由接合齿毂、接合套、同步环、滑块和滑块弹簧等组成，如图 3-1-45 所示。

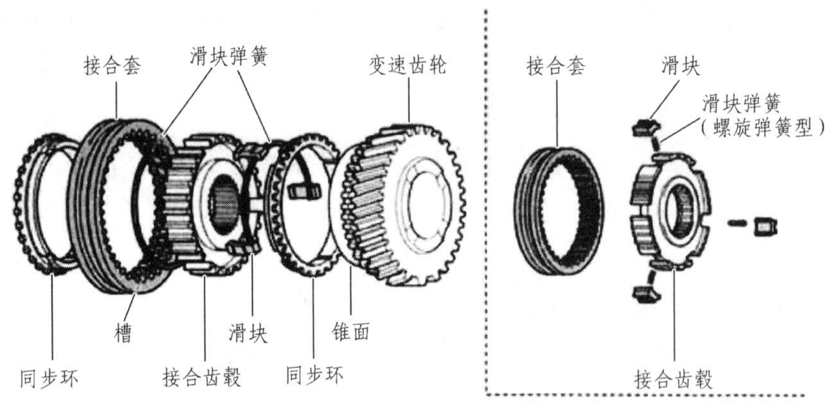

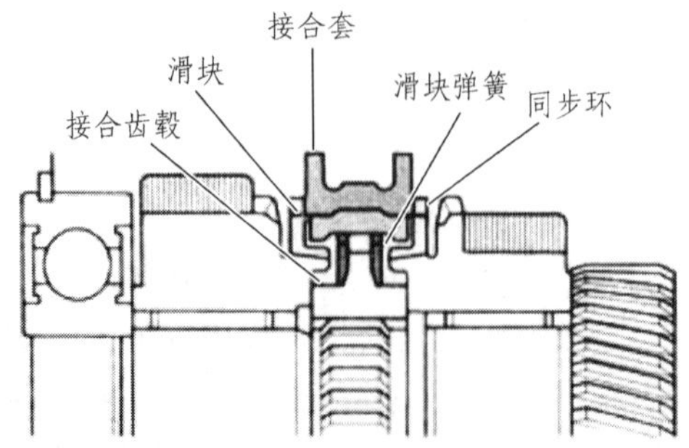

图 3-1-45　锁环式同步器的结构

接合齿毂通过内花键装在轴上，用卡环固定；接合齿毂的外花键与接合套啮合，接合套可轴向移动。接合齿毂两端与待啮合的变速齿轮的齿圈之间各有一个铜制的锁环（同步环）。锁环外圆上有短花键齿，与接合齿毂外花键以及接合套内花键相同，并且锁环外花键齿和齿圈在靠近接合器的一端都有倒角（锁止角），与接合套齿端倒角相同。锁环有内锥面，与齿圈的外锥面锥角相同，形成摩擦副称为摩擦件，外沿带倒角的短齿圈是锁止件；锁环内锥面制有细密的螺纹，用以及时破坏油膜，增加锥面的摩擦力矩。

在轴向位置，接合齿毂有 3 个凹槽，内装滑块，滑块用弹簧圈压紧在接合套内，滑块和弹簧是推动件。由于滑块窄，接合齿毂凹槽宽，因此锁环相对于滑块只能顺转或逆转半个齿宽，且只有当滑块位于锁环缺口的中间时，接合套与锁环才能接合。

（2）锁环式同步器的工作原理。

当要挂入某个挡位，由于齿圈与锁环的转速不相等，所以两者一经接触，便在锥面之间产生摩擦力矩。齿圈便通过摩擦力矩的作用带动锁环相对于接合套转过一个角度，接合套的齿与锁环的齿相互错开了约半个齿宽，从而使接合套的齿端倒角与锁环齿端倒角恰好互相抵住，阻止了接合套的移动，使其不能进入啮合，如图 3-1-46 所示。

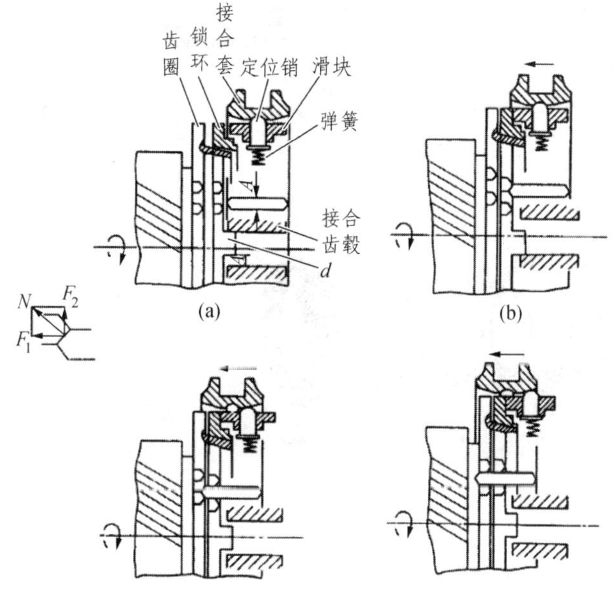

图 3-1-46　锁环式同步器的工作原理图

此时，若要使接合套与锁环进入啮合，则必须使锁环相对于接合套转过一个角度。由于驾驶员始终对接合套施加一个轴向推力 F_1，此轴向力通过接合套作用在锁环齿端倒角面上，形成倒角斜面上的法向正压力 N，N 又分解为圆周方向分力 F_2，便形成一个力图拨动锁环相对于接合套后退的拨环力矩。轴向力 F_1 使锁环与齿圈两者的锥面产生摩擦力矩，使两者转速迅速接近。

以上分析可知，在齿圈与锁环及接合套之间尚未达到同步之前，锁环上作用着两个方向相反的力矩：一个是齿端倒角上力图拨动锁环相对于接合套向后退转的拨环力矩，另一个是摩擦锥面上阻止锁环向后退转的惯性力矩，在转速尚未达到同步之前，两个锥面间摩擦力矩的数值与齿圈的惯性力矩相等。

如果拨环力矩 > 惯性力矩，锁环即可相对于接合套向后退转一个角度，以便接合套进入啮合；如果拨环力矩 < 惯性力矩锁环，则不能向后退转，而通过其齿端锁止角阻止接合套进入啮合。

不论驾驶员通过操纵机构作用在接合套上的轴向推力有多大，接合套齿端与锁环齿端总是互相抵触而不能接合，这就是锁环的锁止作用。由于锁环对接合套的锁止作用是齿圈的惯性力矩造成的，因此，这种原理的同步器称为惯性式同步器。

为了增强锁环式同步器的同步啮合能力，有的汽车已采用特别适用于 2 挡和 3 挡的三锥式或双锥式同步啮合机构。

三锥式同步器将锁环分为外环、中环和内环 3 部分，如图 3-1-47 所示。当滑块推动外环时，外环和中环形成一个单锥，中环和内环形成一个单锥。此外，内环和齿圈也形成一个单锥部分，所以摩擦力矩是由所有 3 个锥形部分共同形成的。因此，吸收转速差的能力较强，同步过程缩短。

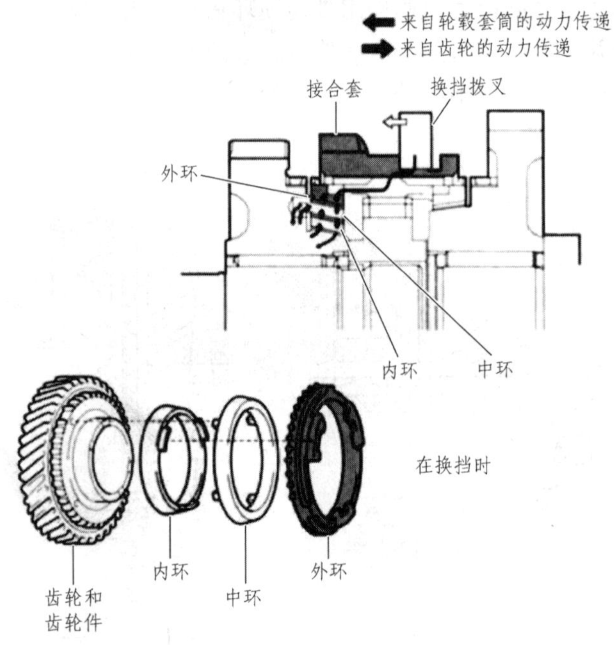

图 3-1-47　三锥式同步器

2）锁销式惯性同步器

锁销式惯性同步器有较大的摩擦锥面，以产生足够大的摩擦力矩，缩短同步时间。所以，目前中型及大型汽车较普遍地采用。

东风 EQ1090E 型汽车变速器的锁销式同步器的结构如图 3-1-48 所示。

同步器的两个有内锥面的摩擦锥盘分别固定在带有外花键齿圈的 5 挡齿轮和 4 挡齿轮上，并随齿轮一同旋转。与之相配合的两个有外锥面的摩擦锥环，通过 3 个锁销和 3 个定位销与接合套连接。锁销的两顶端固定在摩擦锥环相应的孔中，锁销的中部切有一段环槽，环槽的两侧和接合套上相应的销孔两侧都切有相同的倒角（称为锁止角），3 个锁销通过此倒角对接合套产生锁止作用。只有在锁销与接合套的销孔对中时，接合套方能沿锁销轴向滑动。在接合套上的定位销孔中部钻有斜孔，内装弹簧，定位钢球在弹簧的作用下顶向定位销中部的环槽，以保证同步器处于正确空挡位置。

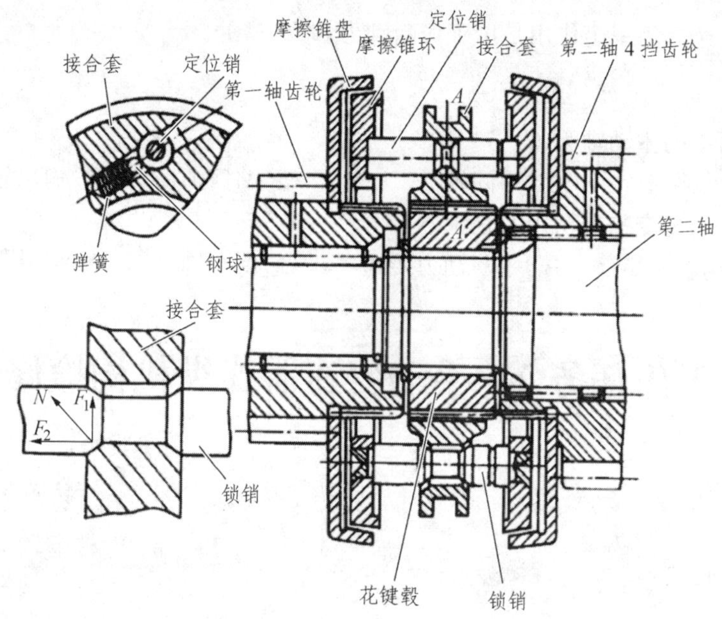

图 3-1-48　锁销式同步器

四、学习小结

（1）变速器的功用是变速和变矩、中断动力传递和倒车。

（2）变速器的类型：按操纵方式不同分为手动、自动和半自动变速器 3 种；按传动比变化方式不同分为有级、无级和综合式变速器 3 种；按工作轴的数量（不包括倒挡轴）可分为三轴式变速器和二轴式变速器。

（3）同步器是为了避免换挡时齿间冲击而在换挡装置中设置的装置。同步器有常压式和惯性式两种，目前大部分同步式变速器上采用的是惯性同步器。

（4）卡罗拉轿车手动变速器的拆解。

五、任务分析

本情境中，故障明显出现在变速器传动机构，应拆检变速器，并着重对 1 挡相关的机构进行检查。

六、自我评估

1. 填空题

（1）同步器的主要作用是______________。

（2）拆卸变速器油封、结合面的螺丝刀，要求________________。

2. 判断题

（1）同步器能够保证：变速器换挡时，待啮合齿轮的圆周速度迅速达到一致，以减少冲击和磨损。（　　）

（2）汽车变速器的一个作用是用于切断动力。（ ）

3. 选择题

（1）变速器中的主动轴为（ ）。

A. 输入轴　　B. 中间轴　　C. 倒挡轴　　D. 输出轴

（2）以下不属于变速器功用的是（ ）。

A. 变速和变矩　　B. 中断动力传递　　C. 倒车轴　　D. 提升发动机动力

工作任务 2　手动变速器操纵机构检修

任务情境

一、任务描述

一辆丰田卡罗拉 GL 轿车，装备 C50 手动变速器，出现如下故障现象：在变速器挂挡时，需要反复挂挡几次才能挂上挡位。已经确认离合器系统没有问题，现在怀疑变速器操纵机构故障，你的主管要求你对手动变速器操纵机构进行检查，你能完成吗？

二、任务提示

根据故障现象，故障可能出现在手动变速器的操纵机构，需要对操纵机构进行检查与调整。

任务目标

一、知识目标

（1）能够描述手动变速器操纵机构的种类以及基本组成。

（2）能够描述手动变速器操纵机构检查与调整的方法与步骤。

二、能力目标

能够检查与更换手动变速器操纵机构。

必备知识

一、基本知识

1. 手动变速器操纵机构的功用

变速器操纵机构，有的也称为换挡机构，是用来执行驾驶员的换挡操作，使变速器挂入所需要的任一挡位工作，并可根据路况随时使之退到空挡。

2. 手动变速器操纵机构的要求

要使变速器操纵机构可靠地工作，应满足下列要求：

（1）防止变速器自动换挡或自动脱挡。

（2）保证变速器不会同时换入两个挡位。

（3）防止误入倒挡。

3. 手动变速器操纵机构的类型

根据变速器换挡杆与变速器的相互位置不同，可分为直接操纵式操纵机构和远距离操纵式操纵机构两种类型。

1）直接操纵式

直接操纵式变速器的换挡杆及所有操纵装置都设置在变速器壳体上，如图 3-2-1 所示。变速器布置在驾驶员座位旁，换挡杆由驾驶室地板伸出，驾驶员可直接操纵换挡杆拨动变速器盖内的换挡操纵装置进行换挡。大多数发动机前置、后轮驱动的轿车和长头货车采用这种操纵机构。

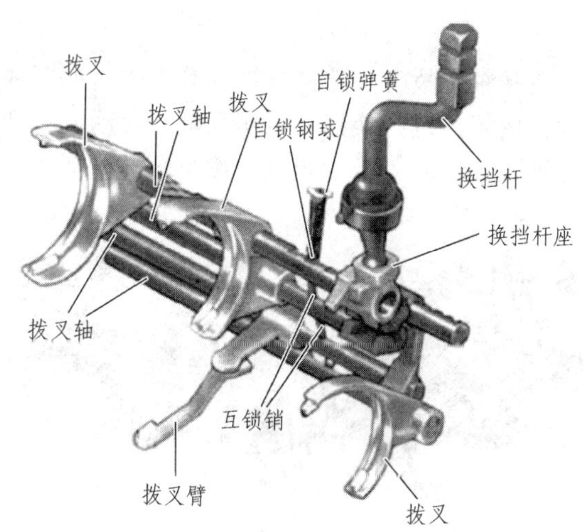

图 3-2-1　直接操纵式换挡机构

2）远距离操纵式

在某些汽车上，由于变速器安置位置离驾驶员座位较远，换挡杆及其他操纵装置不能安装在变速器壳体上，而要加装一些辅助传动机构，构成远距离操纵的形式，也称为遥控式换挡机构或换挡操纵装置等，如图 3-2-2 所示。发动机前置、前轮驱动的轿车和平头汽车，由于整体布置的需要，一般采用远距离操纵机构。有些车辆的变速器还将换挡杆安装在转向柱上。远距离操纵式由内、外两部分操纵机构组成。外部操纵机构由拉杆或拉线组成，它们通过控制拨叉轴的运动与变速器壳体内的操纵机构连接，从而实现选挡和换挡。

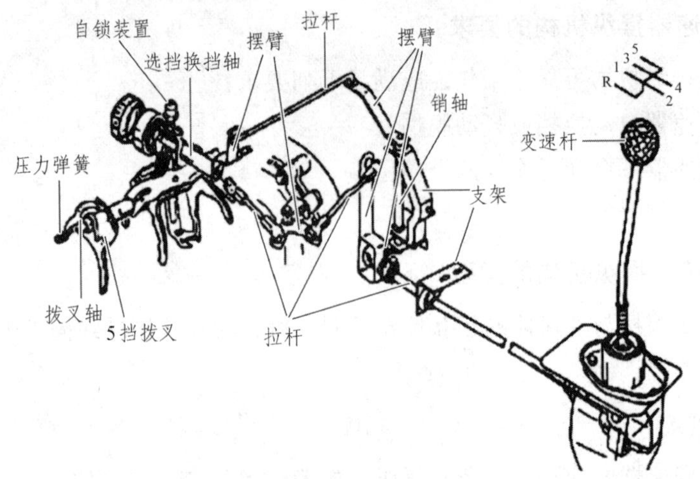

图 3-2-2　远距离操纵式换挡机构

4. 手动变速器操纵机构的结构组成

变速器操纵机构通常由换挡拨叉机构和定位锁止装置两部分组成。

1）换挡拨叉机构

换挡拨叉机构主要由拨叉轴、拨叉、选挡换挡轴等组成，如图 3-2-3 所示。

变速器在外操纵机构作用下，选挡换挡轴可实现轴向移动或转动。当它转动时，可进行选挡动作。当选挡换挡轴轴向移动时，带动相应的拨叉轴及拨叉移动，实现换挡。

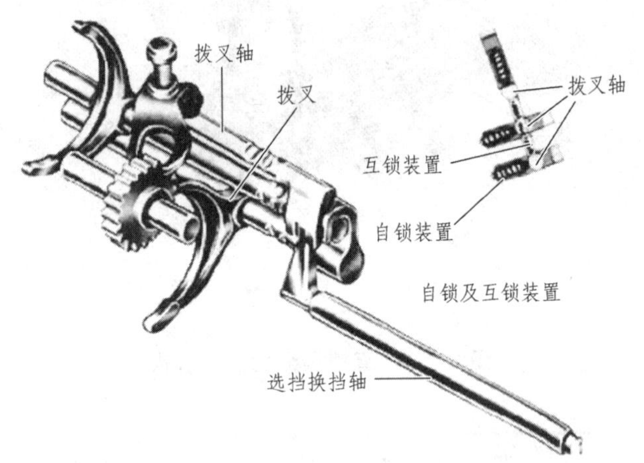

图 3-2-3　变速器的换挡拨叉机构

2）定位锁止装置

为了保证变速器能够准确无误地挂入所选定的挡位，并安全、可靠地工作，变速器必须具备：自锁装置（换挡锁止机构）、互锁装置（防止双重啮合机构）和倒挡锁装置（防止误倒挡机构）。

（1）自锁装置（换挡锁止机构）。

自锁装置的作用是防止自动脱挡，并能保证齿轮全齿啮合。

变速器的自锁装置采用定位钢球对拨叉轴进行轴向定位锁止，如图 3-2-4 所示。每个换挡拨叉轴上有 3 个凹槽，换挡时定位钢球通过弹簧推入凹槽，可防止变速器脱挡，也能给予驾驶员较好的换挡手感。

（2）互锁装置（防止双重啮合机构）。

互锁装置的作用是防止两个拨叉轴同时移动，保证不同时挂入两个挡位。如果两个换挡拨叉同时移动，致使两个挡位的齿轮同时进入啮合，这样输出轴不再转动，轮胎突然停止转动从而出现非常危险的状态，所以必须有效防止同时挂入两个挡位。互锁装置一般采用锁球式或锁销式，其结构如图 3-2-5 所示。

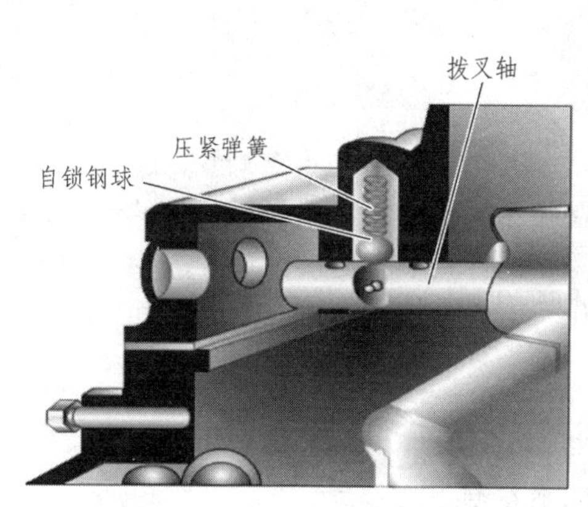

图 3-2-4 变速器自锁装置

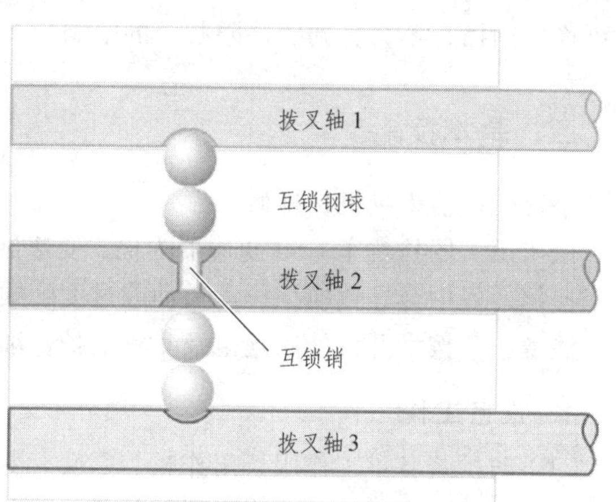

图 3-2-5 变速器互锁装置

（3）倒挡锁装置（防止误倒挡机构）。

为避免汽车在前进中驾驶员动作失误而挂入倒挡，要求挂倒挡时与挂前进挡应有不同的操纵方式或对变速杆所施加的操纵力也应不同。

倒挡锁装置的结构和工作原理如图 3-2-6 所示。

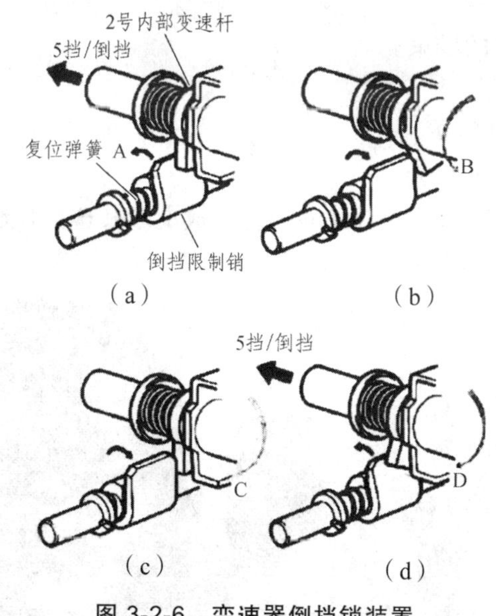

图 3-2-6 变速器倒挡锁装置

a. 当换挡杆移到 5 挡/倒挡选挡位置（5 挡/倒挡之间的空挡位置）时，2 号变速杆按“5

挡/倒挡”方向移动，从而按箭头 A 所示的方向转动倒挡限制销。

b. 变速器换到 5 挡时，2 号换挡杆按箭头 B 所示的方向转动而离开倒挡限制销。因此，倒挡限制销通过回动弹簧返回其原先位置。

c. 如果试图直接从 5 挡换到倒挡，如图 3-2-6（c）箭头 C 所示，2 号换挡杆受到倒挡限制销阻止，从而防止变速器从 5 挡直接换到倒挡。

d. 在换挡杆返回到 3 挡/4 挡之间的空挡位置，然后移到 5 挡/倒车选挡位置，2 号换挡杆和倒挡限制销的相对位置如图 3-2-6（d）所示。此时，按箭头 D 所示的方向转动 2 号换挡杆，即可换入倒挡，不会受到倒挡限制销的限制。

二、基本技能

手动变速器操纵机构检修：

以丰田卡罗拉轿车 C50 变速器为例，变速器控制拉索属于远距离式操纵机构的部件，在长期换挡过程中会导致换挡拉索松动或过度磨损，需要进行调节和更换。

注意：请按举升机使用规范及车辆防护标准操作。

1. 准备工作

（1）防护装备：工作服、工作帽、手套、劳保鞋。

（2）车辆、台架、总成：卡罗拉整车，或其他同类车型。

（3）车间设备：举升机等。

（4）测量工具。

（5）手工工具：拆装工具一套。

（6）辅助材料：翼子板布和前格栅布、三件套、抹布、手套、白板笔。

2. 变速器控制拉索拆卸步骤

（1）断开变速器总成上的线束。

a. 分离换挡杆总成上的 3 个卡子；

b. 从换挡杆总成上断开线束。

（2）断开换挡、选挡控制拉索。

a. 如图 3-2-7 所示，拆下卡子，并从换挡杆总成上断开选挡控制拉索；

b. 从换挡杆总成上断开换挡控制拉索。

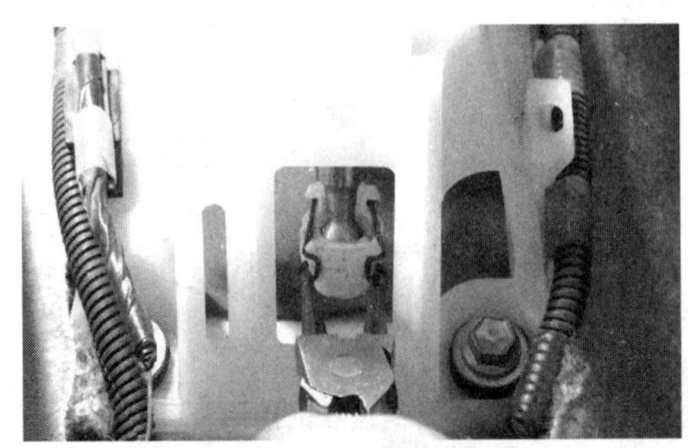

图 3-2-7　断开换挡控制拉索

（3）如图 3-2-8 所示，用螺丝刀拉出变速器控制拉索挡块。

注意：不要拆下挡块。

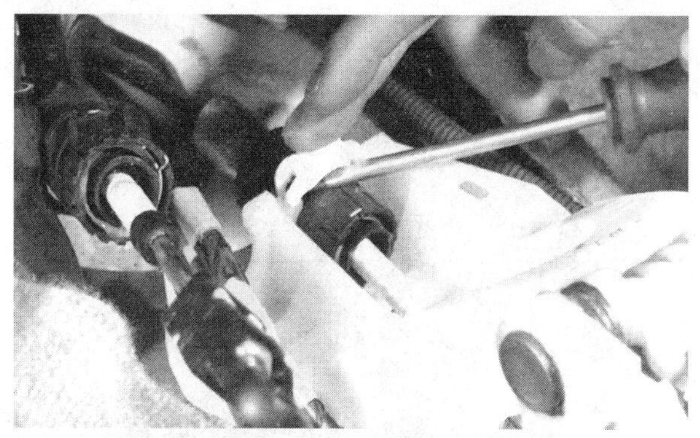

图 3-2-8　用螺丝刀拉出变速器控制拉索挡块

（4）在换挡杆总成处断开变速器控制拉索。如图 3-2-9 所示，逆时针旋转螺母约 180°并将螺母保持在此位置（防止过度旋转），从换挡杆固定架上断开变速器控制拉索。

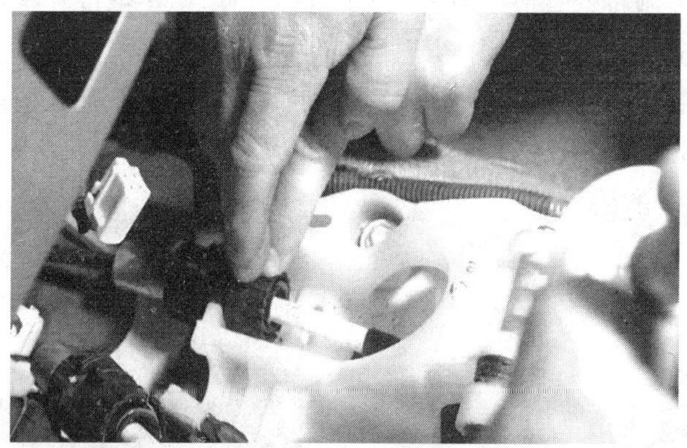

图 3-2-9　旋转螺母

（5）如图 3-2-10 所示，断开变速器控制拉索。

a. 拆下 2 个卡子，并从传动桥上断开 2 个变速器控制拉索；

b. 拆下 2 个卡子，并从控制拉索支架上断开 2 个变速器控制拉索。

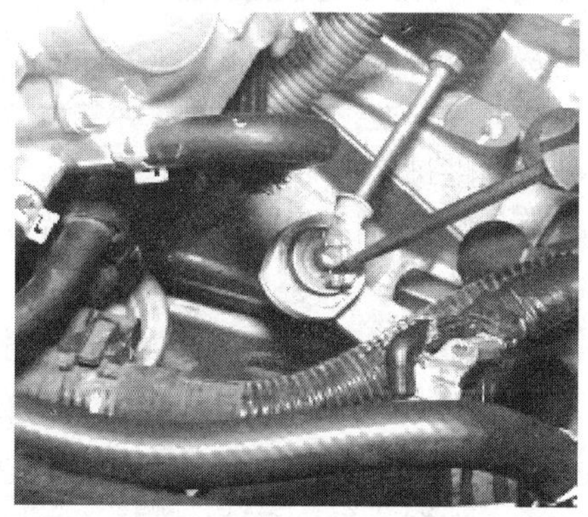

图 3-2-10　从传动桥上断开变速器控制拉索

（6）拆下变速器控制拉索总成。如图 3-2-11 所示，拆下 2 个螺母、螺栓和变速器控制拉索总成。

图 3-2-11　拆卸变速器控制拉索总成螺栓

3. 变速器控制拉索安装步骤

（1）安装变速器控制拉索总成。如图 3-2-12 所示，用 2 个螺母和螺栓安装变速器控制拉索总成（力矩 5 N · m）。

（2）压入变速器控制拉索挡块。如图 3-2-13 所示，逆时针转动变速器控制拉索螺母约 180°，将螺母保持在此位置，压入挡块直至发出 2 次"咔哒"声。

图 3-2-12　安装变速器控制拉索总成

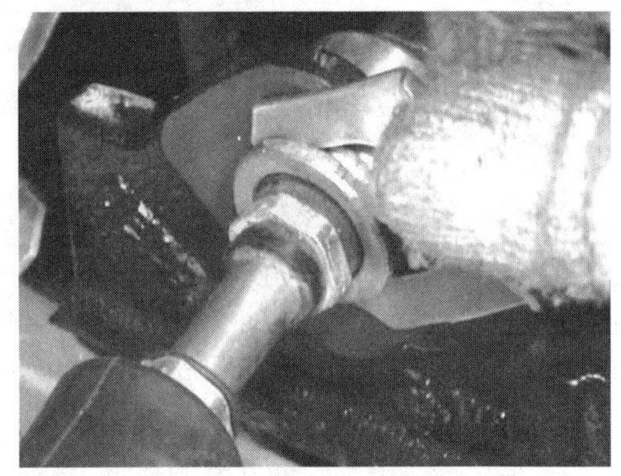

图 3-2-13　压入挡块

（3）安装控制拉索的外部至换挡杆固定架。如图 3-2-14 所示，将变速器控制拉索的外部安装至换挡杆固定架，检查并确认弹簧位置与图中位置相同，并压入挡块，若不能压入则稍微顺时针转动螺母后再压入挡块。

（4）将换挡控制拉索安装至换挡杆总成。如图 3-2-15 所示，将换挡控制拉索安装至换挡杆总成。

（5）如图 3-2-16 所示，将选挡控制拉索安装至换挡杆总成。

a. 确保锁止件从调节器盒伸出；

b. 调节拉索时，确保换挡杆不在 1 挡或 2 挡位置。

（6）将卡子安装至换挡杆。如图 3-2-17 所示，将卡子安装至换挡杆。

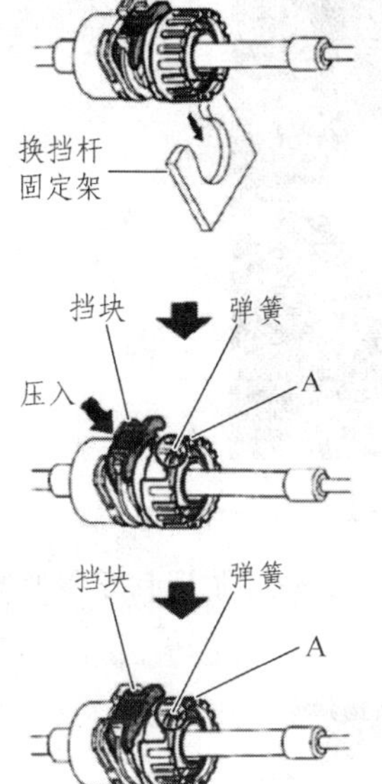

图 3-2-14　固定变速器控制拉索

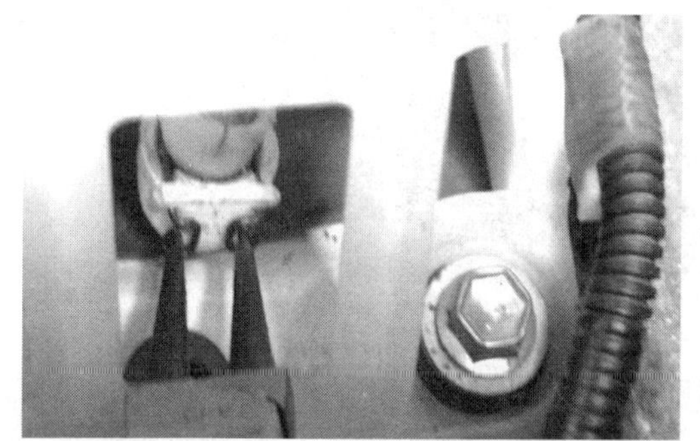

图 3-2-15　安装换挡杆控制拉索

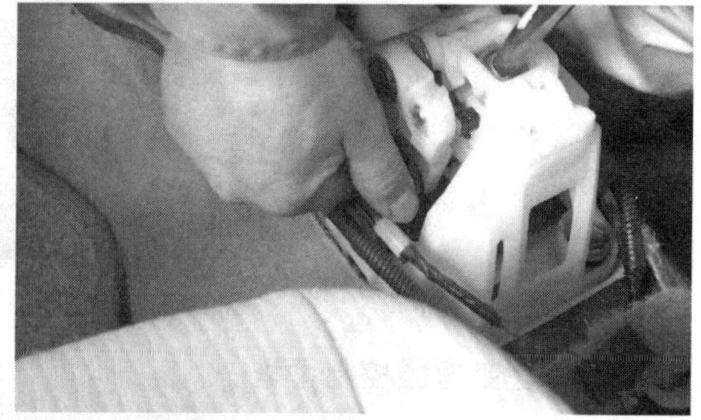

图 3-2-16　安装选挡控制拉索

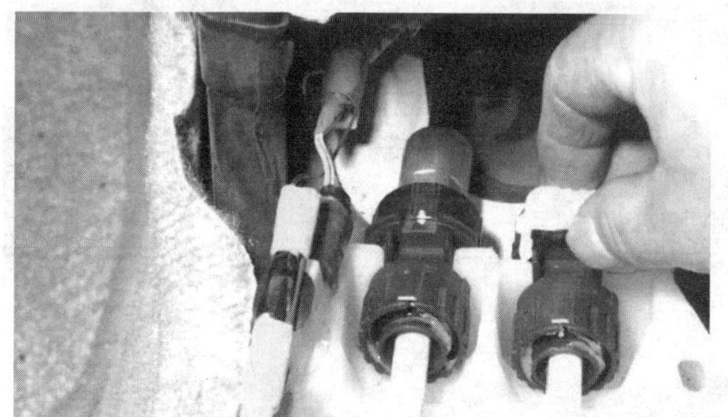

图 3-2-17　安装卡子

（7）固定换挡杆线束。用 3 个卡夹将线束安装至换挡杆总成。

（8）将变速器控制拉索安装至控制拉索支架上。如图 3-2-18 所示，用 2 个新卡子将 2 个变速器控制拉索安装至控制拉索支架。

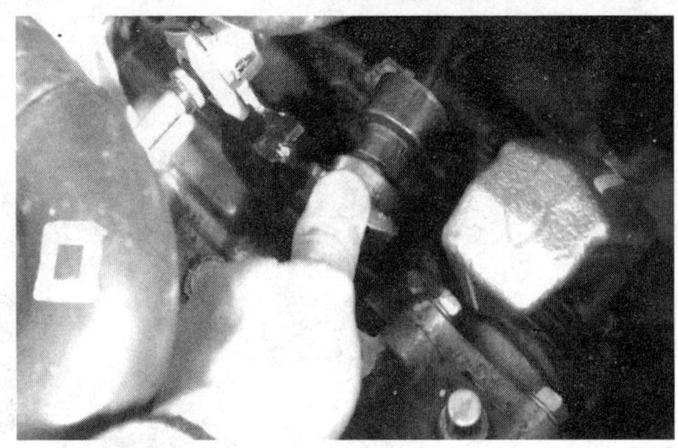

图 3-2-18　安装控制拉索至控制支架上

（9）将变速器控制拉索安装至传动桥。如图 3-2-19 所示，用 2 个新卡子将 2 个变速器控制拉索安装至传动桥。

图 3-2-19　控制拉索安装至传动桥

4. 调整变速器控制拉索

（1）拉出锁止件。如图 3-2-20 所示，用螺丝刀从调节器盒拉出锁止件。

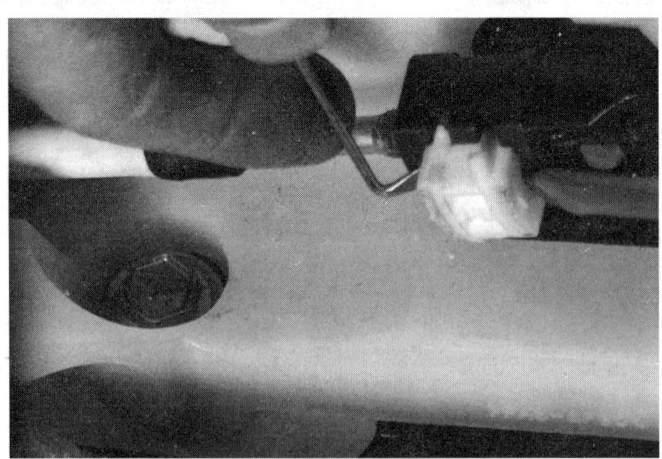

图 3-2-20　用螺丝刀拉出锁止件

（2）如图 3-2-21 所示，锁止倒挡限位器的换挡系统固定销。

① 按箭头（*1）所示方向移动该轴直至锁止（轴行程 15 mm）;

② 按箭头（*2）所示方向按下按钮的同时，按箭头（*3）所示方向压入销直至锁止;

③ 压入销的同时，按箭头（*4）所示方向移动该轴直至锁止（轴行程 7.3 mm）。

（3）将锁止件压入调节器盒。牢固压入锁止件直至锁止啮合。

（4）如图 3-2-22 所示，松开倒挡限位器的换挡系统固定销。

① 按箭头（*1）所示方向移动该销直至锁止（销行程 8.5 mm）;

② 按箭头（*2）所示方向移动该销，检查并确认销被松开。

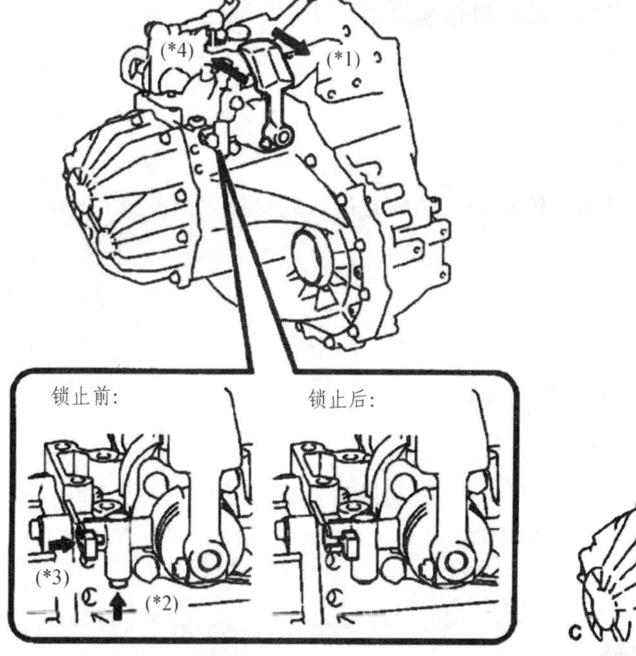

图 3-2-21　锁止倒挡限位器的换挡系统固定销

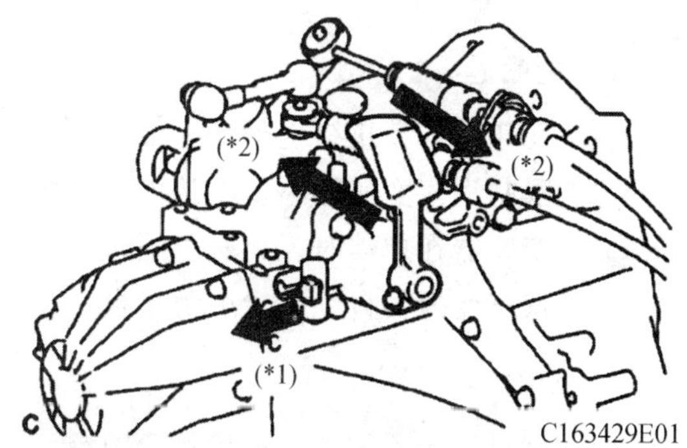

图 3-2-22　松开倒挡限位器的换挡系统固定销

三、拓展知识

手动变速器的正确使用：

轿车手动变速器通常带同步器，换挡方便，噪声小。一般行驶 200 000 ~ 300 000 km 后，变速器才可能发生一些故障，但如果使用、维护不当的话，则会造成早期损坏，因此手动变速器使用、维护时应注意以下几点：

（1）换挡前应将离合器踩到底，操纵变速杆时动作要轻快、准确、柔和，不可用力过猛，也不要硬拉硬推，使齿轮发响；以免变速器操纵机构受损。行驶中，不要长时间将手放在变速杆上，否则会造成变速器换挡拨叉过早磨损。

（2）挂倒挡时要在汽车停止状态下进行，有些车还需要压缩倒挡弹簧或提起倒挡提钮；同样，在倒车后，要使车辆前进，也应将车停稳。

（3）运行中换挡必须选好换挡时机，增挡前，应首先进行汽车加速（所谓“冲车”），当车速升高到一定值时，及时挂入高速挡；降挡时，当车速降到一定值时，方可挂入低速挡。

在确保安全的情况下，应尽量使用高速挡，以减轻机件的磨损和降低油耗，并且根据路面及交通情况及时调整车速。

（4）严禁在空挡熄火状态下强行挂挡启动发动机，或在车速太低时挂入高速挡以及车速过高时换到低速挡，以免损坏变速器内运动组件和发动机。

四、学习小结

（1）变速器操纵机构必须具备自锁装置、互锁装置和倒挡锁装置。

（2）变速器操纵机构分为直接操纵机构和远距离操纵机构。

（3）卡罗拉轿车操纵机构的拆装和调整。

五、任务分析

本情境中，需要对手动变速器操纵机构进行检查，必要时进行调整或更换。

六、自我评估

1. 判断题

（1）变速器的锁止结构是锁止拨叉，使拨叉不能拨动齿轮。（　　）

（2）限制汽车变速器不发生乱挡的机构称为自锁装置。（　　）

（3）变速器在换挡时，为避免同时挂入两挡，必须装设自锁装置。（　　）

（4）汽车变速器自锁装置可防止自动脱挡和挂错挡。（　　）

2. 选择题

变速器自锁装置失效，将导致变速器（　　）。

A. 自动跳挡　　B. 乱挡　　C. 异响　　D. 挂不上挡

工作任务 3　手动变速器典型故障诊断

任务情境

一、任务描述

一辆卡罗拉手动挡轿车，出现变速杆无法挂入任何一个挡位的故障。你能排除这个故障吗？

二、任务提示

根据故障现象，可能是手动变速器操纵机构或内部原因导致，需要进行变速器的检查。

任务目标

一、知识目标

（1）能描述手动变速器无法挂挡的故障现象。
（2）能描述手动变速器无法挂挡的原因。

二、能力目标

能够对手动变速器无法挂挡进行故障诊断与排除。

必备知识

一、基本知识

手动变速器典型的故障是无法挂挡，可能是一个挡位，也可能是全部挡位出现故障。

1. 手动变速器无法挂挡造成的故障现象

（1）变速器不能顺利挂入任何挡位。
（2）手动变速器不能挂入某个挡位，其他挡位正常。

2. 手动变速器无法挂挡的原因

1）所有挡位都无法挂挡

（1）离合器不分离或分离不彻底。
（2）变速杆变形或挡位操纵机构调整不当。
（3）拨叉弯曲变形。
（4）同步器滑块卡滞或磨损。
（5）自锁或互锁装置卡滞。

2）变速杆不能挂入一个挡位，而其他挡位能挂

（1）同步器不良。
（2）齿轮端面毛糙。
（3）挡位杆松旷。
（4）齿轮与轴配合不良。

二、基本技能

手动变速器无法挂挡故障诊断流程如图 3-3-1 所示。

1. 准备工作

（1）防护装备：工作服、工作帽、手套、劳保鞋。
（2）车辆、台架、总成：卡罗拉轿车整车、变速器总成。

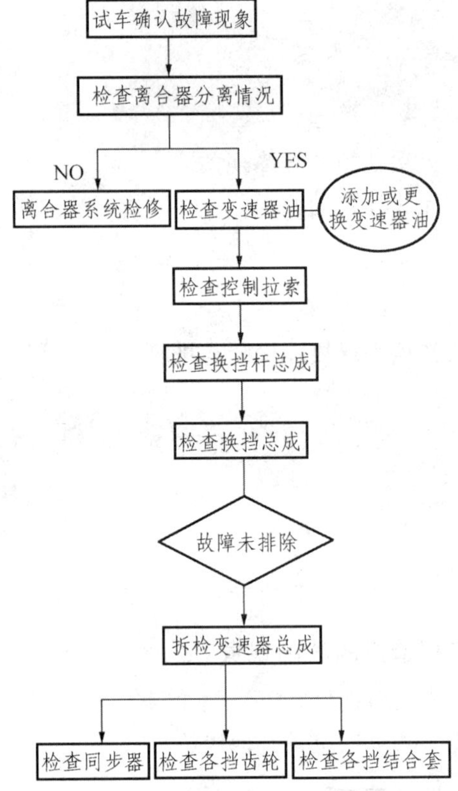

图 3-3-1　手动变速器无法挂挡故障诊断流程

（3）车间设备：举升机。

（4）专用工具：带滚子的百分表。

（5）测量工具：间隙规、游标卡尺。

（6）手工工具：拆装工具一套。

（7）辅助材料：翼子板布和前格栅布、三件套、变速器油、抹布、手套、白板笔。

2. 就车检查步骤

（1）检查离合器的分离情况。

a. 举升车辆离地 10 cm 左右；

b. 启动发动机，怠速运转；

c. 踩下离合器挂入 1 挡，观察车轮是否转动，如车轮转动则拆卸离合器并检查离合器总成。

（2）检查变速器油。要求如图 3-3-2 所示。

a. 检查变速器是否漏油，如有则找到漏油原因；

b. 检查变速器油质，油质不好则更换变速器油；

c. 检查变速器油位，不够应加到规定范围。

（3）检查变速器控制拉索。

a. 举升车辆检查变速器拉索是否松动或过度磨损；

b. 如图 3-3-3 所示，打开变速器控制拉索调节盒，检查变速器控制拉索的位置，如不对应进行调整。

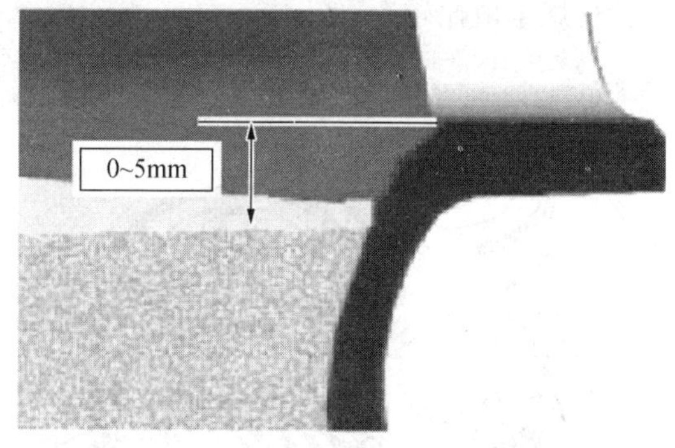

图 3-3-2　变速器油油质、油位的检查

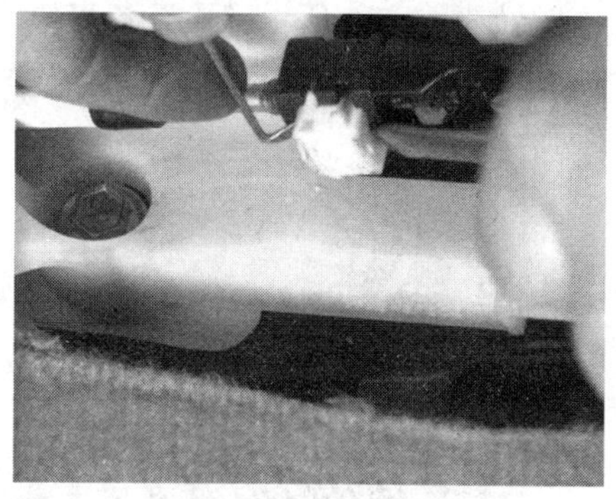

图 3-3-3　打开变速器控制拉索调节盒

（4）检查换挡杆总成。

a. 拆卸变速器换挡总成；

b. 检查换挡总成的磨损情况；

c. 如图 3-3-4 所示，检查换挡总成的控制拉索端子磨损情况。

（5）检查变速器换挡总成。

a. 换挡总成的自锁、互锁检查；

b. 如图 3-3-5 所示，换挡总成磨损检查。

图 3-3-4　检查变速器拉索的磨损情况

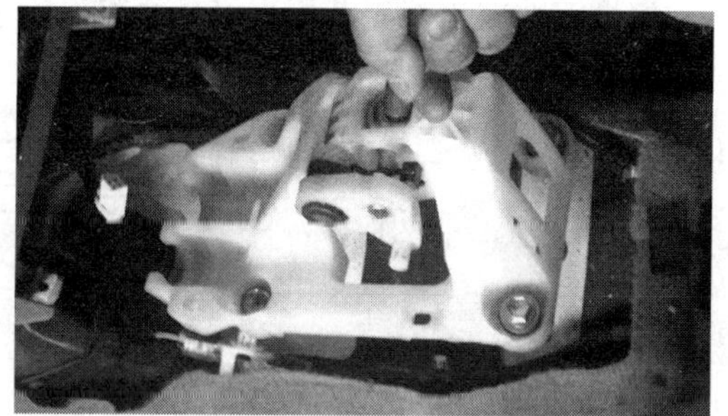

图 3-3-5　换挡总成的检查

3. 分解检查步骤

（1）拆解手动变速器。拆解变速器总成（参照变速器传动机构检修或维修手册的拆解步骤，如已经拆解则省略本步骤）。

（2）检查变速器同步器。

a. 外观检查同步器有无破裂；

b. 检查同步器的转动情况；

c. 如图 3-3-6 所示，用间规测量各同步器锁环与花键齿轮端部间隙，与规定值比较。

- 标准间隙：0.75 ~ 1.65 mm
- 最小间隙：0.75 mm

如果间隙小于最小值，必须更换同步器锁环。

（3）检查变速器齿轮。

a. 检查各齿轮的磨损、缺齿现象；

b. 检查各齿轮的轴向间隙，与规定值比较；

c. 如图 3-3-7 所示，检查各齿轮的径向间隙，与规定值比较。

间隙标准值：0.10 ~ 0.35 mm（以 3 挡为例）

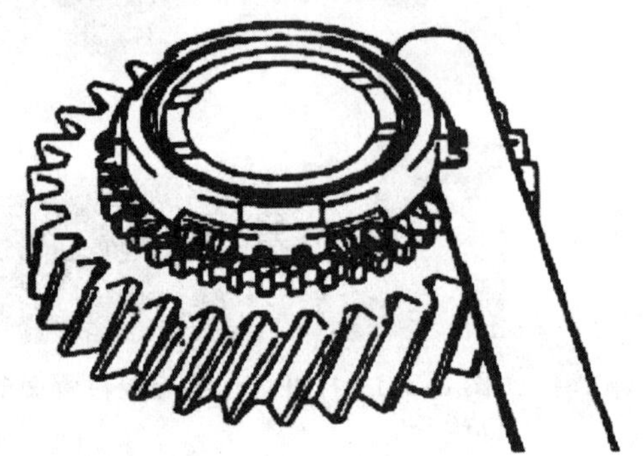

图 3-3-6　测量同步器锁环与花键齿轮端部间隙

图 3-3-7　检查各齿轮的径向间隙

（4）检查接合套。

a. 检查各接合套和对应离合器毂的滑动情况；

b. 检查并确认各接合套的花键端部未磨损；

c. 如图 3-3-8 所示，用游标卡尺测量各接合套凹槽的宽度和对应拨叉卡爪部分的厚度，并计算间隙与标准进行比较。标准间隙（$A-B$）：0.15 ~ 0.35 mm。

如果间隙超出规定范围，必须更换结合套和换挡拨叉。

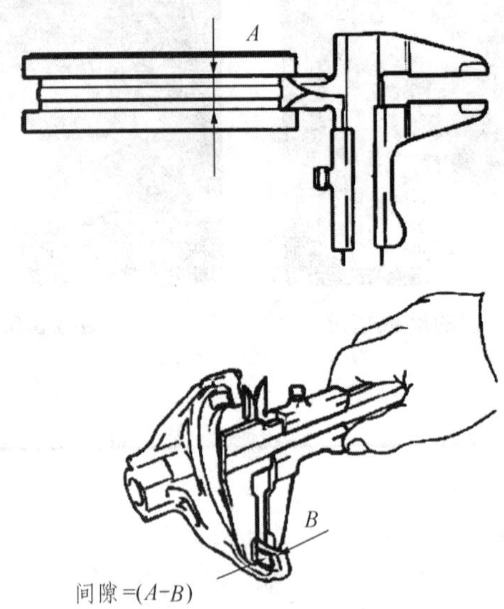

图 3-3-8　测量各接合套凹槽的宽度和对应拨叉卡爪部分的厚度

三、拓展知识

除了无法挂挡外，手动变速器的常见故障有自动脱挡、乱挡、挂挡困难、异响发热和漏油等。

1. 自动脱挡

1）故障现象

汽车在某一挡位行驶时，变速杆自动跳回空挡位置（一般在加、减速以及汽车剧烈跳动时较易发生）。

2）故障原因

（1）自锁装置的钢球或凹槽磨损严重，自锁弹簧疲劳过软或折断。

（2）挂入挡后，轮齿未达到全齿长啮合。

（3）齿轮、齿圈或齿套的轮齿，在啮合端沿齿长方向磨损成锥形。

（4）输入轴、输出轴的轴承磨损过于松旷。

（5）同步器两侧的常啮合齿轮轴向或径向间隙过大。

（6）各轴的轴向或径向间隙过大。

2. 乱　挡

1）故障现象

在离合器技术状况正常情况下，变速器同时挂入两个挡位，或不能挂入所需要的挡位。

2）故障原因

（1）互锁装置失效，如拨叉轴、顶销或钢球磨损过甚等。

（2）变速杆下端弧形工作面磨损或拨叉轴上导块凹槽磨损过大。

（3）变速杆球头定位销磨损或脱出，或球头磨损过于松旷。

总之，乱挡的主要原因是变速操纵机构失效。

3. 挂挡困难

1）故障现象

离合器技术状况良好，且变速操纵机构工作正常的情况下，变速器不能挂挡或挂挡时有撞击声。

2）故障原因

（1）同步器技术状况不良。

（2）换挡机构故障。

4. 异　响

1）故障现象

变速器在工作挡位或在空挡时，发出不正常的声响。

2）故障原因

（1）齿轮啮合响。新更换的齿轮副啮合不正常；齿轮磨损成阶梯状；齿轮牙齿折断；齿轮齿侧间隙过大等。

（2）轴承响。轴承磨损松旷；轴承损坏；润滑油的油品油质不符合要求等。

（3）其他原因发响。润滑油油量不够；油品油质不符合要求；花键与毂配合松旷；紧固螺栓松动等。

5. 发热与漏油

1）故障现象

（1）汽车行驶一段路程后，用手触摸变速器外壳有烫手感觉，即为变速器发热故障。

（2）变速器漏油是齿轮油从轴承盖或接合部位渗漏出来。

2）故障原因

（1）变速器发热主要原因有：轴承装配过紧、齿轮啮合间隙过小、缺少齿轮油或齿轮油选用不当等。

（2）变速器漏油主要原因有：衬垫密封不良、油封损坏、壳体破裂、紧固螺栓松动、齿轮油过多或通气孔堵塞等。

四、学习小结

（1）手动变速器无法挂挡造成的故障现象。

（2）手动变速器无法挂挡的原因。

（3）手动变速器无法挂挡的诊断思路。

五、任务分析

手动变速器无法挂挡的原因很多，检修时应按流程进行诊断，根据简单到复杂的原则进行故障排除。

六、自我评估

判断题

（1）离合器分离不彻底将导致无法挂挡。（　　）

（2）同步器损坏只能导致一个挡位无法挂挡。（　　）

学习项目 4　万向传动装置检修

本学习项目主要学习万向传动装置的检修，分为 2 个工作任务：任务 1 万向传动装置检修；任务 2 万向传动装置典型故障诊断。通过 2 个工作任务的学习，掌握万向传动装置的结构组成原理，以及拆装与检修的技能，能进行万向传动装置常见故障的检修。

工作任务 1　万向传动装置检修

任务情境

一、情境描述

一辆卡罗拉轿车，出现如下故障现象：车辆行驶时，听到底盘有“咔咔”的声音，在低速转弯时也会产生。你的主管把排除故障的任务交给你，你能完成吗？

二、情境提示

根据故障描述，“异响”的声音来自于半轴轴承，最大的可能性是轴承橡胶套破裂，润滑脂流出，导致轴承无法正常润滑，在高速转动时就产生“异响”。

任务目标

一、知识目标

（1）能描述万向传动装置的作用和组成。
（2）能描述半轴的作用与结构组成。
（3）能描述万向传动装置的检修方法。
（4）能描述半轴的检修方法。

二、能力目标

（1）能进行万向传动装置的检修。
（2）能进行半轴的检修。

必备知识

一、基本知识

1. 万向传动装置的功用和组成

万向传动装置的功用是能在轴间夹角和相对位置经常发生变化的转轴之间传递动力。万向传动装置一般由万向节和传动轴组成，对于传动距离较长的分段式传动轴，还要加装中间支承，如图 4-1-1 所示。

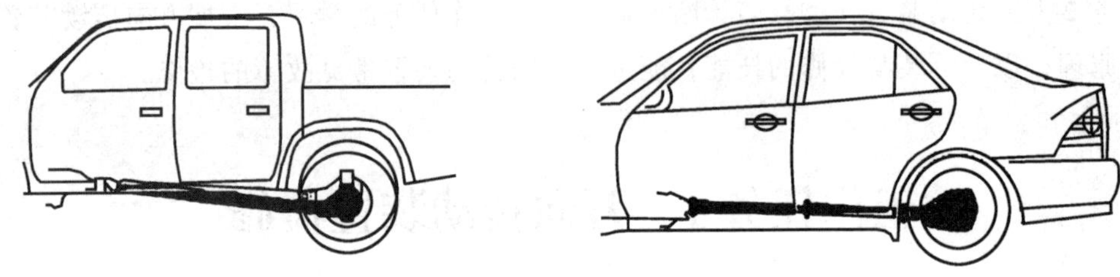

图 4-1-1　万向传动装置示意图

2. 万向节的功用和类型

万向节是万向传动装置中实现变角度传动的主要部件，主要分为刚性万向节和挠性万向节。刚性万向节又可分为不等速万向节（十字轴式）、准等速万向节（双联式、三销轴式等）和等速万向节（球笼式、球叉式等）。

1）三销轴式万向节结构及准等速特性

三销轴式万向节是由防尘罩、三销架、内侧万向节总成等组成，如图 4-1-2 所示。

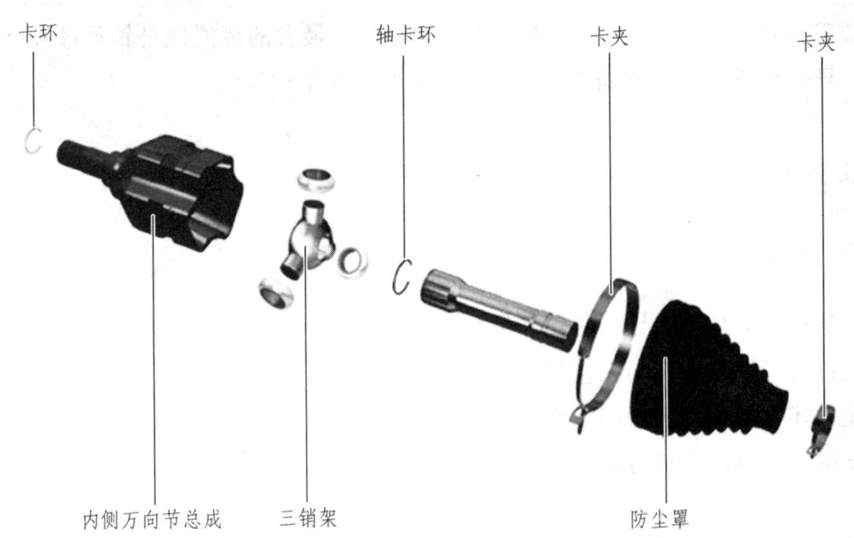

图 4-1-2　三销轴式万向节结构

三销轴式万向节是一种较为广泛的准等速万向节，装在与万向节轴制成一体的三根销轴上的球面滚轮，可沿与另一万向节轴相连的筒状体的 3 个轴向槽移动，起到伸缩花键的作用。

2）球笼式万向节的结构及等速特性

球笼式万向节如图 4-1-3 所示。星形套以内花键与主动轴相连，其外表有 6 条凹槽，形成内滚道。球形壳的内表面有相应的 6 条凹槽，形成外滚道。6 个传力钢球分别装在各条凹槽中，并由保持架使之保持在一个平面内。动力由主动轴经传力钢球、球形壳输出。

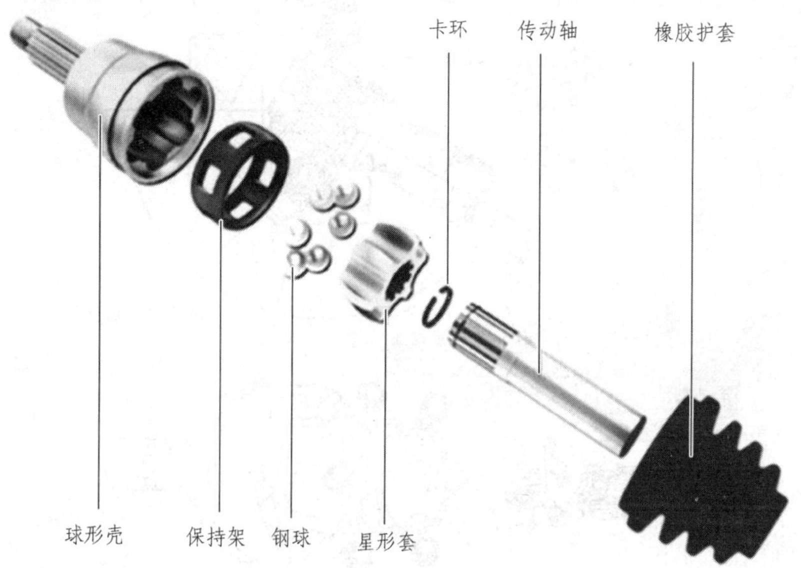

图 4-1-3　球笼式万向节结构

球笼式万向节的等角速传动原理是外滚道的中心与内滚道的中心分别位于万向节中心的两边，且与万向节中心等距离。传力钢球的中心岛外滚道中心与内滚道中心的距离也相等。保持架的内外球面、星形套的外球面和球形壳的内球面均以万向节中心为球心。因此，当两轴夹角变化时，保持架可沿内、外球面滑动，以保持传力钢球在一定位置。

下面以轿车上常见的固定式球笼万向节为例（见图 4-1-4）介绍球笼式万向节的结构组成。球笼式万向节主要由 6 个钢球（滚珠）、内滚道、防尘套（钟形罩）和球笼（保持架）组成。内滚道以其内花键与半轴连接，传力钢球分别位于 6 条由内滚道和钟形罩形成的凹槽内，由球笼保持在同一平面内。动力由半轴输入，经钢球和钟形罩输出。

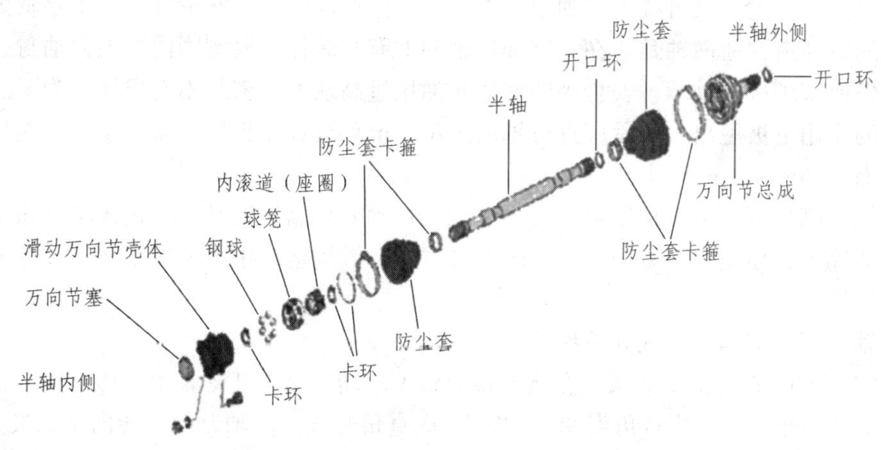

图 4-1-4　固定式球笼万向节结构示意图

球笼式万向节内部结构如图 4-1-5 所示。这种万向节内环和外环滚道以相同的角度相对于轴向相互对称地倾斜，且内外滚道是圆筒形的。在动力传递过程中，内环和外环可以沿轴向相对移动。因此，采用这种万向节可以省去万向传动装置中的滑动花键。

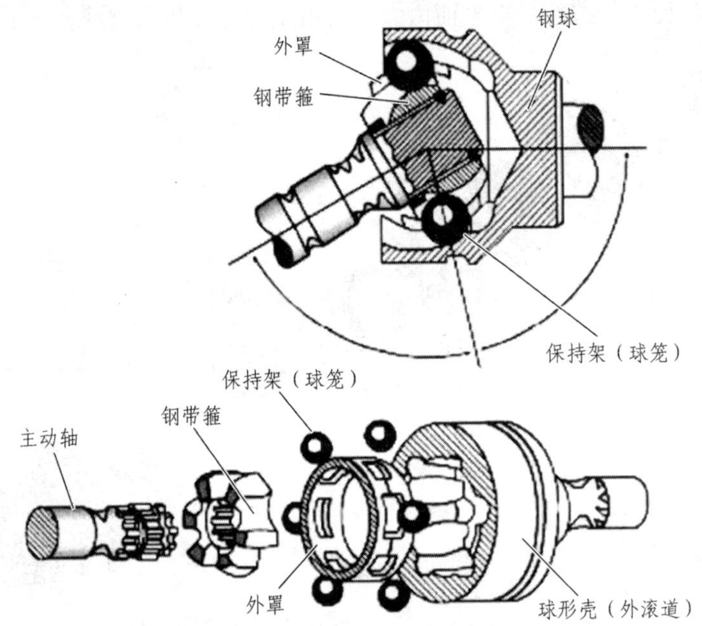

图 4-1-5　球笼式万向节内部构造

3）十字轴式万向节

十字轴式刚性万向节由于其结构简单和功能准确，是目前在后驱动汽车上应用最广泛的一种普通万向节，它允许相邻两轴的最大夹角为 15° ~ 20°，一般由 1 个十字轴、2 个万向节叉和 4 个滚针轴承等部件组成。两个万向节叉中的一个被焊接到传动轴上，另一个万向节叉则形成一个类似接合凸缘或接合套筒的整体。

十字轴式刚性万向节的两个万向节叉轴分别与主、从动轴相连，万向节的两对孔通过 4 个滚针轴承（由滚针和套筒组成）分别与十字轴的两对轴颈相铰接。这样，当主动轴转动时，从动轴既可随之转动，又可绕十字轴中心在任意方向摆动。为了润滑轴承，十字轴内开有互相贯通的润滑油道，通向轴颈。在十字轴的轴颈上有套装在金属座圈内的毛毡油封，以防止润滑油流失或灰尘进入轴承。安全阀能够防止油压过高从而使密封不会损坏。为了防止轴承在离心力的作用下被甩出，轴承应进行轴向定位，卡环或锁止板用来紧固整体外圈型轴承中的轴承外圈，如图 4-1-6 所示。

十字轴式刚性万向节结构简单、传递可靠、传动效率高，但是，在输入轴和输出轴之间有夹角的情况下，使用单个万向节会出现两轴在同一圆周运动中角速度不相等，即单个万向节的不等速性。

十字轴式万向节运动情况如下所述：

当十字轴万向节的驱动轴 A（变速器输入轴）转动一次，从动轴 B（传动轴）也转动一次。当十字轴与驱动轴（旋转角度 90°，270°）成直角时该十字轴万向节转向半径最大（r_2）；当十字轴不与驱动轴（0°，180° 或 360°）成直角时，转向半径就较小（r_1）。由于从动轴万向节叉的圆周速度随每转动 90° 而变化，与驱动轴有关的角速度则产生变化。当驱动轴 A 和从动轴 B 之间的角度（α）较大时，此角速度的变化也变得较大，如图 4-1-7 所示。

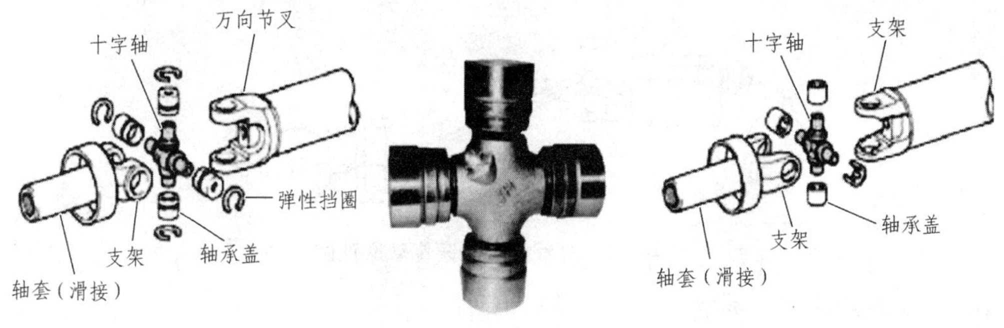

图 4-1-6　十字轴式刚性万向节

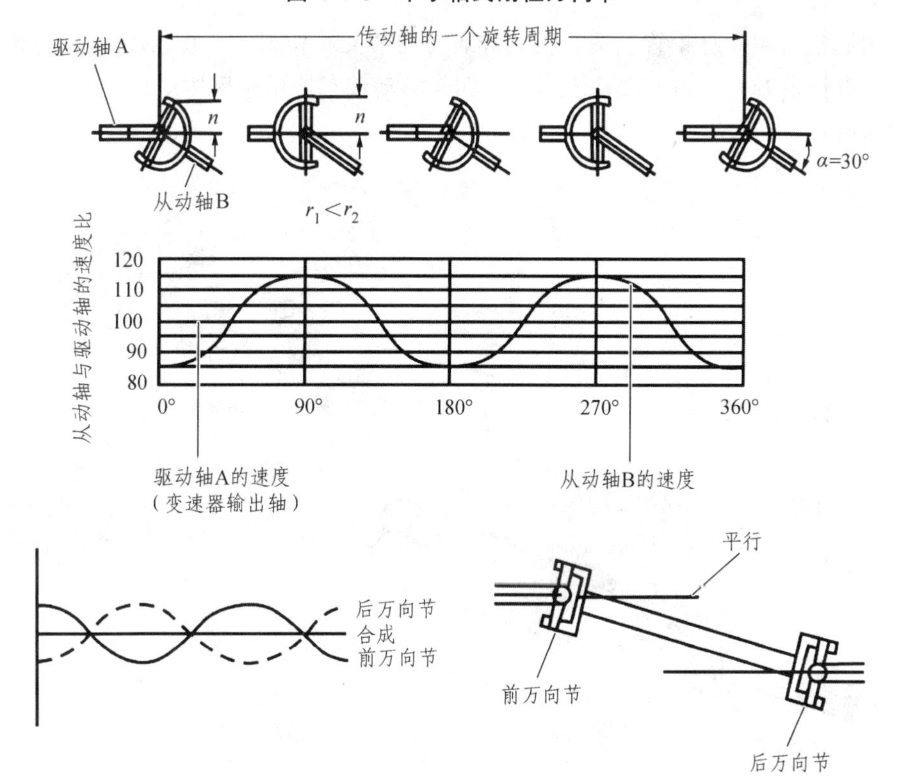

图 4-1-7　十字轴式万向节的速度特性

两轴夹角越大，不等速性越严重。这种不等速性会使从动轴及与其相连的传动部件产生严重的扭转振动，从而产生附加的交变载荷，影响部件寿命。因此，在汽车上，采用满足下列条件的双十字轴万向节来实现等速传动，如图 4-1-8 所示。

十字轴式万向节等速传动的排列安装条件如下：

a. 第一节万向节两轴间夹角与第二节万向节两轴间夹角相等；

b. 传动轴两端的两个万向节叉（即第一节万向节从动叉与第二节万向节主动叉）在同一平面内。

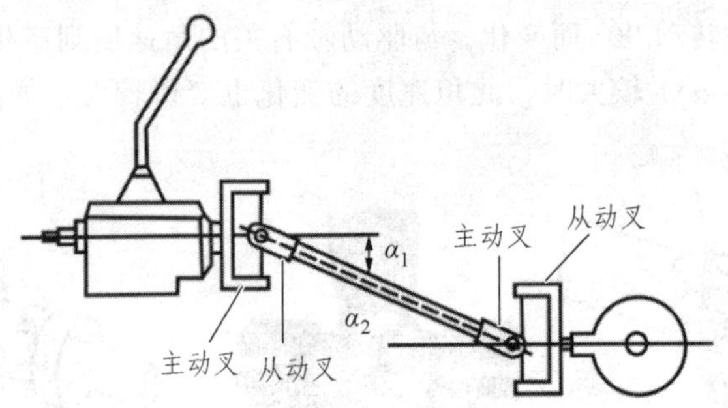

图 4-1-8　双万向节等速传动原理图

3. 传动轴的功用和类型

发动机前置、后轮驱动的轿车上，变速器输出功率通过传动轴传入主减速器及差速器，带动后驱动轮转动。

传动轴通常采用无缝钢管制造，两端焊有万向节叉，如图 4-1-9 所示。传动轴结构、套管、长度、直径及万向节类型都是不同的。四轮驱动汽车使用两根传动轴，一根驱动前轮，另一根驱动后轮。

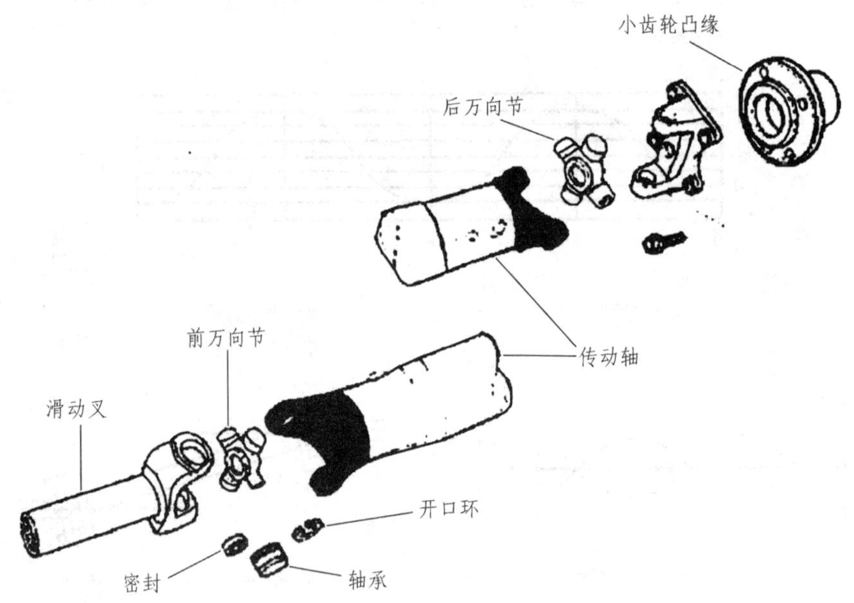

图 4-1-9　典型传动轴总成

对于前置前驱的轿车来说一般都采用变速驱动桥，即把变速器和驱动桥装在一个壳体中，所以没有中间传动轴，而只有半轴。图 4-1-10 所示是左右半轴实物图（以丰田卡罗拉轿车为例）。

半轴是差速器与驱动轮之间传递扭矩的实心轴，其内端一般通过花键与半轴齿轮连接，外端与轮毂连接，如图 4-1-11 所示。半轴将驱动力从差速器传送给车轮，还能适应因车轮上下移动而产生的轴长度上的变化（仅对独立悬架来说）。

图 4-1-10　卡罗拉轿车半轴实物图

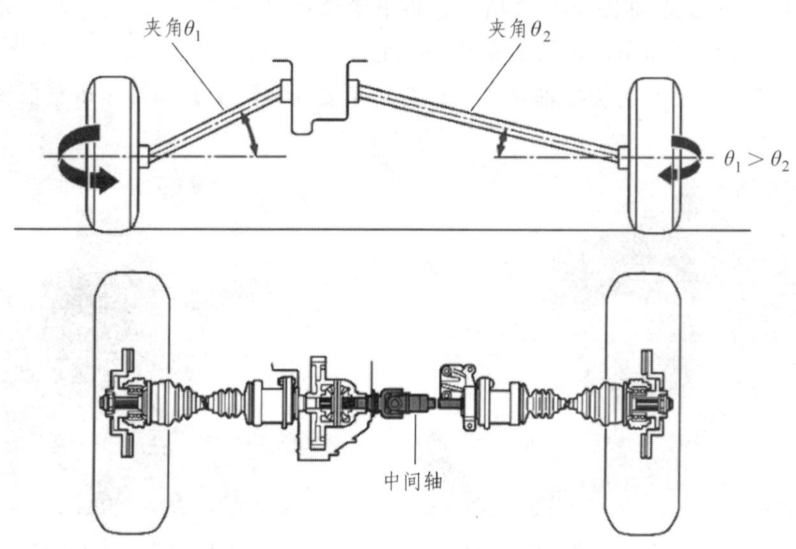

图 4-1-11　半轴位置示意图

二、基本技能

万向传动装置的检修：

检修万向传动装置时，查找是否有严重磨损、凹坑或断裂。沟槽磨损是球道最普通的损坏方式。如果钢球磨损或转动困难，必须更换。万向节无论存在何种损坏，都必须更换。

对于前驱的轿车，当半轴的油封、防尘套破裂漏油和万向节松动、磨损都会导致汽车行驶时出现异响，需要对半轴进行拆卸、更换损坏部件。

下面以丰田卡罗拉轿车为例讲解万向传动装置（含半轴）的拆卸、防尘套的更换、油封的更换步骤。

1. 准备工作

（1）防护装备：工作服、工作帽、手套、劳保鞋。

（2）车辆、台架、总成：卡罗拉整车，或其他同类车型。

（3）车间设备：举升机等。

（4）专用工具：半轴防尘罩安装工具（09527-10011）、半轴油封拆卸工具（09308-00010）、半轴油封安装工具（09636-20010）。

（5）手工工具：拆装工具一套，含铜棒、塑料锤、螺丝刀、水泵钳等。

（6）辅助材料：半轴润滑脂，胶带，标记笔，防尘罩卡夹、卡环 2 套，翼子板布和前格栅布、三件套、抹布、手套、白板笔。

2. 半轴的拆卸

注意：请按举升机使用规范及车辆防护标准操作。

提示：妨碍拆卸半轴总成的前桥等部件的拆卸由指导老师事先完成。

（1）拆卸半轴内侧万向节总成。如图 4-1-12 所示，拆下前桥半轴内侧万向节总成。

（2）拆卸半轴总成。如图 4-1-13 所示，拆下半轴总成。

a. 用记号笔在半轴和车桥轮毂上做装配标记；

b. 使用塑料锤，断开前桥半轴总成（小心：不要损坏防尘套和转速传感器转子）；

c. 拆下半轴总成。

图 4-1-12　拆卸半轴内侧万向节总成

图 4-1-13　拆卸半轴总成

3. 半轴防尘罩的更换

提示：以下以右半轴内侧防尘罩为例，介绍防尘罩的更换流程。

（1）拆卸前桥右半轴内侧万向节防尘罩内外 2 个卡夹，如图 4-1-14 所示，用螺丝刀松开防尘罩卡夹的锁紧部件并分离防尘罩卡夹。

（2）分离右前桥半轴内侧万向节防尘罩。如图 4-1-15 所示，从内侧万向节密封垫上分离内侧万向节防尘罩。

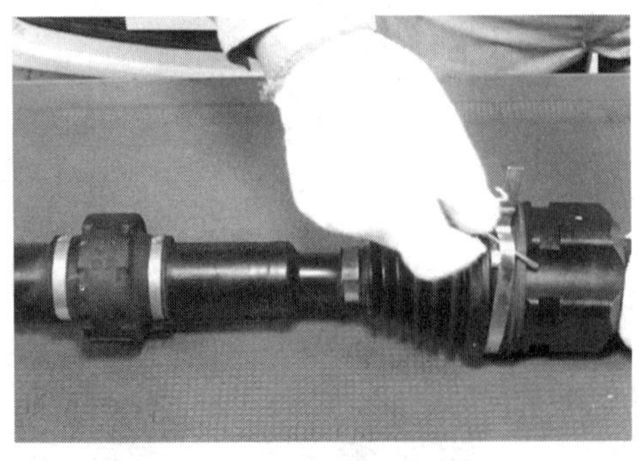

图 4-1-14　拆卸防尘罩卡夹

图 4-1-15　分离右半轴内侧防尘罩

（3）分离右前桥半轴内、外侧万向节。

a. 去除内侧万向节上所有的旧润滑脂；

b. 如图 4-1-16 所示，在内侧万向节和外侧万向节轴上做装配标记；

c. 从外侧万向节轴上拆下内侧万向节。

（4）拆卸右前桥半轴内侧万向节轴的三销架。

a. 将内侧万向节轴固定在台钳上；

b. 使用卡环扩张器拆下轴卡环；

c. 如图 4-1-17 所示，做装配标记；

d. 使用铜棒和锤子将三销架从内侧万向节轴上敲出。

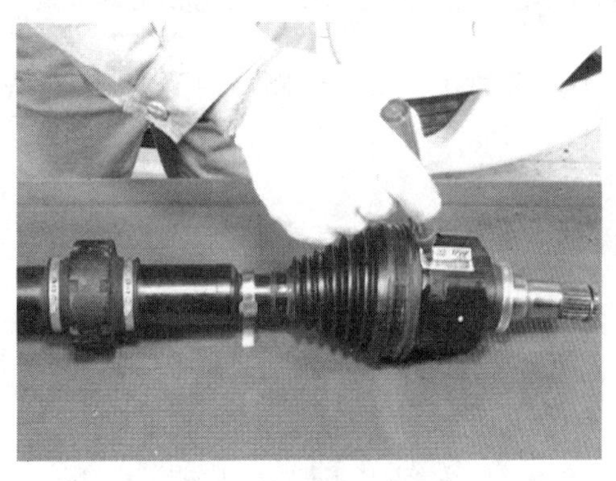

图 4-1-16　做装配标记

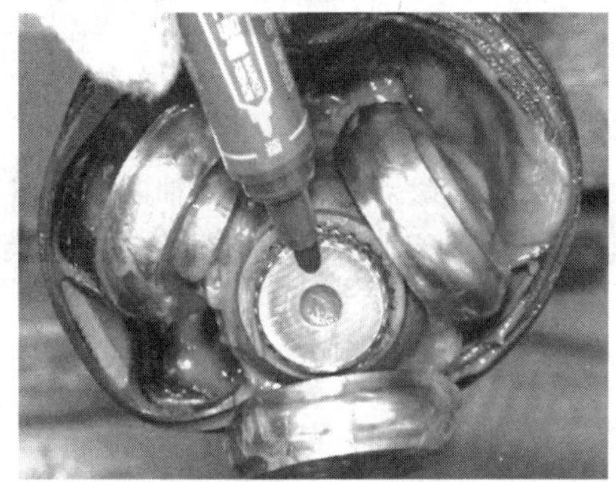

图 4-1-17　在内侧万向节轴和三销架上做装配标记

（5）拆卸右前桥内侧万向节密封垫。如图 4-1-18 所示，从内侧万向节上拆下内侧万向节密封圈。

（6）拆卸前桥内侧万向节防尘罩。如图 4-1-19 所示，拆下内侧万向节防尘罩、内侧万向节防尘罩 2 个卡夹。

图 4-1-18　从内侧万向节上拆下内侧万向节密封圈

图 4-1-19　拆下防尘罩 2 个卡夹

（7）暂时安装右前桥半轴内侧万向节防尘罩。

a. 如图 4-1-20 所示，用保护胶带缠住外侧万向节轴的花键；

b. 如图 4-1-21 所示，将新零件按照外侧万向节防尘罩卡夹、外侧万向节防尘罩、外侧万向节防尘罩 2 号卡夹依次安装到外侧万向节轴上。

图 4-1-20　花键上缠保护胶带

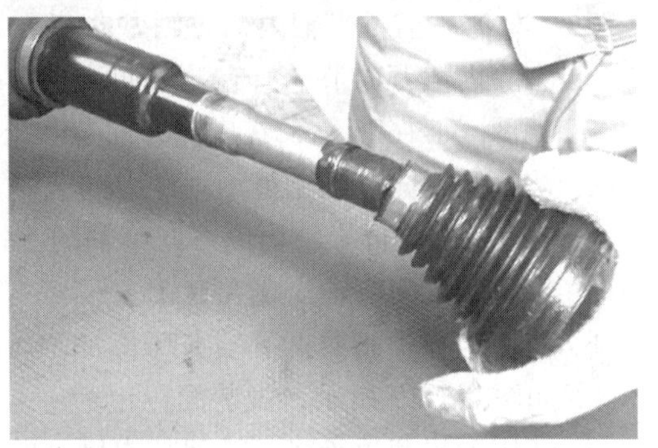
图 4-1-21　暂时安装半轴内侧万向节防尘罩

（8）安装前桥右半轴内侧万向节密封垫。如图 4-1-22 所示，将新内侧万向节密封垫安装到内侧万向节凹槽上。

（9）安装三销架至右前桥半轴内侧万向节总成。

a. 如图 4-1-23 所示，将三销架轴向花键的斜面朝向外侧万向节放置；

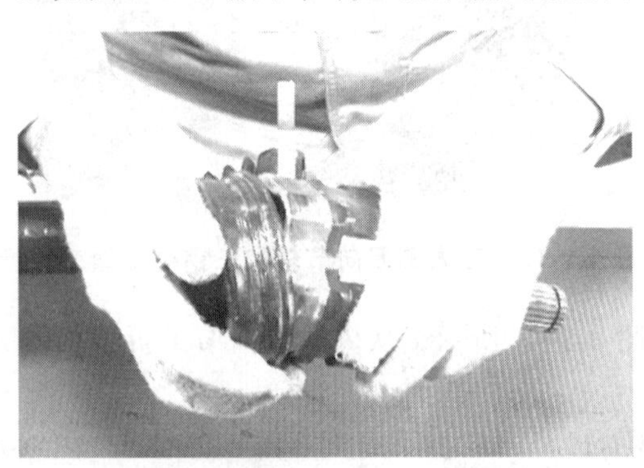
图 4-1-22　内侧万向节密封垫安装到内侧万向节凹槽上

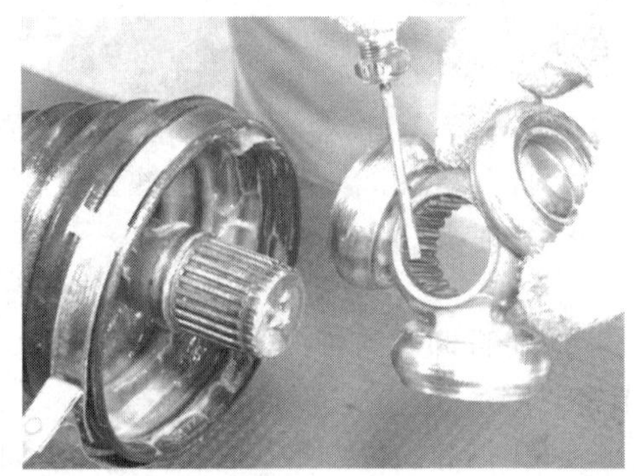
图 4-1-23　斜面朝外

b. 如图 4-1-24 所示，安装前对准装配标记；

c. 使用铜棒和锤子将三销式万向节敲至半轴上。

（10）安装右前桥半轴内侧万向节总成。

a. 如图 4-1-25 所示，用防尘罩润滑脂涂抹内侧万向节轴和防尘罩（175 ~ 185 g）；

图 4-1-24　对准装配标记

图 4-1-25　添加润滑脂

b. 使用卡环扩张器安装新轴卡环；

c. 对准装配标记，然后将内侧万向节安装到外侧万向节轴上。

（11）安装右前桥半轴内侧万向节防尘罩。如图 4-1-26 所示，将内侧万向节防尘罩安装到内侧万向节密封垫凹槽和外侧万向节轴上。

图 4-1-26　安装右前桥半轴内侧万向节防尘罩

（12）安装右前桥半轴内侧防尘罩卡夹。

a. 如图 4-1-27 所示，将防尘罩卡夹安装到内侧万向节防尘罩上，并暂时折起锁杆；

b. 使用水泵钳夹住防尘罩卡夹，以暂时将其固定；

c. 调节锁杆和凹槽之间的间隙以使锁扣边缘和锁杆之间的间隙均匀，同时用塑料锤敲击锁扣以将其固定。

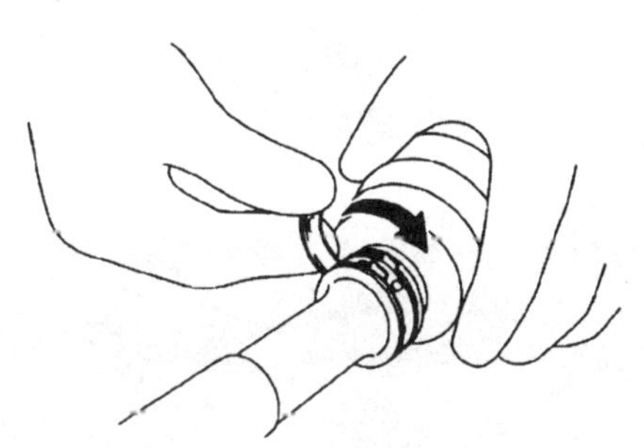

图 4-1-27　暂时折起锁杆

（13）安装右前桥半轴内侧万向节防尘罩 2 号卡夹。

a. 将防尘罩卡夹安装到内侧万向节防尘罩上；

b. 调节（*A*）至规定范围内（590.9 mm）；

c. 如图 4-1-28 所示，尺寸（*A*）保持在规定长度内时，通过拉出内侧万向节密封垫的凹陷部位使内侧万向节内部处于大气压力之下；

d. 将锁杆的支点设置在图 4-1-28 中所示的所有 *A* 点并暂时将锁杆弯曲。

（14）将右前半轴内侧万向节 2 号卡夹锁住内侧万向节防尘罩。如图 4-1-29 所示，将内侧万向节压向工作台的同时，将全身重力施加到手上并向前转动内侧万向节，滚动内侧万向节并折起锁杆，直到听到一声咔嗒声。

（15）调节锁杆和凹槽之间的间隙。如图 4-1-30 所示，调节锁杆和凹槽之间的间隙以使锁扣边缘和锁杆之间的间隙均匀，同时用塑料锤敲击锁扣以将其固定。

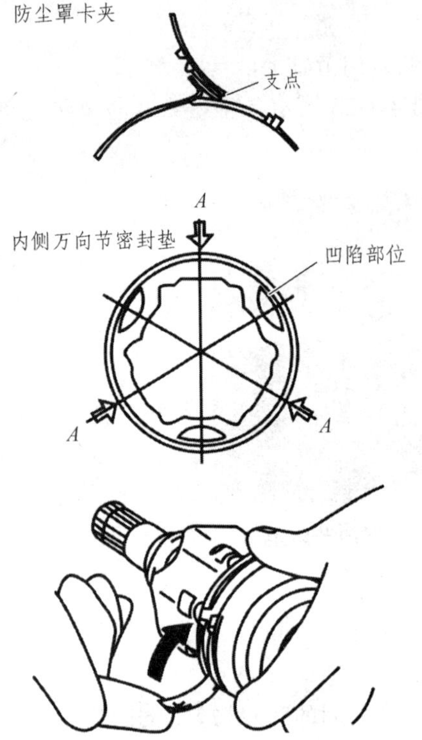

图 4-1-28　2 号卡夹的安装位置

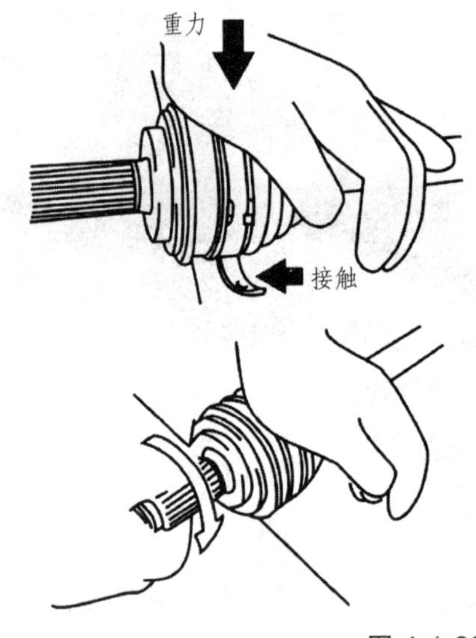

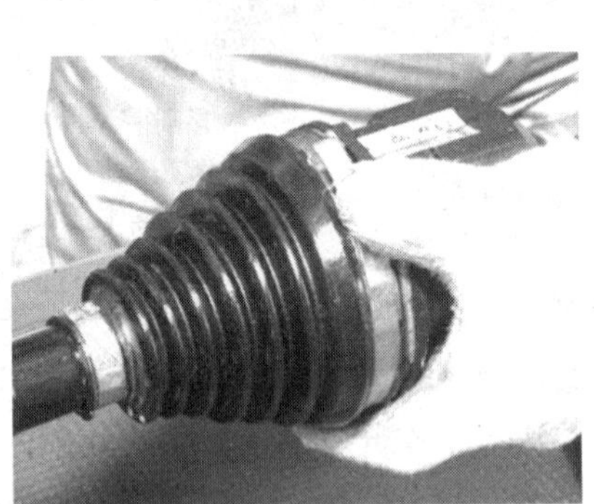

图 4-1-29　锁住 2 号卡夹

4. 半轴油封更换

（1）拆卸半轴油封。如图 4-1-31 所示，用半轴油封拆装工具拆卸半轴油封。

（2）安装半轴油封。

a. 在新油封唇口上涂抹通用润滑脂；

b. 如图 4-1-32 所示，用半轴油封安装工具和锤子敲入油封（标准深度 1.6 ~ 2.2 mm）。

图 4-1-30　调节锁杆和凹槽之间的间隙

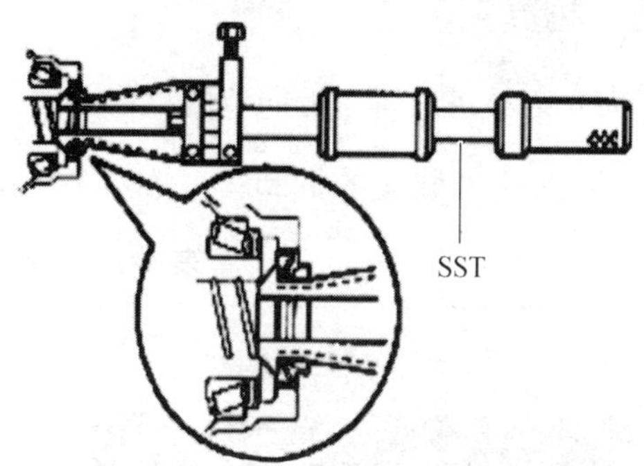

图 4-1-31　拆卸半轴油封

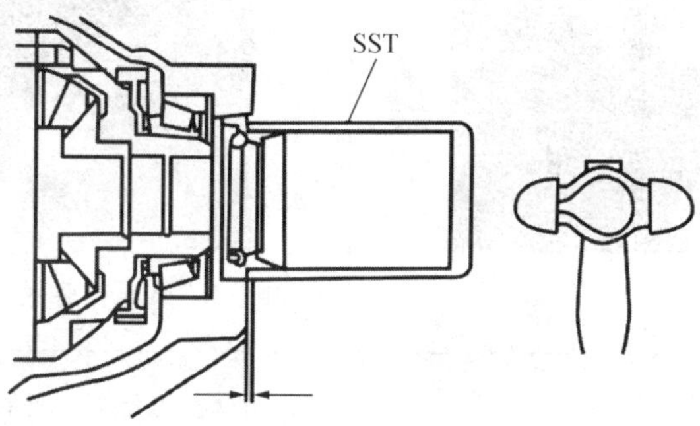

图 4-1-32　安装半轴油封

5. 安装半轴总成

（1）安装右前桥半轴总成。

a. 在内侧万向节轴的花键上涂抹齿轮油；

b. 如图 4-1-33 所示，对齐轴花键，并用铜棒和锤子敲入半轴。

（2）安装半轴总成。

a. 如图 4-1-34 所示，对齐装配标记，将半轴连接到前桥总成；

b. 用 2 个螺栓和 2 个螺母将前桥总成安装至带螺旋弹簧的前减振器总成。

扭矩：240 N · m

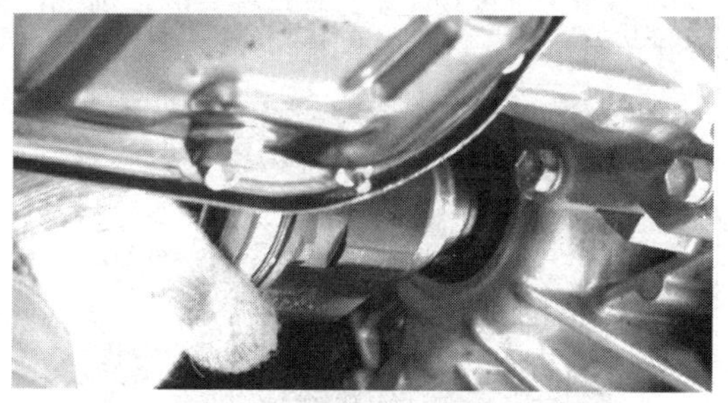

图 4-1-33　安装右半轴内侧

图 4-1-34　安装右半轴外侧总成至前桥轮毂

（3）安装其他事先拆卸的部件。

三、拓展知识

下面介绍桑塔纳轿车万向节的检修方法，其他车型参照本步骤或维修手册执行。

1. 万向传动装置的拆卸

表 4-1-1　万向传动装置拆卸

<table>
<tr><td>1. 对角旋松车轮的 4 个固定螺栓

工具：17 mm 套筒扳手</td><td>2. 旋下车轮的 4 个固定螺栓，拆下车轮

工具：17 mm 套筒扳手</td></tr>
<tr><td>3. 旋下轮毂与传动轴的紧固螺母

工具：30 mm 套筒、扭力扳手</td><td>4. 用螺丝刀插入制动盘散热孔内限制传动轴转动
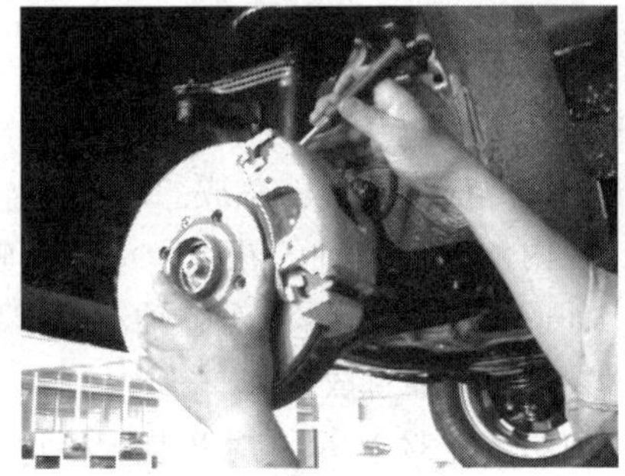
工具：螺丝刀</td></tr>
<tr><td>5. 旋下传动轴凸缘的 6 个固定螺栓

工具：8 mm 内梅花扳手</td><td>6. 旋下下摇臂球头销定位螺栓的螺母，取出下摇臂球头销定位螺栓
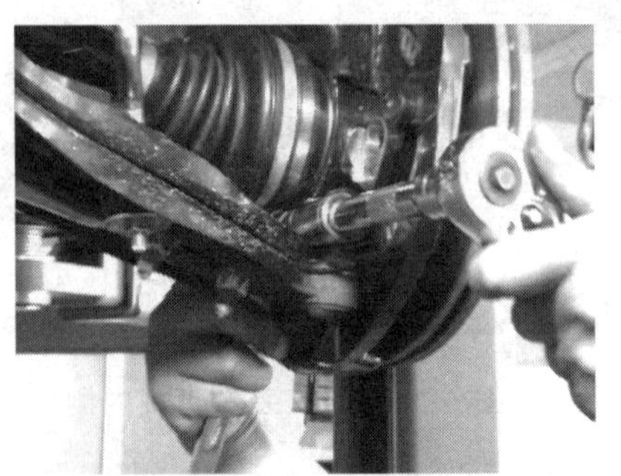
工具：17 mm 梅花扳手、17 mm 套筒</td></tr>
</table>

续表

7. 使用撬杆向下压下摇臂，使下摇臂球头与减振器下支架分离  工具：撬杆	8. 将外传动轴从车轮轴承壳内拉出 
9. 取下传动轴总成 	10. 取下外万向节橡胶护套的2个夹箍 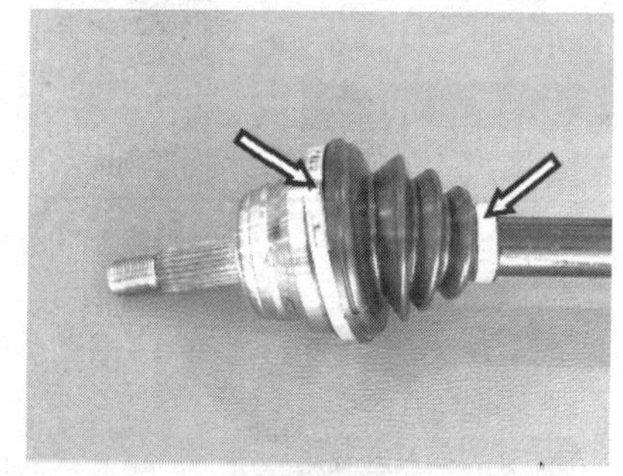 工具：尖嘴钳、一字螺丝刀
11. 将橡胶护罩拉离外万向节 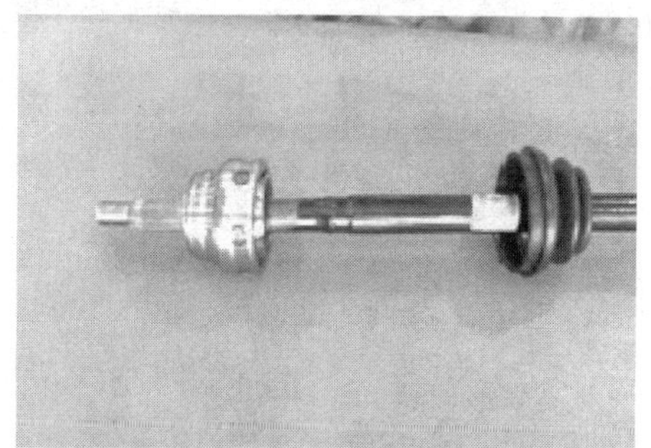	12. 用橡胶锤敲击外万向节球壳，敲下外万向节 注意：禁止使用硬金属手锤敲击球壳，以免损伤万向节  工具：橡胶锤

续表

13. 取下隔套圈、蝶形座圈 	14. 取下外万向节橡胶护罩 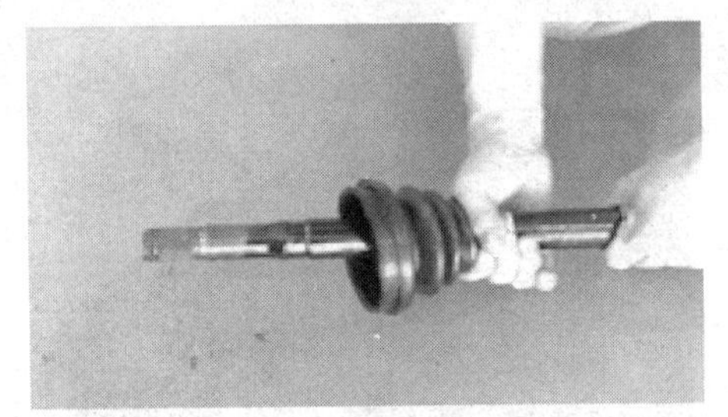
15. 外万向节拆卸完毕 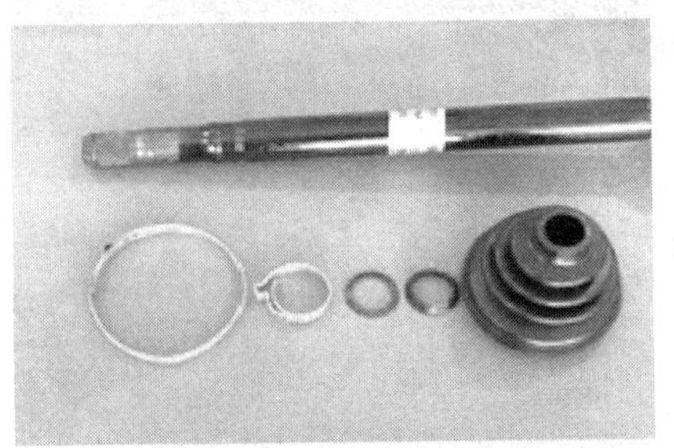	16. 旋松内万向节橡胶护套的夹箍 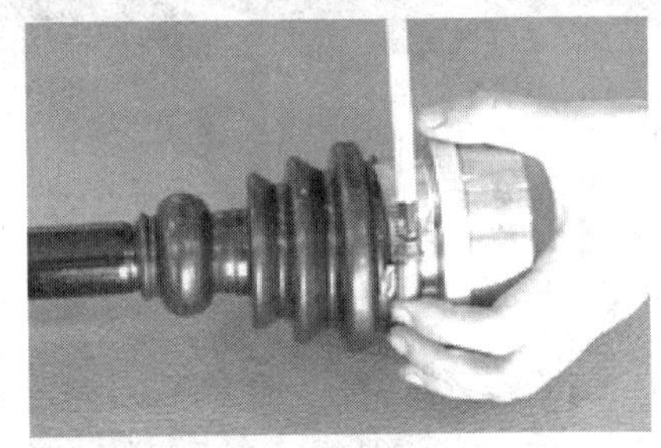 工具：十字螺丝刀
17. 取下内万向节橡胶护罩及夹箍 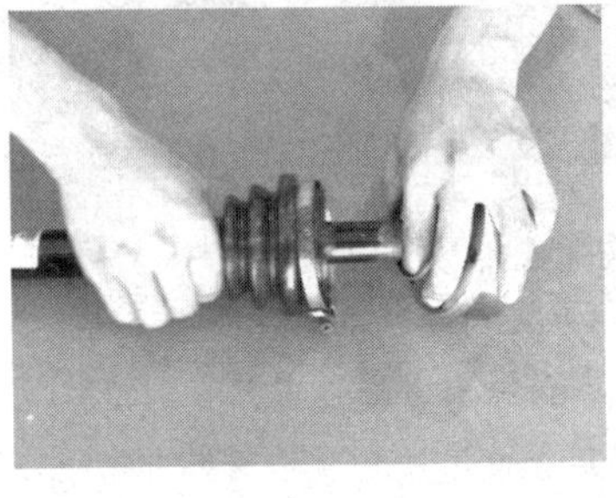	18. 取下内万向节的弹簧挡圈 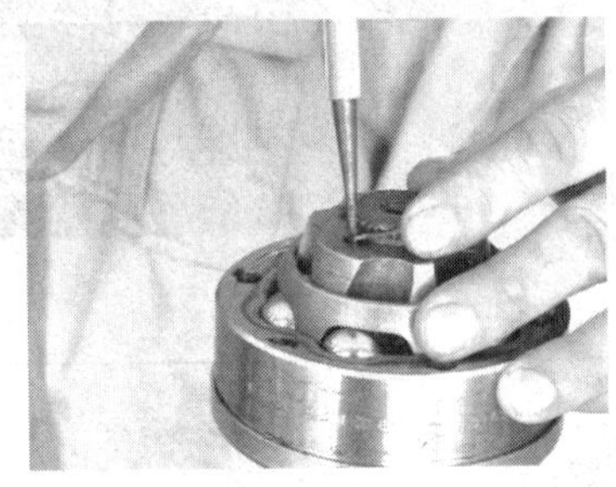 工具：卡簧钳
19. 一人捧住内万向节球壳，一人敲出花键轴  工具：铜棒、木柄手锤	20. 清洗花键轴、内万向节、外万向节、蝶形座圈、隔套圈 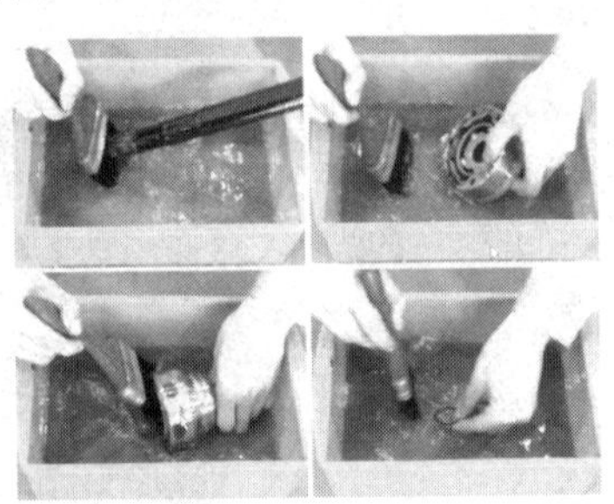 工具：汽油、刷子

续表

21. 在球壳、球笼和球毂上做安装标记 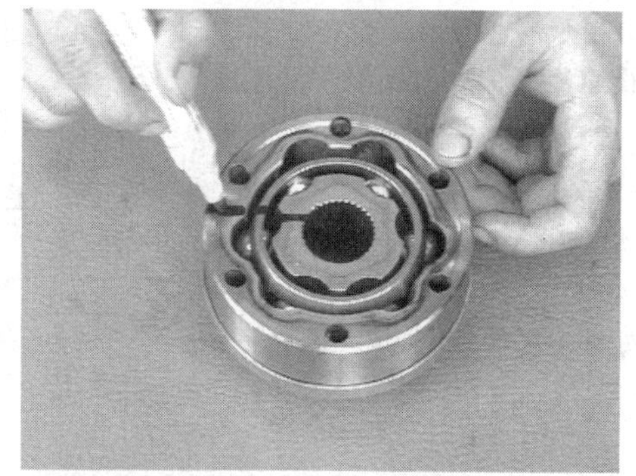 工具：记号笔	22. 转球毂与球笼，依次取出6个钢球 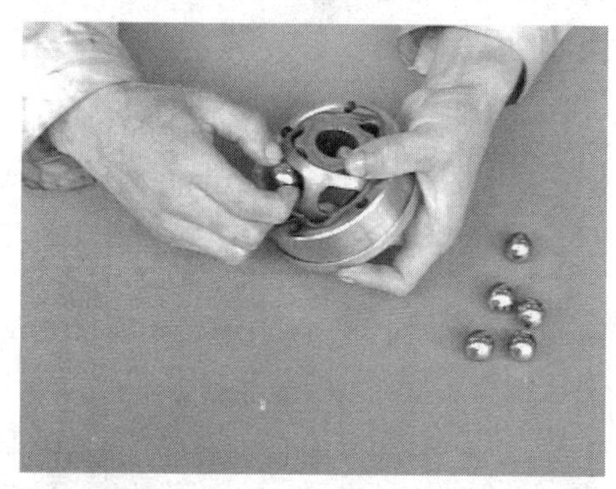
23. 取出球笼和球毂 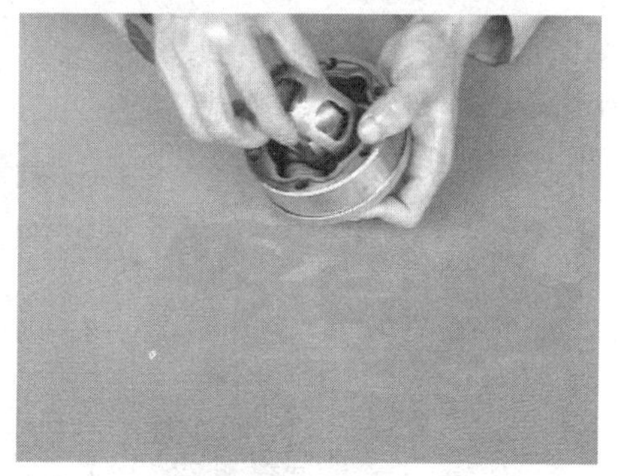	24. 内万向节分解完毕 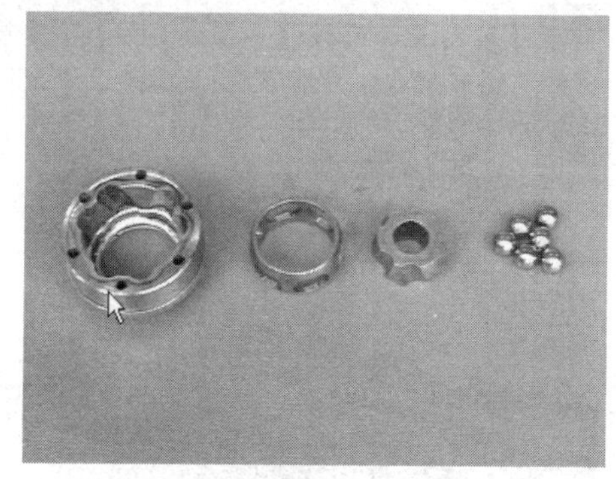

2. 万向传动装置的检查

表4-1-2　万向传动装置检查

1. 拆下内、外万向节后，先检查内、外万向节球壳是否存在裂痕、破损等现象，如有裂痕、破损等现象，则应更换万向节总成 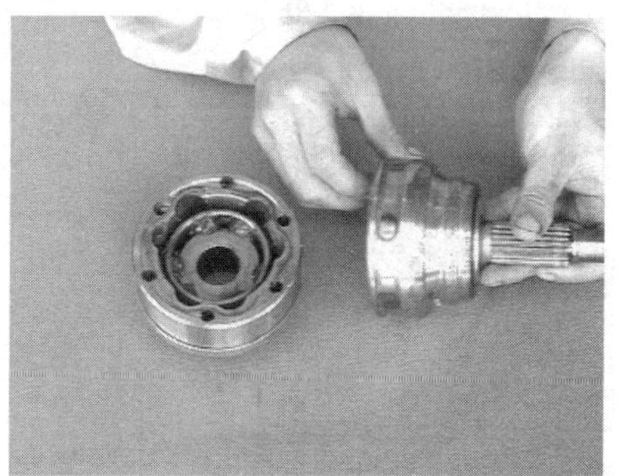	2. 检查钢球圆面是否有凹陷、斑点、划痕及不规则磨损等现象，如有凹陷、斑点、划痕及不规则磨损等现象，应更换万向节总成 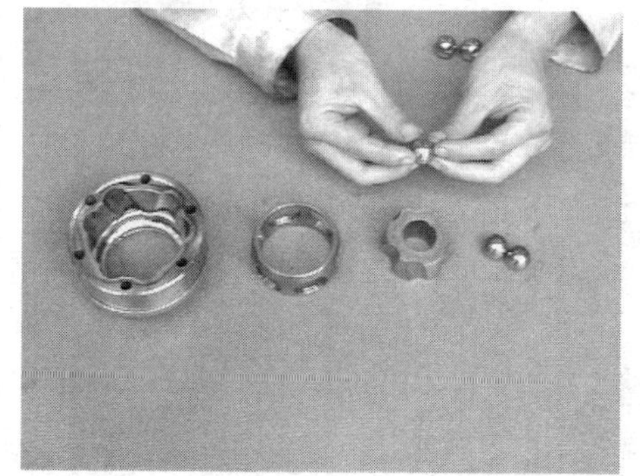

续表

3. 检查球笼是否有开裂、变形等现象，如有开裂、变形等现象，应更换万向节总成 	4. 检查球毂、球壳轨道是否有凹陷、斑点、划痕及不规则磨损等现象，如有凹陷、斑点、划痕及不规则磨损等现象，应更换万向节总成 
5. 检查花键轴是否有破损、弯曲变形、花键损伤等现象。如有破损、弯曲变形、花键损伤，则应更换花键轴 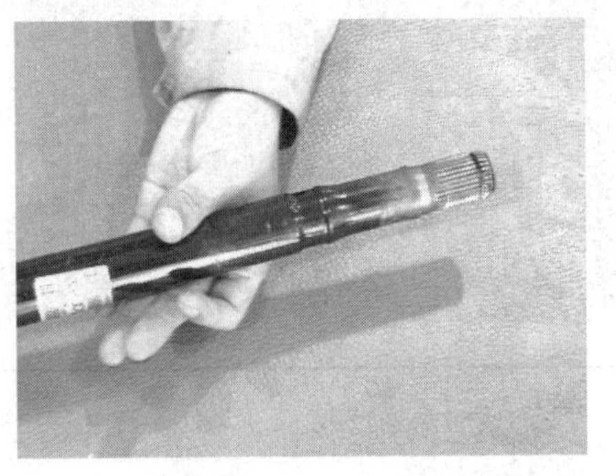	6. 检查橡胶护罩是否有破裂、橡胶老化等现象，如有破裂、橡胶老化现象，应予更换 

3. 万向传动装置的安装

表 4-1-3 万向传动装置安装

1. 按照安装记号，将球毂嵌入球笼内 	2. 将球毂和球笼一起装入球壳内 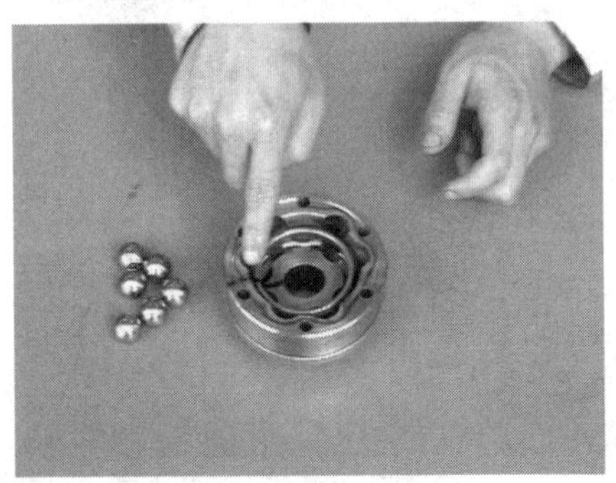

续表

3. 转动球毂和球笼，装入6个钢球 注意：转动球毂和球笼时，不要使装入的钢球在轨道中的位置太低，否则钢球容易掉落；且严禁采用敲击方法安装钢球 	4. 钢球安装完毕后，上下扳动球毂，球毂应摆动顺滑无卡滞现象，否则，应重新安装 
5. 将适量G6润滑脂注入外万向节球壳内 	6. 将内、外万向节的橡胶护罩安装到传动轴上 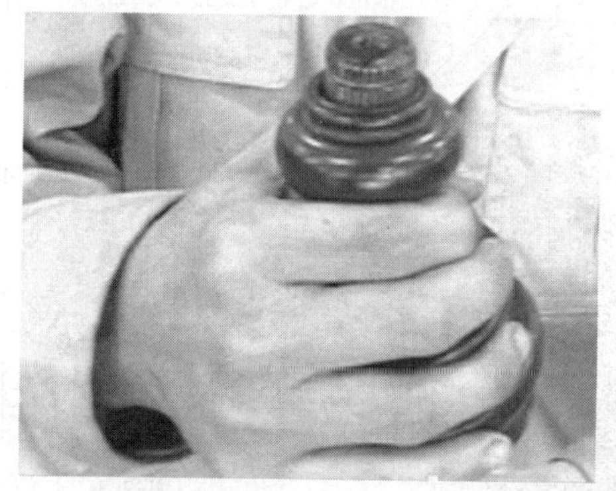
7. 将蝶形座圈安装到传动轴上，蝶形座圈的凹面应朝向万向节 	8. 将隔套圈安装到传动轴上，隔套圈的平面应朝向蝶形座圈 

续表

9. 在花键轴上涂抹适量润滑脂，以减小滑动阻力 	10. 将花键轴竖直在操作台上，用橡胶锤敲击外万向节  工具：橡胶锤
11. 使球毂和蝶形垫圈紧密贴合 	12. 用力外拉万向环节，检查是否安装到位 
13.安装外万向节橡胶护套的 2 个夹箍 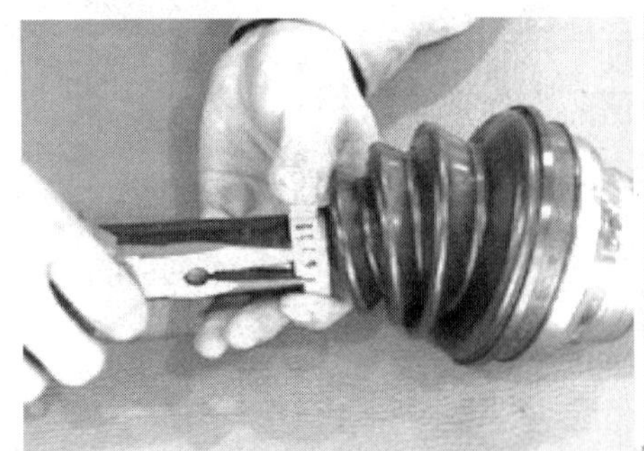  工具：尖嘴钳	

续表

14. 在内万向节朝向橡胶护罩的一面加注适量 G6 润滑脂 	15. 在传动轴上涂抹适量的润滑脂以减小滑动阻力 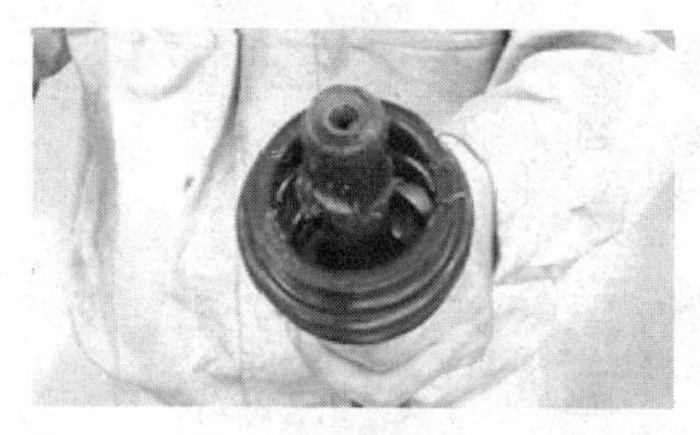
16. 把内万向节安装到传动轴上 	17. 将花键轴竖直在操作台上，用橡胶锤敲击内万向节球毂  工具：橡胶锤
18. 敲至花键轴键槽露出 	19. 安装内万向节  工具：卡簧钳
20. 旋紧内万向节橡胶护套的夹箍 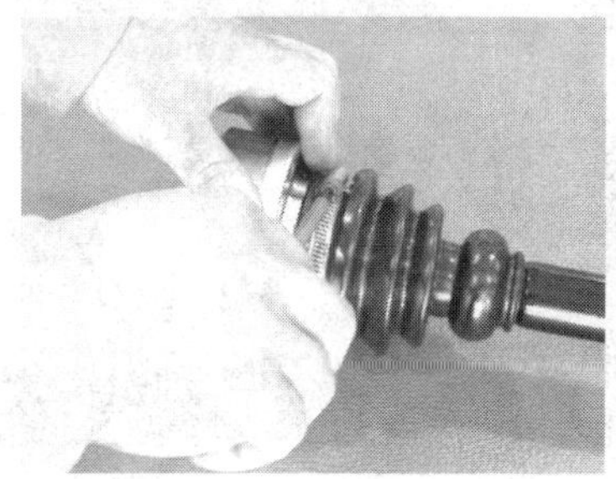 工具：十字螺丝刀	21. 将外万向节花键轴装入轮毂轴孔内 

续表

22. 将下摇臂球头销装入减振器下支架 	23. 装上下摇臂球头销定位螺栓、螺母 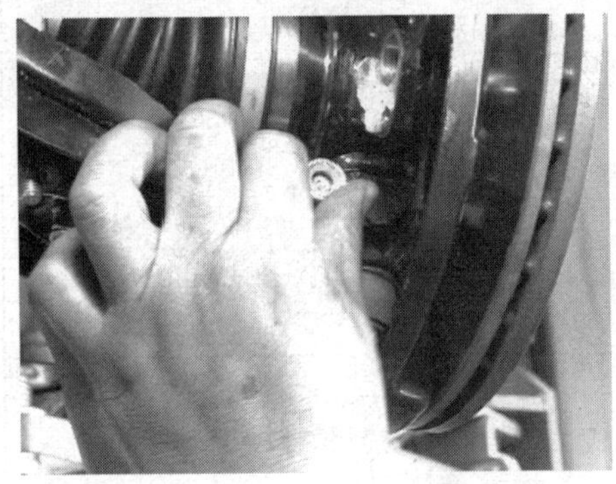
24. 旋紧下摇臂球头销定位螺栓的螺母，旋紧力矩为 50 N·m  工具：17 mm 梅花扳手、17 mm 套筒、扭力扳手	25. 装入轴承垫圈 
26. 旋上传动轴与轮毂的紧固螺母 	27. 旋上传动轴凸缘的 6 个固定螺栓 

续表

<table>
<tr><td>28. 用螺丝刀插入制动盘散热孔内限制传动轴转动
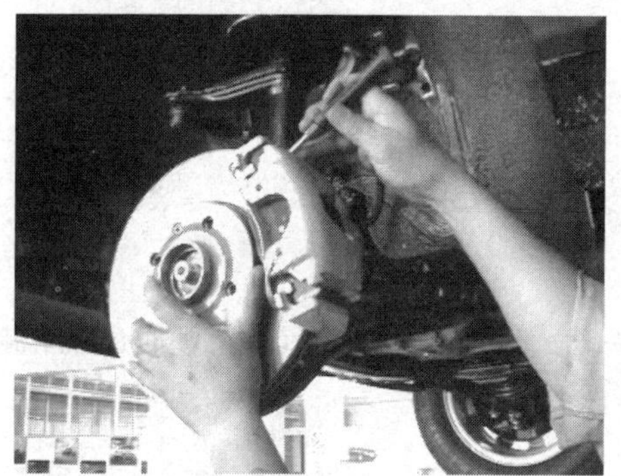
工具：螺丝刀</td><td>29. 旋紧传动轴凸缘的6个固定螺栓，旋紧力矩为40 N·m

工具：8 mm 内梅花扳手、扭力扳手</td></tr>
<tr><td>30. 安装车轮，旋紧传动轴与轮毂的固定螺母，旋紧力矩为230 N·m

工具：30 mm 套筒、可调扭力扳手</td><td>31. 对角旋紧车轮的固定螺栓旋紧力矩为110 N·m

工具：17 mm 套筒、可调扭力扳手</td></tr>
</table>

四、学习小结

（1）万向传动装置的功用是能在轴间夹角及相对位置经常发生变化的转轴之间传递动力。

（2）万向传动装置主要由万向节、传动轴和中间支承组成。

（3）刚性万向节又可分为不等速万向节（十字轴式）、准等速万向节（双联式、三销轴式等）和等速万向节（球笼式、球叉式等）。

（4）传动轴的类型按结构可分为实心轴和空心轴，一般采用薄钢板卷焊而成的空心轴。

（5）半轴是差速器与驱动轮之间传递扭矩的实心轴。

（6）半轴油封、防尘套破裂漏油和万向节松动、磨损都会导致汽车行驶时出现异响。

（7）卡罗拉半轴、防尘罩、油封的更换步骤。

五、任务分析

本情境中，车辆行驶特别是转向时发生“异响”，通常和万向传动装置有关，因为防尘罩破裂，沙子进入万向节内造成严重磨损。此故障涉及行车安全，需要更换。车辆保养时万向传动装置也是重点检查对象。

六、自我评估

1. 填空题

（1）半轴是_____与______之间传递扭矩的实心轴。

（2）当半轴的____、______破裂漏油和______松动、磨损都会导致汽车行驶时出现异响。

2. 判断题

（1）球叉式万向节是不等速万向节。（　　）

（2）汽车传动系中的万向传动装置，一般包括万向节、传动轴、中间支承等。（　　）

（3）目前汽车传动系中应用得最多的是十字轴式刚性万向节，它允许相邻两轴的最大交角为5°。（　　）

（4）汽车行驶中，传动轴的长度通过花键连接可以自动变化。（　　）

（5）半轴油封破裂会导致差速器漏油，出现汽车行驶过程中发响。（　　）

（6）拆卸半轴时，必要时可以使用铜棒和铁锤敲击半轴内侧万向节总成的端部。（　　）

3. 选择题

（1）三销式万向节组成有主动叉、从动叉、定位锁止销以及（　　）。

A. 2个钢球　B. 3个钢球　C. 4个钢球　D. 5个钢球

（2）为了提高传动轴的强度和刚度，传动轴一般都做成（　　）。

A. 空心的　　B. 实心的　　C. 半空半实的　　D. 无所谓

工作任务2　万向传动装置典型故障诊断

任务情境

一、任务描述

一辆卡罗拉手动挡轿车，在行驶过程中左前轮发生上下跳动摆振。你能排除这个故障吗？

二、任务提示

根据故障现象，可能是半轴故障，需要进行进一步的检查。

任务目标

一、知识目标

（1）能描述万向传动装置的故障现象。
（2）能描述万向传动装置的故障原因。

二、能力目标

能够对万向传动装置进行故障诊断与排除。

必备知识

一、基本知识

1. 道路试验

为了准确查明故障点，判定故障原因，必须进行道路试验（简称路试）。路试中要尽可能再现故障，注意故障出现时的车速和驾驶状态。如果万向节已经磨损，则加速或减速过程中会明显地显示出来。对汽车重复加速减速几次，注意倾听路试中出现的振动和噪声。使汽车以不同的恒速行驶也有助于确认故障。

2. 失效原因

导致万向节故障的主要原因就是缺少润滑。没有适当的润滑，万向节内的滚针轴承就会过热，从而损坏万向节。由于缺少润滑产生的早期磨损叫“干磨”，并能在轴承支座与万向节连接区域看到清晰细小的沟槽磨损。因此，当万向节支承面上出现细小的凹坑时，就表明万向节由于缺少润滑而磨损了。

此外，其他失效原因还有：运转条件不正常；由于拖车或挂车使万向节超载；突然换挡；高速前行时突然倒车，或高速倒车时突然前行；载重过量，超过汽车装载高度，使万向节运转角超过设计要求等。

3. 传动轴振动

如果振动随车速增加而增大，可能是传动轴表面堆积了一层底漆或涂料，或传动轴上的平衡片丢失，造成传动轴不平衡，也可能是变速器和（或）发动机支座磨损或失效、车轮轴承磨损或松动、轮胎和车轮组件不平衡。

拧紧传动轴中间支承螺栓，如果橡胶垫损坏或浸油，则进行更换。如果只有在高速时振动现象明显，则最大的可能是传动轴不平衡。如果在加速到测试速度时振动最为明显，则应检查内侧万向节是否磨损、黏着或损坏。

如果汽车在以 40 ~ 50 km/h 速度低速行驶时产生振动，可能是传动轴和万向节的安装角度不正确。如果振动发生在 80 ~ 90 km/h，应检查后轴弹簧是否磨损、松弛或存在其他可能引起后面万向节工作角度改变的故障。如果汽车超载，悬架下垂，也会改变后万向节的运转角。有时由于缺少润滑，万向节卡住，也可能造成低速振动。双联式万向节的中心双联叉发生磨损也会导致加速剧烈摆振。

4. 传动轴噪声

传动轴或万向节失效引起的最明显的噪声是金属撞击声，通常出现在汽车完全停车后加速起步或运行中换挡时。这种噪声是金属之间刚性接触发出的声音，可能是由于万向节磨损或损坏，或者滑套接头与外伸壳衬套之间间隙过大、配对凸缘松动以及上、下摆臂衬套螺栓松动。

万向节磨损或损坏还会产生一种刺耳噪声，噪声频率会随车速增加而增大。这种噪声的产生原因可能是万向节润滑不良，或者U形固定螺栓太紧。

在快速检查万向节磨损时，可将万向节叉与传动轴反方向旋转，应该没有明显运动。然后再将轴上下摇动，若有明显的运动，则万向节磨损。如果万向节轴承支座锈蚀很多，万向节将不能使轴改变角度而导致振动。确定万向节腐蚀情况时，拔掉万向节叉，查看是否有铁锈从万向节上剥落。

在诊断故障时，要仔细检查半轴的防尘套。防尘套磨损是导致万向节失效的最常见的一个原因。如果在半轴内壁、防护层或悬挂部件上有油脂，说明防尘套可能不平。如果缺口很小，油脂比较洁净，万向节无异响，则只需更换一个新的防尘套即可。如果有大的划口，防尘套被破坏或油脂污染，那么可能需要更换等速万向节。

5. 故障的诊断与排除方法

万向传动装置常见故障的原因分析和排除方法，如表4-2-1所示。

表4-2-1　万向传动装置常见故障原因及排除方法

故障现象	原因分析	排除方法
润滑脂泄漏	等速万向节防尘套有划痕或裂缝	更换防尘套
转向时有咔哒声	外侧等速万向节损坏	更换外侧等速万向节
加速时有沉闷的金属声	内侧等速万向节损坏	更换内侧等速万向节
	变速器齿轮或轴承磨损	检查变速器
加速时有振动或抖动	等速万向节卡滞、损坏或磨损、未对准或弹簧高度问题	更换等速万向节

二、基本技能

以半轴引起车轮摆动的故障，介绍万向传动装置典型故障诊断与排除方法。

故障诊断流程如图4-2-1所示。

1. 准备工作

（1）防护装备：工作服、工作帽、手套、劳保鞋。

（2）车辆、台架、总成：卡罗拉整车，或其他同类车辆。

（3）车间设备：举升机，车轮挡块。

（4）专用工具：左半轴拆卸工具（09520-00031、09520-01010）。

（5）手工工具：拆装工具一套。

（6）辅助材料：翼子板布和前格栅布、三件套；半轴润滑脂；胶带；标记笔；防尘罩卡夹、卡环 2 套；抹布、手套、白板笔。

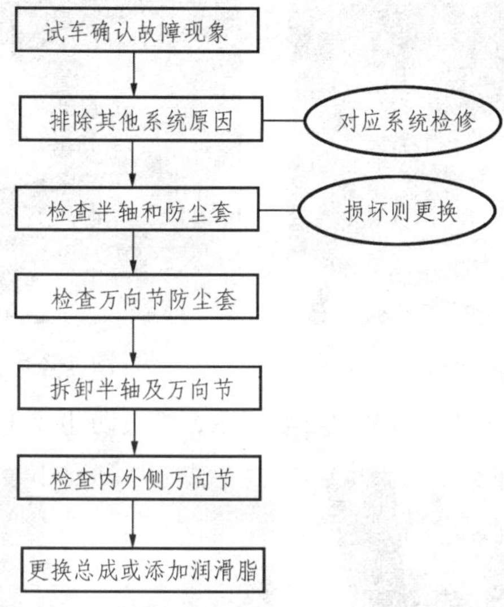

图 4-2-1　万向传动装置故障诊断流程图

2. 实施步骤

（1）检查车轮轴承、转向机构和悬架的状况。为避免错误诊断，首先应排除车轮轴承、转向机构和悬架的原因。

a. 举升车辆至操作人员胸前位置，如图 4-2-2 所示，上下、左右摇摆轮胎，检查车轮是否有明显松旷并查明原因；

b. 如图 4-2-3 所示，检查转向机构各球头和连接杆是否松旷和变形；

图 4-2-2　车轮轴承的检查

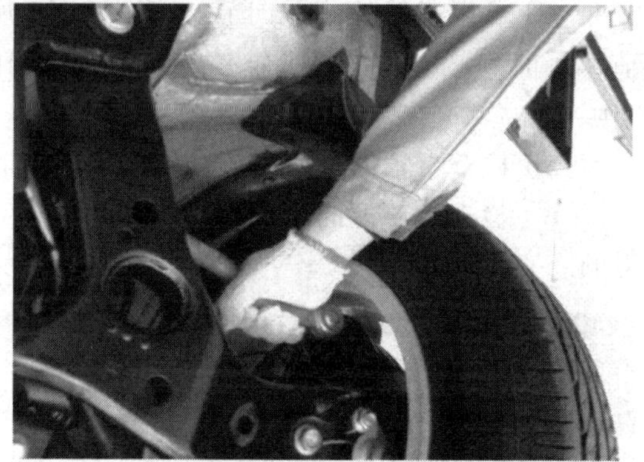

图 4-2-3　检查转向拉杆

c. 如图 4-2-4 所示，检查悬架系统，如悬架弹簧、减振器和胶套。

（2）检查半轴和防尘套。如图 4-2-5 所示，检查半轴是否弯曲变形，半轴防尘罩是否破裂、漏油，如有不正常则更换。

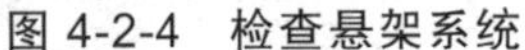

图 4-2-4　检查悬架系统

图 4-2-5　检查半轴防尘罩

（3）检查万向节防尘罩卡夹。如图 4-2-6 所示，检查防尘罩卡夹是否松脱或没卡到位置。

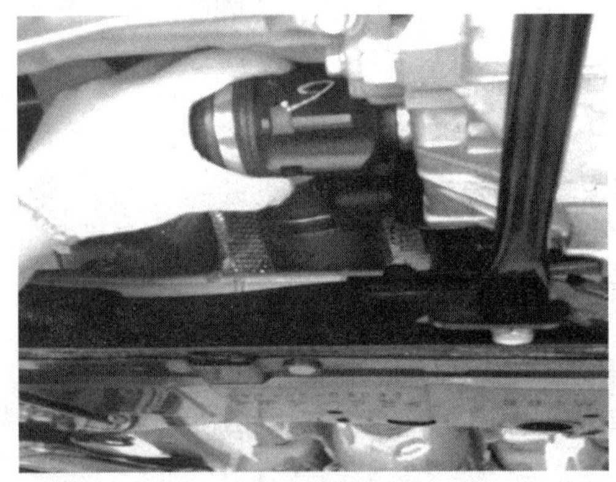

图 4-2-6　检查半轴防尘套卡夹

图 4-2-7　检查半轴外侧万向节间隙

（4）检查半轴外侧万向节。如图 4-2-7 所示，必要时（如防尘套已经破损），应拆卸半轴和万向节总成，检查半轴外侧万向节的间隙，确认外侧万向节在径向方向上没有太大的间隙。

（5）检查半轴内侧万向节。如图 4-2-8 所示，检查半轴内侧万向节的间隙。

（6）检查内侧万向节的滑动。如图 4-2-9 所示，检查确认内侧万向节在止推方向上滑动平顺。

图 4-2-8　检查半轴内侧万向节间隙

图 4-2-9　检查半轴内侧万向节滑动情况

（7）更换防尘罩和润滑脂。如图 4-2-10 所示，根据需要更换防尘罩，并更换或添加润滑脂。

图 4-2-10　半轴防尘罩更换和添加润滑脂

三、学习小结

（1）万向传动装置造成的故障现象。

（2）万向传动装置异响或振动的原因。

（3）万向传动装置的故障诊断步骤。

四、任务分析

本情境中，造成行驶中车轮摆振的故障原因很多，不一定就是万向传动装置的原因。检修时应根据故障诊断流程，从简单到复杂的顺序进行排除。

五、自我评估

1. 填空题

（1）导致万向节故障的主要原因就是缺少______________ 。

（2）传动轴或万向节失效引起的最明显的噪声是____________________声。

（3）在快速检查万向节磨损时，可将万向节叉与传动轴__________旋转，应该没有明显运动。

2. 判断题

（1）半轴的防尘罩漏油不会导致轮胎行驶摆动。（　　）

（2）半轴防尘罩破裂、漏油，必须更换，否则影响行车安全。（　　）

（3）如果汽车在以 40 ~ 50 km/h 速度低速行驶时产生振动，可能是传动轴和万向节的安装角度不正确。（　　）

学习项目 5　驱动桥检修

本学习项目主要学习驱动桥的检修，分为 2 个工作任务：任务 1 主减速器和差速器检修；任务 2 驱动桥典型故障诊断。通过 2 个工作任务的学习，掌握驱动桥的结构组成原理，以及拆装与检修的技能，能进行驱动桥常见故障的检修。

工作任务 1　主减速器和差速器检修

任务情境

一、任务描述

一辆桑塔纳轿车，在行驶到 60 ~ 70 km/h，车辆前面抖动厉害，发动机舱伴有金属撞击声发出。路试后，发现汽车在 65 km/h 时车辆前面抖动得最厉害，响声也最大，声音发出的位置在变速器的主减速器附近，建议拆卸主减速器和差速器检查。你能完成这个检修任务吗？

二、任务提示

主减速器可能因为缺油或机械撞击，产生抖动或异响的故障，通常需要分解检修。

任务目标

一、知识目标

（1）能描述主减速器作用、位置、类型、结构和工作原理。
（2）能描述差速器的作用、位置、类型、结构和工作原理。
（3）能描述主减速器和差速器的检修方法。

二、能力目标

（1）能够对主减速器和差速器进行拆装。
（2）能够对主减速器和差速器进行检修。

必备知识

一、基本知识

1. 主减速器

1）主减速器的作用

主减速器是传动系中起降低转速，增大转矩作用的主要部件，当发动机纵置时，还具有改变转矩旋转方向的作用。将主减速器布置在发动机动力向驱动轮分流之前的位置，有利于减小其前端的传动部件（如离合器、变速器和传动轴等）所传递的转矩，从而减小这些部件的尺寸和质量。

2）主减速器的位置

主减速器的位置按前轮驱动（FF）还是后轮驱动（FR）而有所不同，如图 5-1-1 所示。

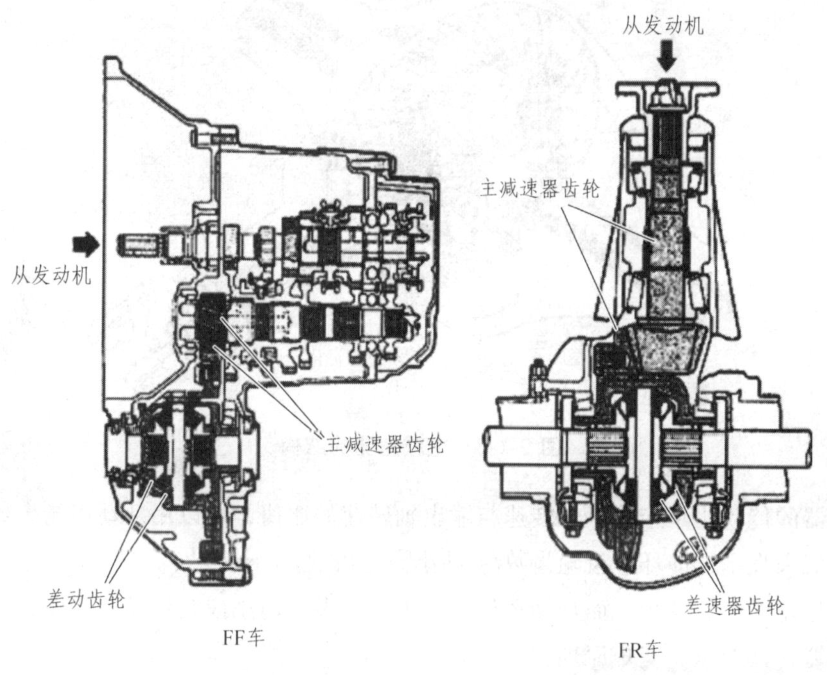

图 5-1-1　主减速器的位置

3）主减速器的类型

按主减速器的减速形式可分为单级减速、双级减速、双速减速、单双级贯通、单双级减速配以轮边减速等。以下只介绍应用比较广泛的单级主减速器。

单级主减速器可由一对圆锥齿轮、一对圆柱齿轮或由蜗轮蜗杆组成，如图 5-1-2 所示。

4）主减速器的结构及工作原理

主减速器通过主动小齿轮带动环形大齿轮，实现降低转速并向车轮提供增大的驱动转矩，采用圆锥齿轮传动还可改变转矩旋转方向。主减速器主要由主动小齿轮和环形齿轮组成，如图 5-1-3 所示。

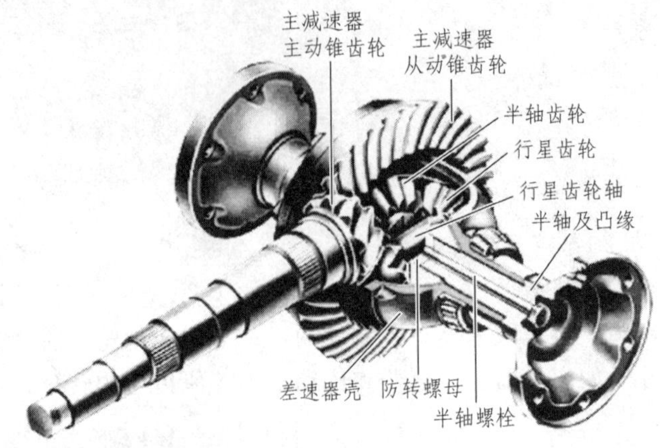

图 5-1-2　单级主减速器

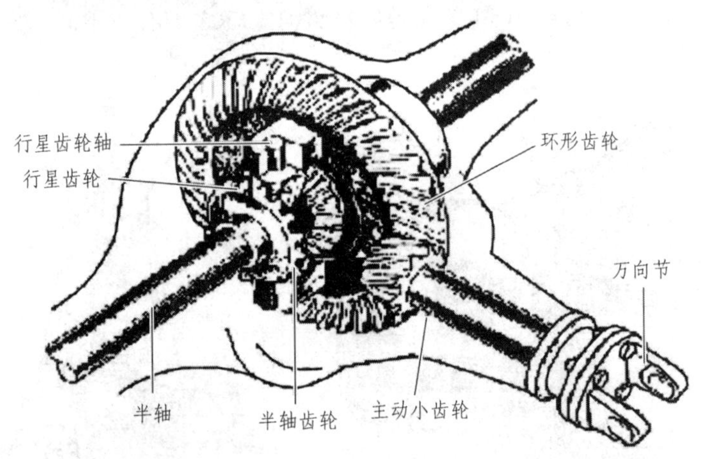

图 5-1-3　主减速器的结构

主减速器的传动比是指输入轴转速与输出轴转速的比值，可以用从动齿轮齿数与主动齿轮齿数的比值来表示，即环形齿轮齿数/主动小齿轮齿数。

主动小齿轮的齿数较少，而从动环形齿轮齿数较多，即小齿轮带动大齿轮，从而实现减速增扭的功能，其变速、变矩原理如下：

输出转速＝输入转速/齿轮速比

输出转矩＝输入转矩×齿轮速比

2. 差速器

1）差速器的作用

差速器是一个差速传动机构，可以使内外侧车轮以不同转速转动，适应汽车的转向要求。保证各驱动轮在各种运动条件下的动力传递，避免轮胎与地面间打滑。当汽车转弯行驶时，外侧车轮比内侧车轮所走过的路程长；汽车在不平路面上直线行驶时，两侧车轮走过的曲线长短也不相等；即使路面非常平直，但由于轮胎制造尺寸误差，磨损程度不同，承受的载荷不同或充气压力不等，各个轮胎的滚动半径实际上不可能相等。若两侧车轮都固定在同一刚性转轴上，两轮角速度相等，则车轮必然出现边滚动边滑动的现象。

2）差速器的位置

差速器的位置按前轮驱动还是后轮驱动而有所不同，如图 5-1-4 所示

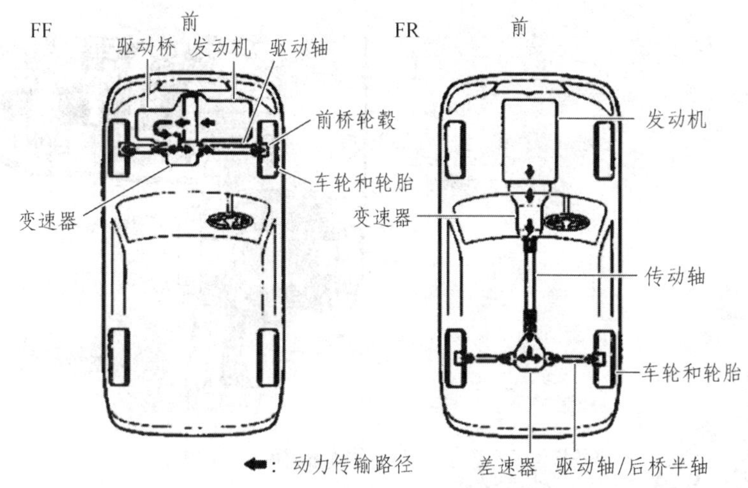

图 5-1-4　差速器的位置

3）差速器的类型

差速器按其工作特性都可分为普通齿轮式差速器和防滑差速器两大类。

（1）齿轮式差速器。

当左右驱动轮存在转速差时，差速器分配给慢转驱动轮的转矩大于快转驱动轮的转矩，从而使转矩均分。这种差速器转矩的均分特性，能满足汽车在良好路面上正常行驶。

当汽车在坏路上行驶时，却严重影响通过能力。例如，当汽车的一个驱动轮陷入泥泞路面时，虽然另一驱动轮在良好路面上，汽车却往往不能前进（俗称打滑）。此时在泥泞路面上的驱动轮原地滑转，在良好路面上的车轮却静止不动。这是因为在泥泞路面上的车轮与路面之间的附着力较小，路面只能通过此轮对半轴作用较小的反作用力矩，因此差速器分配给此轮的转矩也较小，尽管另一驱动轮与良好路面间的附着力较大，但因平均分配转矩的特点，使这一驱动轮也只能分到与滑转驱动轮等量的转矩，以致驱动力不足以克服行驶阻力，汽车不能前进，而动力则消耗在滑转驱动轮上。此时加大油门不仅不能使汽车前进，反而浪费燃油，加速机件磨损，尤其使轮胎磨损加剧。有效的解决办法是挖掉滑转驱动轮下的稀泥或在此轮下垫干土、碎石、树枝、干草等，提高附着力。

（2）防滑差速器。

为提高汽车在坏路上的通过能力，某些越野汽车及高级轿车上装置有防滑差速器。防滑差速器的特点是，当一侧驱动轮在坏路上滑转时，能使大部分甚至全部转矩传给在良好路面上的驱动轮，以充分利用这一驱动轮的附着力来产生足够的驱动力，使汽车顺利起步或继续行驶。

4）差速器的结构

在前置横向发动机、前轮驱动的车辆上，差速器与变速器结合在一起。差速器组件安装在变速器壳内，如图 5-1-5 所示。

主减速器的从动斜齿圆柱齿轮与差速器壳结合在一起，并通过两个侧向轴承安装在传动桥上，差速器采用行星锥齿轮式。

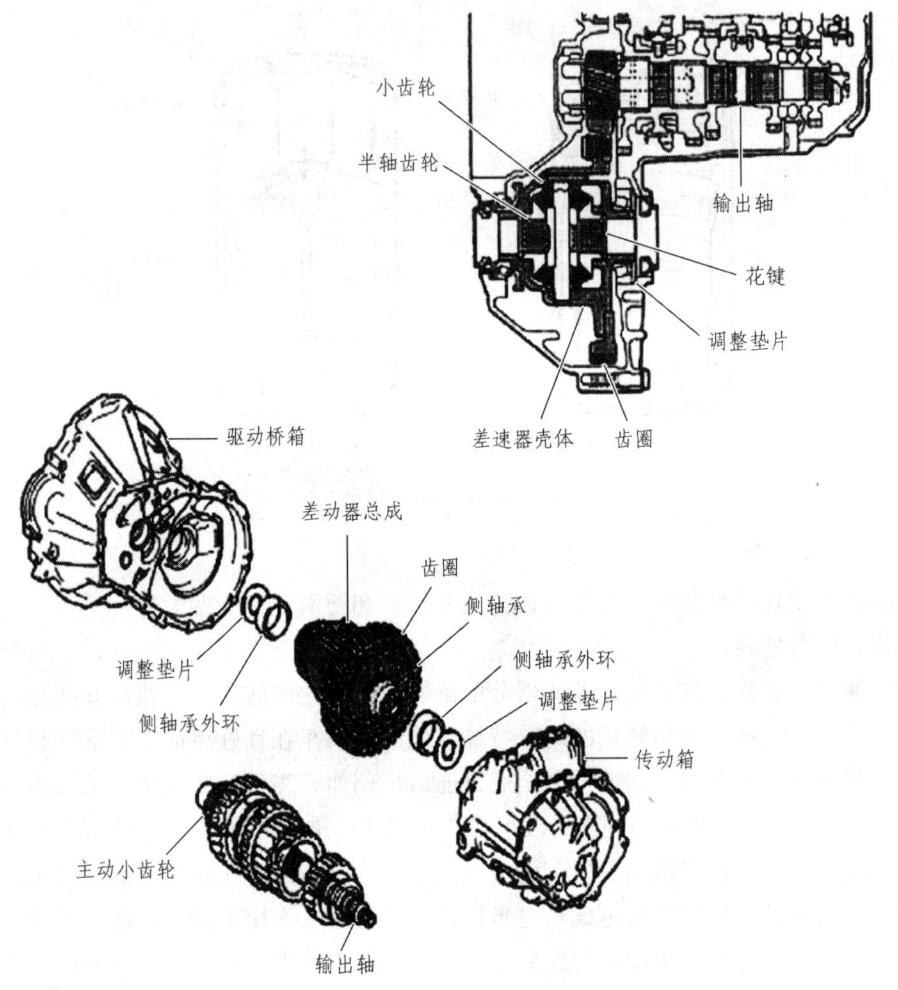

图 5-1-5　变速器、主减速器和差速器组件图

行星锥齿轮差速器由 4 个（或 2 个）行星锥齿轮、行星齿轮轴、两个半轴锥齿轮、差速器壳，以及垫片等组成，如图 5-1-6 所示。

差速器壳用螺栓紧固在一起，主减速器的从动齿轮用铆钉或螺钉固定在差速器壳体上。行星齿轮轴的轴颈嵌在差速器壳相应的凹槽形成的孔内，行星齿轮分别松套在轴颈上。半轴齿轮分别与行星齿轮啮合，半轴齿轮的轴颈支承在差速器壳的座孔中，以花键孔与半轴连接。

工作时，来自主减速器从动齿轮的动力依次经过差速器壳、十字轴、行星齿轮、半轴齿轮、半轴输出给驱动轮。

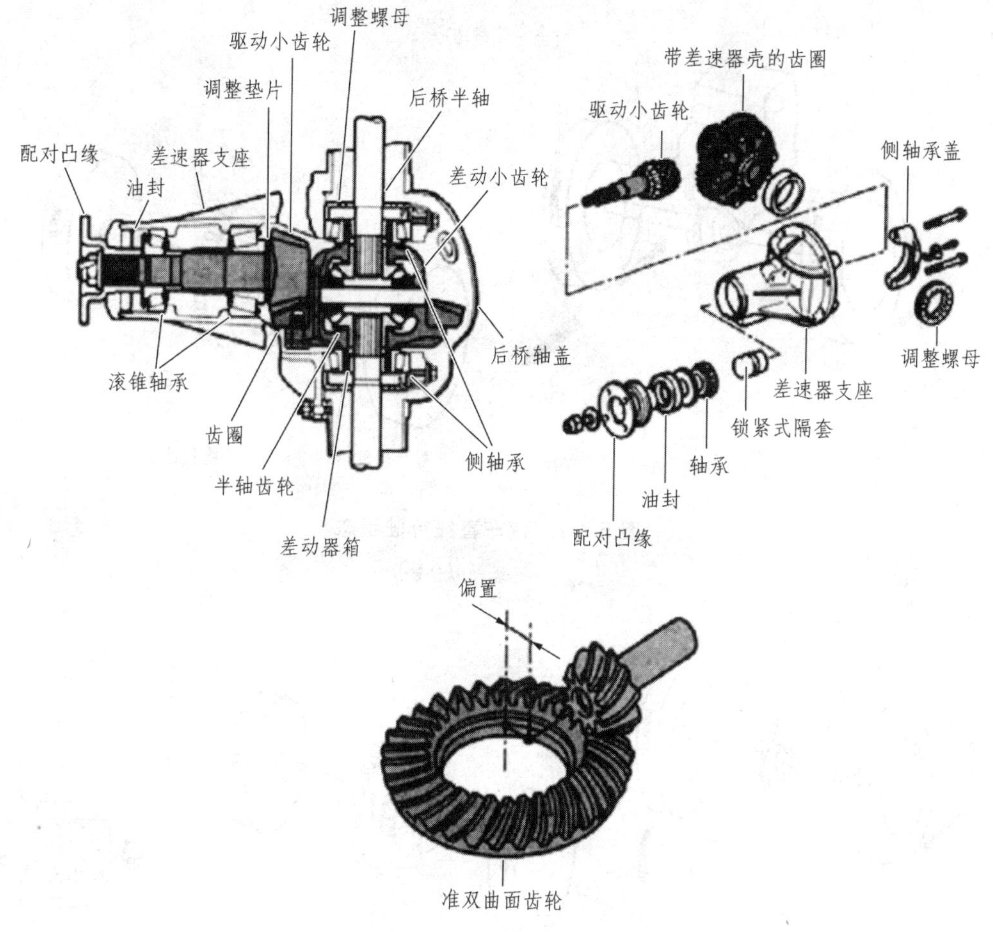

图 5-1-6　行星锥齿轮差速器结构

5）差速器的工作原理

行星齿轮的自转：差速器工作时，行星齿轮绕行星齿轮轴的旋转称为行星齿轮的自转。

行星齿轮的公转：差速器工作时，行星齿轮绕半轴轴线的旋转称为行星齿轮的公转。

汽车直线行驶时如图 5-1-7 所示。主减速器的从动锥齿轮驱动差速器壳旋转，差速器壳驱动行星齿轮轴旋转，行星齿轮轴驱动行星齿轮公转，半轴齿轮在行星齿轮的夹持下同速同向旋转，此时，行星齿轮只有公转，没有自转，左右车轮和转速等于从动锥齿轮的转速。

汽车转弯时如图 5-1-8 所示。行星齿轮在公转的同时，产生了自转，即绕行星齿轮轴的旋转。一侧半轴齿轮转速增加，而另一侧半轴齿轮转速降低，两侧车轮以不同的转速旋转。此时，一侧车轮增加的转速等于另一侧车轮减少的转速。

当将两个驱动轮支起后，车轮离地。如果转动一侧的车轮，另一侧车轮则反向同速旋转。这时，差速器的行星齿轮只有自转，没有公转，两侧半轴齿轮以相反的方向旋转，从而带动两侧车轮反方向同速旋转。

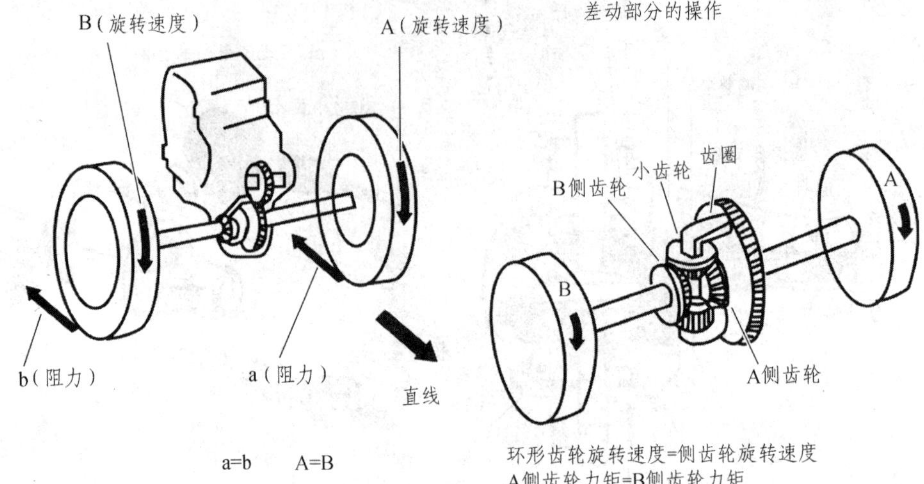

图 5-1-7　汽车直线行驶状态

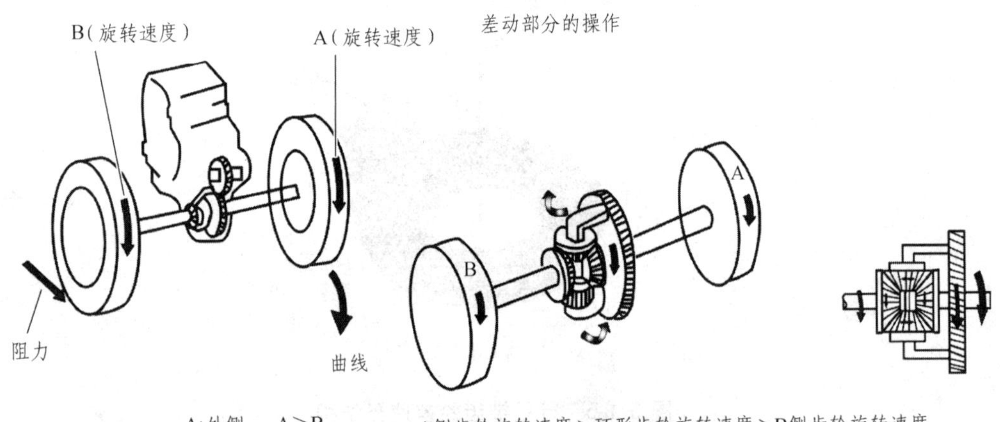

图 5-1-8　汽车转弯行驶状态

二、基本技能

主减速器和差速器的检修：

1. 准备工作

（1）防护装备：工作服、工作帽、手套、劳保鞋。

（2）车辆、台架、总成：桑塔纳变速器总成，或其他同类总成。

（3）车间设备：台虎钳、压床。

（4）专用工具：三爪拉马。

（5）手工工具：拆装工具一套。

（6）辅助材料：润滑脂、黏合剂、齿轮油；抹布、手套、白板笔。

2. 主减速器和差速器检修步骤

下面以普通桑塔纳轿车为例，介绍主减速器和差速器的检修方法。

1）驱动桥（变速器）的拆卸

表 5-1-1　变速器拆卸

1. 在左半轴法兰盘上拧上两个螺栓，将螺丝刀插入两个螺栓中间固定左半轴  工具：螺丝刀	2. 旋下右半轴的固定螺栓  工具：13 mm 套筒、扭力扳手
3. 在右半轴法兰盘上拧上两个螺栓，将螺丝刀插入两个螺栓之间固定右半轴  工具：螺丝刀	4. 旋下左半轴的固定螺栓  工具：13 mm 套筒、扭力扳手
5. 拔出左右半轴 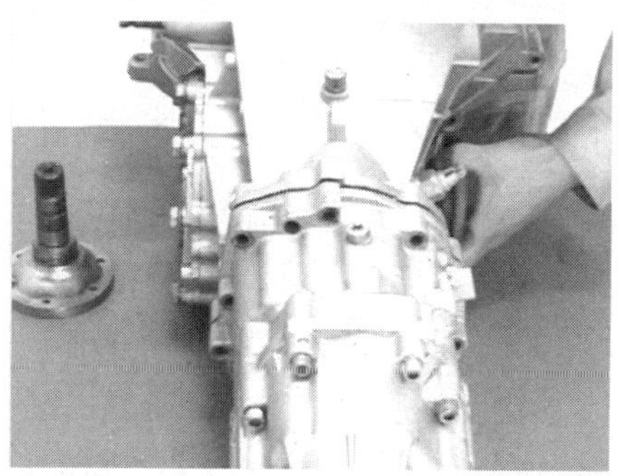	6. 拧下车速里程表从动齿轮螺栓  工具：22 mm 梅花扳手

续表

7. 取出从动齿轮 	
8. 对角旋松主减速器盖上的固定螺栓  工具：17 mm 套筒、扭力扳手	9. 取下主减速器轴承盖 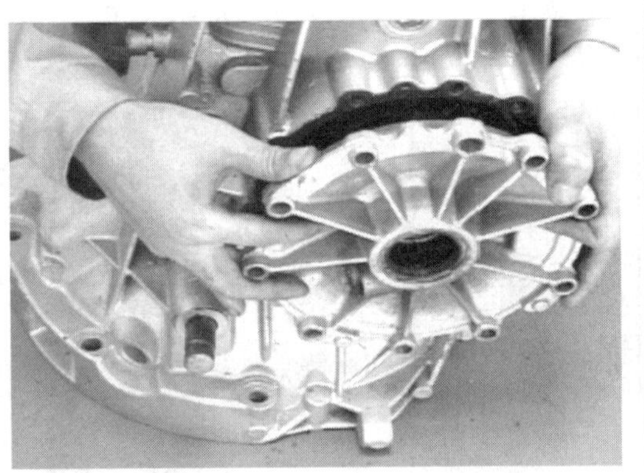
10. 将主减速器、差速器从变速器壳体中取出 	11. 主减速器和差速器总成 

2）主减速器、差速器的分解

表 5-1-2　主减速器、差速器分解

1. 使用台虎钳固定差速器壳，对角拧松主减速器从动齿轮的8个固定螺栓，旋下从动齿轮的8个固定螺栓 注意：主减速器从动齿轮固定螺栓是自锁螺栓，一经拆卸必须更换  工具：13 mm 套筒、扭力扳手	2. 将主减速器、差速器总成放在压床上，使主减速器从动齿轮的边缘支撑在压床垫块上，用压床压出主减速器从动齿轮 
3. 取下主减速器从动齿轮 	4. 敲出行星齿轮轴上的定位销  工具：锤子、錾子
5. 敲出行星齿轮轴 注意：用力要轻，否则会损坏行星齿轮轴 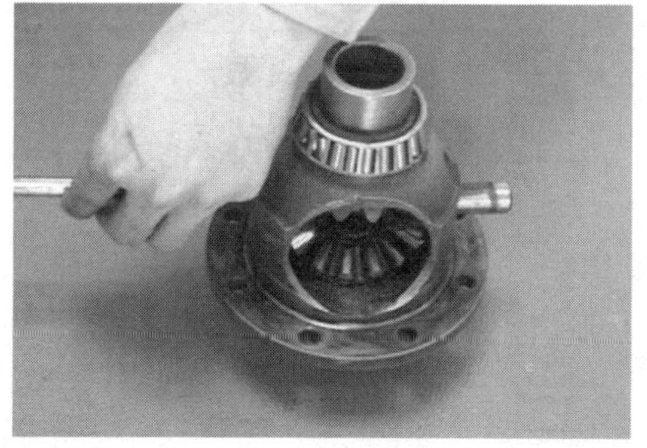 工具：锤子、錾子	6. 取出两个行星齿轮、两个半轴齿轮和两个螺纹管 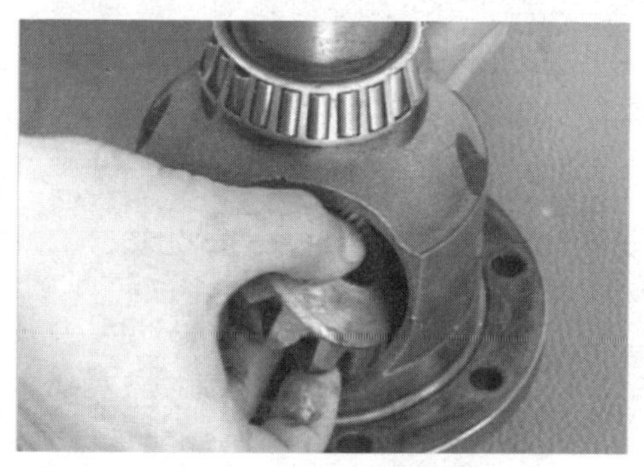

续表

7. 将复合式止推垫片从差速器壳体中取出 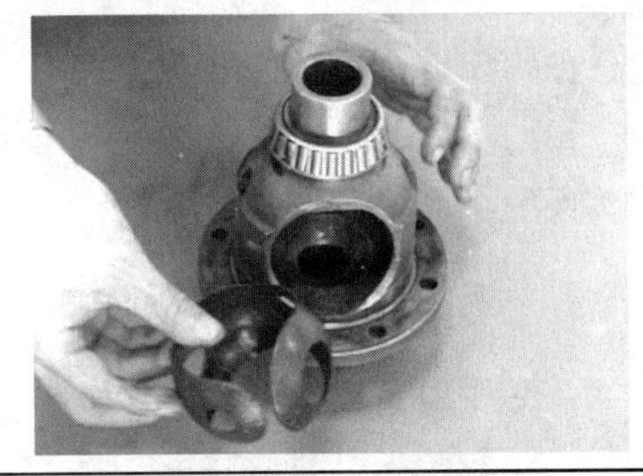	8. 差速器分解完毕，零件摆放整齐 

3）主减速器、差速器的零件检修

表 5-1-3 主减速器、差速器零件检修

1. 使用汽油和刷子清洗半轴齿轮、行星齿轮、行星齿轮轴、定位销、差速器壳，零件清洗后应显露出金属本色，以便于进行零部件的检查 	2. 检查车速里程表从动齿轮是否有变形、破损，如有损坏，应予更换 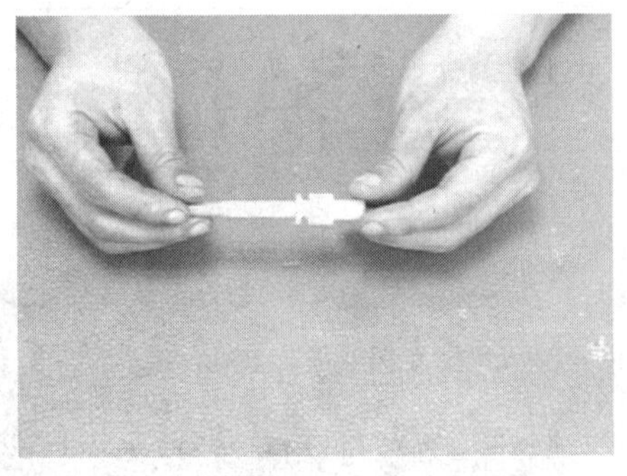
3. 检查车速里程表主动齿轮是否有变形、破损，如有损坏，则应连同车速里程表的从动齿轮一起更换 	4. 车速里程表主动齿轮的更换： 将里程表主动齿轮连同锁紧套筒从差速器壳体上一起撬出 注意：用一字螺丝刀撬里程表主动齿轮时用力不能过猛，以免损坏齿轮 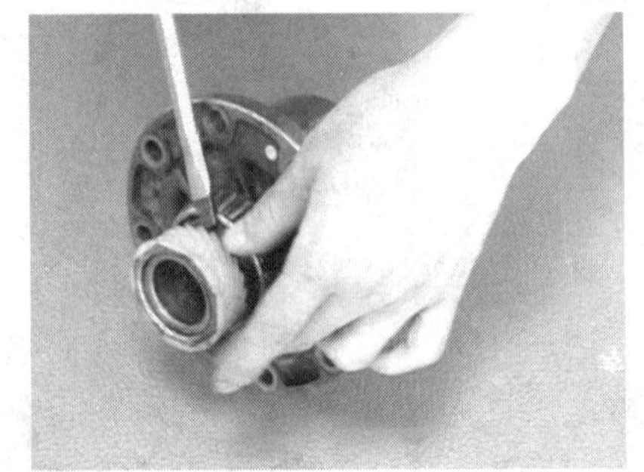 工具：一字螺丝刀

续表

5. 将新的主动齿轮和锁紧套筒装入差速器壳体 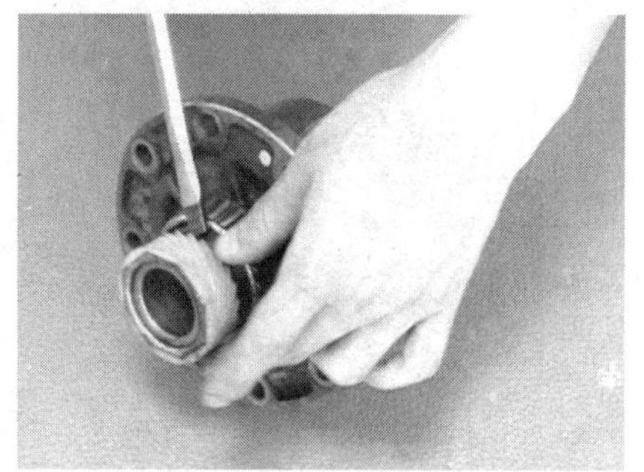	6. 检查差速器的轴承能否转动自如，是否有松动、烧蚀、变形、裂纹等损坏，如有上述现象，应予更换 
7. 差速器轴承的更换：用拉马勾住轴承内圈，用扳手顺时针旋动拉马螺杆，拉出轴承 注意：拉马不能拉轴承外圈，以免损坏轴承  工具：拉马	8. 将新的差速器轴承套在差速器壳体上，用压床将轴承压入差速器壳体 
9. 检查两个行星齿轮和两个半轴齿轮是否有烧蚀、裂纹、打齿、异常磨损等损坏，如果有一个齿轮损坏，则需更换整组的行星齿轮和半轴齿轮 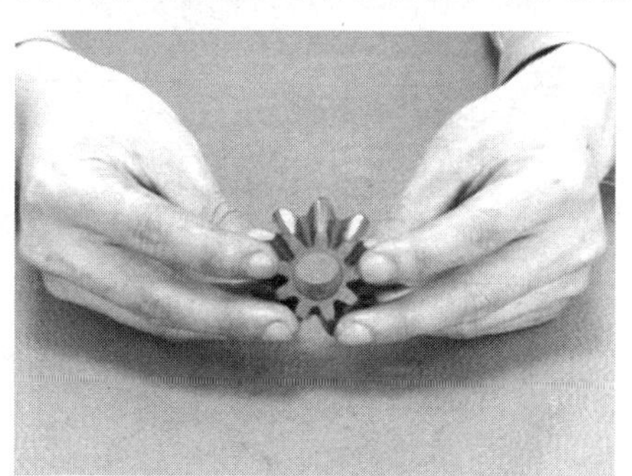	10. 检查差速器复合式止推垫片是否有变形、破裂等损坏，如有损坏应予更换 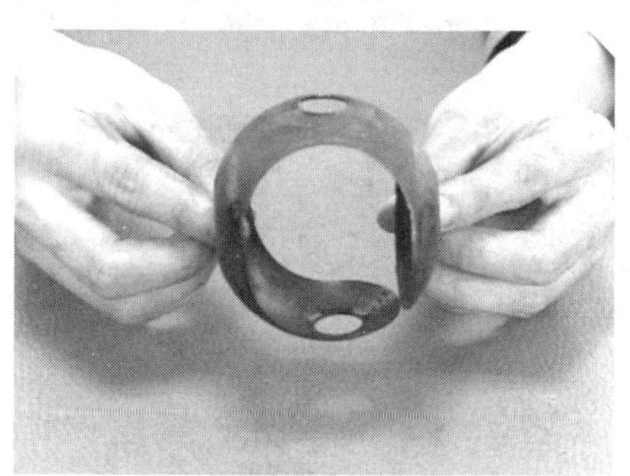

续表

11. 检查差速器壳体是否有变形、破裂等损坏，如有上述损坏应更换差速器总成 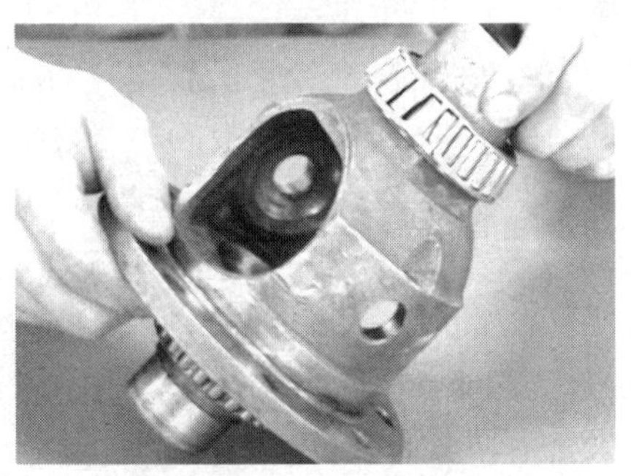	12. 检查主减速器从动齿轮是否有烧蚀、裂纹、打齿、异常磨损等损坏，如有损坏，则应连同主减速器主动齿轮一起更换 
13. 检查主减速器主动齿轮是否有烧蚀、裂纹、打齿、异常磨损等损坏，如有损坏，则应连同主减速器从动齿轮一起更换 	14. 检查半轴花键是否有损坏，如有损坏，则应更换半轴及整组的行星齿轮和半轴齿轮 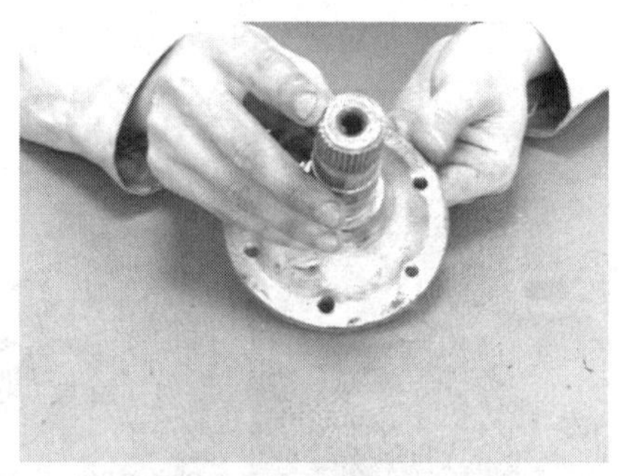

4）主减速器、差速器的组装

表 5-1-4　主减速器、差速器组装

1. 将复合式止推垫片装入差速器壳体中，调整复合式止推垫片使两个小孔对准行星齿轮轴孔，两个大孔对准半轴轴孔，并使垫片贴紧差速器壳体内侧 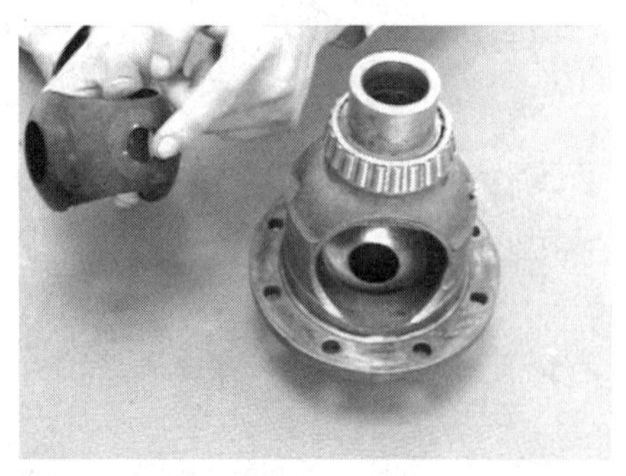	2. 在半轴齿轮上涂抹润滑脂，将半轴齿轮对准差速器壳体中半轴轴孔放入壳体 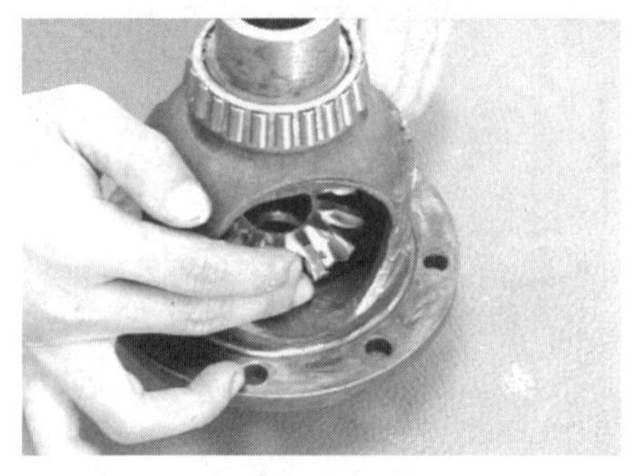

续表

3. 将螺纹管放在半轴齿轮上 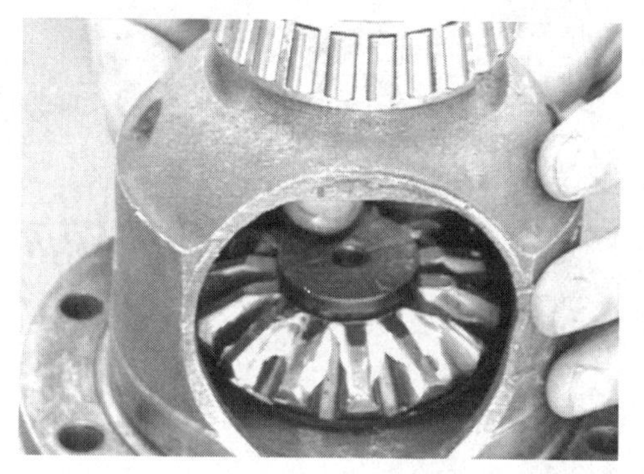	4. 将半轴对准轴孔插入壳体 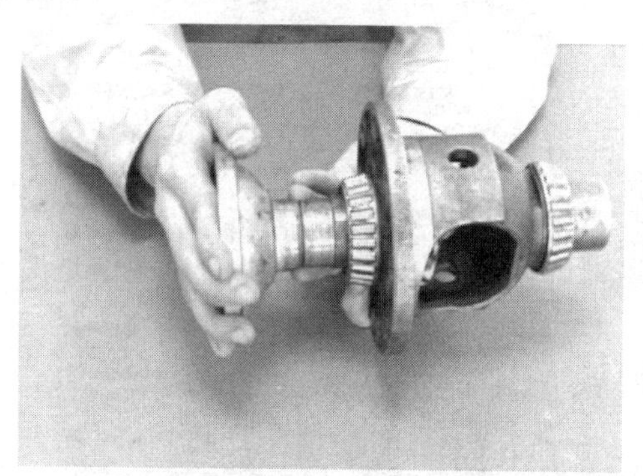
5. 一手扶住螺纹管和半轴齿轮，一手将半轴固定螺栓旋入螺纹管的螺纹中，以固定半轴齿轮 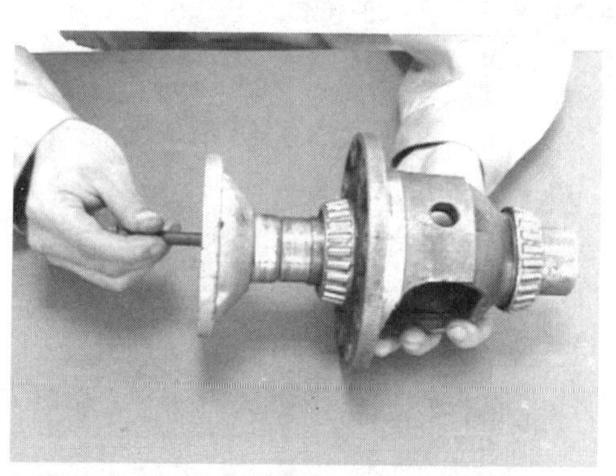	6. 以同样方法安装另一边的半轴齿轮、螺纹管、半轴以及固定螺栓 
7. 将涂抹完润滑脂的两个行星齿轮放在两个半轴齿轮之间，使两个行星齿轮轴心在一条直线上 	8. 转动半轴凸缘使两个行星齿轮进入差速器壳，转到两个行星齿轮轴孔对准差速器壳体上的轴孔为止 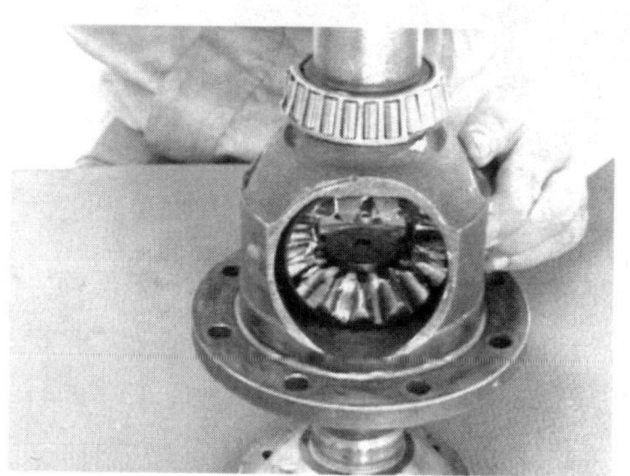

续表

<table>
<tr>
<td>9. 将涂抹完润滑脂的行星齿轮轴装入差速器壳体中，装入时要将行星齿轮轴定位销孔和差速器壳体的定位销孔对齐
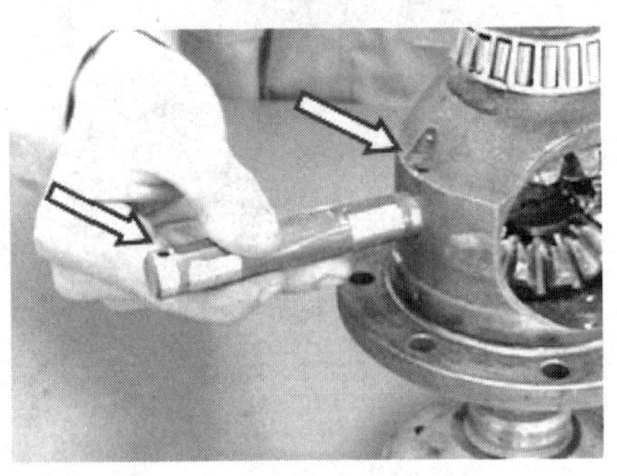</td>
<td>10. 旋出两个半轴固定螺栓，拔出半轴
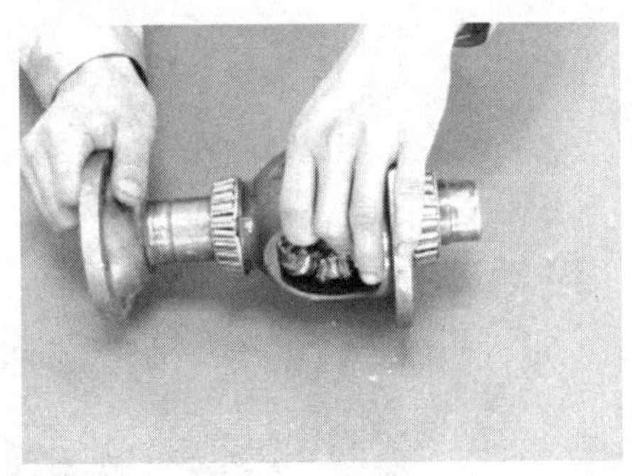</td>
</tr>
<tr>
<td>11. 将定位销敲入差速器壳的定位销孔中，以固定行星齿轮轴

工具：锤子、铜棒</td>
<td>12. 将主减速器从动齿轮安装到主减速器壳体上
注意：安装时要对准螺栓孔
</td>
</tr>
<tr>
<td>13. 轻敲主减速器从动齿轮敲到固定螺栓能旋入从动齿轮螺栓孔中为止
注意：敲击时用力要轻、均匀，严禁使用手锤直接敲击，以免损坏齿轮

工具：锤子、铜棒</td>
<td>14. 用手旋上新的主减速器从动齿轮固定螺栓
</td>
</tr>
</table>

续表

<table>
<tr>
<td>15. 用台虎钳固定差速器壳，对角拧紧主减速器从动齿轮固定螺栓，拧紧力矩为 70 N · m

工具：可调扭力扳手、13 mm 套筒</td>
<td>16. 在主减速器从动齿轮上涂抹润滑脂

物品及器材：润滑脂</td>
</tr>
</table>

5）驱动桥（变速器）的安装

表 5-1-5 变速器安装

<table>
<tr>
<td>1. 将主减速器、差速器总成装入变速器壳体中
</td>
<td>2. 将主减速器轴承盖螺栓孔对准变速器壳体螺栓孔装在变速器壳体上
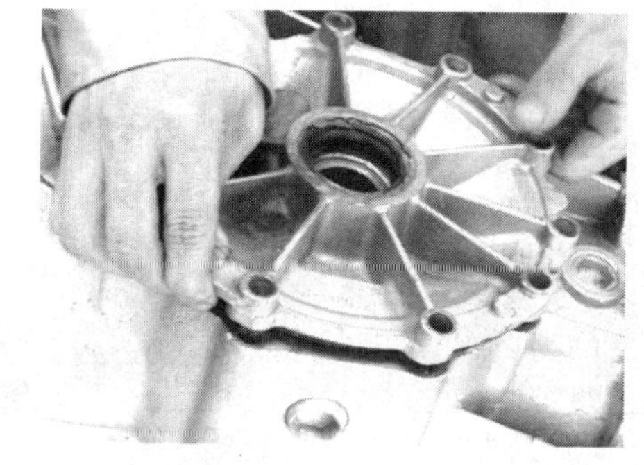</td>
</tr>
<tr>
<td>3. 对角旋上两个螺栓，以确保定位准确
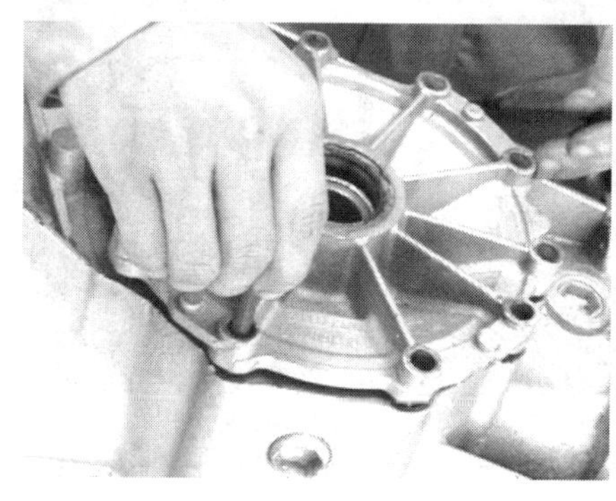</td>
<td>4. 将主减速器轴承盖敲入变速器壳体

工具：橡胶锤</td>
</tr>
</table>

续表

<table>
<tr><td>5. 用手旋上 10 个主减速器盖的固定螺栓
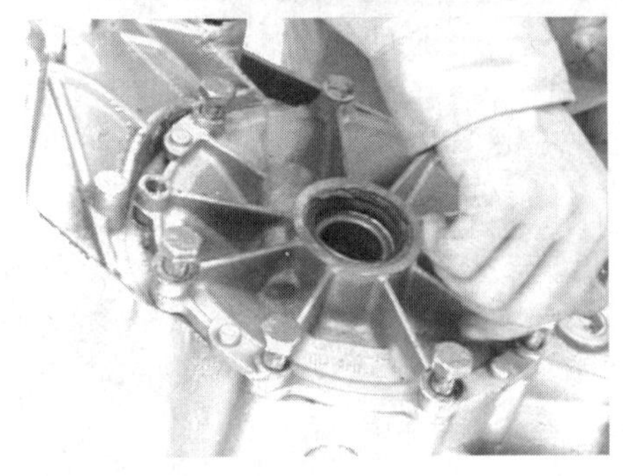</td><td>6. 对角拧紧 10 个主减速器盖的固定螺栓，拧紧力矩为 25 N·m
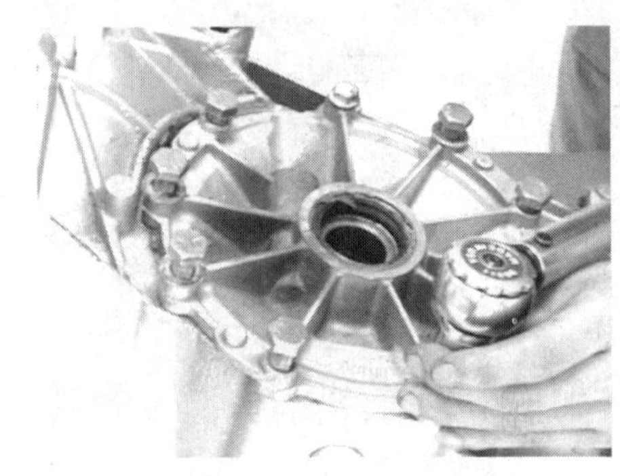
工具：可调扭力扳手、17 mm 套筒</td></tr>
<tr><td>7. 安装半轴，用手转动半轴齿轮，以确保半轴花键与半轴齿轮花键接合
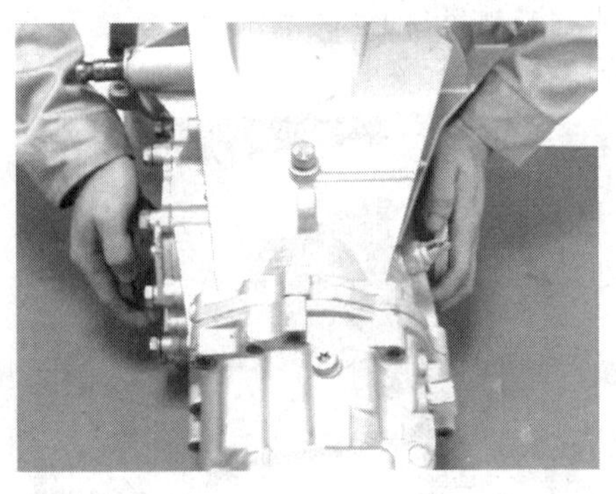</td><td>8. 用手旋入半轴的固定螺栓
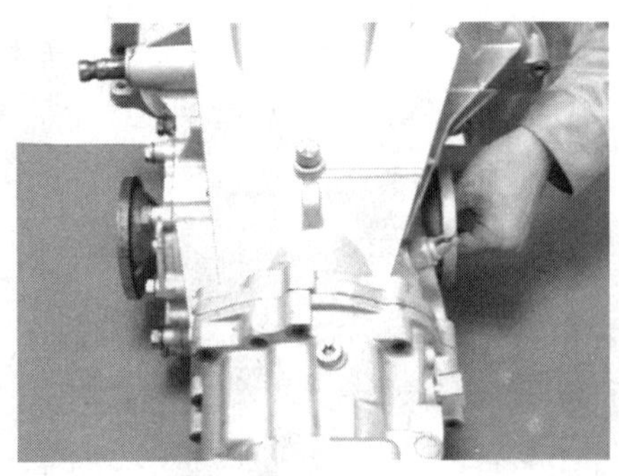</td></tr>
<tr><td>9. 在左半轴法兰盘上拧上两个螺栓，将螺丝刀插入两个螺栓中间固定左半轴

工具：螺丝刀</td><td>10. 拧紧右半轴的固定螺栓，拧紧力矩为 20 N·m

工具：可调扭力扳手、13 mm 套筒</td></tr>
</table>

续表

11. 在右半轴法兰盘上拧上两个螺栓，将螺丝刀插入两个螺栓中间固定左半轴 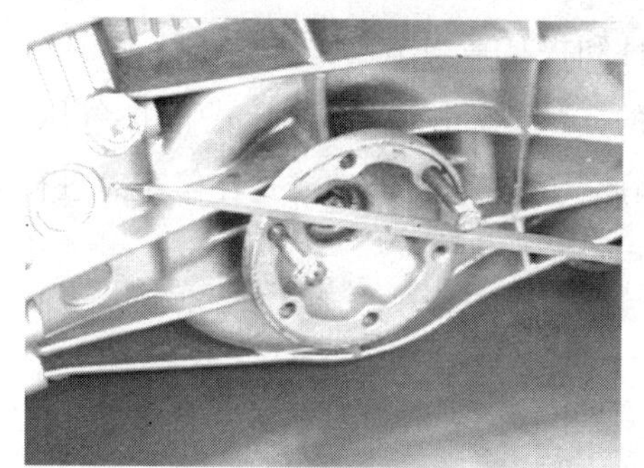 工具：螺丝刀	12. 拧紧左半轴的固定螺栓，拧紧力矩为 20 N·m  工具：可调扭力扳手、13 mm 套筒
13. 安装车速里程表的从动齿轮 	14. 用手旋上车速里程表的从动齿轮螺栓 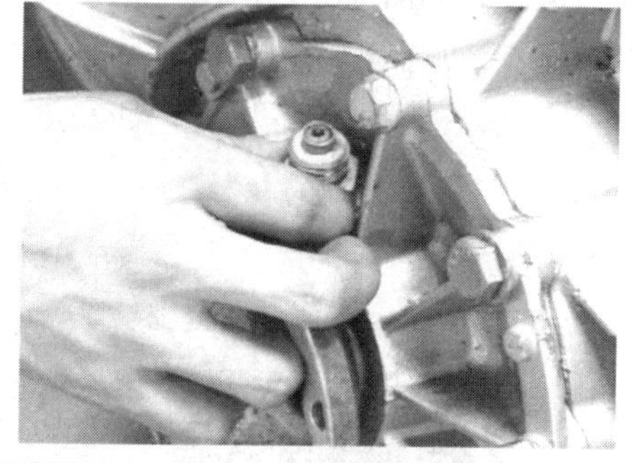
15. 拧紧车速里程表的从动齿轮螺栓，拧紧力矩为 20 N·m  工具：22 mm 套筒、可调扭力扳手	16. 安装完毕 

三、拓展知识

1. 双速主减速器

双速主减速器由齿轮的不同组合可获得两种传动比。它与普通变速器相配合，可得到双倍于变速器的挡位。双速主减速器的高低挡减速比是根据汽车的使用条件、发动机功率及变速器各挡速比的大小来选定的。大的主减速比用于汽车满载行驶或在困难道路上行驶，以克服较大的行驶阻力并减少变速器中间挡位的变换次数；小的主减速比则用于汽车空载、半载行驶或在良好路面上行驶，以改善汽车的燃料经济性和提高平均车速。

双速主减速器的换挡是由远距离操纵机构实现的，一般有电磁式、气压式和电-气压综合式操纵机构。由于双速主减速器无换挡同步装置，因此其主减速比的变换是在停车时进行的。双速主减速器主要在一些单桥驱动的重型汽车上采用。

2. 防滑差速器工作原理

防滑差速器是当一侧车轮开始滑转时，能使另一侧车轮产生适当的驱动力驱动汽车行驶。

1）黏液偶合型防滑式差速器

黏液偶合器是一种液力偶合器，它通过黏液阻力将转矩传送给硅油，并用此黏液阻力防止差速器滑转，如图 5-1-9 所示。

黏液偶合器型防滑差速器在四轮驱动车的中央差速器中作为差速器限制机构使用。

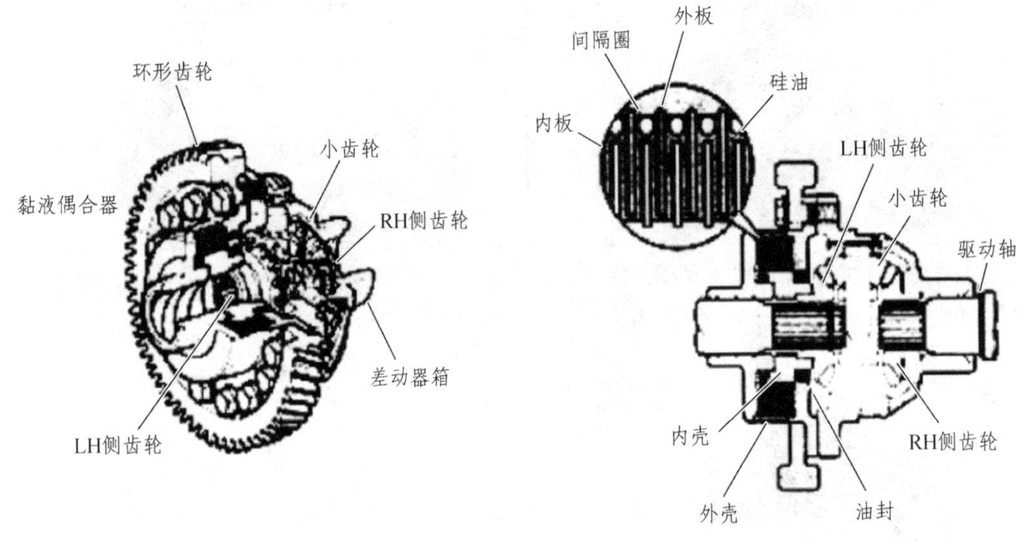

图 5-1-9　黏液偶合型防滑式差速器

2）斜齿轮型扭矩传感防滑式差速器

该差速器防滑动主要通过行星齿轮齿尖和差速器内壁之间产生的摩擦及半轴齿轮端面和止推垫圈之间产生的摩擦，如图 5-1-10 所示。

防滑动的原理能使所产生的反作用力 F_1（由行星齿轮和半轴齿轮的啮合反作用及行星齿轮本身的啮合反作用力而产生）与输入转矩成比例，朝着差速器壳的方向推动行星齿轮。

由于反作用力 F_1 的推力作用，在行星齿轮的齿尖和差速器壳内壁之间产生摩擦力 μF_1，该摩擦力 μF_1 与行星齿轮旋转方向相反，使行星齿轮转动阻力加大，从而起到防滑转作用。

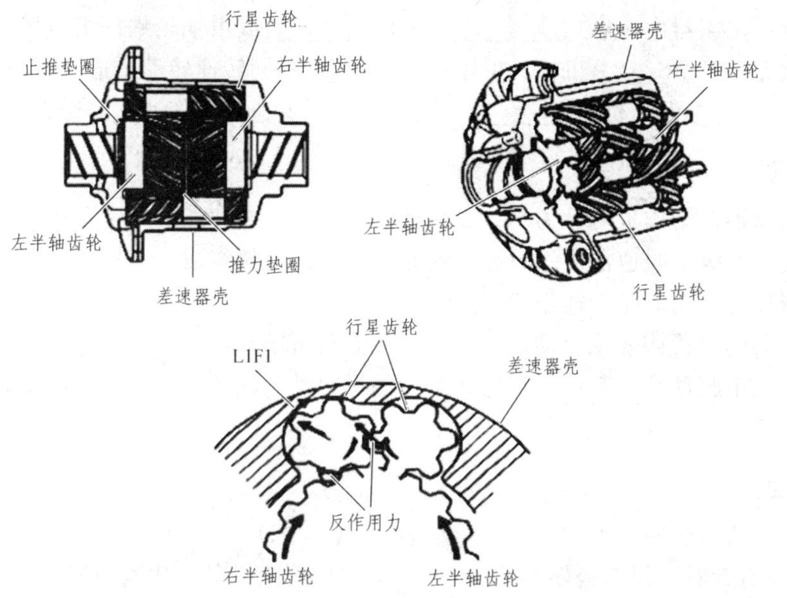

图 5-1-10 斜齿轮型扭矩传感防滑式差速器

四、学习小结

（1）主减速器的功用是将输入的转矩增大、转速降低，并将动力传递的方向改变后传给差速器。

（2）主减速器有不同的结构类型：按齿轮副数目，可分为单级式主减速器和双级式主减速器；按主减速器传动速比个数，可分为单速式和双速式主减速器。

（3）主减速器的传动比是指输入轴转速与输出轴转速的比值，可以用从动齿轮齿数与主动齿轮齿数的比值来表示，即环形齿轮齿数/主动小齿轮齿数。

（4）差速器的功用是将主减速器传来的动力传给左、右两半轴，并在必要时允许左、右半轴以不同转速旋转，以满足两侧驱动轮差速的需要。

（5）差速器的类型按其工作特性可分为普通齿轮式差速器和防滑差速器。

（6）行星锥齿轮差速器由 4 个行星锥齿轮、十字形行星锥齿轮轴、两个半轴锥齿轮、两半差速器壳、行星锥齿轮球面垫片和半轴锥齿轮推力垫片组成。

（7）主减速器和差速器的检修步骤。

五、任务分析

本情境中，如果判断故障点在主减速器内部，需要拆解进行检修，必要时更换损坏的部件。

六、自我评估

1. 填空题

（1）主减速器是传动系中起______转速，_____转矩作用，当发动机纵置时，还具有改变______________ 的作用。

（2）单级主减速器由一对 ________、一对________或由蜗轮蜗杆组成。

（3）差速器是一个______机构，可以使_______以不同转速转动，适应汽车的转向要求。

（4）在________ 发动机、______驱动的车辆上，差速器与变速器结合在一起。

2. 判断题

（1）主减速器在结构上可分为单级主减速器和双级主减速器。通常单级主减速器是由一对锥齿轮组成；双级主减速器由一对直齿齿轮和一对锥齿轮组成。（　　）

（2）主减速器的功能是升速降扭。（　　）

（3）差速器的位置按前轮驱动还是后轮驱动而有所不同。（　　）

（4）当将两个驱动轮支起后，车轮离地。如果转动一侧的车轮，另一侧车轮则同向同速旋转。（　　）

3. 选择题

（1）汽车转弯行驶时，差速器中的行星齿轮：（　　）

A. 只有自转，没有公转　　B. 只有公转，没有自转

C. 既有公转，又有自转　　D. 停止转动

（2）下列不属于差速器的是：（　　）

A. 行星齿轮　　B. 半轴齿轮

C. 从动圆锥齿轮　　D. 行星齿轮轴

（3）将差速器壳固定于台虎钳上，用扭矩扳手结合 13 mm 套筒，对角拧紧主减速器从动齿轮固定螺栓，拧紧力矩为（　　）。

A. 60 N · m　　B. 65 N · m　　C. 70 N · m　　D. 75 N · m

（4）敲击主减速器从动齿轮，下面说法正确的是（　　）。

A. 用橡胶锤结合铜棒轻敲主减速器从动齿轮，敲到固定螺栓能旋入从动齿轮螺栓孔中为止

B. 用锤子结合铜棒轻敲主减速器从动齿轮，敲到固定螺栓能旋入从动齿轮螺栓孔中为止

C. 用锤子结合錾子轻敲主减速器从动齿轮，敲到固定螺栓能旋入从动齿轮螺栓孔中为止

D. 用橡胶锤结合錾子轻敲主减速器从动齿轮，敲到固定螺栓能旋入从动齿轮螺栓孔中为止

工作任务 2　驱动桥典型故障诊断

任务情境

一、任务描述

一辆丰田卡罗拉手动挡轿车，在加速或减速时有沉闷的金属声。你能排除这个故障吗？

二、任务提示

根据故障现象，可能是驱动桥异响，需要进行拆解检查。

任务目标

一、知识目标

（1）能描述驱动桥常见的故障现象。
（2）能描述驱动桥常见故障产生的原因。

二、技能目标

能够进行驱动桥常见故障的诊断与排除。

必备知识

一、基本知识

驱动桥的典型故障现象有过热、破损或漏油、异响和振动等。

1. 过 热

1）故障现象

行驶一定里程后，用手触摸驱动桥壳中部，有无法忍受的烫手感觉。

2）可能原因

（1）齿轮油不足、变质或牌号不符合要求。
（2）锥形滚动轴承调整过紧。
（3）主传动器一对锥形齿轮啮合间隙调整过小。
（4）差速器行星齿轮与半轴齿轮啮合间隙太小。
（5）油封过紧。
（6）止推垫片与主传动器从动齿轮背面间隙太小。

2. 破损或漏油

1）故障现象

外观可见明显的破损，或从驱动桥加油口螺塞、放油口螺塞、油封处或各接合面处可见到明显的漏油痕迹。

2）可能原因

（1）螺栓多次拆卸导致螺纹孔间隙大。
（2）通气孔堵塞。

（3）润滑油加注过多。

（4）加油口或放油口螺塞松动。

（5）油封与轴颈不同轴、油封装反、油封本身磨损或硬化。

（6）油封轴颈磨损成沟槽。

（7）结合平面变形或加工粗糙。

（8）结合平面处密封垫片太薄、硬化或损坏。

（9）两接合平面的紧固螺钉松动或螺钉上紧方法不符合要求。

（10）桥壳有铸造缺陷或裂纹。

3. 异　响

驱动桥异响的故障分类、现象和可能原因见表 5-2-1。

表 5-2-1　驱动桥异响故障现象和可能原因

故障分类	故障现象	可能原因
异响（噪声）	转弯时有“咔哒”声	半轴外侧等速万向节磨损或损坏
	加速、减速或转弯时有金属撞击声	半轴内侧等速万向节磨损或损坏
	来自某一个车轮	车轮和轮胎组件损坏
		车轮轴承损坏、磨损
	齿轮噪声	齿圈和主动小齿轮间隙调整不当
		轮齿有损坏
		齿圈和主动小齿轮啮合接触部位不正确
	齿轮有“咯咯”声	齿轮润滑油不足或选用不当
		齿圈旋转时摇摆或齿圈固定螺栓松动
		行星齿轮或半轴齿轮轮齿磨损或损坏
	敲击声	齿圈和主动小齿轮间隙调整不当
		驱动桥半轴的轴向间隙过大
		差速器止推垫圈丢失
	轴承的“呜呜”声	轴承损坏或有磨损的部件
		主动小齿轮的轴承损坏
		齿轮润滑油不足或选用不当
	轴承的“隆隆”声	轴承损坏或有磨损的部件
		差速器零部件松动

4. 振　动

驱动桥振动的故障分类、现象和可能原因见表 5-2-2。

表 5-2-2　驱动桥振动故障现象和可能原因

故障分类	故障现象	可能原因
振　动	转弯时差速器空转引起的振动	差速器壳与锥齿轮之间的支承表面损坏或磨损
		行星齿轮和差速器壳之间的支承表面损坏或磨损
		行星齿轮和行星齿轮轴之间的支承面损坏
	加速或减速时产生振动	（后桥）传动轴的松动或不平衡
	当匀速行驶时的振动	半轴径向跳动过大
		齿圈和主动小齿轮损坏或磨损
		（后桥）配对凸缘损坏

二、基本技能

驱动桥故障通常是机械故障造成的，需要进行拆检。

驱动桥故障诊断流程如图 5-2-1 所示。

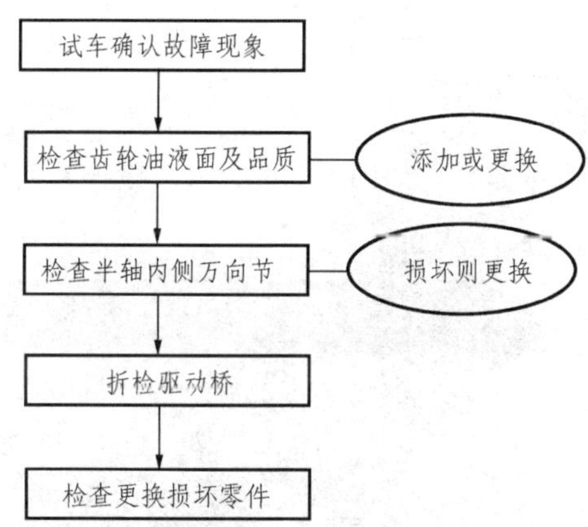

图 5-2-1　驱动桥故障诊断流程图

1. 准备工作

（1）防护装备：工作服、工作帽、手套、劳保鞋。

（2）车辆、台架、总成：卡罗拉整车，或其他同类车辆。

（3）车间设备：举升机，车轮挡块。

（4）专用工具：半轴拆卸工具。

（5）手工工具：拆装工具一套。

（6）辅助材料：翼子板布和前格栅布、三件套；半轴润滑脂；胶带；标记笔；防尘罩卡夹、卡环 2 套；抹布、手套、白板笔。

2. 实施步骤

（1）试车确认故障现象，正确记录故障现象。

（2）检查齿轮油液面及品质。

（3）检查半轴内侧万向节。

a. 外观检查半轴的防尘套，损坏则更换；

b. 如图 5-2-2 所示拆卸半轴，检查内侧万向节，损坏则更换。

（4）检查半轴齿轮毂的螺纹孔。如图 5-2-3 所示，检查半轴齿轮毂的螺纹孔，损坏则更换。

图 5-2-2　检查半轴内侧万向节间隙

图 5-2-3　检查半轴齿轮毂的螺纹孔

（5）检查差速器小齿轮轴。

a. 拆卸变速器总成；

b. 分解主减速器和差速器部分，如图 5-2-4 所示，检查差速器齿轮的磨损情况，损坏则更换。

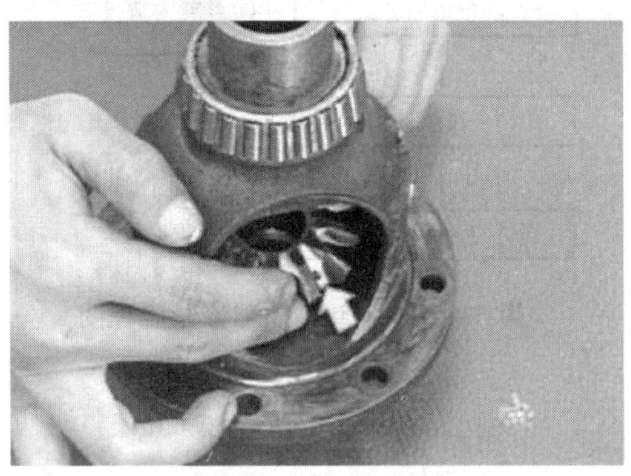

图 5-2-4　检查差速器齿轮

三、学习小结

（1）驱动桥常见的故障现象。

（2）驱动桥故障的原因。

（3）驱动桥故障的诊断步骤。

四、任务分析

本情境中，“异响”是难于诊断的故障，通常需要有丰富经验的技师进行诊断，如果确认故障出在驱动桥，需要分解检修。

五、自我评估

1. 填空题

（1）驱动桥的典型故障现象有_____、破损或漏油、______和振动等。

（2）转弯时有咔哒声，最可能的原因是半轴外侧_________磨损或损坏。

2. 判断题

（1）齿轮油不足、变质或牌号不符合要求，可能导致驱动桥过热。(　　)

（2）加速或减速时产生振动，原因可能是传动轴的松动或不平衡。(　　)

学习项目 6　行驶系统检修

本学习项目主要学习行驶系统检修，有 4 个工作任务：任务 1 车架与车桥检修；任务 2 悬架检修；任务 3 车轮与轮胎检修；任务 4 行驶系统典型故障诊断。通过这 4 个工作任务的学习，掌握行驶系统的结构组成原理，以及拆装与检修的技能，能进行行驶系统常见故障的检修。

工作任务 1　车架与车桥检修

任务情境

一、任务描述

一辆桑塔纳轿车，在路上行驶时方向跑偏严重。你的主管要求你检查车子的车架、车桥及定位参数，你能完成吗？

二、任务提示

车辆行驶跑偏，原因很多，需要对底盘进行详细检查。

任务目标

一、知识目标

（1）能描述汽车行驶系的功用、组成和类型。

（2）能描述车架与车桥的结构原理。

（3）能描述车轮定位的内容及功用。

二、能力目标

（1）能对车架、车桥进行拆装、维护及检修。

（2）分析车架与车桥常见故障的原因。

必备知识

一、基本知识

1. 行驶系统的作用和组成

汽车行驶系统的作用是将汽车构成一个整体，通过驱动轮与路面的附着作用，使发动机经传动系统传来的转矩，形成汽车行驶的驱动力。

大多数汽车采用轮式行驶系统。轮式汽车行驶系统一般由车架、车桥、悬架和车轮等部分组成，如图 6-1-1 所示。前后车轮分别支承着前后车桥，车桥又通过弹性悬架与车架相连接。车架是整个汽车的基体，将汽车的各相关总成连接成一个整体，构成汽车的装配基础，承受汽车总质量。

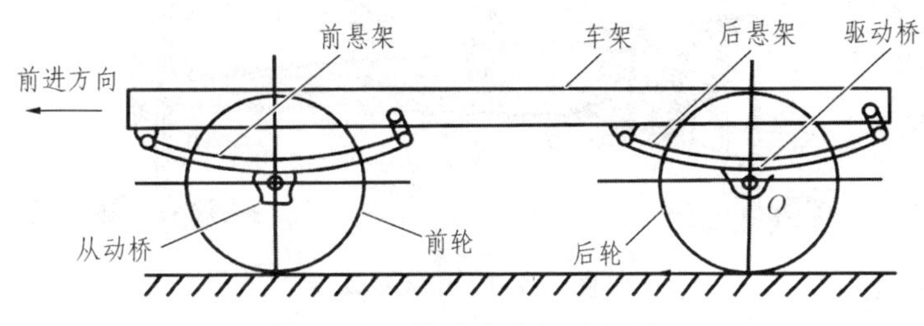

图 6-1-1 轮式汽车行驶系统

2. 车 架

1）车架的功用与类型

汽车车架俗称“大梁”，用以安装汽车的发动机，变速器，传动轴，前、后桥和车身等总成和部件，使各总成保持正确的相对位置，并承受汽车内外的各种载荷。而商用车大多数都装有独立的车架。目前，汽车车架的结构形式有 4 种，即边梁式、中梁式、综合式和铰接式。

2）车架的结构

（1）边梁式车架。边梁式车架由两根位于左、右两边的纵梁和若干根横梁组成，并通过铆接或焊接将纵梁和横梁连接成坚固的刚性构架，如图 6-1-2 所示。

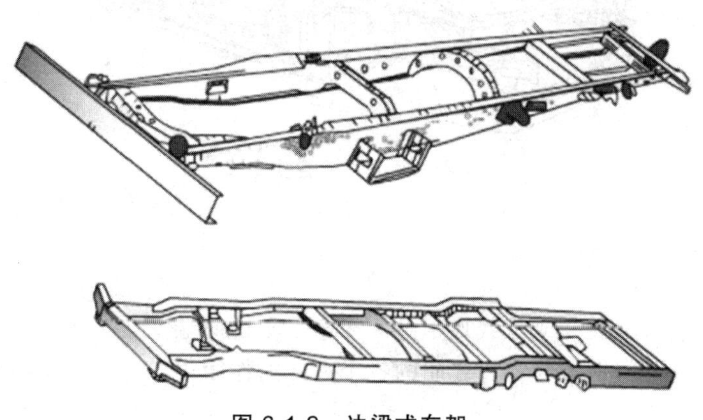

图 6-1-2 边梁式车架

（2）中梁式车架。中梁式车架又称为脊梁式车架，如图 6-1-3 所示。

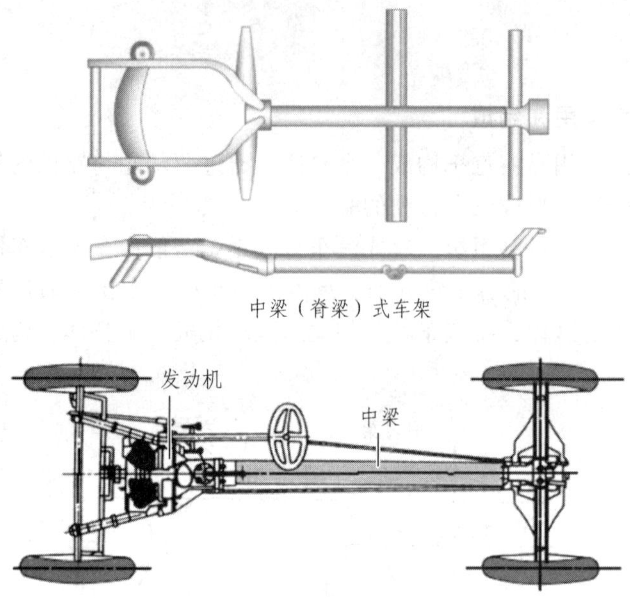

图 6-1-3　中梁式车架

（3）综合式车架。综合式车架由边梁式和中梁式车架结合而成。车架前段或后段近似边梁式，中间为中梁式结构。

（4）铰接式车架。由两个边梁式车架用铰接机构（转盘式和球铰式）连接，称为铰接式车架，用于公共汽车。

（5）承载式车身。轿车和部分客车没有专门的车架，而是由车身兼代车架的作用，所有载荷均由车身来承受，这种车身称为承载式车身，如图 6-1-4 所示。

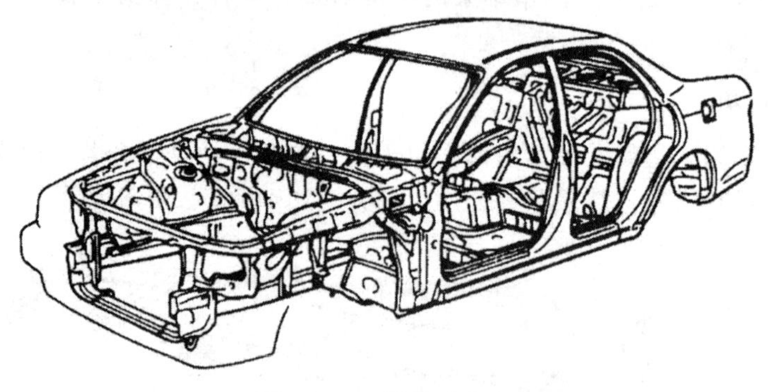

图 6-1-4　承载式车身

3. 车　桥

1）车桥的功用与类型

车桥通过悬架与车架（或承载式车身）相连，车桥两端安装车轮。

车桥的功用是传递车架和车轮之间的各个方向的作用力，并承受这些力所形成的弯矩和扭矩。

按悬架的结构形式不同，车桥可分为断开式和非断开式两种。通常断开式车桥配用独立悬架，非断开式车桥配用非独立悬架。

按车桥上车轮的作用不同，车桥又可分为转向桥、驱动桥、转向驱动桥和支持桥 4 种类型。

驱动桥已在本书之前的项目中介绍过，支持桥除不能转向外，其他功能和结构与转向桥相同，因此本任务主要叙述转向桥和转向驱动桥。

2）车桥的结构

（1）转向桥。

转向桥是利用转向节使车轮偏转一定的角度以实现汽车的转向，同时还承受汽车的部分载荷和汽车制动、车轮侧滑等产生的作用力及其力矩。转向桥通常位于汽车的前部，因此也常称为前桥。汽车的转向桥主要由前轴、主销、转向节和轮毂等 4 部分组成，如图 6-1-5 所示。

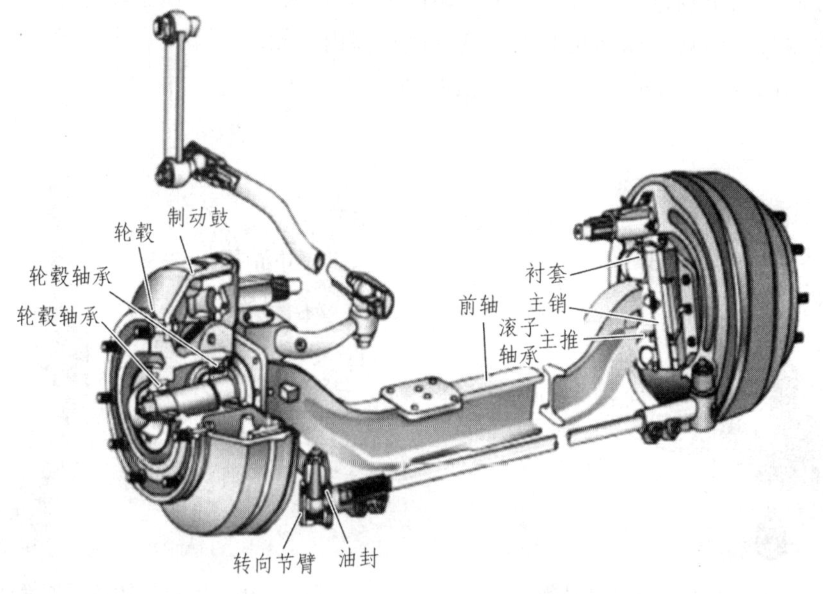

图 6-1-5　转向桥

前轴用中碳钢铸造，断面呈工字形或圆形，以提高抗弯强度。两端过渡到方形断面，以提高抗扭强度。中部两处用以支承钢板弹簧的底座，其上有 4 个安装骑马螺栓的通孔和一个位于中心的钢板弹簧定位凹坑。前轴中部向下弯曲，使发动机位置降低，降低汽车质心，减小传动轴与变速器输出轴之间的夹角。前轴两端各有一个拳部，主销插入孔内。主销中部切有槽，用楔形锁销将主销固定在拳部孔内，如图 6-1-6 所示。

转向节是一个叉形部件，上、下两叉制有同轴销孔，通过主销与前轴拳部相连，使前轮可以绕主销偏转一定角度而使汽车转向。为了减小磨损，转向节销孔内压入青铜或尼龙衬套，衬套上开有油槽，用油嘴注入润滑脂润滑。为使转向灵活轻便，在转向节下销孔与前轴拳部下端面之间装有推力轴承。上销孔与拳部上端面之间有调整垫片。通常，轿车中不设独立的主销，而用上、下球头连接转向节，转向节中心的连线为主销的轴线，如图 6-1-7 所示。

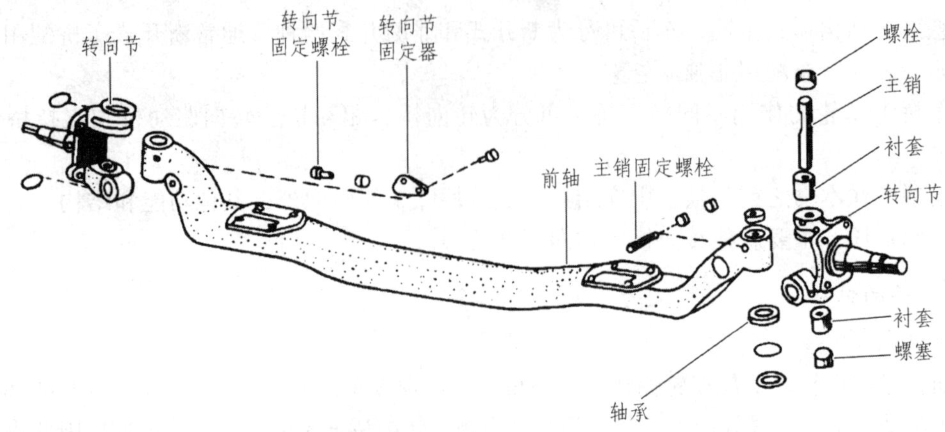

图 6-1-6　转向桥结构图

车轮轮毂通过两个圆锥滚子轴承支承在转向节轴颈上，轴承的松紧度可用调整螺母加以调整。轮毂内侧装有油封，以防止润滑脂进入制动器内。轮毂外端装有金属罩，以防止泥水和尘土侵入，如图 6-1-8 所示。

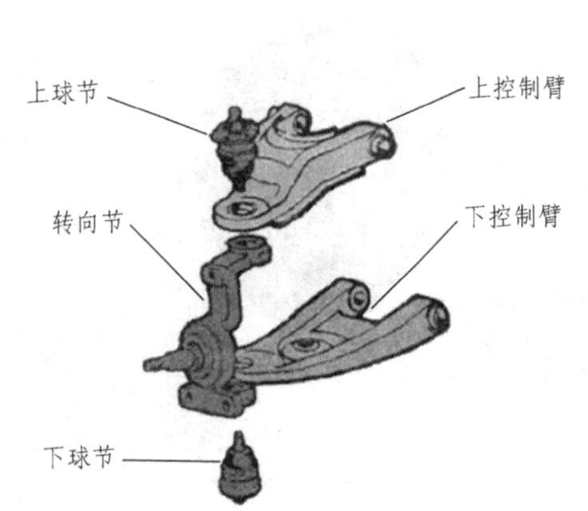

图 6-1-7　转向节的球节安装位置

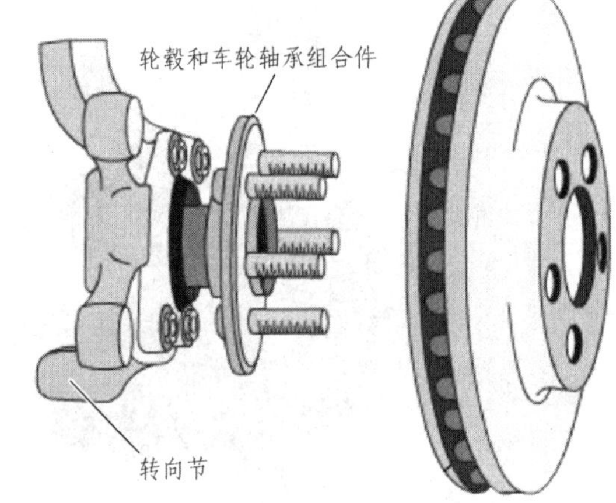

图 6-1-8　轮毂与转向节的连接

（2）转向驱动桥。

能同时实现车轮转向和驱动两种功能的车桥，称为转向驱动桥，如图 6-1-9 所示。

转向驱动桥有一般驱动桥的主减速器、差速器和半轴，也有一般转向桥所有的转向节和主销等。不同之处是，由于转向的需要，半轴被分成内、外两段，内半轴与差速器相连接，外半轴与轮毂相连接，两者用等角速万向节连接。同时，主销也因此分成上、下两段，固定在万向节的球形支座上，转向节轴径做成空心的，以便外半轴（驱动轴）从中穿过。

汽车转向驱动桥，内半轴与外半轴通过等角速万向节连接在一起。当前桥驱动时，转矩由差速器、内半轴、等角速万向节、外半轴、凸缘盘传到车轮轮毂上。

转向节通过两个滚针轴承和球碗及钢球支承在转向节支座上，分成两段的主销与转向节支座安装成一体，其上、下两段的轴线必须处于同一直线上。下轴承盖承受主销的轴向载荷，上轴承盖防止主销轴向窜动。轮毂通过两个轮毂轴承装在转向节轴颈上。轮毂轴承用调整螺母、锁止垫圈、锁紧螺母固紧。转向节轴颈的内孔壁压装有青铜衬套，以支承外半轴。

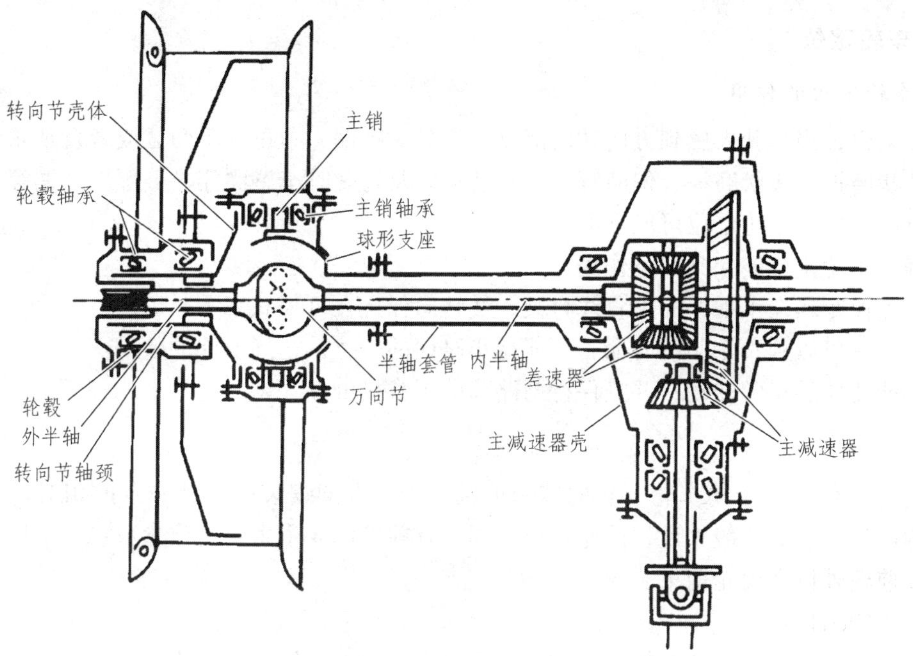

图 6-1-9 转向驱动桥示意图

汽车转向时，通过转向节臂带动转向节时，转向节绕主销转动，从而使前轮偏转。

轿车常用的转向驱动桥如图 6-1-10 所示。它以减振支柱相当于转向节，支柱上端通过减振支柱座与车身连接，支柱下端则通过下悬架臂与发动机悬架作铰接式连接，轮毂轴承也装在支柱孔中。当汽车运行时，固定在减振支柱上的减振活塞杆既可作绕车身转动，使车轮实现转向；又可以在路面不平时，沿减振器作轴向移动并相对于车身作少量摆动。横向稳定杆采用 4 个橡胶支承分别与副车架和两悬架臂固定，以减小转弯时汽车的倾斜度。

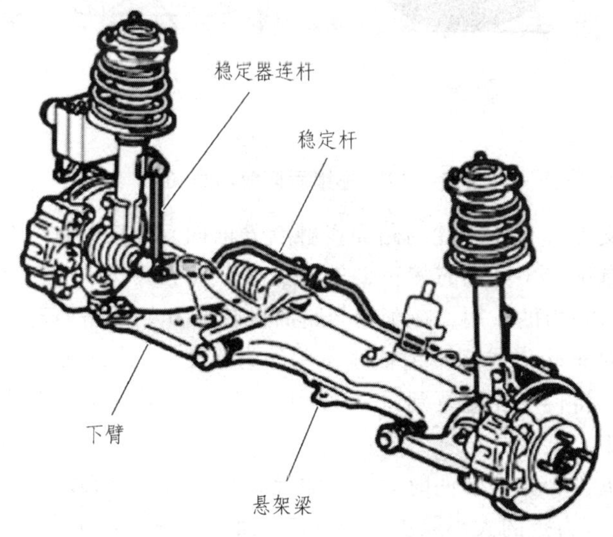

图 6-1-10 轿车转向驱动桥

4. 车轮定位

1）车轮定位的作用

一般来说，当驾驶人感到方向转向沉重、发抖、跑偏、不正、不归位或者发现轮胎单边磨损、波状磨损、块状磨损、偏磨等不正常磨损以及驾驶时车感漂浮、颠颤、摇摆等现象出现时，就应考虑到车轮定位可能不准确。

准确的车轮定位能起到如下作用：

（1）确保车辆在水平路面上直线行驶，使转向保持在可控状态下。

（2）不仅可以延长轮胎的寿命，还能减小路面的摩擦，达到节油的效果。

（3）能使轮胎正常转动，并且保持与路面的正常接触。

2）转向轮定位

转向轮定位是指转向车轮、转向节和前轴三者与车架安装时保持一定的相对位置或要求，也称前轮定位。一般来说，前轮定位需要检查前轮的 4 个主要定位参数：主销后倾、主销内倾、前轮外倾和前轮前束。

（1）主销后倾。

主销后倾，也称为主销纵倾，其主要作用是保持汽车直线行驶的稳定性，并力图使转弯后的前轮自动回正。从车辆的侧面看，转向车轮主销轴线与垂直线之间形成的角度 γ，以度为测量单位，如图 6-1-11 所示。

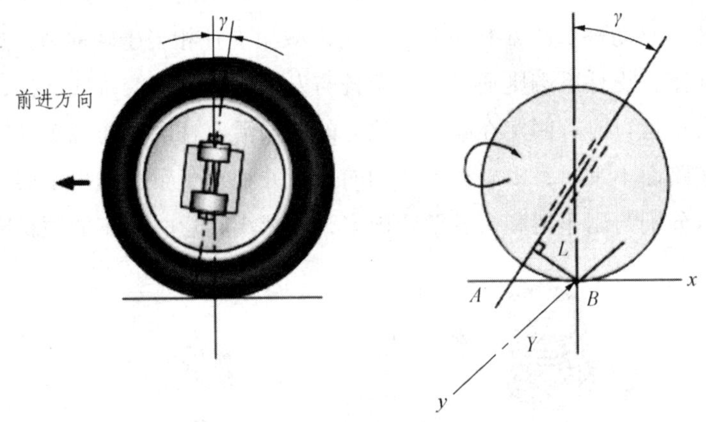

图 6-1-11　主销后倾角示意图

主销轴线与路面交点 A 位于车轮与路面接触点 B 前面。当汽车直线行驶时，若转向轮偶然受到外力作用而稍有偏转（如向右偏转，见图中箭头所示），将使汽车行驶方向向右偏离。这时，由于汽车本身离心力的作用，在车轮与路面接触点 B 处，路面对车轮作用着一个侧向反作用力 Y。反力 Y 对车轮形成绕主销轴线作用的力矩 YL，其方向正好与车轮偏转方向相反。在此力矩作用下，将使车轮回复到原来中间的位置，从而保证汽车能稳定地直线行驶，故此力矩称为回正力矩。

回正力矩不宜过大，否则在转向时为了克服此力矩，驾驶员必须在转向盘上施加较大的力（即转向沉重）。因该力矩的大小取决于力臂 L，而力臂 L 又取决于后倾角 γ 大小，因此，为了不使转向沉重，主销后倾角不宜过大，一般不超过 2°～3°。

现代汽车为了提高行驶速度，普遍采用扁平低压胎，弹性增加，轮胎变形增加，引起稳定力矩增加，所以主销后倾角可以接近于零，甚至为负值。

有 3 种主销后倾角：主销轴线向后方倾斜时，主销后倾角为正值；主销轴线向前方倾斜时，主销倾角为负值；主销轴线垂直于地面，主销后倾角为零。

主销轴线与地面的交点到轮胎地面接触区中心点的距离叫作主销后倾拖距，如图 6-1-12 所示。

主销后倾角影响直行稳定性，主销后倾拖距则影响转弯回正。如果给车轮提供过大的正主销后倾时，直线稳定性就得到提高，但是，转向会变得困难。

主销后倾将影响行驶方向的控制。如果左右两前轮的主销后倾角不相同，车辆就会向正值主销后倾角较小的一侧跑偏。如果两前轮的主销后倾角相等但是正值太大，转向会很重，并且在方向盘上会感受到过量的路面冲击和摆振。如果两前轮的主销后倾角相等但是负值太大，转向会很轻，但车辆可能会摆摇，并且难以控制直线行驶。一般，两侧主销后倾角相差不应该大于 0.5°。

（2）主销内倾。

主销（转向轴线）内倾是在汽车的横向平面内，其上端略向内倾斜，称为主销内倾。在汽车横向垂直平面内，主销与垂线之间的夹角 β 叫作主销内倾角，如图 6-1-13 所示。

汽车悬架类型不同，转向轴线结构有所不同。对于非独立悬架，车桥两端都装有一个转向主销。转向主销轴线就相当于其他类型悬架中的转向轴线。在独立悬架中，上球节和下球节之间的连接便构成了转向轴线。

主销内倾的作用是使前轮自动回正，转向轻便，并减小汽车行驶时路面通过车轮传给转向机构的冲击力。主销内倾有助于直线行驶和车轮在转向后的回正。

（3）车轮外倾。

车轮外倾，也称为车轮侧倾。前轮旋转平面与纵向垂直平面之间的夹角 α 叫作车轮外倾角，如图 6-1-14 所示。车轮的前轮外倾角是在转向节设计中确定的，外倾角 α 一般约为 1°。

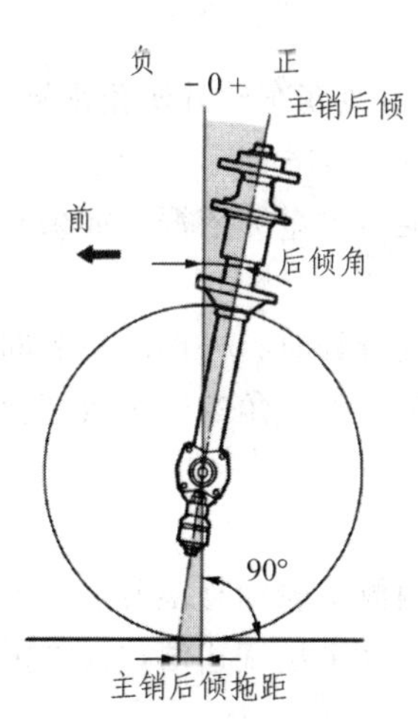

图 6-1-12　主销后倾拖距

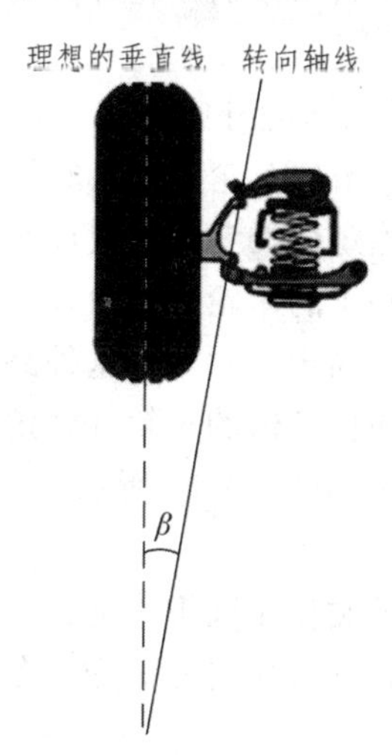

图 6-1-13　主销内倾角示意图

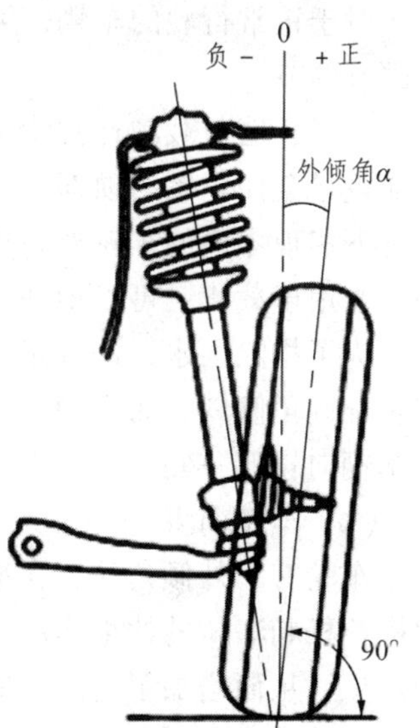

图 6-1-14　车轮外倾角示意图

车轮外倾的作用在于提高了车轮工作的安全性和转向操纵轻便性。如空车时车轮正好与路面垂直，则满载时车轮在载荷的作用下出现内倾，这将加速汽车轮胎的偏磨。路面对车轮的垂直反作用力沿轮毂的轴向分力将使轮毂压向轮毂外端的小轴承，加重了外轴承和轮毂紧固螺母的负荷，降低了它们的使用寿命。同时，地面反力的作用线更接近于转向节轴的根部，可以减小转向力，使转向操纵轻便灵活。

- 车轮外倾与轮胎磨损的关系如下：

如果车轮向外倾斜，车轮外倾角是正值，轮胎胎面的外侧边缘将会磨损更多。这也可能引起轴承因载荷分布不均而过早损坏。早期的汽车中，车轮外倾为正，以便改善前桥的耐用性并使轮胎与路面成直角接触，以防止因道路中间比两边高而造成的轮胎不均匀磨损。

如果车轮是向内倾斜，车轮外倾角是负值，轮胎胎面的内侧边缘将会磨损更多。理想的车轮外倾角在行驶时应该是零度。零度的车轮外倾角能保证胎面与路面有最大面积的平稳接触，正确的悬架受力点可减小受道路冲击的程度，有助于直线行驶的稳定性以及保持最佳的轮胎寿命。

- 车轮外倾角对主销内倾角（转向轴线）的影响如下：

在很多前悬架中，前轮外倾角的调整会使主销内倾角（转向轴线）发生变化。因此，在上、下球节的独立悬架系统中，如果上控制臂用垫片向外调整以增大车轮正外倾角，那么主销内倾角也随之变化（减小）。即车轮外倾角调节符合规定，但主销内倾角就可能不符合规定，甚至主销内倾角和车轮外倾角的总和也发生变化（某些悬架），尤其前滑柱易被撞弯，滑柱上支架易发生偏移的麦弗逊式悬架更是如此。维修人员如果检查、调整了车轮外倾角却忽视了主销内倾角，往往就忽视了严重的前悬架故障。

- 车轮外倾和方向控制：

车轮外倾影响行驶方向的控制。正值太大或者负值太大的车轮外倾角会造成轮胎一侧的直径比另一侧要小。这就使得轮胎的滚动像个锥筒，车辆将会向车轮外倾角大的方向产生侧滑，如图 6-1-15 所示。

对于正常行驶的车辆，为了实现所希望的车轮外倾角，可以按原厂维修手册的方法和步骤进行调节。

为了补偿负载和行驶状况，需要对车轮外倾角作一些调节，通过改变车轮外倾角来补偿。添加重量会使轮胎的顶部向内移动，增加车轮外倾角的负值，如图 6-1-16 所示。为了在行驶状态下实现零值的车轮外倾角，车轮定位的参数值设计是以正常乘员重量为依据。如果车辆经常要用于载货，可以稍许增加一些正的车轮外倾角来进行补偿。

为了排除雨水，许多路面是中间高于两侧。在这种路面上直线行驶时，外侧的轮胎向正车轮外倾角倾斜，而内侧的轮胎则向更负值的车轮外倾角倾斜。车轮外倾角的这种改变会引起车辆向较低一侧的路面产生滑移，如图 6-1-17 所示。

（4）车轮前束。

车轮有了外倾角后，在滚动时就类似于圆锥滚动，从而导致两侧车轮向外滚开。由于转向横拉杆和车桥的约束作用，使车轮不可能向外滚开，车轮将在地面上出现边滚边向内滑移的现象，从而增加了轮胎的磨损。

为消除车轮外倾带来的不良后果，在安装车轮时使两前轮的中心平面不平行。从车辆的前方看轮胎，两车轮的前中心平面的间距 A 不等于后中心平面的间距 B，如图 6-1-18 所示。当 $A<B$ 时，称为车轮正前束。当 $A>B$ 时，称为车轮负前束。车轮前束一般以毫米为单位测量。

前轮前束使车轮在滚动时方向接近正前方，从而减轻和消除了由于车轮外倾而产生的不良后果。

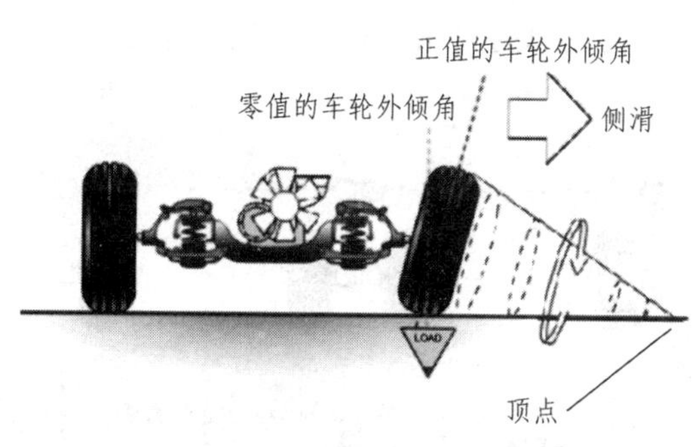

图 6-1-15　车轮外倾角对行驶方向影响

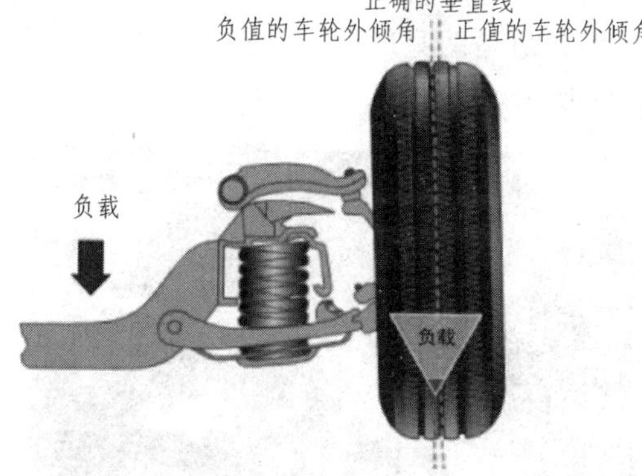

图 6-1-16　负载对车轮外倾角的影响

图 6-1-17　路面对车轮外倾角的影响

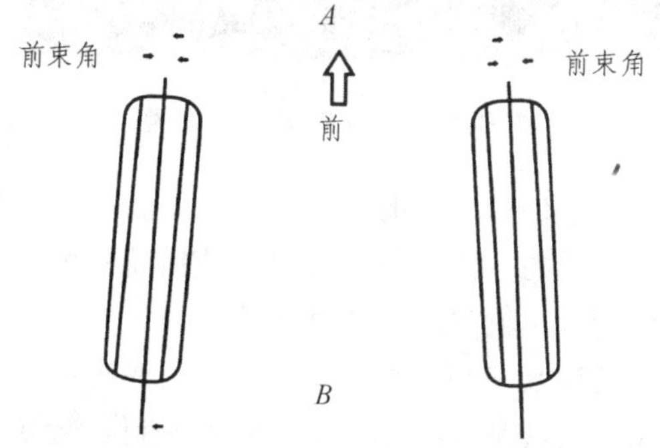

图 6-1-18　车轮前束示意图

车轮前束对轮胎磨损的影响如下：

行驶时零值的车轮前束有助于直线行驶，并且产生最少量的轮胎磨损。过大的车轮正前束会引起轮胎的外侧周缘磨损，在胎面的内侧形成羽毛边缘的形状；过大的车轮负前束会引起轮胎的内侧周缘磨损，在胎面外侧形成羽毛边缘的形状，如图 6-1-19 所示。

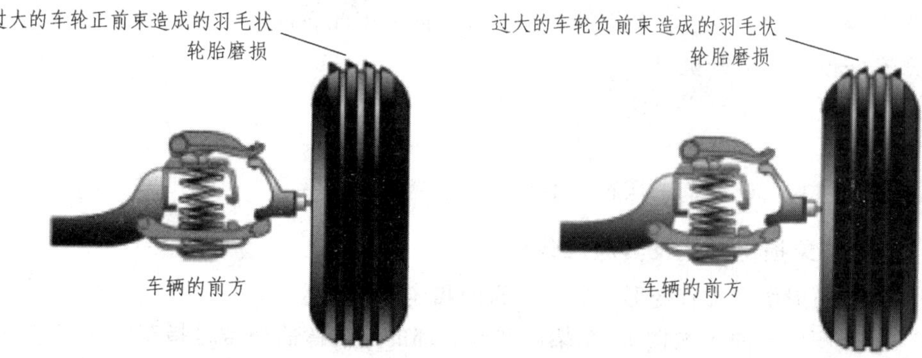

图 6-1-19　车轮前束对轮胎磨损的影响

车轮前束会影响行驶方向。可通过转向横拉杆来调整车轮前束，一般前束值为 0 ~ 12 mm。也有的汽车为与前轮负外倾角相配合，其前束也取负值，即负前束（如桑塔纳轿车前束为 - 3 ~ - 1 mm）。在完成主销后倾角和车轮外倾角的调整后，需要对车轮前束进行调整，如图 6-1-20 所示。

（5）推力角。

推力角是两只后轮的旋转平面与车辆纵向中心线之间的夹角，以度为测量单位，如图 6-1-21 所示。

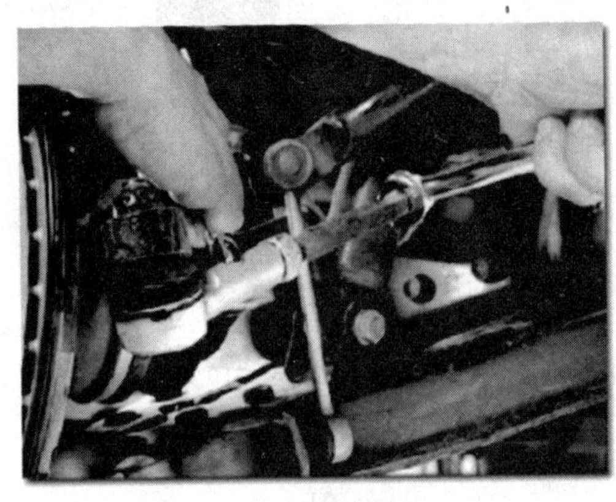

图 6-1-20　车轮前束的调整

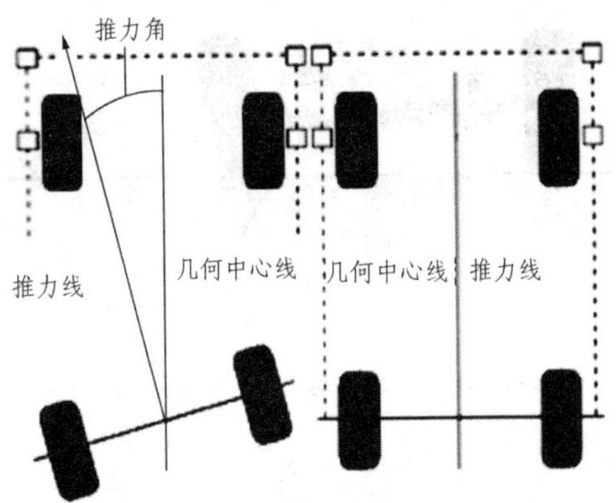

图 6-1-21　推力角的示意图

为了保持车辆的直线行驶，推力角应该为零度。如果推力角不为零度，车辆的后部就会沿推力线的方向行驶。通过调节后轮前束可以校正推力角。推力角是设定整车定位的基础，也可用作车辆诊断的辅助手段。

转向盘和前轮控制着车辆的行驶方向，但推力角则影响着车辆的行驶方向。例如，前、后轮的旋转平面与车辆中心线不平行，会导致车辆转动。驾驶员就必须向左或右转动方向盘来保持直线行驶。

二、基本技能

1. 准备工作

（1）防护装备：工作服、工作帽、手套、劳保鞋。

（2）车辆、台架、总成：桑塔纳整车，或其他整车或底盘。

（3）车间设备：举升机等。

（4）专用设备：车轮定位仪。

（5）手工工具：拆装工具一套。

（6）辅助材料：记号笔、抹布、手套、白板笔。

2. 车架常见损伤形式及其原因分析

车架常见的损伤形式有变形、裂纹、腐蚀和连接松旷等。

（1）车架侧向弯曲（侧摆）。车架前部或后部的侧向弯曲通常是指车辆受到撞击使车架前后发生侧向变形的结果。

（2）车架向下弯曲（下陷）。车架下弯曲通常是车架前部或后部直接受到撞击所致。

（3）车架纵弯曲。车架发生纵弯曲时，发动机罩与前保险杠之间的距离小于规定值，或者后轮与后保险杠距离小于规定值，即车架的纵弯曲是由于车架正前方或正后方受到撞击引起。

（4）车架菱形变形。车架菱形变形出现在车架撞击受损而不再保持相互垂直的时候。这时，车架的几何形状发生改变，可通过对角线法测量来进行分析判断。

（5）车架的裂纹。车架由于受到交变载荷的影响，容易产生裂纹。此时，可采用焊修、加固等方法修复。

（6）车架腐蚀。车架发生腐蚀现象，应及时进行清除并涂上涂层。

（7）连接松旷。车架纵、横梁连接铆钉松动后，将影响车架的刚度和弹性。应取掉松动的铆钉，重新铆接铆钉。

3. 车桥常见损伤形式及其原因分析

车桥支撑汽车的质量，承受路面传来的各种反力，尤其是行驶在不良路面或高速行驶时，这些力构成的冲击载荷峰值很高。特别是转向桥和转向驱动桥，零部件不但数量多而且铰接配合多，零部件的变形、磨损等都会引起汽车的操纵稳定性、制动过程中的方向稳定性以及轮胎的异常磨损。

车桥的常见损伤形式有：

（1）前轴（工字梁）主要有弯曲、扭曲、裂纹、主销孔磨损等。

（2）转向节的油封轴颈处，因其断面的急剧变化，应力集中，容易产生疲劳裂纹。

（3）转向节轴端螺纹与螺母的配合不良，转向节主销与衬套的配合间隙超标。

4. 车轮定位的调整

汽车在使用过程中，如果出现轮胎磨损不均匀，转向不稳定或者由于发生交通事故对悬架进行修理时，就必须对车轮定位进行检查和校正。

1）车轮定位调整前检测

（1）试驾和目测。

在做任何检测之前，先要对车辆作一次试驾。判断车辆是否存在方向盘振动、侧滑和转弯时轮胎有噪声等现象。若车辆发出不正常声响，很可能会妨碍正确的车轮定位。

除了进行试驾外，还要进行目测检查，包括：轮胎气压；轮胎是否有异常的磨损；转向零部件是否有损坏；碰撞后的损伤情况，如图 6-1-22 所示。任何受损伤或已磨损的零部件必须在调节车轮定位角度之前予以更换。

（2）车轮后置。

当一个前轮被置于比另外一个前轮更靠后些时，就存在车轮的后置现象，如图 6-1-23 所示。

后置会造成方向盘的不对中。后置量超过了 6 mm，就表明车架不正或者悬架有受损的零部件。车辆行驶时，车轮的后置将会导致车辆向前、后轮间距离较短的一侧侧滑。

图 6-1-22　车轮定位调整前检测

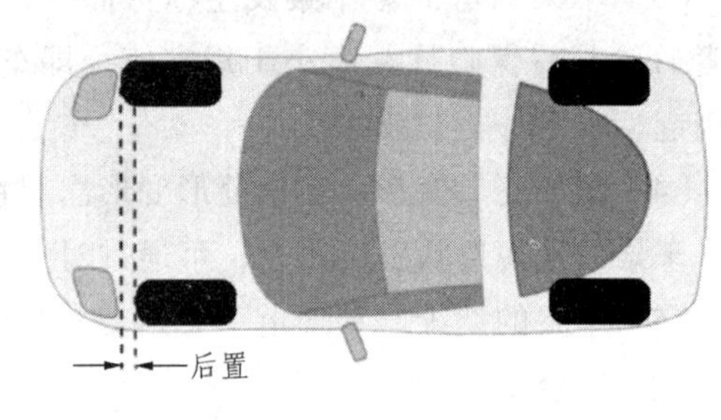

图 6-1-23　车轮的后置现象

（3）行驶高度。

严格地讲，行驶高度并不是一个定位参数，但它会影响其他的定位参数，特别是主销后倾角。行驶高度通常从前或后摇臂板的底部或车身轮拱的顶部测量，如图 6-1-24 所示。行驶高度应从悬挂或车架上选取测量点，并且应在车辆两侧的相同部位测量。制造厂的数据只适用于出厂时使用的轮胎和车轮。

测量行驶高度的目的是找出损坏或者是磨损的悬架零部件，确保悬架能有足够的移位空间。两侧高度不相等就表明需要更换弹簧。高度太高或太低，车轮定位角度就会超过正常的规范数值，导致轮胎过多的磨损。在做车轮定位调整之前，应该先进行行驶乘坐高度的校核和调整。

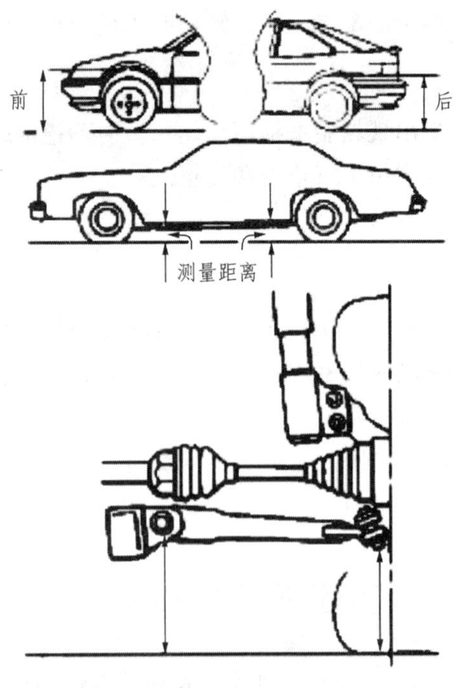

图 6-1-24　行驶高度的检测

2）车轮定位的调整

测量车轮定位参数后，将它们与该车型的标准定位参数值进行对比。如果测量值偏离标准值，则需要加以调整。如果所测参数有相应的调整机构，则应利用这些机构加以调整。如果所测参数没有调整机构（如主销内倾角），则应找出故障部件，进行修理或更换。

（1）车轮前束的调整。

车轮前束的调整是通过改变连接左、右轮转向节臂的转向横拉杆的长度来实现的。

在横拉杆位于主销轴后面的车型中，增加横拉杆长度就是增加前束，如图 6-1-25 所示。而在横拉杆位于主销轴前面的车型中，增加横拉杆长度则是减小前束。

双横拉杆车型中，前束调整时必须保持左、右两根横拉杆的长度相等，如图 6-1-26 所示，如果左、右两根横拉杆长度不同，即使车轮前束调整准确，也会使转向盘和转向轮不在直线行驶状态，而产生汽车行驶跑偏现象。

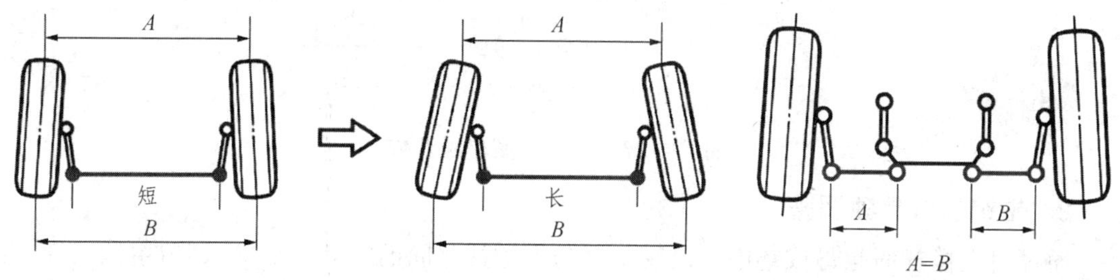

图 6-1-25　横拉杆长度与前束调整的关系

图 6-1-26　双横拉杆车型的调整

（2）车轮外倾和主销后倾的调整。

车轮外倾和主销后倾的调整方法要视车型而定，根据悬架结构不同，可分开进行，也可同时进行。车轮外倾和/或主销后倾调整后，前束都会发生变化，所以车轮外倾和/或主销后倾调整后必须对前束进行检查，必要时进行调整，具体请参考维修手册。

3）道路试验方法认知

（1）在转向桥、悬架和车轮定位等项目调整完毕后，为检查调整效果，要进行四轮定位仪检查或道路试验，道路试验的主要内容包括：车辆向前行驶、转向、制动以及检查有无异常噪声等。

（2）在平坦的道路上行驶时，车辆应向前直行，不要向左或向右偏行，而且不应发生过大的转向摆振或振颤。车辆转向时，转向盘应很容易地向左、右转动；放开时，应可迅速、平稳地返回中间位置。车辆在平滑的路面上制动时，方向盘不应向任何一侧偏转。

（3）道路试验时，不应听到任何异常噪声。此外，当转向盘转至极限位置时，转向和悬架的零部件不可与底盘或车身任何部位相接触。

三、拓展知识

典型车轮外倾和主销后倾的调整方法：

1. 车轮外倾单独调整

对于某些车型，转向节螺栓可以用车轮外倾调节螺栓更换。车轮外倾螺栓有一个较小的无螺纹直径供车轮外倾调整。这种类型的调整通常在麦弗逊滑柱式悬架上使用，如图 6-1-27 所示。

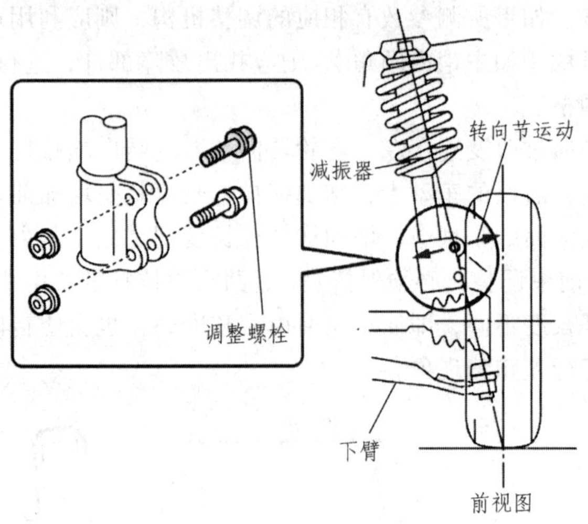

图 6-1-27　车轮外倾单独调整

2. 主销后倾单独调整

通过用支撑杆的螺母或垫圈，改变下臂与支撑杆之间的距离“*L*”来调节主销后倾。这种类型的调整通常在柱式悬架上或者在双摇臂悬架上使用。支撑杆位于下臂的前面或后面，如图 6-1-28 所示。

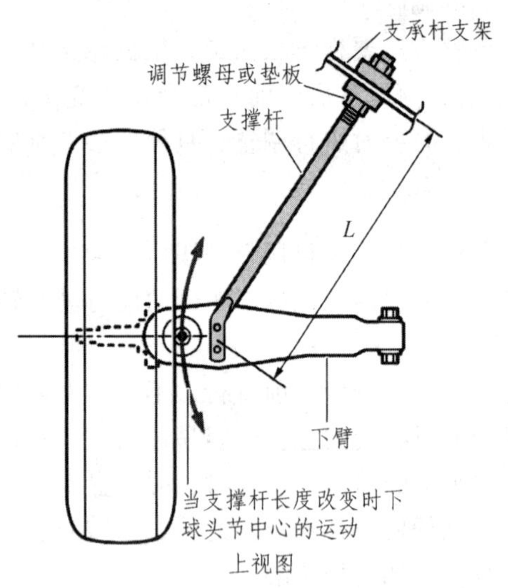

图 6-1-28　主销外倾单独调整

3. 同时调整车轮外倾和主销后倾角

（1）偏心凸轮式安装螺栓位于下臂的内侧接头上。旋转该螺栓，便可将下臂的中点向左或向右移动，使其倾斜可调节车轮外倾和主销后倾。这种调整方法通常在麦弗逊滑柱式悬架上或双横臂式悬架上使用，如图 6-1-29（a）所示。

（2）前后下臂上的安装螺栓改变下臂安装角并且能改变下球节的位置。这种调整方法通常在双横臂式悬架上使用，如图 6-1-29（b）所示。

（3）用增加或减少垫片数量和/或厚度来改变上臂安装角，也就是上球节位置。这种调整方法通常在双横臂式悬架上使用，如图 6-1-29（c）所示。

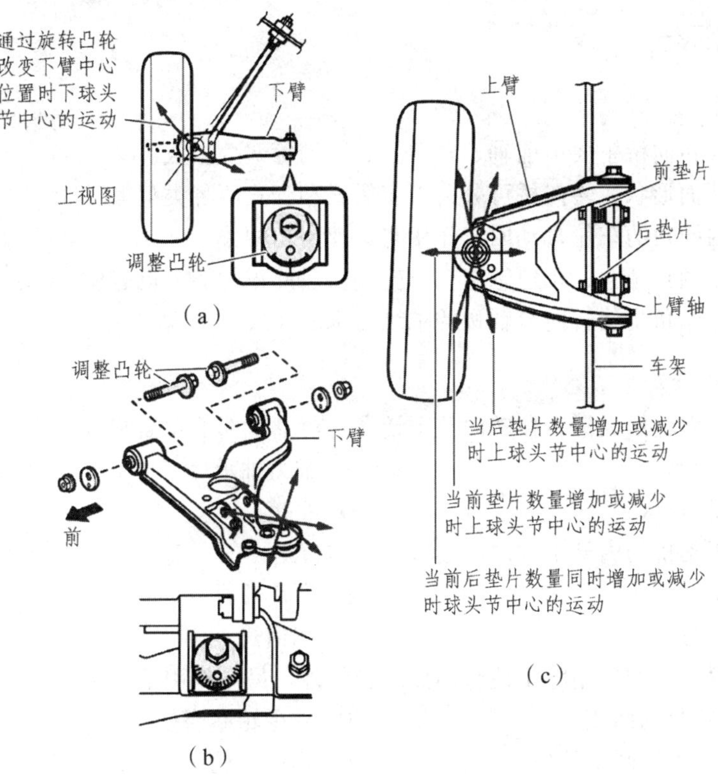

图 6-1-29　车轮外倾和主销后倾角同时调整

四、学习小结

（1）轮式汽车行驶系一般由车架、车桥、车轮和悬架等组成。

（2）车架的结构形式有边梁式、中梁式、综合式、铰接式；现代轿车多采用承载式车身。

（3）车桥可分为转向桥、驱动桥、转向驱动桥和支持桥 4 种类型。

（4）转向桥既能实现汽车转向，还承受汽车部分载荷以及汽车制动等产生的作用力及其力矩，主要由前轴、主销、转向节和轮毂等 4 部分组成。

（5）转向驱动桥是能同时实现车轮转向和驱动两种功能的车桥。既有驱动桥的主减速器、差速器和半轴，也有转向桥的转向节和主销等。

（6）车轮定位的作用是确保车辆直线行驶、延长轮胎寿命、使轮胎与路面保持正常接触。

（7）转向轮定位是指转向车轮、转向节和前轴三者与车架安装时保持一定的相对位置或要求。

（8）前轮定位主要有 4 个定位参数：主销后倾、主销内倾、前轮外倾和前轮前束。

（9）车架常见损伤形式有变形、裂纹、腐蚀和连接松旷等。

（10）车桥常见损伤形式有：前轴（工字梁）的弯曲、扭曲、裂纹、主销孔磨损等。

五、任务分析

本情境中，车辆行驶跑偏的故障原因很多，但基本上与行驶系统相关，检修时应根据简单到复杂的原则进行故障排除。

六、自我评估

1. 判断题

（1）整体式转向桥主要由前轴、转向节、主销等部分组成。（　　）

（2）按其断面形状，转向桥可分为工字梁式和管式两种类型。（　　）

（3）主销内倾角的车轮自动回正作用与车速密切相关。（　　）

（4）主销后倾角越大，车速越高，车轮偏转后回正的能力也越弱。（　　）

（5）前轮外倾角是使转向节轴颈的轴线与水平面成一角度。（　　）

2. 选择题

（1）为使转向轻便灵活，在转向节下销孔与前轴拳部下端面装有（　　）。

A. 楔形销　　B. 推力轴承

C. 轮毂轴承　　D. 主销

（2）转向驱动桥的内外半轴之间连接的万向节是（　　）。

A. 双联式　　B. 十字轴式

C. 等速式　　D. 三销式

（3）主销内倾角的作用除了使转向操纵轻便外，另一作用是（　　）。

A. 车轮自动回正　　B. 减少轮胎磨损

C. 形成车轮回正的稳定力矩　　D. 提高车轮工作的安全性

（4）前轮前束的调整可通过改变（　　）。

A. 转向轮角度　　B. 转向纵拉杆长度

C. 转向横拉杆长度　　D. 梯形臂位置

（5）前轮外倾角的作用除了提高前轮工作安全性外，另一作用是（　　）。

A. 转向操纵轻便性　　B. 车轮自动回正

C. 减少轮胎磨损　　D. 形成车轮回正稳定力矩

工作任务 2　悬架检修

任务情境

一、任务描述

一辆卡罗拉轿车，在路上行驶时弹跳得很厉害。你的主管要求你检查车子的悬架，你能完成吗？

二、任务提示

车子发生“弹跳”，可能是因为过多的乘员和行李增加了重量而导致该问题，需要检查减振器、螺旋弹簧或者衬套。

任务目标

一、知识目标

（1）能描述悬架的基本组成与类型。
（2）能描述独立悬架的组成及各部件间的连接关系。
（3）能描述非独立悬架的组成及各部件间的连接关系。
（4）能描述非独立悬架的工作原理及其特点。

二、能力目标

（1）能进行独立悬架检修。
（2）能进行非独立悬架检修。

必备知识

一、基本知识

1. 悬架的功能

不同的悬架系统在结构上不尽相同，但是它们都具有相同的基本功能：支承车身，并使车身和车轮之间保持适当的几何关系；车辆行驶时，悬架与轮胎一起吸收和缓冲因路面不平所造成的各种振动、摇摆和冲击，从而保护乘客和货物的安全，并改善驾驶的稳定性；将路面和车轮之间摩擦所产生的驱动力和制动力传递至底盘和车身。

2. 悬架的组成

汽车的悬架系统虽然有不同的结构形式，但悬架主要由弹性元件、减振器、导向机构（横向/纵向推力杆）等部分组成，如图 6-2-1 所示。它们不但起着缓冲、减振和导向的作用，还起着传递力的作用。

（1）弹性元件起缓冲作用。

常见的弹性元件有钢板弹簧、螺旋弹簧、扭杆弹簧、空气弹簧和油气弹簧等，用来缓冲来自路面的冲击和振动。由于汽车行驶的路面不可能绝对平坦，路面作用于车轮上的垂直反力往往是冲击性的，特别是在坏路面上高速行驶时这种冲击力将非常明显。冲击力传到车身时，不但会引起汽车机件的早期损坏，传给乘员和货物时，还会使乘员感到极不舒适，或使货物受到损伤。所以，为了缓和冲击，汽车上除了采用弹性的充气轮胎之外，悬架系统还装有弹性元件，使车架（或车身）和车桥（或车轮）之间形成弹性连接。

（2）减振器的作用是使弹性系统因受冲击而产生的振动迅速衰减，以提高乘坐舒适性。

（3）导向机构起导向作用，使悬架系统各部件定位。

车轮相对于车架和车身跳动时，车轮（特别是转向轮）的运动轨迹应符合一定的要求，否则会影响汽车的驾驶性能（特别是操纵稳定性）。悬架系统中的导向机构不但要传递力矩，还要保证车轮按照一定轨迹相对于车架和车身跳动，所以导向机构控制车轮的横向和纵向运动，如图 6-2-1 中的横向推力杆和纵向推力杆。在多数轿车和客车上的悬架中系统中，为了防止车身在转向等情况下发生过大的横向倾斜，还设有横向稳定杆（也叫横向稳定器）。

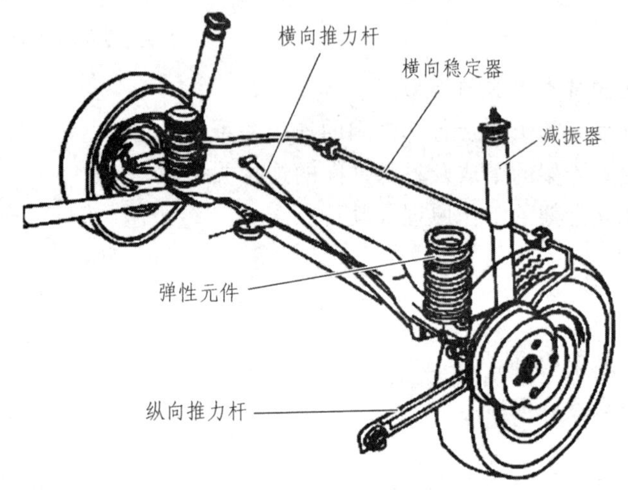

图 6-2-1　汽车悬架系统组成示意图

3. 悬架的类型

汽车安装的悬架种类很多，可以按控制形式和导向机构进行分类。

1）按控制形式分类

按控制形式不同可分为被动式悬架、主动式悬架和半主动式悬架。被动式悬架结构简单、性能可靠、成本低，被多数汽车所采用。被动式悬架，也就是汽车姿态只能被动地取决于路面及行驶状况。主动式悬架可以主动地控制垂直振动及其车身姿态，根据路面和行驶工况自动调整悬架刚度和阻尼。主动式悬架和半主动式悬架由于成本较高，目前只在中高档轿车上有些应用。

2）按导向机构分类

根据汽车导向机构不同，悬架的种类又可分为独立悬架和非独立悬架，如图 6-2-2 所示。它们的差别在于对上跳和反弹作出的反应不同。

4. 独立悬架

1）独立悬架的特点

独立悬架两侧车轮分别安装在断开式的车轴两端，每段车轴和车轮单独通过弹性元件与车架或车身相连，如图 6-2-2 所示。当一侧车轮跳动时，对另一侧车轮不产生影响，所以独立悬架系统允许每一侧的车轮在响应路面情况时能分别向上和向下运动。这种悬架系统能改善乘坐性能、转向控制和稳定性能。

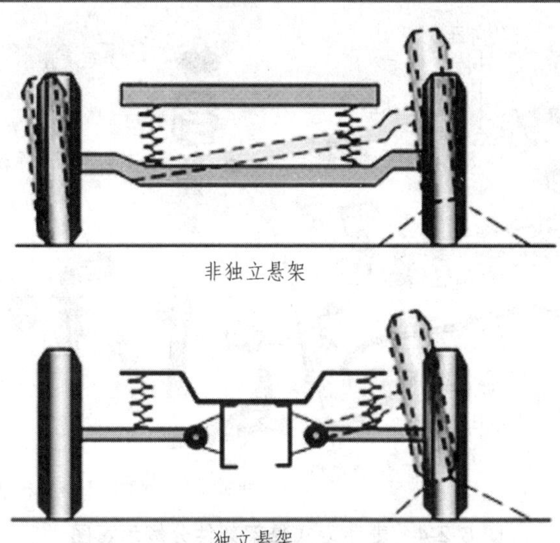

图 6-2-2 独立悬架和非独立悬架

大多数独立悬架系统都具有相同的基本零部件，但是可以构成不同的布局。独立悬架很少采用钢板弹簧作为弹性元件，而是大多采用螺旋弹簧或扭杆弹簧作为弹性元件，因此一般都设有导向机构。

2）麦弗逊式独立悬架的结构

目前轿车使用最多的独立悬架是麦弗逊式悬架。麦弗逊式悬架构造简单，布置紧凑，前轮定位变化小，具有良好的行驶稳定性，如图 6-2-3 所示。

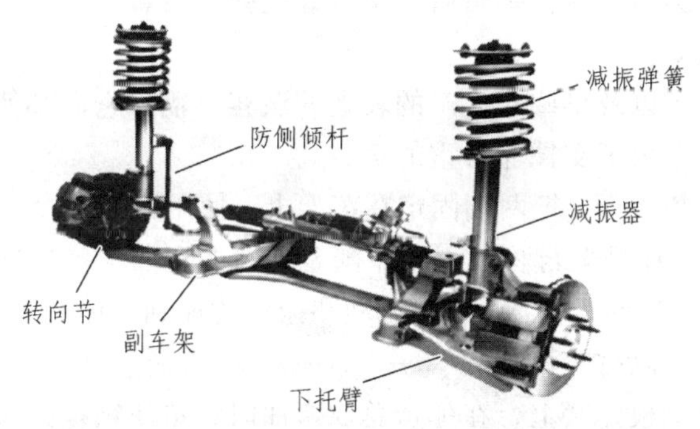

图 6-2-3 麦弗逊式独立悬架结构示意图

麦弗逊式独立悬架是现代轿车底盘技术的一项革命性技术，如图 6-2-4 所示，转向节通过球铰直接与横向臂连接，由球铰操纵转向节臂，这样车轮所受的侧向力大部分由横向臂承受，大大减少了主销磨损。与内部挡块一体化的双向双管式减振器，结构紧凑，减振效果明显。配以螺旋弹簧和装在避振器活塞杆里的微孔聚氨酯副簧，能有效地减轻车轮跳动对车身的影响，进一步提高平顺性。上下两冲压件焊接在一起的刚性副车架具有较高的承载能力，以橡胶绝缘材料与车身连在一起，降低了底盘的噪声和振动，即使路面千变万化，车轮循迹性和贴地性仍然十分出色。

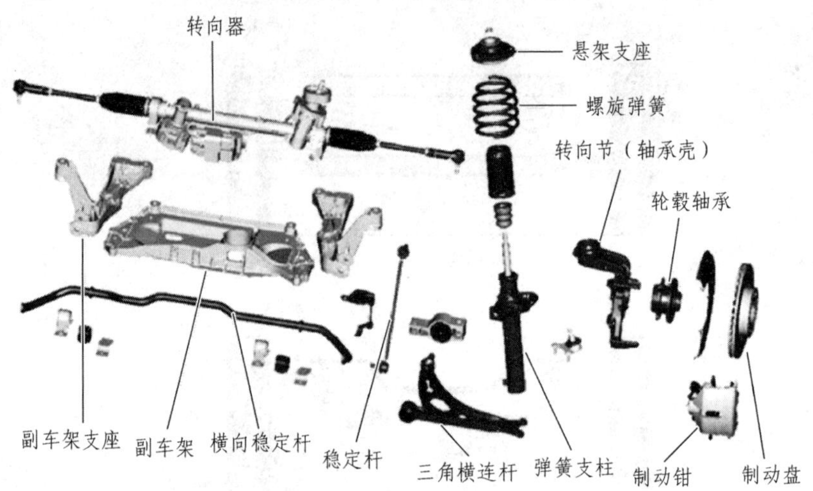

图 6-2-4　麦弗逊式悬架部件分解示意图

5. 非独立悬架

1）非独立式后悬架的特点

很多轿车后悬架系统一般使用非独立悬架，后悬架系统的主要作用是：

（1）支持车辆后部重量。

（2）提供车轮正确定位。

（3）提供直线行驶、变道和转弯过程中足够的操控性能。

2）非独立式后悬架的类型和结构

常用的非独立悬架类型有钢板弹簧后悬架、螺旋弹簧后悬架。

（1）钢板弹簧后悬架。

许多厢式货车、卡车以及早些年生产的较老的载客车辆，它们都使用钢板弹簧后悬架。设计和使用钢板弹簧，是为了支撑非常重的负载。

钢板弹簧使用吊架和钩环，把两端固定在车架上。使用大 U 形螺栓，把弹簧固定在后车轴上，如图 6-2-5 所示。在悬架行程过程中，随着弹簧的弯曲，钩环转动，保证弹簧能够伸长和缩短。这就增加了乘坐的柔韧性，防止振动和振动传递到车体和车架。如果悬架"触底"，车架上的橡胶缓冲器，可以衬垫车轴。

在多叶钢板构成的钢板弹簧上，在弹簧总成弯曲时，单块钢板弹簧板之间相互滑动。为了避免产生噪声，在各个钢板弹簧板之间，设置塑料或者尼龙隔离垫。

回跳夹环绕多叶钢板弹簧组合，保证每个单独的钢板弹簧板都能和另一钢板弹簧板相对正，同时把隔离垫固定在其位置上。但中心螺栓，在弹簧的中心把单独的弹簧板结合在一起。同时，该螺栓也像销钉一样，把轴壳固定在弹簧总成上。在主钢板弹簧的两端以及钩环处，使用粘接在一起的橡胶和金属衬套。

这种类型的钢板弹簧设计，不需要常规的维修或者润滑。应经常检查钢板弹簧是否损坏。如果弹簧产生噪声，应检查衬套和隔离垫是否磨损。拆下回跳夹，把钢板弹簧拆成片后，就可以更换隔离垫。去掉弹簧总成，就可以更换衬套。把旧衬套压挤出来，再把新衬套压进即可。

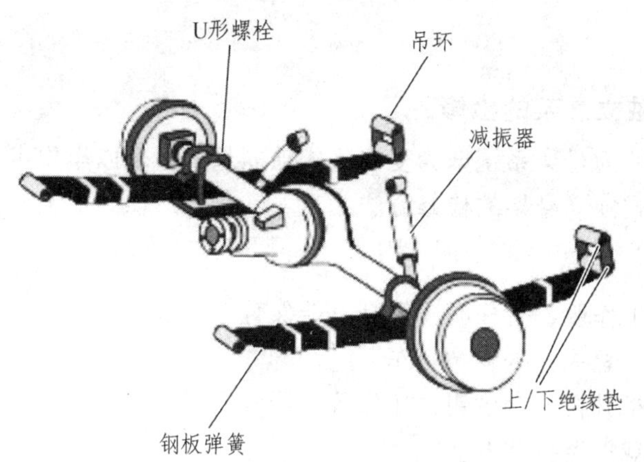

图 6-2-5　使用两副纵向弹簧的钢板弹簧后悬架

有些厂商使用单叶钢板弹簧，减少了弹簧单片数量，不再使用隔离垫和回跳夹。在这种设计中，弹簧总成就只有一片钢板弹簧。这些弹簧有的使用非金属的玻璃纤维材料制成。

钢板弹簧安装在车轴前后的车架上，和车架长度方向平行安装，不会向侧面弯曲。所以，使用后钢板弹簧，可以保证后车轴位置稳定不动，且防止车轴不必要的侧向运动。

（2）螺旋弹簧后悬架。

为了防止后轴前后左右移动，后悬架的螺旋弹簧需要辅助的“固定”装置。下控制臂系统或者上下控制臂系统，防止了车轴的移动。控制臂使用衬套固定在车架/车体上。技师把这种控制臂叫拖曳臂（纵臂）。

控制臂衬套保证了控制臂能够在车架/车体上转动，该衬套常用橡胶或者乌拉坦材料制成。应经常检查这些衬套是否松开和磨损。

作为防止后轴运动的辅助措施，有些系统使用横向推力拉杆，如图 6-2-6 所示。横向推力拉杆是一根直杆，它和后车轴平行安装。该杆的一端和车轴固定，另一端和车体/车架相固定。该杆固定在衬套上，这就保证了在悬架行程过程中，当车轴上下运动时，该杆可以旋转。该杆的使用，可以提高车辆在转向过程中的操控性。

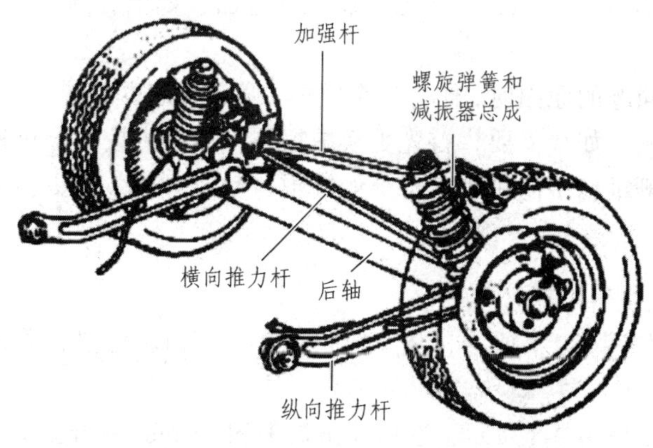

图 6-2-6　横向推力拉杆和车架及后轴壳相固定

二、基本技能

1. 卡罗拉轿车独立悬架的检修

丰田卡罗拉轿车的前悬架系统即为麦弗逊式独立悬架，现以丰田卡罗拉轿车的前悬架系统为例，介绍麦弗逊式独立悬架的检修方法。

1）准备工作

（1）防护装备：工作服、工作帽、手套、劳保鞋。

（2）车辆、台架、总成：卡罗拉整车。

（3）车间设备：举升机，台虎钳，压床等。

（4）专用工具：减振器拆装器。

（5）手工工具：拆装工具一套。

（6）辅助材料：记号笔、抹布、手套、白板笔。

2）独立悬架的检修要点

以麦弗逊式独立悬架为例，介绍独立悬架的检修要点。

（1）初步检查。当悬架系统出现问题，在开始仔细诊断或者开始拆解前，进行如下初步检查：

a. 给轮胎充气至正确压力，确保所有轮胎尺寸一样；

b. 检查车辆高度，较低的驾乘高度说明有损坏或者较弱的弹簧、振动或者支柱；

c. 检查弹簧是否有塌陷或者损坏；

d. 检查在一起发生摩擦的部位是否有闪亮的斑点，这是弹簧软弱或者过载的迹象，同时也说明减振器磨损了，磨损坏的减振器，可能造成过大的弹簧运动。

（2）减振器检查。检查减振器（弹簧支柱）时，进行如下工作：

a. 进行“反弹”测试，使劲按下车辆前端，然后放开，车辆前端应弹升一次，并立即稳定下来；如果车前端弹跳多次，证明该支柱磨损了，应予以更换；

b. 检查支柱外观是否有泄漏，如果顶端密封周围有一层很薄的油膜，这是正常的；如果有大量可见泄漏，更换该支柱；

c. 检查支柱体有无诸如弯曲和印痕等损坏，如果有明显的此种损坏，更换支柱；

d. 检查悬架支撑杆是否有擦伤、沟槽、腐蚀和弯曲，如果有损坏，更换支柱。

重要提示：

在诊断悬架系统问题的原因时，作为一个整体，联系考虑本系统的每个子系统或者部件，判定它们对车辆的影响。如果需要，首先更换减振器，然后再按要求更换不易更换的部件，比如更换不能满足车辆维修手册中规定标准的磨损衬套或者球节。更换主要的悬架部件以后必须重新做车轮定位。

3）卡罗拉轿车前悬架拆卸步骤

（1）前轮回正。如图 6-2-7 所示，从车辆正前方观察前轮位置，确保前轮处于直线行驶位置。

（2）拆卸前轮。如图 6-2-8 所示，选用冲击扳手和 21 mm 冲击扳手专用套筒，依次拆卸前车轮固定螺栓，用同样的方法拆卸右前轮。

图 6-2-7　前轮回正

图 6-2-8　拆卸车轮

（3）分离稳定杆连杆总成。如图 6-2-9 所示。

a. 选用 17 mm 套筒、接杆、指针式扭力扳手，松开左前稳定杆连杆总成固定螺母；

b. 使用工具，选择 17 mm 套筒、接杆、棘轮扳手，旋出左前稳定杆连杆总成固定螺母并取下；

c. 将左前稳定杆连杆总成从减振器上分离；

d. 用同样的方法，分离右前稳定杆连杆总成。

（4）分离轮转速传感器。如图 6-2-10 所示。

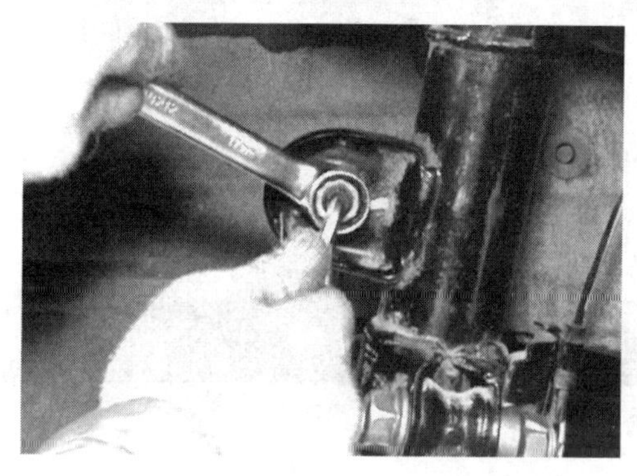

图 6-2-9　分离稳定杆连杆总成

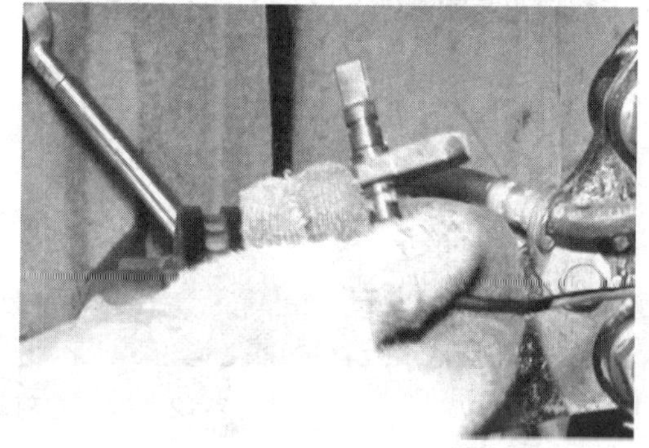

图 6-2-10　分离轮转速传感器

a. 选择 14 mm 套筒、接杆、棘轮扳手，从左前减振器右侧旋松左前转速传感器线束支架固定螺母，完全旋出后取下；

b. 将左前转速传感器线束支架从减振器上分离；

c. 选择一字螺丝刀，将左前转速传感器线束固定卡夹脱开，并分离线束；

d. 选择 10 mm 套筒、接杆、棘轮扳手，从左前转向节右侧拧松左前轮转速传感器固定螺栓，完全旋出后并取下，将左前轮转速传感器从转向节上分离；

e. 用同样的方法，分离右前轮转速传感器。

注意事项：

防止异物粘在传感器端部，不要损坏前轮转速传感器；每次拆下转速传感器时，应清洁转速传感器的安装孔和表面。

（5）分离制动前挠性软管。如图 6-2-11 所示，分离制动左前和右前挠性软管。

图 6-2-11　分离制动前挠性软管

（6）拆卸前桥总成。

a. 如图 6-2-12 所示，正确选用 22 mm 套筒、接杆、指针式扭力扳手，拧松左前减振器下侧 2 个固定螺母；

b. 选用 22 mm 套筒、接杆、棘轮扳手，旋出左前减振器下侧 2 个固定螺母；

c. 取下左前减振器 2 个固定螺栓；

d. 一只手扶住左前桥总成，另一只手将减振器与前桥总成分离；

e. 用同样的方法，拆卸右前桥总成。

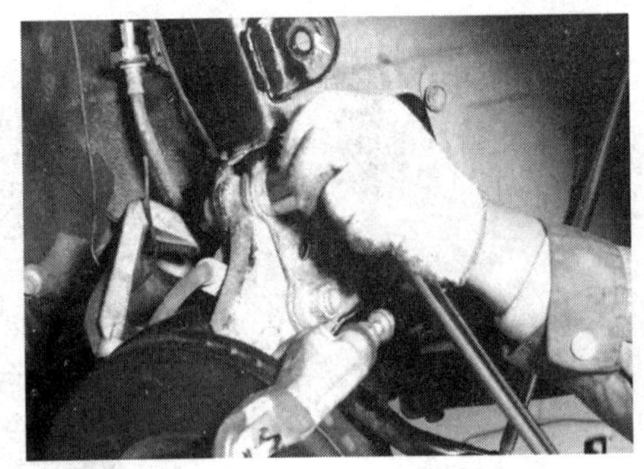

图 6-2-12　拆卸左前减振器下侧 2 个固定螺母

（7）拆卸减振器上支座固定螺母。如图 6-2-13 所示，拆下 3 个螺母和带螺旋弹簧的前减振器，拆卸过程中小心取下减振器总成。

（8）取下减振器总成。如图 6-2-14 所示，小心地取下减振器总成。

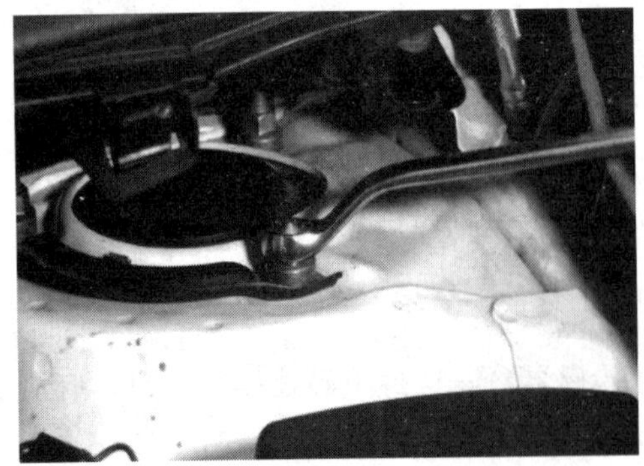

图 6-2-13　拆卸减振器上支座螺母

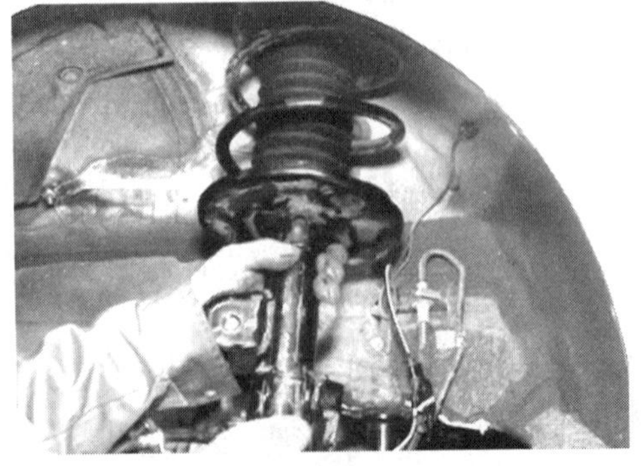

图 6-2-14　取下减振器总成

4）卡罗拉前悬架分解与检查步骤

（1）固定带螺旋弹簧的前减振器，如图 6-2-15 所示。

（2）拆卸前支座至前减振器螺母，如图 6-2-16 所示。

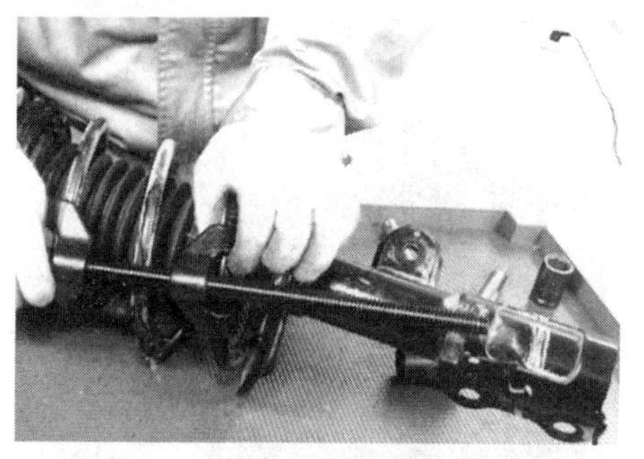

图 6-2-15　固定螺旋弹簧

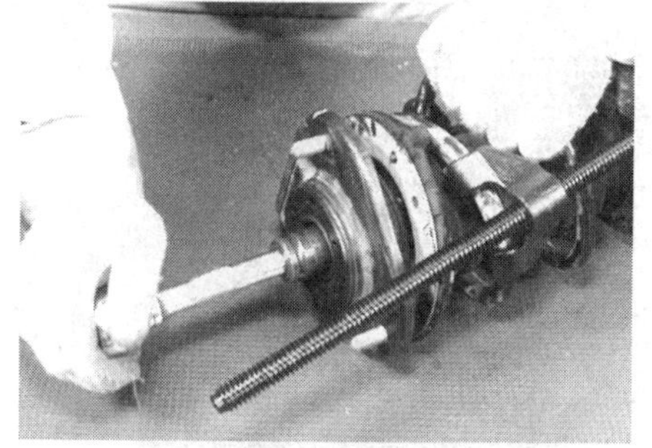

图 6-2-16　拆卸减振器螺母

（3）如图 6-2-17 所示，分别拆卸前悬架支座等部件。

（4）卡罗拉前悬架检查。压缩并伸长减振器杆 4 次或更多次，如果有任何异常，换上新的减振器，如图 6-2-18 所示。

图 6-2-17　取下前悬架支座等部件

图 6-2-18　压缩减振器

5）卡罗拉前悬架组装步骤

（1）如图 6-2-19 所示，安装前螺旋弹簧下隔振垫，确保螺旋弹簧下隔振垫的定位销插入前减振器的孔中。

图 6-2-19　隔热垫与减振器定位销

（2）如图 6-2-20 所示，固定前减振器。

（3）如图 6-2-21 所示，分别安装前弹簧缓冲块、前螺旋弹簧、弹簧上隔振垫等部件，暂时拧紧新的前支座至前减振器螺母。

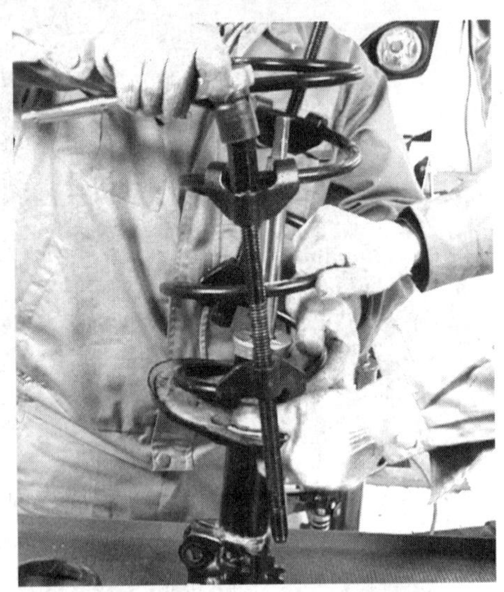

图 6-2-20　固定螺旋弹簧

图 6-2-21　安装前悬架其他部件

6）卡罗拉前悬架安装步骤

（1）安装带螺旋弹簧的前减振器。如图 6-2-22 所示，安装减振器，并用 3 个螺母安装带螺旋弹簧的前减振器（上部），扭矩：50 N · m。

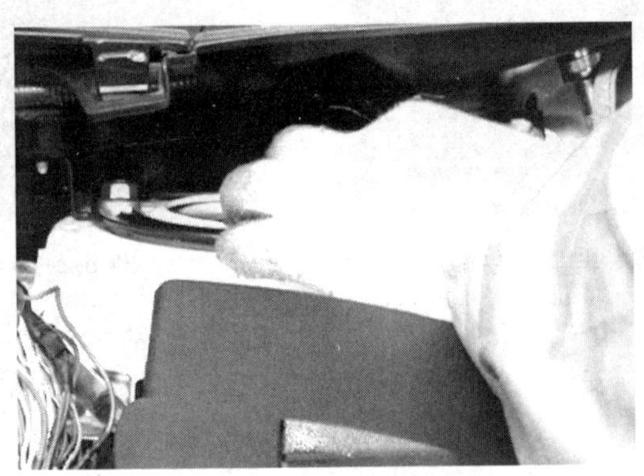

图 6-2-22　安装前减振器上部螺栓

（2）安装前减振器下部螺栓。如图 6-2-23 所示。

a. 将带螺旋弹簧的前减振器（下部）安装至转向节，并插入 2 个螺栓和 2 个螺母，扭矩：240 N · m；

b. 完全紧固前支座至前减振器螺母，扭矩：47 N · m。

（3）安装前挠性软管。如图 6-2-24 所示，用螺栓将前挠性软管安装至转向节，扭矩：29 N · m。

（4）安装前轮转速传感器。如图 6-2-25 所示，用螺栓和卡夹将前轮转速传感器和前挠性软管安装至前减振器，扭矩：29 N · m。

图 6-2-23　安装前减振器下部螺栓

图 6-2-24　安装前挠性软管

图 6-2-25　安装前轮转速传感器

（5）安装前稳定杆总成。如图 6-2-26 所示，将前稳定杆总成安装至前减振器上，力矩为 76 N・m。

（6）拧紧减振器上部螺栓。如图 6-2-27 所示，安装减振器，并用 3 个螺母安装带螺旋弹簧的前减振器（上部），扭矩：50 N・m。

图 6-2-26　安装前稳定杆总成

图 6-2-27　拧紧减振器上部螺栓

（7）安装前轮。

2. 卡罗拉轿车非独立悬架的检修

卡罗拉轿车后悬架即为螺旋弹簧后悬架，下面以丰田卡罗拉轿车后悬架为例，介绍非独立悬架的检修方法。

1）准备工作

（1）防护装备：工作服、工作帽、手套、劳保鞋。

（2）车辆、台架、总成：卡罗拉整车。

（3）车间设备：举升机，变速器托架（千斤顶）。

（4）专用工具：减振器拆装器。

（5）手工工具：拆装工具一套。

（6）辅助材料：记号笔、抹布、手套、白板笔。

2）卡罗拉轿车后悬架检修步骤

（1）根据实际情况，拆卸后轮等妨碍悬架拆卸的部件。

（2）拆卸后桥横梁总成。

（3）分离后减振器。如图 6-2-28 所示。

a. 使用千斤顶支撑后桥横梁；

b. 使用指针式扭力扳手拧松左后减振器总成固定螺母；

c. 将左后减振器总成与左后桥横梁总成分离。

注意事项：

a. 使用千斤顶时要确认泄压阀处于锁止位置；

b. 不要过度顶起后桥横梁总成。

（4）拆卸后螺旋弹簧及上下隔振垫。

a. 使用千斤顶手柄缓慢逆时针旋扭以降下千斤顶；

b. 当左后螺旋弹簧将与车身左后部的接触面分离时，扶住左后螺旋弹簧以防止左后螺旋弹簧脱落到地面上而造成损坏；

c. 将左后螺旋弹簧上隔振垫从左后螺旋弹簧上端取下，随后取下左后螺旋弹簧；

d. 用干净的布块清洁左后桥横梁总成的弹簧座表面，并用记号笔在左后螺旋弹簧下隔振垫与左后桥横梁总成的弹簧座上做装配标记。将左后螺旋弹簧下隔振垫从左后桥横梁总成的弹簧座上取下。

（5）拆卸后桥横梁总成。

a. 将千斤顶放置到后桥横梁总成中间位置，缓慢向下踩千斤顶踏板以举升千斤顶，直到千斤顶上端托住后桥横梁总成；

b. 使用棘轮扳手，旋出后桥横梁总成左支架与车身连接固定螺栓并取下；

c. 依次将后桥横梁总成左支架、右支架与车身分离；

d. 逆时针缓慢旋扭千斤顶压力释放杆，使千斤顶与后桥横梁总成一并下降。

（6）拆卸行李箱内饰板。

（7）拆卸后减振器。如图 6-2-29 所示。

a. 拆下左后减振器上端固定螺母；

b. 依次取下左后减振器上端固定螺母、左后减振器缓冲垫挡片、左后减振器后悬架支座以及左后减振器。

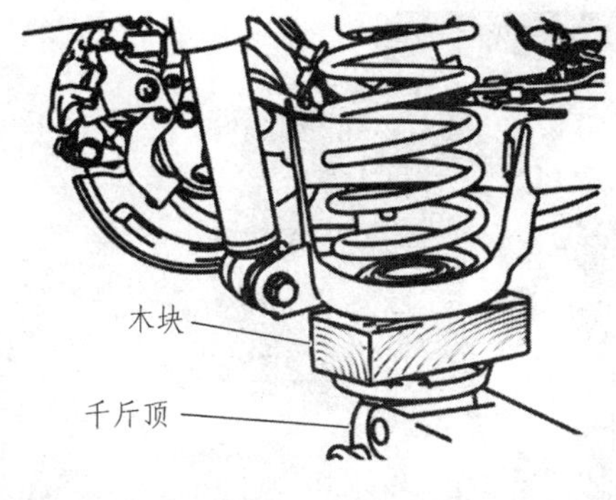

图 6-2-28　分离减振器

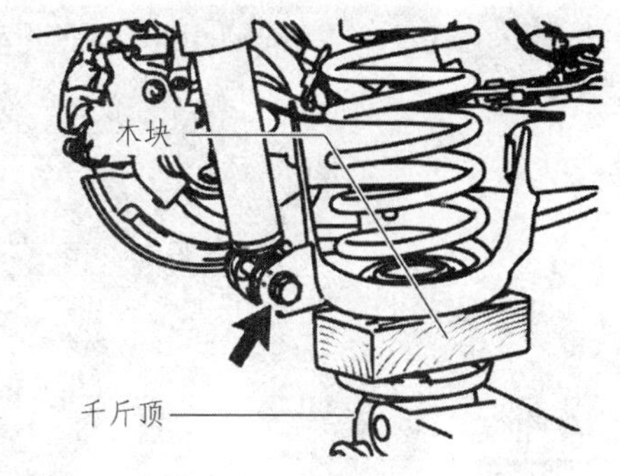

图 6-2-29　拆卸后减振器

（8）检查减振器。如图 6-2-30 所示，压缩和伸长减振器杆，检查并确认操作过程中没有异常阻力或异常声音。如果有任何异常，则换上新的减振器。

（9）安装后减振器。如图 6-2-31 所示。

a. 将左后减振器总成从车辆左后部装入与车身连接的安装孔内；

b. 将左后减振器后悬架支座安装到左后减振器支座上，将左后减振器缓冲垫挡片安装到左后减振器后悬架支座上，将左后减振器上端固定螺母旋进左后减振器上端；

c. 拧紧后减振器上端固定螺母；

d. 正确选用 14 mm 套筒、扭力扳手，以 25 N · m 紧固拧紧左后减振器上端固定螺母。

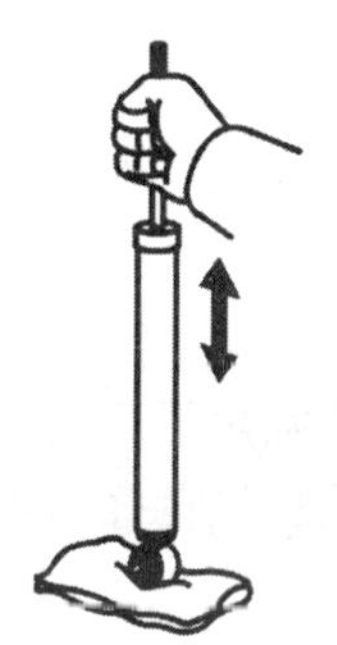

图 6-2-30　检查减振器

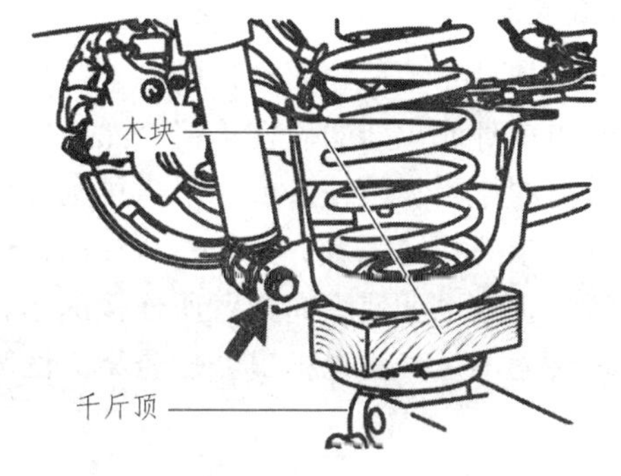

图 6-2-31　安装后减振器

（10）安装行李箱内饰板。

（11）安装后桥横梁总成。

a. 将后桥横梁总成用变速器千斤顶从车辆后底部举升起来直到将与车身接触；

b. 如图 6-2-32 所示，将后桥横梁总成左支架安装到车身左后侧，将后桥横梁总成右支架安装到车身右后侧；

c. 将后桥横梁总成左支架固定螺栓从车身与后桥横梁总成左支架衬套的安装孔内旋进去；

d. 用同样的方法，将后桥横梁总成右支架固定螺栓从车身与后桥横梁总成右支架衬套的安装孔内旋进去；

e. 正确选用 19 mm 套筒、棘轮扳手，依次拧紧后桥横梁总成左、右支架固定螺栓。

图 6-2-32　将后桥横梁总成支架安装到车身上

图 6-2-33　安装后螺旋弹簧隔振垫

（12）降下千斤顶并移出。

（13）安装后螺旋弹簧隔振垫，如图 6-2-33 所示。

（14）紧固后桥横梁总成。

（15）根据实际情况，安装后轮等预先拆卸的部件。

三、拓展知识

1. 非独立悬架的后桥形式介绍

1）拖曳臂式后桥

拖曳臂式悬挂是专为后轮而设计的悬架结构，它的构成非常简单，以粗壮的上下摆动式拖臂实现车轮与车身或车架的硬性连接，然后以液压减振器和螺旋弹簧充当软性连接，起到吸振和支撑车身的作用，圆柱形或方形横梁则连接左右车轮，如图 6-2-34 所示。

从拖曳臂悬架的构造来看，由于左右纵向拖臂被横梁连接，因此悬架结构依旧还保持着整体桥式的特性，这也就使纵向拖臂所连接的车轮在动态运动中外倾角不会发生变化，由此会使前轮出现转向不足，所以拖曳臂后悬架无法为车身的精确操控提供良好的保障。

图 6-2-34　大众桑塔纳轿车拖曳臂式后桥示意图

2）四连杆后桥

四连杆悬架能实现主销后倾角的最佳位置，大幅度减少来自路面的前后方向力，从而改善加速和制动时的平顺性和舒适性，同时也保证了直线行驶的稳定性，因为由螺旋弹簧拉伸或压缩导致的车轮横向偏移量很小，不易造成非直线行驶。

四连杆后桥由以下部分组成：3 个摆臂（下摆/弹簧臂，横拉杆，上摆臂）和 1 个纵向拖臂组成，每个车轮有 1 个横拉杆，如图 6-2-35 所示。能独立区分纵向和横向的动力传递，在与前悬架完美配合下，使整车具有良好的平稳性和驾驶舒适性。大众速腾轿车的后悬架不但保持着德国车的一贯硬朗，又兼具了良好的乘坐舒适性。悬架几何结构可产生中性或略带不足转向，有利于转向稳定。

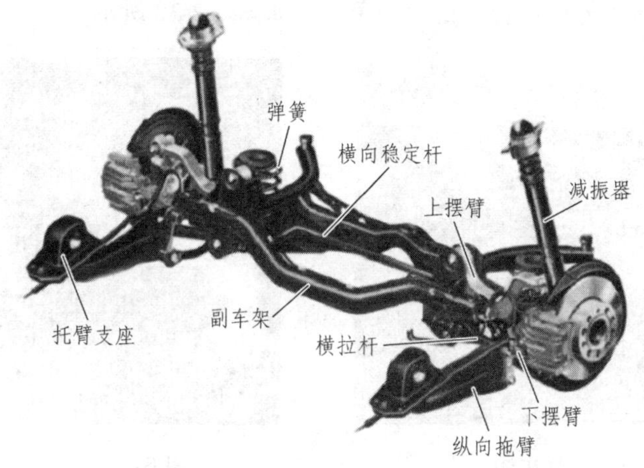

图 6-2-35　大众速腾轿车四连杆后桥

3）梯形连杆后桥

在梯形连杆式后独立悬架中转向节的运动由一个梯形下控制臂、一个上托臂、横拉杆以及一个位于横拉杆前部的横拉杆稳定杆调节。纵向和横向力主要由梯形臂承担，上托臂控制外倾刚度，横拉杆控制车辆前束变化，如图 6-2-36 所示。该悬架的体积小，减振器安放在转向节边缘，这种结构可极大提高汽车的操控性和舒适性。

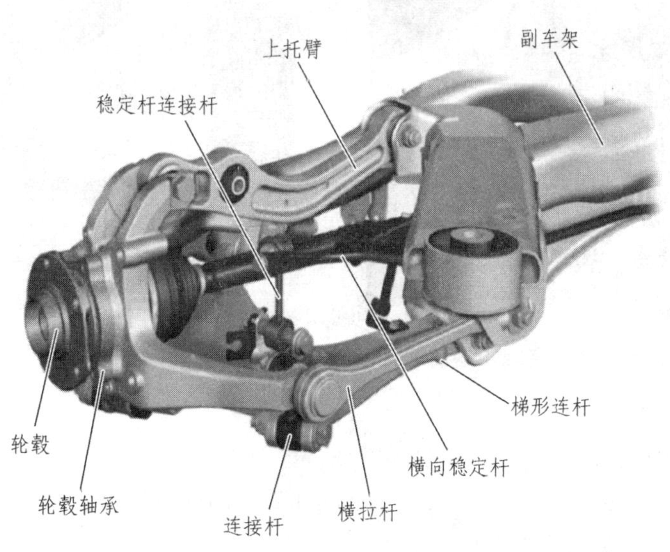

图 6-2-36　梯形连杆式后桥示意图

2. 桑塔纳轿车非独立悬架的检修

桑塔纳轿车后悬架即为螺旋弹簧后悬架，现以桑塔纳轿车后悬架为例，介绍非独立悬架的拆装方法。

（1）拆卸两个后车轮后下降车辆。拆卸 2 个后轮并将两个后轮全部取下，将车辆下降后锁止举升臂，如图 6-2-37 所示。

（2）取下减振器盖板放入专用工具。打开车后门，从车内取下减振器盖板，将专用工具内侧四角扳手放入减振器活塞杆上的内四角里，如图 6-2-38 所示。

图 6-2-37　下降车辆

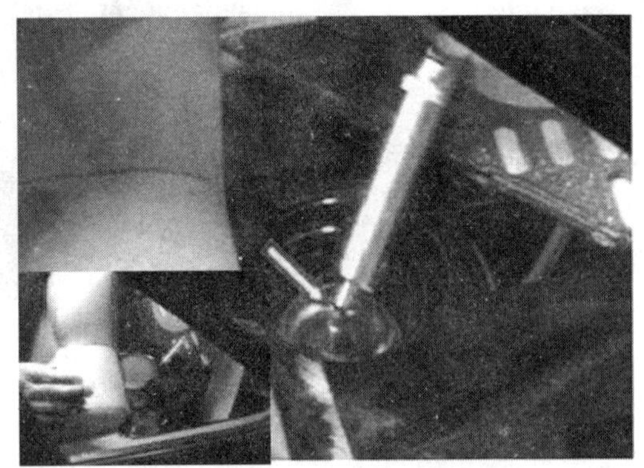

图 6-2-38　取下减振器盖板

（3）套上专用工具固定减振器活塞杆。专用工具的套筒套在减振器活塞杆的螺母上，一手扶住专用工具内侧四角扳手延伸杆，以固定减振器活塞杆，如图 6-2-39 所示。

（4）拆卸减振器活塞杆的螺母。另一只手用 22 mm 开口扳手，拧专用工具套筒上的六角部分，旋下减振器活塞杆的螺母，如图 6-2-40 所示。

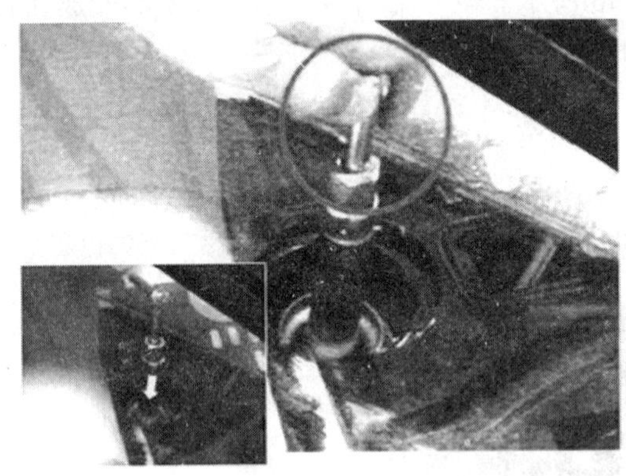

图 6-2-39　套上专用工具固定减振器活塞杆

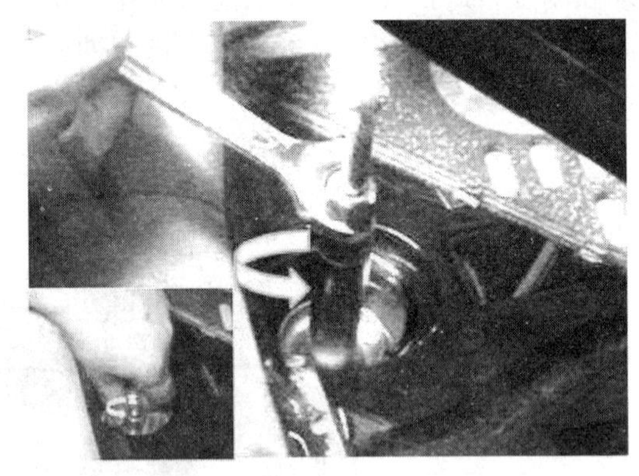

图 6-2-40　拆卸减振器活塞杆的螺母

（5）拆卸螺母和螺杆。

拆卸螺母和螺杆，拆卸后取出螺母和螺杆，如图 6-2-41 所示。

方法：用 17 mm 梅花扳手固定减振器下端和后桥的固定螺母，用 17 mm 的套筒扳手扭松减振器下端和后桥的固定螺栓。

（6）按压后桥。一手用撬棒按压后桥，另一只手取出减振器，如图 6-2-42 所示。

图 6-2-41 拆卸减振器螺母和螺栓

图 6-2-42 按压后桥

（7）检查减振器。检查减振器外观，是否有变形、漏油等其他损坏。压缩和伸长减振器杆，检查并确认操作过程中没有异常阻力或异常声音。如果有任何异常，则换上新的减振器。

（8）安装新减振器。一手用撬棒按压后桥，另一只手放入新减振器，对着上端使减振器活塞杆进入车内减振器上支撑座孔内，如图 6-2-43 所示。

图 6-2-43 安装减振器

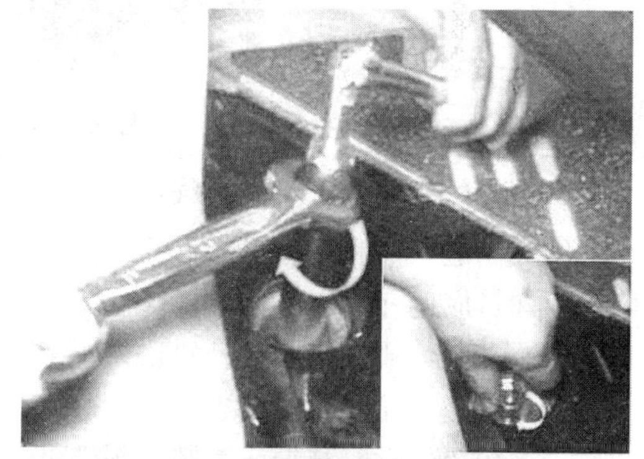
图 6-2-44 拧紧减振器固定螺母

（9）扭紧减振器固定螺母。按顺时针方向旋入减振器螺母，然后用后减振器专用工具配合 22 mm 开口扳手，扭紧减振器固定螺母，如图 6-2-44 所示。

（10）盖上减振器上支承座孔盖。盖上减振器上支承座孔盖，如图 6-2-45 所示，直至平整铺放为止。

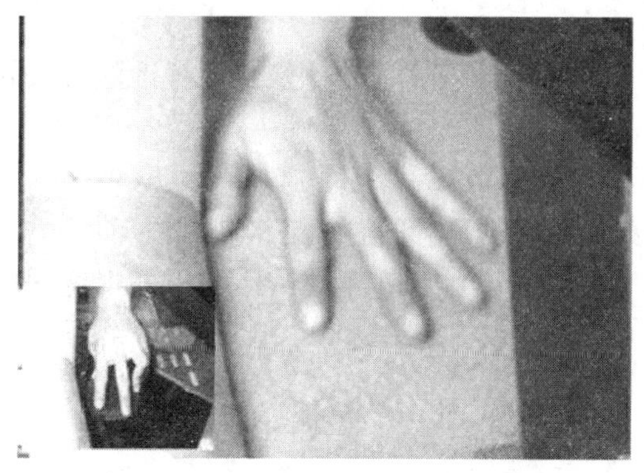
图 6-2-45 盖上减振器上支承座孔盖

图 6-2-46 旋紧减振器螺栓

（11）旋紧减振器螺栓。旋紧减振器螺栓，如图 6-2-46 所示。

方法：用 17 mm 梅花扳手固定减振器下端和后桥的固定螺母，用 17 mm 的套筒扳手扭紧减振器下端和后桥的固定螺栓。

（12）安装后轮并紧固车轮螺栓。安装好两个后轮，紧固两个后车轮的紧固螺栓，如图 6-2-47 所示。

紧固方法：将可调扭矩扳手力矩调整到 110 N · m，用调好的扭力扳手对角扭紧车轮的固定螺栓。

图 6-2-47　紧固车轮螺栓

3. 钢板弹簧后悬架拆装程序

因为制造厂商和车型不同，拆除钢板弹簧的具体程序也不一样。但是，以下是拆除和维修钢板弹簧应遵守的一些普遍规定。

（1）升起车辆，使用顶升架顶住车架。

（2）拆除车轮和轮胎总成。

（3）按要求拆除减振或者制动部件。使用安全钢丝把卡钳小心吊起，避免柔性刹车软管变形。

（4）使用顶升架顶住车轴。

（5）把 U 形螺栓和下减振支架从车轴和钢板弹簧上拆下。

（6）在钢板弹簧后部还在支撑时，把后吊架和卷耳上的销钉和后钩环拆下。

（7）在钢板弹簧前部还在支撑时，把弹簧吊架上的销钉和前钩环拆下，把弹簧从车轴上取下。

（8）按照要求，更换减振器或者钢板弹簧。更换不满足车辆维修手册规定标准的磨损的衬套。

（9）在钢板弹簧前部还在支撑时，安装弹簧吊架上的销钉和前弹簧卷耳。

（10）在钢板弹簧前部和车轴还在支撑时，安装后吊架和卷耳上的销钉和后钩环。

（11）安装车轴和钢板弹簧的下减振支架和 U 形螺栓。按照车辆维修手册上的规定，拧紧 U 形螺栓。

（12）撤出支撑在车轴下的顶升架。

（13）按照要求，安装减振或者制动部件。

（14）安装车轮和轮胎总成。

（15）升起车辆，撤出支撑在车架下的顶升架，放下车辆。

（16）如果车辆维修手册有规定，在更换后悬架部件后，进行后车轮定位。

四、学习小结

（1）悬架系统的基本构成是弹簧、减振器、防倾杆、控制臂、球头节、车轴和车轮轴承。

（2）减振器可以是弹簧助力的、可调节的和空气助力的。

（3）独立悬架最常见的支柱类型是麦弗逊式减振支柱。

（4）轿车后悬架系统一般使用非独立悬架。

（5）常用的非独立悬架类型有钢板弹簧后悬架、螺旋弹簧后悬架。

（6）卡罗拉轿车悬架检修步骤

五、自我评估

本情境中，车辆“弹跳”厉害，可能悬架系统失效，应检查减振器及减振弹簧等元件，根据需要更换。

六、自我评估

1. 填空题

（1）悬架主要由_____、_____ 、 _______ 等部分组成。不但分别起着_____ 、_____和导向的作用，还共同起着传递力的作用。

（2）轿车使用最多的独立悬架是_______悬架，构造简单，布置紧凑，前轮定位变化小，具有良好的____________________ 。

（3）常用的非独立悬架类型有_______后悬架、________后悬架。

（4）上下控制臂系统的作用是防止车轴的__________。

2. 判断题

（1）悬架按控制形式不同可分为液压式悬架、主动式悬架。（　　）

（2）独立悬架和非独立悬架的差别在于对上跳和反弹作出的反应不同。（　　）

（3）轿车一般不采用钢板弹簧悬架。（　　）

（4）桑塔纳轿车前后桥都采用非独立悬架。（　　）

3. 选择题

（1）下面哪个说法不是悬架系统的功能？（　　）

A. 支撑车辆

B. 提供车体和道路之间冲垫效果

C. 产生车辆动力

D. 保持车轮定位

（2）诊断前悬架系统问题时，应初步检查如下哪项内容？（　　）

A. 充气至正确压力

B. 检查车辆驾乘高度

C. 检查弹簧是否倒塌、螺旋损坏或者弹簧板损坏

D. 以上都要检查

（3）以下哪项不是后悬架的主要作用。（　　）

A. 支持车辆后部重量

B. 提供车轮正确定位

C. 提供直线行驶、变道和转弯过程中足够的操控性能

D. 增大转弯时的扭矩

（4）关于卡罗拉轿车采用的悬架，以下说法正确的是。（　　）

A. 前后都是独立悬架

B. 前后都是非独立悬架

C. 前面独立后面非独立

D. 前面非独立后面独立

工作任务 3　车轮与轮胎检修

任务情境

一、任务描述

一辆丰田卡罗拉轿车已经行驶 15 万 km 了，车主要求对车轮和轮胎进行检查，你能按照标准完成吗？

二、任务提示

车轮和轮胎关系到行车安全，必须认真进行检查，必要时更换。

任务目标

一、知识目标

（1）能描述车轮与轮胎的功用和类型。

（2）能描述车轮的结构和参数。

（3）能描述轮胎的结构和参数。

二、能力目标

（1）能进行轮胎检查。

（2）能进行车轮检查。

必备知识

一、基本知识

车轮与轮胎是汽车行驶系中的重要部件，位于车身与路面之间，起支承汽车和装载重量、传递汽车与路面之间的各种力和力矩、缓冲车轮受路面颠簸时所引起的振动、保持汽车的行驶方向等作用，如图 6-3-1 所示。

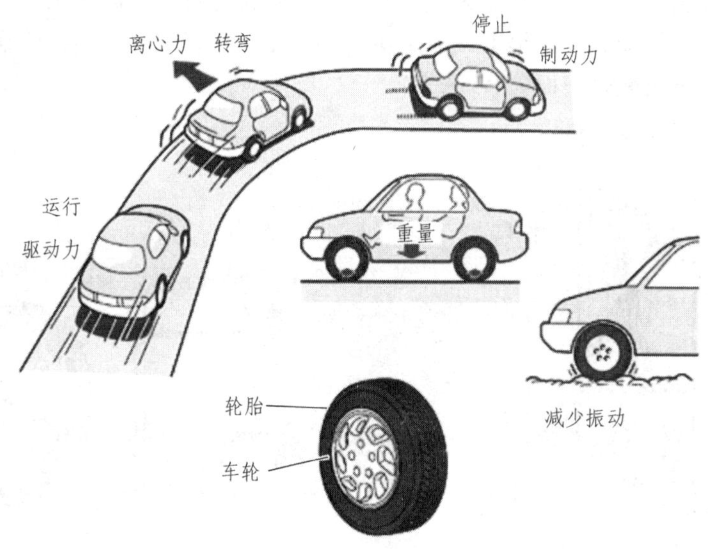

图 6-3-1　车轮与轮胎的作用

1. 车　轮

1）车轮的作用和类型

车轮是外部装轮胎、中心装车轴并受负荷的旋转部件，其功用是把轮胎固定在车辆上，并传递和承受轮胎、车桥之间的各种力和力矩。

车轮由轮辐、轮辋和轮毂组成，按照轮辐的结构形式不同，车轮分为辐板式和辐条式两种主要形式。在辐板式车轮中，又根据所用材料的不同分为钢板型和合金型。铝合金车轮较轻，所以现在铝合金车轮使用得也较多。按制造工艺分，车轮有采用钢板冲压成形的，也有采用钢盘压铆或压焊制成的，还有采用铝材通过印模压铸或者锻造而成的。

2）车轮的结构

（1）辐板式车轮。

辐板式车轮由挡圈、轮辋、辐板和气门嘴伸出口等组成，如图 6-3-2 所示。用以连接轮辋和轮毂的圆盘称为辐板。辐板大多是冲压制成，也有铸造的。轮辋和辐板焊接在一起，并用螺栓将其安装在车轮轮毂或制动鼓上，组成车轮。车轮装饰罩装在辐板外面。

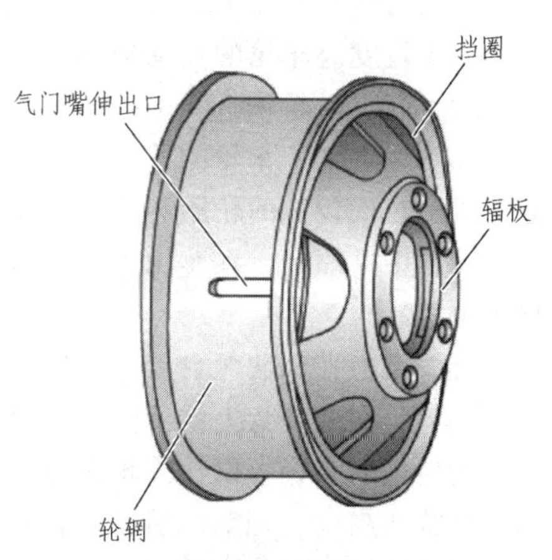

图 6-3-2　辐板式车轮

制造轿车辐板所用的板料较薄，为了提高其刚度，常冲压成一定的形状。有些轿车为了减轻车轮的质量和有利于制动毂的散热，采用了铝合金铸造加工。为了保证高速行驶的平衡性车轮还装有平衡块。辐板外缘还开有几个通孔，这不但能减轻质量，有利于制动鼓散热，方便于接近气门嘴，还可作为拆装车轮时的把手处。

（2）辐条式车轮。

这种车轮的轮辐是钢丝辐条或铸造辐条。钢丝辐条由于价格昂贵且维修和安装均不方便，所以仅用于赛车和一些高级轿车上。现在用得较多的是铸造辐条，铸造辐条式车轮用于装载质量较大的重型汽车上。如图 6-3-3 所示，其轮辐和轮毂一般都用螺栓连接，轮辋通过螺栓和特殊形状的衬块安装在轮辐上。为了使轮辋和轮辐很好地对中，在轮辋和轮辐的安装位置都按照要求加工出配合表面。

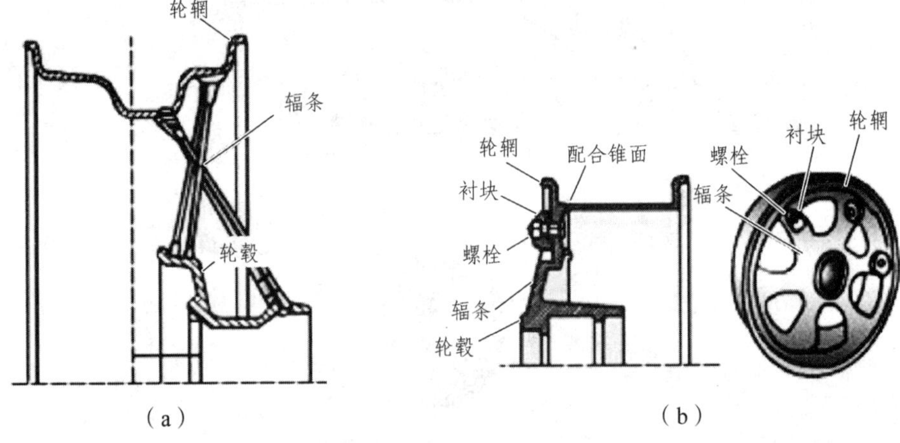

图 6-3-3　辐条式车轮

（3）轮辋。

轮辋又称钢圈，是车轮上安装轮胎的部件，一般是由冲压钢板铆接或焊接在一起而制成的圆形环体。轮辋有钢质轮辋、铝合金轮辋两种，前者用于载重汽车和普通轿车，后者一般用于高、中级轿车。

3）车轮的结构参数

车轮的结构参数主要有车轮宽度、高度、偏置量、中心孔和法兰盘等，如图 6-3-4 所示。

（1）宽度。车轮的宽度是测量轮辋两侧唇边之间的距离。

（2）高度。轮辋直径（高度）是从车轮的顶部到底部胎圈座区域的距离。

（3）偏置量。车轮的偏置量是从车轮的中心线到安装法兰盘之间的距离。这个距离的加宽可以安装比较宽的轮胎和得到比较宽的轮距。

（4）中央凹槽。在车轮的中央凹槽上有一个安放气门杆的孔洞，它使得轮胎的拆卸和安装比较容易。

（5）中心孔和法兰盘。车轮上有一个中心孔，直接与车辆的轮毂接触，把车轮中心定位在轮毂上。在法兰盘上沿着圆周均匀地分布着一些孔洞，如图 6-3-5 所示。

后轮辋的直径可以比前轮辋的直径大 2.5 ~ 5 cm。在这种配置下，前、后轮胎可以有不同的宽度或者高度。当前、后轮胎有不同的宽度或者高度时，不要把轮胎从前面换位到后面。后车轮的偏置量可能要比前车轮大一些，可以得到不同的轮距和操纵性能。

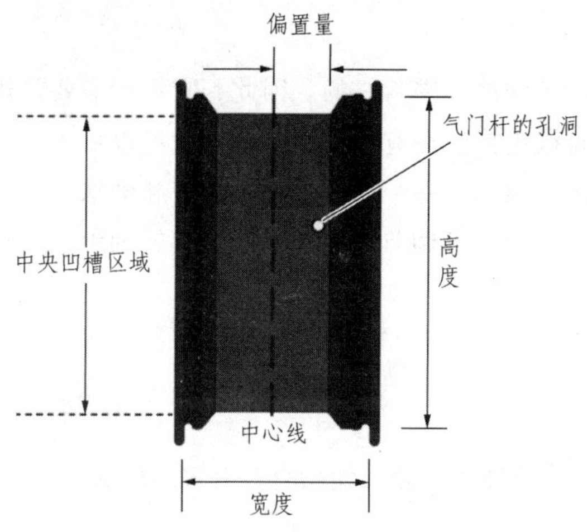

图 6-3-4　车轮的结构参数

图 6-3-5　车轮中心孔和法兰盘

如果需要更换车轮，换装新车轮的容许载荷、直径、宽度、偏距与固定形式均必须与原装车轮相同。不正确的换装车轮会影响车轮寿命、离地间隙和轮胎间隙，还可能影响速度表和里程表的标定，以及防抱死制动系统和牵引力控制的功能。

4）车轮轴承

（1）车轮轴承的结构。

车轮轴承由 3 部分构成：摩擦件、内轴承环和外轴承环。摩擦件可以是滚珠或者滚柱。外轴承环是滚柱或者滚珠的外接触面，它压入安装在前轮驱动车辆的前后轴的轮辋中，随静轴车轮转动，或者静止在动轴的轴毂中。内轴承环是滚柱或者滚珠的内接触面，它的动作和动轴或者静轴的动作一样。在任何情况下，两个轴承环都不可能同时运动。

（2）车轮轴承的类型。

车轮轴承有 4 种基本类型：负载（径向）轴承、负载和推力轴承、低摩擦轴承和高摩擦轴承。径向负载轴承为圆柱滚柱轴承或者滚珠轴承。径向和推力负载轴承为锥形滚柱轴承或者滚珠轴承。该类型的轴承可以在车辆转弯时，应对车轮旋转的推力负载，不会因为轴承故障而产生危险。

低摩擦力轴承为滚珠轴承，因为它使用球形摩擦件。滚珠和轴承环的接触面非常小，因而摩擦系数较小。但因为接触面小，能承担的重力负载也就较小。

车轮轴承可分为可调节式或者非可调节式，每个轮毂有一个内轴承和一个外轴承。在车辆行驶过程中，这些轴承共同均匀地支撑车轮。在支持车辆全部或者部分负载的同时，它们也能使车轮和车轴以最小的摩擦力顺畅转动，如图 6-3-6 所示。

图 6-3-6　车轮轴承

根据车辆维修手册的要求，可调节车轮轴承需要定期润滑。前驱车辆的驱动轮常使用永久润滑、不可调节的轴承。不可调节、永久润滑的车轮轴承，越来越普遍地应用于所有类型的车辆上。

5）车轮轴承的检修

可调节的车轮轴承，通常都是出厂前进行了润滑并密封好的。因此，它们不需要常规维修。如果发生故障、磨损或者出现噪声，就直接更换。在有些情况下，轮毂可以从车辆上卸下，把旧的轴承压出，再把新轴承压进。许多厂商都在一个总成上维修轮毂和轴承。把旧件卸下，再把新件安上即可。如丰田卡罗拉轿车即为不可调节、永久润滑的车轮轴承，并且与轮毂安装在一起。更换时需要更换轮毂总成。

2. 轮　胎

1）轮胎的作用

轮胎由橡胶制成，安装在轮辋上。车辆行驶的舒适性能与轮胎直接有关。其主要功用有：

（1）支撑车辆重量。

（2）通过轮胎和路面的良好附着性能，提高汽车的动力性、通过性和操控性。

（3）帮助悬架系统吸收路面的冲击和振动，以提高驾乘舒适性。

（4）改变汽车方向。汽车不论是转向还是调头都需要由汽车的轮胎来完成，它根据驾驶员的意愿来改变汽车行驶的方向。

由此可见，车轮和轮胎对汽车的使用性能有很大的影响，车轮的合理使用关系到汽车的安全行驶、能源的节约和汽车运输成本的降低。

2）轮胎的类型

汽车轮胎按胎体结构不同分为充气轮胎和实心轮胎。现代汽车多采用充气轮胎。按轮胎内空气压力的大小可分为高压胎（0.5 ~ 0.7 MPa）、低压胎（0.15 ~ 0.45 MPa）和超低压胎（0.15 MPa 以下），汽车上几乎全部都使用低压胎。

充气轮胎由于保持空气方法的不同，其组成结构也不同，又可分为有内胎轮胎和无内胎轮胎两种。无内胎轮胎在轿车上广泛采用，并开始在货车上使用。

充气轮胎按胎体中帘线排列方向不同，可分为子午线轮胎和普通斜交轮胎，结构如图 6-3-7 所示。

3）轮胎的结构

无内胎轮胎俗称原子胎或真空胎，这种轮胎是利用轮胎内壁和胎圈的气密层保证轮胎与轮辋间良好的气密性，外胎兼起内胎的作用。轮胎内未配装内胎而此轮胎本身就有内胎构造，空气即充填在胎中，目前已普遍采用。

无内胎轮胎气密性较好，能保证长期不漏气，轮胎工作温度较低，使用寿命长，结构简单，质量轻，有利于汽车的高速行驶；由于轮胎气密层是将一层内膜紧粘在轮胎内壁上，使轮胎在高速行驶中不易聚热，当轮胎穿孔时，压力不会急剧下降，能安全地继续行驶一段距离；不存在因内、外胎之间摩擦和卡滞而引起的损坏。

无内胎充气轮胎的基本组成部分有：胎面、带束和胎体帘布层、内衬层、胎圈，如图 6-3-8 所示。

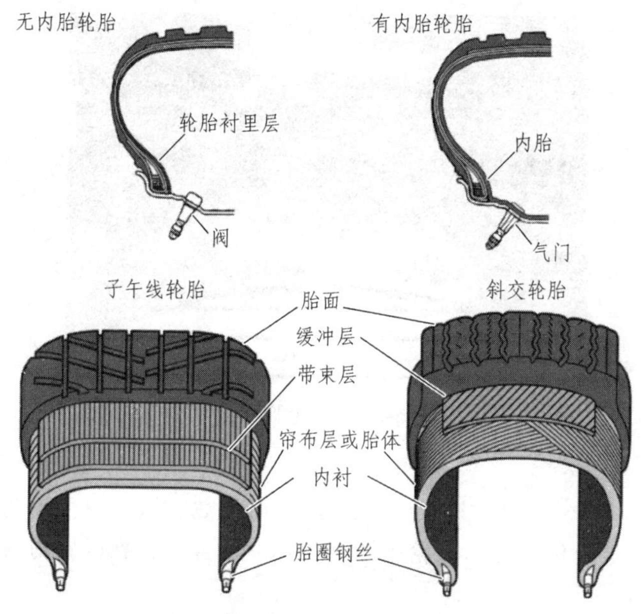

图 6-3-7　轮胎类型

4）轮胎上的参数标记

（1）轮胎尺寸。

轮胎的尺寸参数一般包括轮胎外直径、轮胎宽度、轮胎高度以及轮辋直径等，如图 6-3-9 所示。

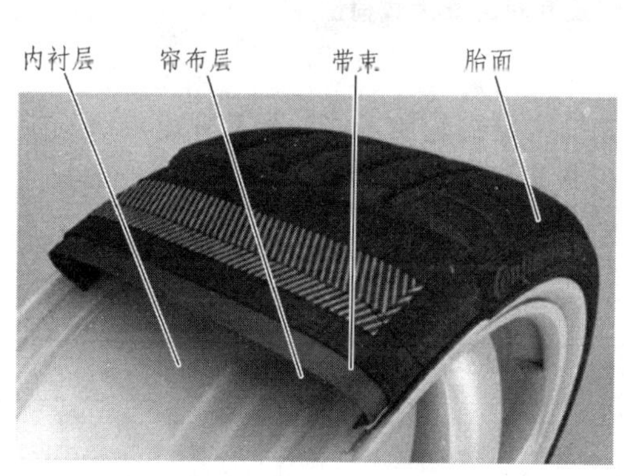

图 6-3-8　外胎的结构

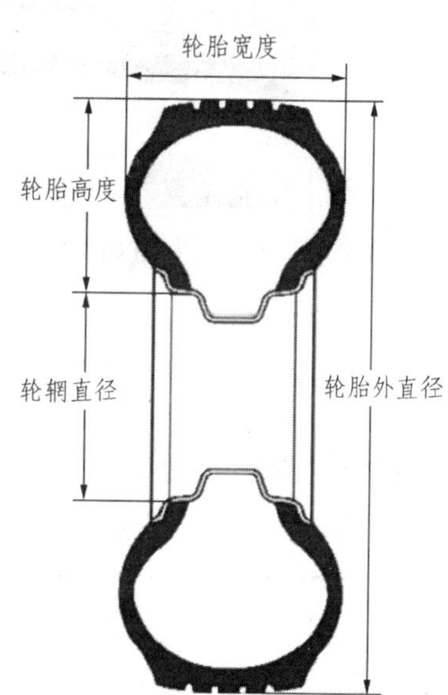

图 6-3-9　轮胎尺寸标记

轮胎主要的尺寸数据一般都会在轮胎侧面标识出来，如图 6-3-10 所示。225 表示轮胎的宽度是 225 cm；55 表示轮胎的高度与宽度的比值是 55%，所以轮胎的高度是 140 cm；R 表示该轮胎是子午线轮胎；16 表示该轮胎适用于直径 16 英寸的轮毂。

图 6-3-10　轮胎标记

（2）载荷指数。

轮胎标记 225/55 R16　95W 中的数字 95 是载荷指数。这个数字说明一个全充气的轮胎能够支撑的最大载荷量。你也可以在轮胎侧壁的其他位置处找到以磅力或公斤力为单位的最大载荷量的压印标值。

载荷指数为 95 的轮胎能够支撑 690 kg 的最大载荷量，如图 6-3-11 所示。

91=最大载荷 615 kg
92=最大载荷 630 kg
93=最大载荷 650 kg
94=最大载荷 670 kg
95=最大载荷 690 kg
96=最大载荷 710 kg
97=最大载荷 730 kg
99=最大载荷 775 kg
104=最大载荷 900 kg
106=最大载荷 950 kg

图 6-3-11　载荷指数标记及其对应最大载荷量

（3）速度额定值。

速度等级只适用于轮胎充足气的条件下，充气未足的轮胎不能达到其速度等级额定值。速度代码是一个通常在 P 和 Z 之间的字母，速度代码限定轮胎的速度额定值。

速度代码与限定车速的对应关系见表 6-3-1。

表 6-3-1　速度标志与最高车速之间的关系

速度标志	最高车速/（km/h）	速度标志	车速/（km/h）
P	150	U	200
Q	160	H	210
R	170	V	240
S	180	W	270
T	190	Y	300
		ZR	超过 240

225/55 R16 95W 中的字母 W 是速度额定值代码，它表示了在正常状态下最大速度的标准值。W 表示轮胎能够承受 270 km/h 的最大额定速度。其他字母对应的速度额定值见表 6-1-1。

（4）转动方向标识。

高速轮胎只能向车辆前进的方向转动，必须要加以注意。轮胎胎侧上标有转动方向箭头，如图 6-3-12 所示。错误的安装将影响轮胎的性能。

（5）安全轮胎。

如图 6-3-13 所示，安全轮胎也称为漏气保用轮胎（RSC），可以使司机在一个或多个轮胎损失气压的情况下，仍然能安全地操纵汽车。这种轮胎有较厚的帘布层侧壁，不像标准轮胎那样容易变形。这能让轮胎在气压下降或零气压时，能够以一定的速度行驶长达 50 km，其标识 RSC 如图 6-3-13 所示。

安全轮胎必须安装在带高胎缘唇口的特制车轮上，如果安装在其他类型的车轮上，如果轮胎气压偏低，安全轮胎可能无法正常工作。

图 6-3-12　轮胎转动方向标识

图 6-3-13　安全轮胎 RSC 标识

（6）最大胎压。

轮胎的气压是以千帕（kPa）或磅力每平方英寸（psi）或千克每平方厘米（kg/cm^2）来表示。

“Max load and pressure”（最大载荷和胎压）是表示制造厂商规定该轮胎能够承受的最大载荷和最大充气压力。当对轮胎进行充气时，应该参照车辆标牌中的数据。此标牌通常在驾驶员侧的门框上、手套箱内侧或者用户手册中，如图 6-3-14 所示。

5）轮胎磨损的原因

轮胎磨损是轮胎在路面滑动时摩擦导致胎面和其他橡胶面的损失或损坏。它随充气压力、荷载、汽车速度、制动、路面状况、温度和其他因素而变化。轮胎的胎面提供在各种路面条件下的附着力和牵引力，帮助车辆避免空转打滑和滑移。

为保证行车安全，应该经常地检查胎面的磨损情况。检查时可以使用安装在胎面内部的磨损指示器来进行检查。磨损指示器安装在胎面沟槽的底部，如图 6-3-15 所示。当胎面被磨损到了与指示器相同的高度时，在胎面就会出现一些窄条形的磨损指示条。当胎面被磨损到了 1.6 mm 左右时，就应该更换轮胎了。

胎面的深度也可以用胎面深度计来测量。把胎面深度计放在胎面沟槽中，查看深度计刻度尺上的读数，如图 6-3-15 所示。

图 6-3-14　安全最大胎压标识

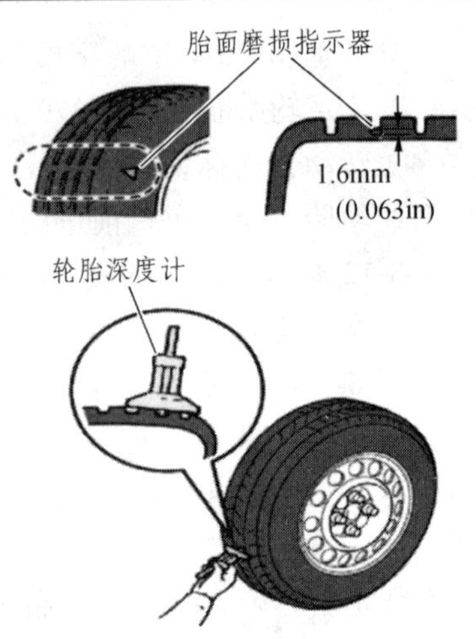

图 6-3-15　胎面内部的磨损指示器

轮胎磨损的影响因素如下：

（1）轮胎充气压力。

在正常的行驶状态下，合适的充气压力能优化轮胎的磨损量、乘坐的舒适性、操纵性能、百公里油耗量。

制造厂商规定的轮胎合适充气压力通常在标牌中有说明，标牌常位于驾驶员侧的门框上、手套箱内侧或后背箱盖板上，也可以在车主手册中找到。车辆外面的环境温度会影响轮胎内的空气压力。环境温度高就会增加胎内的压力；相反会减少胎内的压力。当使用冷态气压参数进行充气时，车辆应该处于静止的状态。许多车辆也给出了热态的气压参数，可以应用于车辆行驶之后以及暖胎状态。目测检查可以帮助确定轮胎的充气状态是否合适。

充气严重不足的轮胎的侧壁会出现向外的隆起，轮胎气压低时，会造成胎面外侧边缘处的磨损；增加轮胎的热量；过早的轮胎磨损；消耗更多的燃油。充气压力过高时，会使胎面不能与路面完全接触，造成胎面中间部分的磨损；降低乘坐的舒适性；引起接地点的扁平磨损；增加噪声和振动，如图 6-3-16 所示。

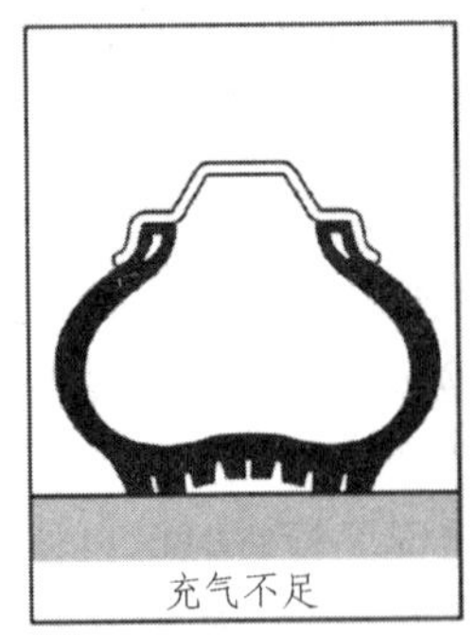

图 6-3-16　充气压力的影响

充气压力越高意味着轮胎刚性越强。如果太强，轮胎就不能有效吸收路面振动从而导致较硬的行驶感觉。如果右边和左边轮胎的充气压力不同，轮胎滚动阻力就有差别，将导致汽车向左或向右驶偏。只凭目测很难判断一个子午线轮胎的充气状态是否合适，应使用轮胎气压计来测定子午线轮胎的充气状态。对于轿车的平均轮胎气压是 2.1 ~ 2.5 kg/cm^2，轻型货车轮胎的平均气压要高一些。测量轮胎的气压时，要确保气压计是直对着气门嘴，并适度压紧。查看读数，再与标牌上的规范数值进行比较。

轮胎充氮气有将近 20 年的历史，其优点如下：

a. 提高安全性。与一般高压空气相比较，高纯度氮气因为几乎不含任何水分，故其受热膨胀系数低，且有不可燃、不助燃等特性，可以减少爆胎的概率。

b. 维持轮胎胎压的稳定。氮气渗透轮胎胎壁的速度比空气慢 30% ~ 40%，可以使轮胎保持在适度充气状况下较长时间。

c. 延长轮胎的使用寿命。氮气因不含氧和水，不会对轮胎内部橡胶造成氧化作用，也不会对金属轮圈形成腐蚀，可以延长轮胎的使用寿命。

d. 减少油耗，有利环保。氮气除了可以维持胎压的稳定，延缓胎压降低的速度外，其干燥且无水分的特性，也可以减低轮胎走行时温度的提高，降低滚动阻力，进而达到节省油耗的功能。

（2）载荷。

类似于充气压力减小，较大的载荷同样加速轮胎磨损。转弯时，轮胎也会更快磨损，如图 6-3-17 所示。当汽车重载时因为转弯时较大的离心力导致汽车产生较大的转弯力从而在轮胎和路面之间产生较大的摩擦。

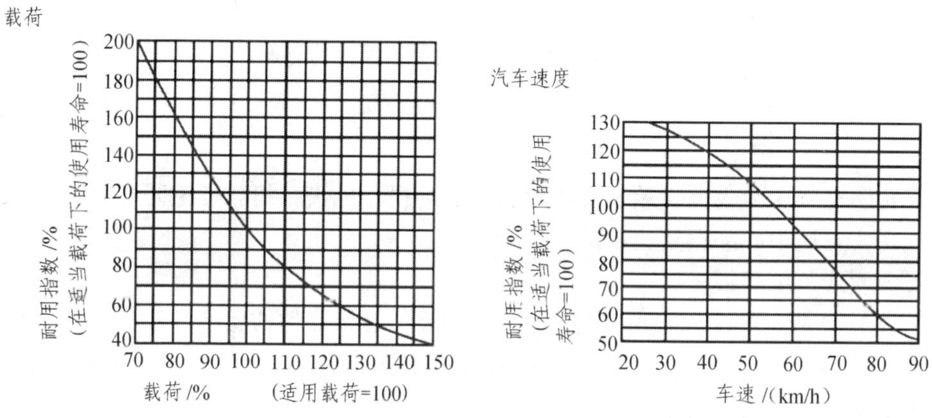

图 6-3-17 载荷和汽车速度的影响

（3）汽车速度。

转弯时的驱动力和制动力、离心力以及作用于轮胎的其他力与汽车速度的平方成比例增加。因此，提高汽车速度使这些力倍增，增加胎面和路面之间产生的摩擦，加速磨损，如图 6-3-18 所示。除了这些因素外，路况也对轮胎的磨损有很大的影响，轮胎在凹凸不平的路面要比平坦路面磨损得快。

（4）轮胎磨损和制动距离。

在干爽路面上，轮胎磨损不会显著影响制动距离。但在潮湿路面上，制动距离明显较长。

当胎面花纹磨损到不能排掉胎面与路面之间的水时，将导致浮滑现象，制动性能变差，如图 6-3-18 所示。

如果车速太高，胎面没有足够的时间从路面上排开积水，车辆便会在积水路面上打滑。这是因为，当车速升高时，水的阻力也相应增大，迫使轮胎“浮”在水面上。这种现象称为浮滑现象或水滑现象。

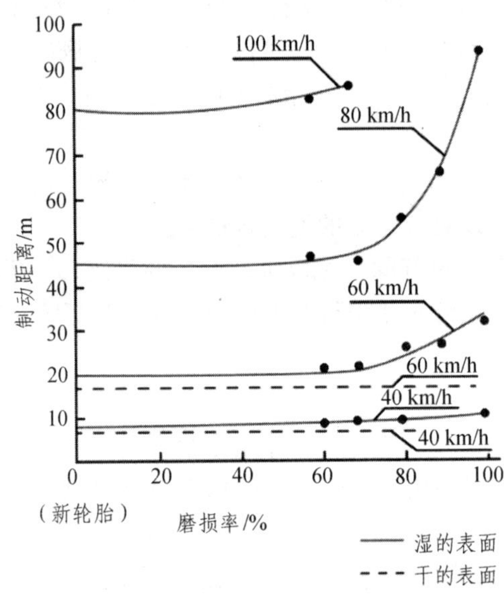

图 6-3-18　轮胎磨损对制动距离的影响

6）轮胎磨损的形式

（1）胎肩或轮胎中心的磨损。

如果轮胎充气压力太低，胎肩要比轮胎中心磨损得更快。超载产生同样的影响。如果充气压力太高，轮胎中心磨损要比胎肩更高。

（2）内侧或外侧磨损。

如图 6-3-19 所示的磨损是由于超速转弯引起的。悬架部件的变形或间隙过大会影响前轮定位，导致轮胎异常磨损。如果轮胎面的一侧磨损比另一侧要快，主要原因是外倾角不正确。

（3）毛状磨损（前轮前束磨损）。

胎面花纹薄边磨损的主要原因是不良的前束调整。过多的前轮前束迫使轮胎向外滑动并且在路面上向内摩擦胎面的接触面，从而产生前轮前束磨损，如图 6-3-20 所示，其表面呈现独一无二的状如羽毛的形状，可用将手指横过从轮胎内面到外面的胎面加以鉴别。

（4）前端和后端磨损。

前端和后端磨损是经常出现在横向块状胎面花纹轮胎上的斑状磨损，如图 6-3-21 所示。附有纵向胎面花纹的轮胎磨损形成类似波状的花纹。

当轮胎转动并不承受驱动力或制动力时，前端和后端磨损区域更易于发生。因此，车轮前端和轮胎胎唇后部磨损最经常发生在不承受驱动力的非驱动轮上。在驱动轮上，驱动力导致轮胎与前端和后端磨损的相反方向磨损。制动力也产生类似的结果。所以，驱动轮的轮胎上通常只有稍许前端和后端磨损。

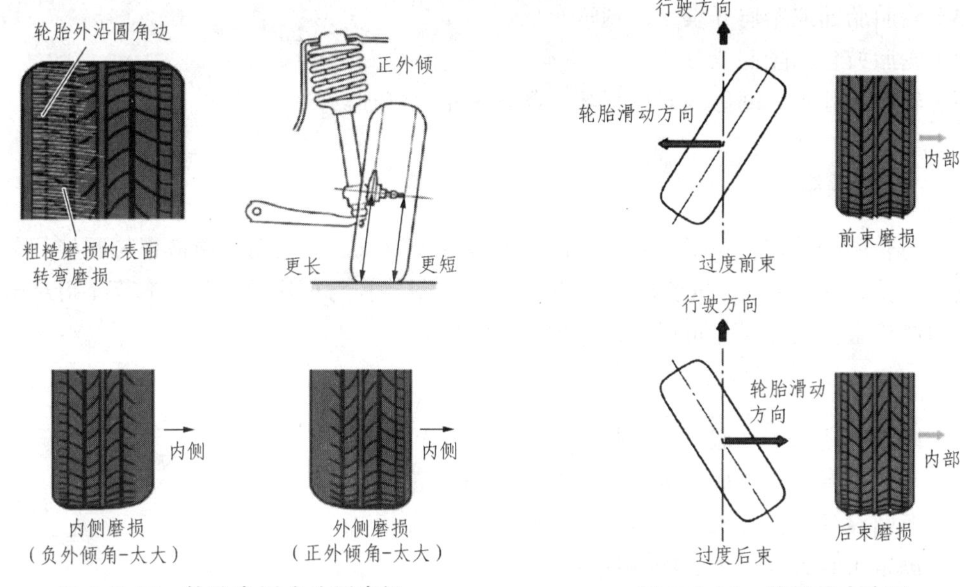

图 6-3-19 轮胎内侧或外侧磨损　　图 6-3-20 前轮前束磨损

（5）斑状磨损（环状槽形磨损）。

如果车轮轴承、球头节、转向横拉杆端等间隙过大或芯轴弯曲，轮胎将会在其高速运转的特有部位摇摆，施加引起滑动的强摩擦，两者均导致斑状磨损。变形或不规则磨损的制动鼓，在规则间隔时间实施刹车会导致圆周方向相对宽的面积范围内发生斑状磨损，如图 6-3-22 所示。

车辆突然起动、制动和转弯也可能导致斑状磨损。过度不平衡的车轮组件也会导致斑状磨损。

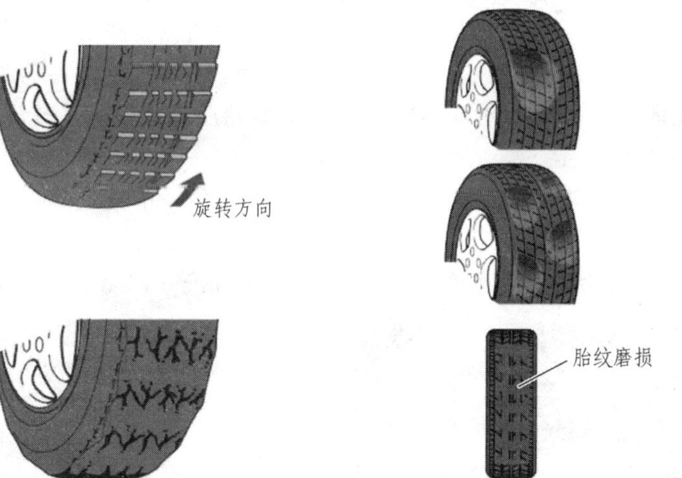

图 6-3-21 轮胎前端和后端磨损　　图 6-3-22 轮胎的斑状磨损

7）轮胎需要更换的情况

若出现以下情况之一，需要更换轮胎：

（1）轮胎胎纹上至少有 3 处出现磨损标记。

（2）轮胎橡胶出现帘布或帘布线。

（3）轮胎胎面或胎肩开裂，出现帘布层。

（4）轮胎鼓包、隆起或分层。

（5）轮胎被扎破、划破或其他损坏，其程度难以修理。

二、基本技能

车轮与轮胎的检修，包括车轮与轮胎状态检查及换位、车轮动平衡检查与调整、车轮定位检查与调整、轮胎更换（扒胎机）、车轮轴承及油封检查与更换等项目。本节介绍对车轮和轮胎全面的检查，具体操作可以参照其他的相关内容。

1. 准备工作

（1）防护装备：工作服、工作帽、手套、劳保鞋。

（2）车辆、台架、总成：卡罗拉整车，桑塔纳整车

（3）车间设备：举升机，工具车，轮胎架。

（4）测量工具：气压表、深度规等。

（5）手工工具：拆装工具一套，气动工具。

（6）辅助材料：翼子板布和前格栅布、三件套、抹布、手套、白板笔等。

2. 实施步骤

注意：请按举升机使用规范及车辆防护标准操作。

（1）车轮及轮胎胎面检查。如图 6-3-23 所示。

a. 用手扳动车轮晃动，检查车轮轴承是否松旷。根据结果判断轴承是否需要更换。

b. 检查轮胎的胎面，有无鼓包、划痕或破损。根据结果判断轮胎是否需要更换。

c. 检查轮胎的磨损形式，判断磨损原因，并判断是否需要进行轮胎换位、动平衡和四轮定位。

（2）采用轮胎深度规，如图 6-3-24 所示，测量轮胎花纹深度，轮胎沟槽深度不能低于 1.6 mm，如图 6-3-25 所示。

（3）查看轮胎标准气压值，MAX-PRESS 最大胎压值，单位是千帕（kPa），如图 6-3-26 所示。

（标准气压值一般为最大胎压值的 80% 左右，100 kPa = 1 bar）

图 6-3-23　检查车轮和轮胎胎面

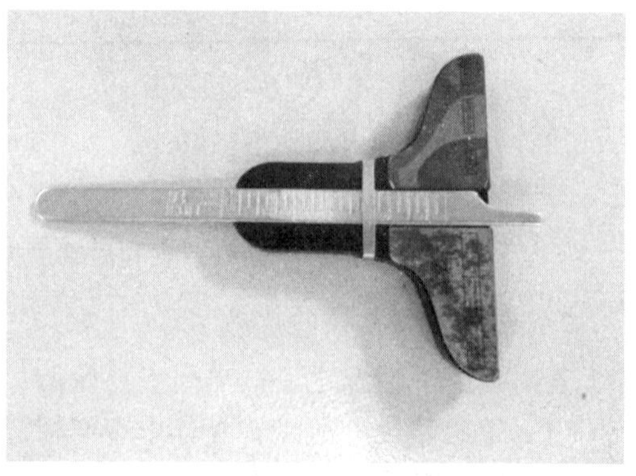

图 6-3-24　轮胎深度规

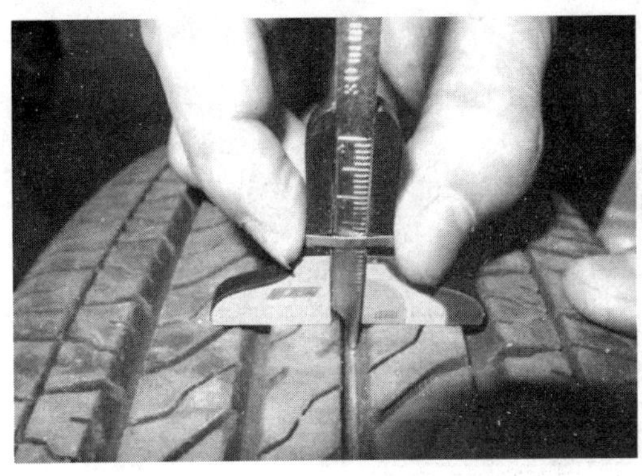

图 6-3-25　测量轮胎花纹深度

图 6-3-26　最大安全胎压标识

（4）将胎压表（见图 6-3-27，用来测量轮胎气压和给轮胎加气）连接到气管上，连接时将气管上的卡环向下按住，装上胎压表后放开卡环。操作过程如图 6-3-28 所示。

图 6-3-27　胎压表

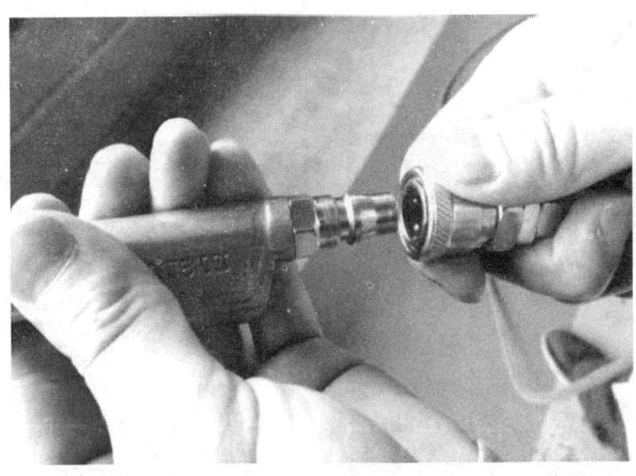

（a）

（b）

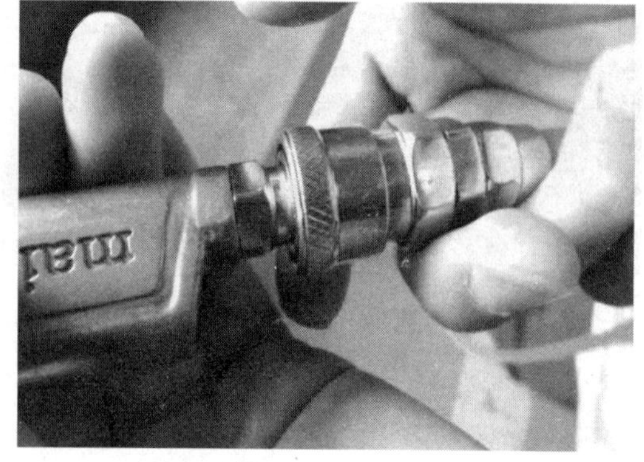

（c）

图 6-3-28　胎压表的连接方法

（5）测量轮胎气压，是否达到标准气压值，如图 6-3-29 所示。

标准值：（220 ± 10）kPa（请参照实车标注的标准）

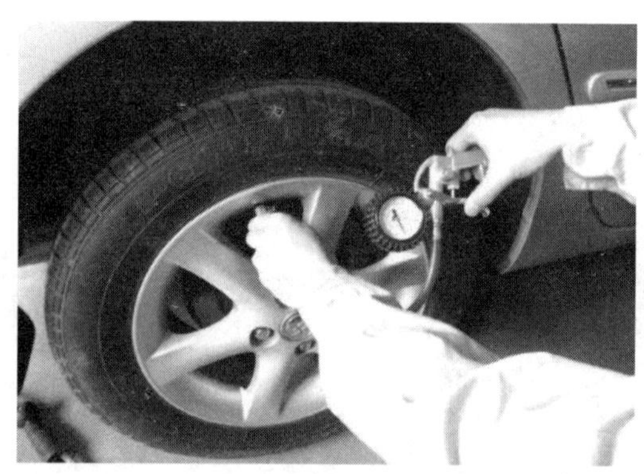

图 6-3-29　测量气压值

图 6-3-30　调节气压值

（6）如果气压值没有达到规定值，调节到规定值，用手指勾住气压表上气枪的开关，如图 6-3-30 所示。

（7）查阅车辆使用手册，用扭力扳手，将车轮螺栓调到规定扭矩，如图 6-3-31 所示。

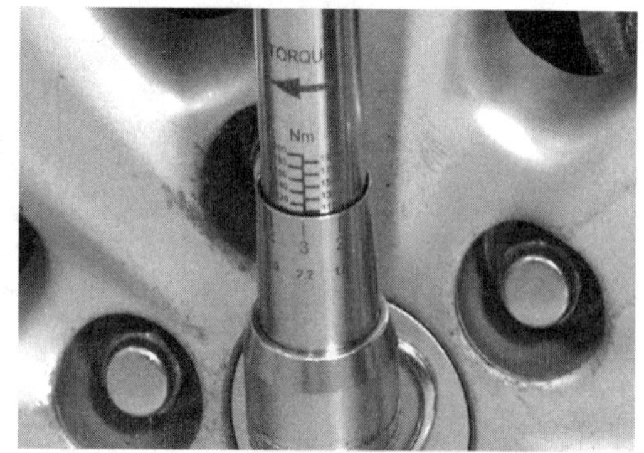

图 6-3-31　加车轮扭力

三、拓展知识

1. 泄气保用轮胎

轮胎制造厂商设计的某些轮胎，运行时具有较小充气气压或者没有充气气压。这些轮胎称为泄气保用轮胎或者零气压轮胎，如图 6-3-32 所示。这些轮胎的特点是具有加强的胎侧和胎圈设计，在轮胎割破或者刺破而造成充气气压失去时，它们能够支撑车辆。最具代表性的特点是：轮胎生产厂商设计的这种轮胎在没有内压时，可以在胎侧损坏后以 80 km/h 的速度继续跑 80 ~ 161 km。这就可以保证驾驶者能够到达维修点进行维修。

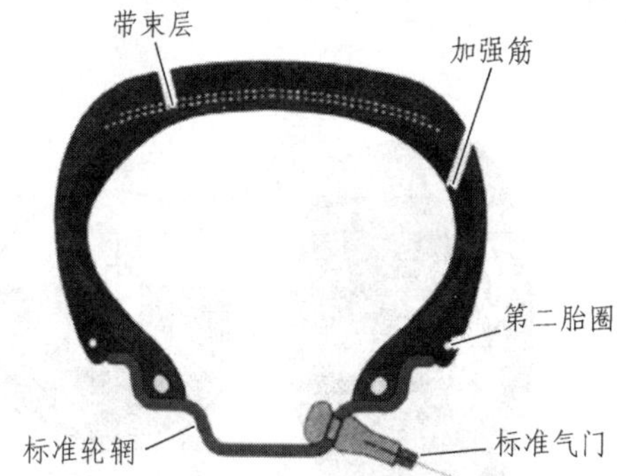

图 6-3-32　典型泄气保用轮胎

2. 轮胎用途的分类

轮胎还可按应用于不同的路面来分类，由类型名称便可知轮胎的特性和功能。

1）雪地行驶用轮胎

雪地行驶用轮胎在泥泞或覆盖有雪的路面上能保持可控性，这是因为胎面花纹中设有较多的方块，这些方块较深且间距较大。它将能有效传输驱动力的横纹胎面花纹和能减少侧滑的纵向花纹结合起来。

雪地行驶用轮胎具有以下一些特性：侧滑较少且牵引力较好，制动时有较为显著的转向稳定性；转弯和变换车道时有较好的可控性；易于离开轮辙；滚动阻力较小；振动和噪声较小。

另外，雪地行驶用的轮胎胎面比正常轮胎胎面刚性要小，所以在干燥路面上高速行驶时，它的稳定性较差，这在转向时表现得尤为突出。

雪地行驶用轮胎主要有防滑钉轮胎和无防滑钉轮胎两种。

（1）防滑钉轮胎。

雪地行驶用轮胎在覆盖有雪的路面上行驶良好而在结冰的路面上则抓地力不够。防滑钉轮胎能在此条件下提供较大的驱动稳定性，如图 6-3-33 所示。它以雪地行驶用轮胎胎面为基础，兼备有咬入冰面的金属长钉，辅助传输汽车的驱动力和制动力。尽管如此，仅仅给汽车配备防滑钉轮胎不能保证在覆盖有雪和结冰的路面上完全安全行驶，仍必须极为小心地驾驶汽车。必须避免在无雪和冰的路面上使用防滑钉轮胎，这不仅会加速长钉磨损，而且会损坏路面。

（2）无防滑钉轮胎。

无防滑钉轮胎可以使汽车在结冰路面上行驶而无须使用长钉，如图 6-3-34 所示。无防滑钉轮胎使用特殊的胎面橡胶，既具备雪地行驶用轮胎的能力，也能保持行驶的灵活性，甚至在特别低的温度下可以达到同样效果，这种轮胎可以确保在路面覆盖有冰或雪时也能与路面充分接触。此外，轮胎接触地面有许多称为“刀槽花纹”的小槽切口，使轮胎能有效挖出和抛掉冰和雪，从而获得足够的驱动力和制动力。

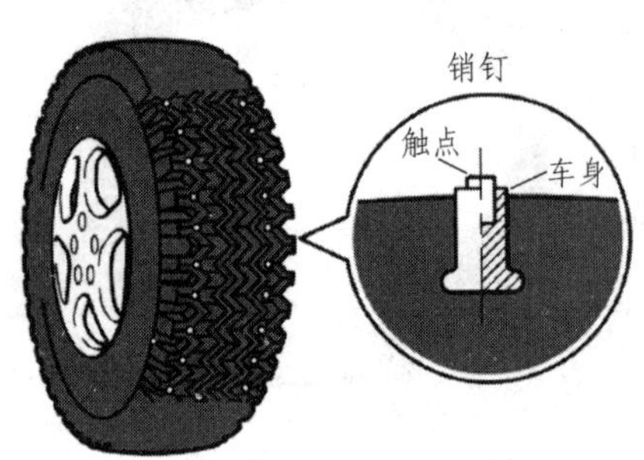

图 6-3-33 防滑钉轮胎

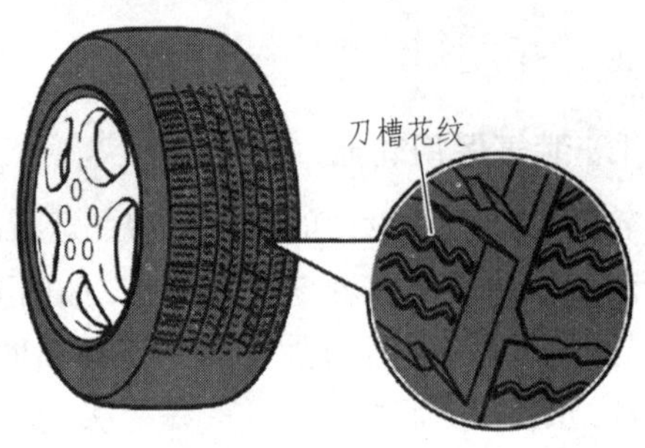

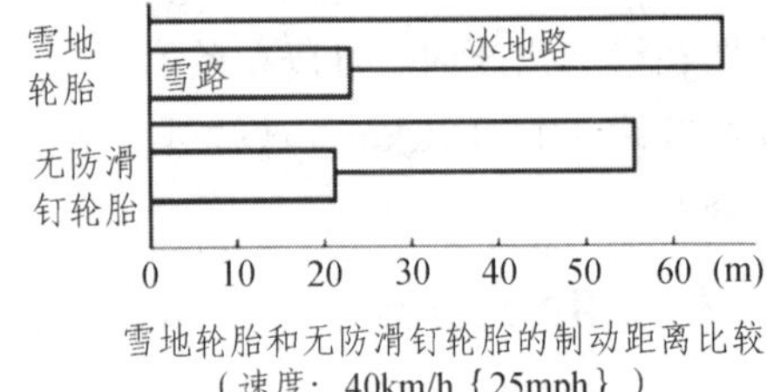

图 6-3-34 无防滑钉轮胎

2）全天候轮胎（全季节轮胎）

全天候轮胎由普通轮胎改造而来，它能提高汽车在砂土和积雪路面上的驱动能力。它是一种能全年使用的多用途轮胎，具备了正常轮胎和雪地行驶用轮胎的两种特性。

图 6-3-35 显示出了与普通轮胎性能相关的全天候轮胎性能（图中的圆）。数值离圆圈越远，表明相应的性能越强。

全天候轮胎有钢丝带束子午线帘布层胎体和稠密刀槽花纹的块状胎面花纹，以增进牵引力和抗侧滑能力。全天候轮胎的胎面花纹槽要比雪地行驶用轮胎浅，但比普通轮胎要深。这意味着它们能深深咬入雪中，增强轮胎的路面附着力。

3）砂地用轮胎

砂地用轮胎能在软质、砂地型地面上行驶。轮胎的胎面宽且胎面花纹有浅槽，防止其穿破砂土地表层而陷入其中，如图 6-3-36 所示。

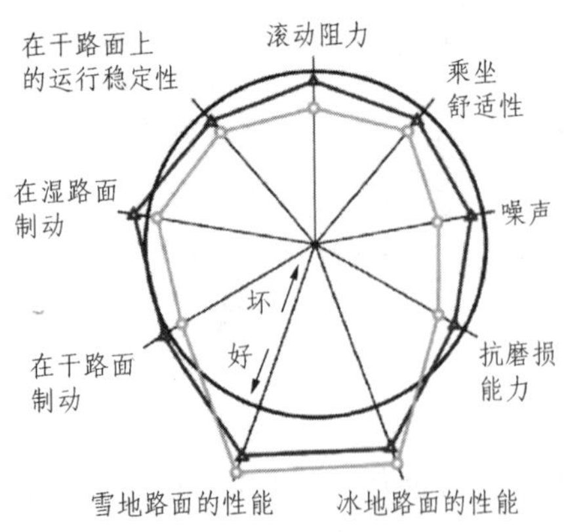

图 6-3-35 全天候轮胎性能曲线

图 6-3-36 砂地用轮胎

当在砂土地面上行驶时，要降低这些轮胎的充气压力以便使轮胎接触路面的表面积最大化。

因此，这些轮胎的胎体即使在较低充气压力下也能承受大负载。

四、学习小结

（1）轮胎磨损是轮胎在路面滑动时摩擦导致胎面和其他橡胶面的损失或损坏。它随充气压力、荷载、汽车速度、制动、路面状况、温度和其他因素而变化。轮胎的胎面提供在各种路面条件下的附着力和牵引力，帮助车辆避免空转打滑和滑移。

（2）轮胎磨损形式一般有胎肩或轮胎中心的磨损、内侧或外侧磨损、毛状磨损（前轮前束磨损）、前端和后端磨损、斑状磨损（环状槽形磨损）。

（3）在正常行驶状态下，合适的充气压力能优化：轮胎的磨损量、乘坐的舒适性、操纵性能、百公里油耗量。

五、任务分析

本情境中，轮胎检查涉及行车安全，必须认真检查车轮与轮胎的技术状况，根据实际情况进行换位、动平衡或更换。

六、自我评估

1. 填空题

（1）车轮功用是把轮胎固定在车辆上，并__________和__________轮胎、车桥之间的各种力和力矩。

（2）车轮由_____、_____和________组成。

（3）轮胎作用是支撑车辆，提供________，吸收路面的________，帮助改变行驶方向，保持操控性能及车辆行驶。

（4）轮胎 215/65R17 109S 其中 215 表示_______，65 表示_____，17 表示_____，109S 表示______。

2. 判断题

（1）为了省油轮胎气压越高越好。(　　)

（2）225/45R19 225 表示轮胎厚度。(　　)

（3）轮胎的磨损极限是 2 mm。(　　)

（4）每次做保养时都必须检查轮胎状况。(　　)

（5）轮胎标记中的 R 代表子午线轮胎。(　　)

工作任务 4　行驶系统典型故障诊断

任务情境

一、任务描述

一辆卡罗拉轿车在高速路上行驶时，车主反映当车速达到 80 km/h，转向盘抖动明显。你能排除这个故障吗?

二、任务提示

根据故障现象，故障应为轮胎不平衡。

任务目标

一、知识目标

（1）能描述行驶中转向盘抖的故障原因。
（2）能描述轮胎异常磨损的故障现象和原因。

二、能力目标

（1）能对转向盘抖进行故障诊断与排除。
（2）能够对轮胎异常磨损进行故障诊断与排除。

必备知识

一、基本知识

行驶系统典型的故障现象有行驶中转向盘抖，以及轮胎异常磨损等。

1. 行驶中转向盘抖的故障现象和原因

1）行驶中转向盘抖的故障现象

汽车在一定的速度范围（如 80 ~ 100 km/h）行驶时，车身晃动颠簸不稳，转向盘抖动。低于或高于这个速度范围，故障减轻或消失。

2）行驶中转向盘抖的故障原因

（1）轮胎钢圈变形。
（2）轮胎动平衡异常。
（3）四轮型号不同。
（4）四轮轮毂半径不一致。

2. 轮胎磨损的故障现象和原因

轮胎磨损速度加快，胎面形状出现异常。轮胎有以下几种异常磨损类型：

1）胎冠中部磨损

如图 6-4-1 所示，为轮胎胎冠中部磨损。

主要原因：轮胎气压过高，或长时间无轮胎换位，在窄轮毂上装宽轮胎，也会造成中部磨损。

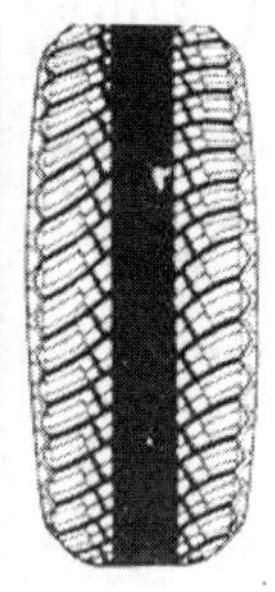

图 6-4-1　胎冠中部磨损

2）胎冠内、外侧磨损

如图 6-4-2 所示，为轮胎一侧（内侧或外侧）磨损。

主要原因：经常高速转弯，前轴弯曲变形，前轮外倾角过大或过小。

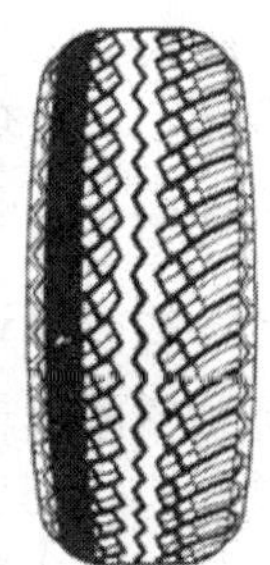

图 6-4-2　胎冠一侧磨损

3）轮胎两侧磨损

如图 6-4-3 所示，为轮胎两侧磨损。

主要原因：轮胎气压过低。

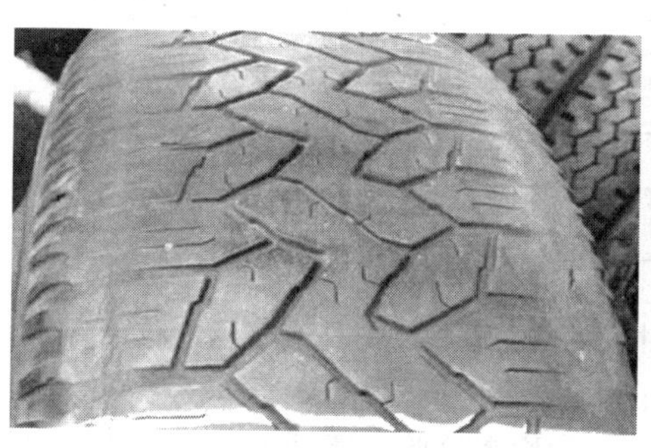
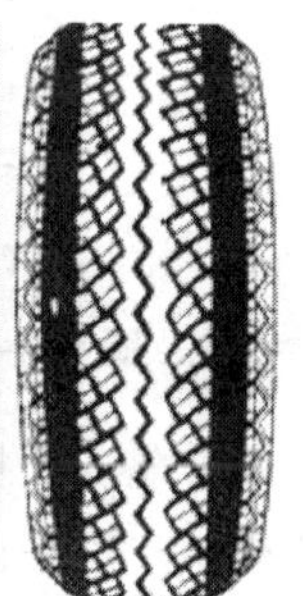

图 6-4-3　轮胎两侧磨损

4）胎冠呈波浪形磨损

如图 6-4-4 所示，为轮胎波浪形磨损。

主要原因：轮毂松旷，经常紧急制动，轮胎动不平衡。

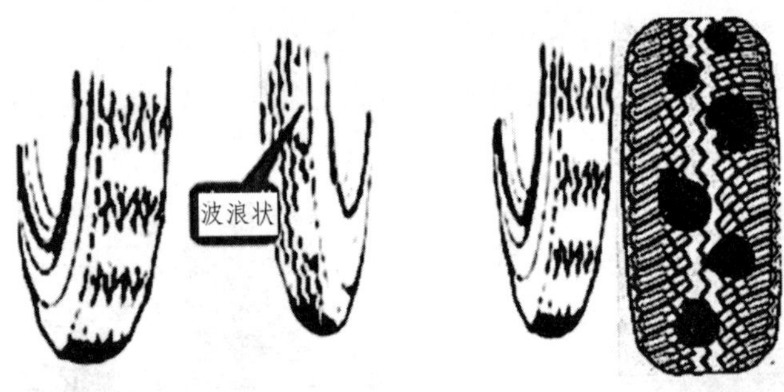

图 6-4-4　轮胎波浪状磨损

二、基本技能

1. 准备工作

（1）防护装备：工作服、工作帽、手套、劳保鞋。

（2）车辆、台架、总成：卡罗拉整车、桑塔纳整车。

（3）车间设备：举升机，工具车，轮胎架，动平衡机。

（4）测量工具：气压表、深度规等。

（5）手工工具：拆装工具一套，气动工具。

（6）辅助材料：翼子板布和前格栅布、三件套、抹布、手套、白板笔等。

2. 行驶中转向盘抖的故障诊断步骤

行驶中转向盘抖故障诊断流程如图 6-4-5 所示。

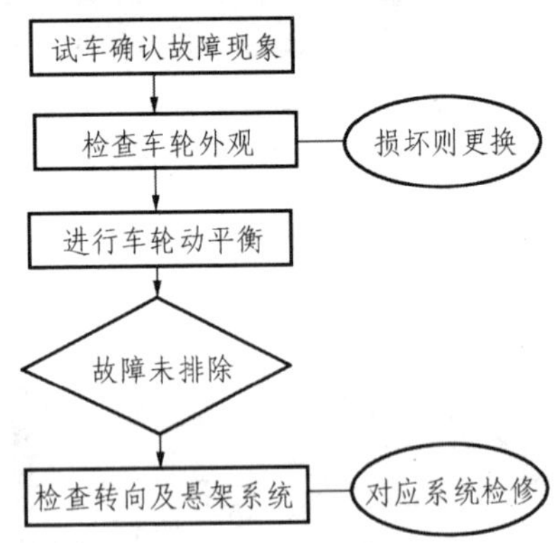

图 6-4-5　行驶中转向盘抖故障诊断流程图

（1）试车确认故障现象。根据实际情况，必要时试车确定故障现象。

警告：必须有具有试车资格的人员操作。

（2）检查车轮。如图 6-4-6 所示，检查轮胎钢圈是否变形，型号是否一致，轮毂半径是否一致以及是否损坏，如果不正常则更换。如果以上检查正常，应对相应车轮进行动平衡。

（3）进行车轮动平衡。如图 6-4-7 所示，按照车轮动平衡操作流程对车轮进行动平衡。

图 6-4-6　测量轮辋宽度

图 6-4-7　检查车轮动平衡

（4）试车。确认故障是否消除。如果故障依旧，继续检查车轮动平衡。如果车轮动平衡正常，检查是否是其他系统造成的故障现象。

3. 轮胎异常磨损的故障诊断步骤

轮胎磨损异常故障诊断流程如图 6-4-8 所示。

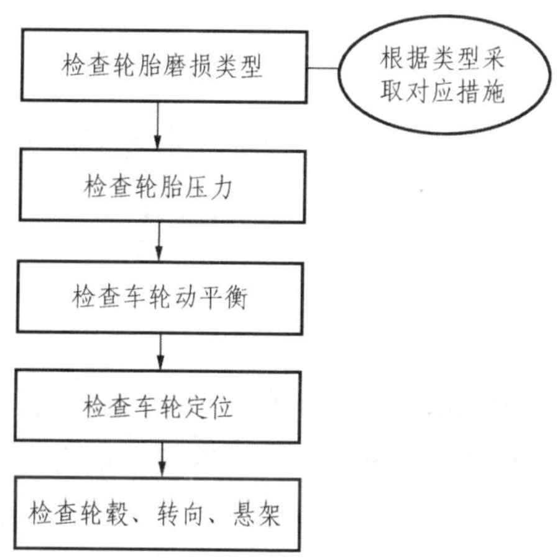

图 6-4-8　轮胎异常磨损故障诊断流程图

（1）检查轮胎胎面磨损形式。如图 6-4-9 所示。

a. 轮胎胎冠中部磨损，执行步骤（2）；

b. 胎冠内或外侧的单侧磨损，执行步骤（3）和（6）；

c. 轮胎两侧磨损，执行步骤（2）；

d. 胎冠呈波浪形磨损，执行步骤（4）和（5）；

（2）检查轮胎气压。如图 6-4-10 所示。

a. 压力过高，导致轮胎中心和道路的接触面，远大于轮胎的其他部位和道路的接触面，调整气压至标准值；

b. 压力不足，导致轮胎外侧部分和道路的接触面，远大于正常的接触面，调整气压至标准值。

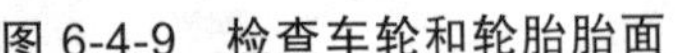

图 6-4-9　检查车轮和轮胎胎面

图 6-4-10　检查胎压

（3）检查车轮前束角、外倾角。参照车轮定位操作。

（4）检查车轮动平衡。参照车轮动平衡检查与调整。

（5）检查轮毂是否松旷。

（6）检查转向和悬架系统。参照转向和悬架系统的检查操作。

三、拓展知识

1. 平　衡

为了避免运行过程中的振动或摇摆，检查轮胎和车轮总成是否平衡。车轮平衡机是专门设计的用于定位和消除安装的轮胎和车轮的不平衡性的设备。有两种平衡类型：静态平衡和动态平衡。

1）静态平衡

静态平衡就是把轮胎和车轮总成放在静态平衡机（也叫气泡平衡机）上，完成平衡操作。该静态平衡机的特点就是有一个装有气泡水平尺的基架。把轮胎和车轮总成水平固定在该基架上，车轮的正面向上，置于平衡机中心的气泡水平尺，通过气泡偏离中心来显示总成的轻重区域。为了使气泡居于水平尺中心，在重量轻的区域，加设车轮平衡配重。该平衡配重是夹子型或者是粘贴型。

大多数技师认为静态平衡不准确并且过时。该方法没有考虑车轮总成在运行过程中旋转时的动态运动。

2）动态平衡

动态平衡也称为旋转平衡，这种平衡更为准确。如图 6-4-11 所示，在动态平衡中，动态平衡机在垂直方向上旋转轮胎和车轮总成。这样可以有多个动态平衡面。平衡机数字读数器显示需要多大配重，并且指出需要配重的位置。

如今，计算机控制的平衡机更容易完成轮胎和车轮总成的平衡操作。读数器显示需要的配重重量，并说明配重需要的位置。

图 6-4-11　动态旋转平衡机

3）平衡机的安全性

使用前，保证自己接受了平衡机操作安全培训。同样，保证正确应用了安全特征。在旋转过程中，动态平衡机应有低于轮胎和车轮总成的保护罩。该罩永远不得去掉。它可以保护不受飞溅碎片如石头或者脱落的车轮配重的伤害。

2. 轮胎磨损

1）胎面磨损标记

如图 6-4-12 所示，在轮胎的胎面区域，有轮胎磨损显示条，也叫胎面磨损标记（TWI）。胎面磨损标记是胎面上突起的加强条。它们的位置，在胎面上使用标有 TWI 字样的小三角符号表示。胎面磨损标记的高度是这样表示的：当显示标志和胎面表面相平齐时，表示胎面已经磨损，需要更换该轮胎。

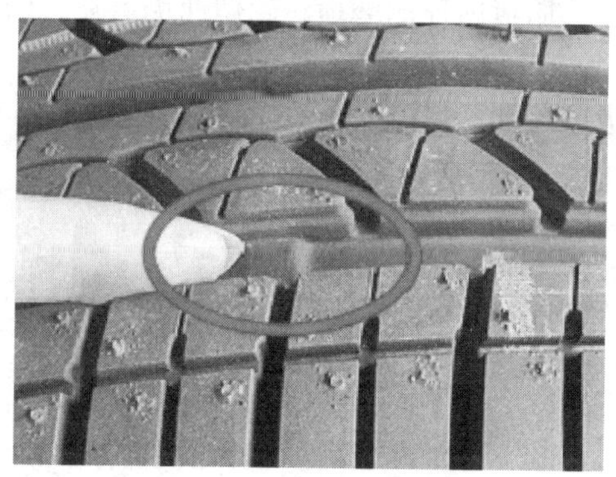

图 6-4-12　轮胎胎肩标记

2）轮胎正确充气

对于轮胎的性能和安全性而言，正确充气非常重要。充气不足的轮胎，在转动和行驶时反应较慢，在轮胎内产生较多热量，加速外胎面磨损。过量充气的轮胎，行驶起来颠簸不堪，加速胎面中心磨损。最少每月检查一次轮胎充气，在长途旅行前，一定要检查轮胎充气情况。任何时候，车上都应备有轮胎气压计。请记住：无论在任何时候，充气或者放气时，都应佩戴安全镜。

3）轮胎磨损的故障原因总结

（1）轮胎气压不足或过高。

（2）轮胎长期未换位。
（3）前轮定位不正确，尤其是前束与外倾角配合不正确。
（4）轮毂轴承松旷或转向节与主销松旷。
（5）纵、横拉杆或方向机松旷。
（6）前轮径向圆或端面圆跳动太大。
（7）前轮旋转质量不平衡。
（8）前轮摆头。
（9）前轴与车架纵向中心线不垂直或车架两边的轴距不等。
（10）前轴或车架弯、扭变形。
（11）前轴刚度不足。
（12）转向横拉杆（尤其是弓形横拉杆）或横拉杆臂刚度不足。
（13）前轮放松制动回位慢或制动拖滞。
（14）轮胎螺栓松动。
（15）常超载、偏载、起步过急、高速转弯或制动过猛。
（16）经常行驶在拱度较大的路面上。
（17）转向梯形不能保证各车轮纯滚动，出现过多转向或不足转向。
（18）轮胎质量不佳。

四、学习小结

（1）行驶中转向盘抖的故障原因通常是车轮不平衡造成。

（2）轮胎胎冠中部磨损、胎冠内外侧磨损、轮胎两侧磨损、胎冠呈波浪形磨损几种模式类型的故障现象和原因。

（3）行驶系统典型的故障诊断。

五、任务分析

本情境的故障现象，是轮胎不平衡的典型故障，但检修时应先检查悬架等其他可能因素，再进行轮胎动平衡操作。

六、自我评估

1. 填空题

（1）行驶中转向盘抖的故障原因都和________有关。

（2）轮胎气压过________，或长时间无轮胎________，在窄轮毂上装________轮胎，也会造成中部磨损。

2. 判断题

（1）轮胎钢圈变形或型号不一致，可能导致行驶中转向盘抖。（　　）

（2）轮胎一侧磨损的可能原因是前轮外倾角不正确（　　）。

学习项目 7　转向系统检修

本学习项目介绍转向系统的作用、组成、基本原理和检修方法，包含 4 个工作任务：任务 1 转向操纵机构与转向器检修；任务 2 转向传动机构检修；任务 3 液压助力转向系统检修；任务 4 转向系统典型故障诊断。通过 4 个工作任务的学习，能够掌握转向系统的结构组成原理，以及拆装与检修的技能，能进行转向系统常见故障的检修。

工作任务 1　转向操纵机构与转向器检修

任务情境

一、任务描述

一辆卡罗拉轿车，驾驶员反应转向盘松旷，你的主管让你检查转向操纵机构，你能完成吗？

二、任务提示

应检查转向柱和转向盘，根据检查情况进行更换或调整。

任务目标

一、知识目标

（1）能够描述转向系统的组成、类型及各部件功用。
（2）能够描述转向操纵机构的结构组成和原理。
（3）能够描述转向器的结构组成和原理。

二、能力目标

（1）能够进行转向操纵机构的检修。
（2）能够进行转向器的检修。

必备知识

一、基本知识

1. 转向系统的功用及组成

汽车在行驶中，经常要改变行驶方向。汽车上用来改变行驶方向的机构称为转向系统。汽车行驶方向的改变是由驾驶人通过操纵转向系统来改变转向轮（一般是前轮）的偏转角度来实现的。转向系统不仅可以改变汽车的行驶方向，使其按驾驶人规定的方向行驶，而且还可以克服由于路面侧向干扰力使车轮产生的转向作用，恢复汽车的行驶方向。

尽管汽车转向系统的结构形式多种多样，但都由转向操纵机构（转向盘到转向器之间的零部件）、转向器（也称转向机）和转向传动机构三大部分组成。转向操纵机构的功能是产生转动转向器所需的操纵力；转向器的功能是将转向盘的回转运动转换为传动机构的往复运动；转向传动机构的功能是将转向器输出的力和运动通过转向臂传递给转向轮，如图 7-1-1 所示。

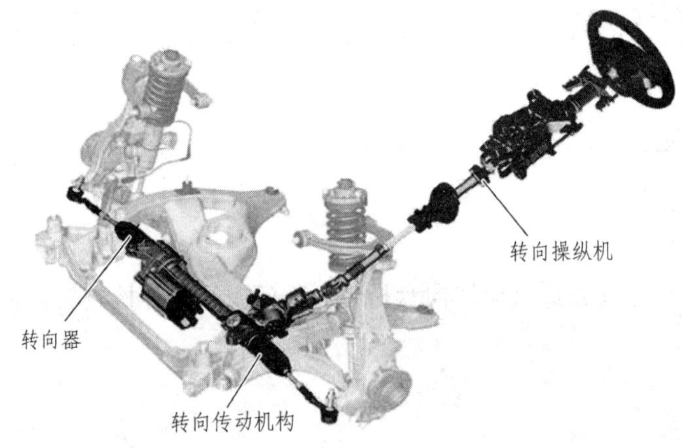

图 7-1-1　转向系统组成

2. 转向系统的类型及工作过程

汽车转向系统按转向能源的不同分为机械转向系统和动力转向系统。

机械转向系统是以驾驶人的体力作为转向能源，所有传递力的构件都是机械的，可靠性高，但输出的转向力矩相对较小。

前轮为独立悬架时，典型的机械转向系统组成及布置如图 7-1-2 所示。

前轮为非独立悬架时，机械转向系统的组成及布置如图 7-1-3 所示。由于转向盘距离转向器较远，二者之间用万向节和传动轴构成的万向传动装置相连。

汽车转向时，驾驶人给转向盘施加一个转向力矩，转向盘以某种角速度向指定方向转动，该力矩通过转向轴输入给转向器，转向器将转向盘的力矩放大以后传给转向摇臂，再经过转向直拉杆传给左转向节上的转向节臂，使左转向节和它支撑的左转向轮偏转。为使右转向节及其所支撑的右转向轮也随之偏转相应角度，还设置了转向梯形结构。转向梯形由固定在左、右转向节上的梯形臂和转向横拉杆组成。左转向节带动左梯形臂转动，左梯形臂通过转向横拉杆推动右梯形臂，使右转向节转动。转向结束后，将转向盘回复原始位置，使转向车轮回复直线行驶。

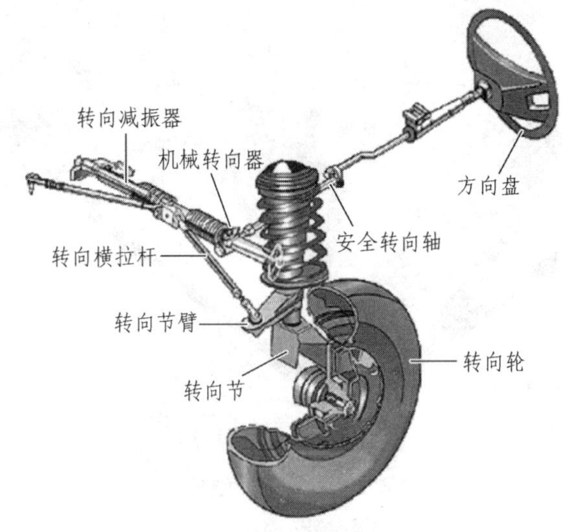

图 7-1-2　独立悬架的机械转向系统

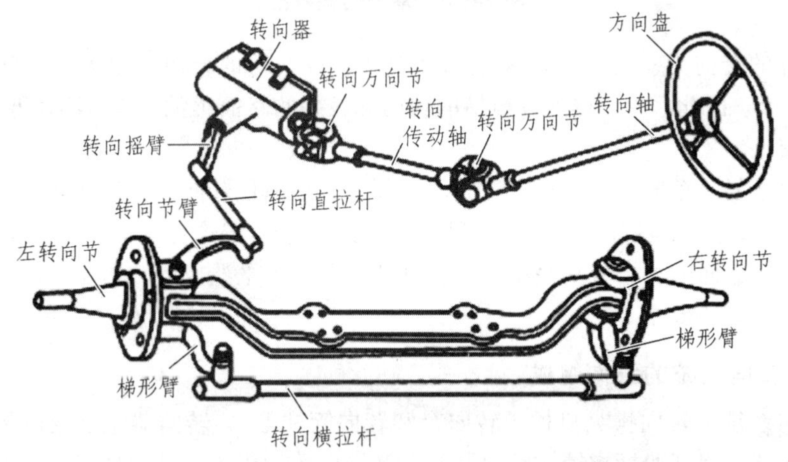

图 7-1-3　非独立悬架的机械转向系统

动力转向系统是在机械转向系统基础上加设一套转向助力装置而成，兼用驾驶人体力和发动机动力作为转向能源，也就是大部分转向能源由助力装置提供。助力装置主要有液压助力系统、电控液压助力系统和电动转向系统。动力转向曾经主要用在大型车上，目前，绝大多数商用车和轿车都采用液压动力转向系统，如图 7-1-4 所示。

采用动力转向的汽车，在正常情况下转向时，驾驶人操纵机械转向系统，一方面提供转向所需的一小部分能量，另一方面同时带动转向助力器工作，由发动机通过转向助力器提供转向所需的大部分能量，转向助力器失效时，一般还能由驾驶人独立承担汽车转向任务。

3. 转向系统的性能要求

转向系统有以下的性能要求：

（1）极好的机动性。当车辆在一条狭窄、弯曲道路上拐弯时，转向系统必须能够敏捷地，容易且平稳地转动转向车轮。

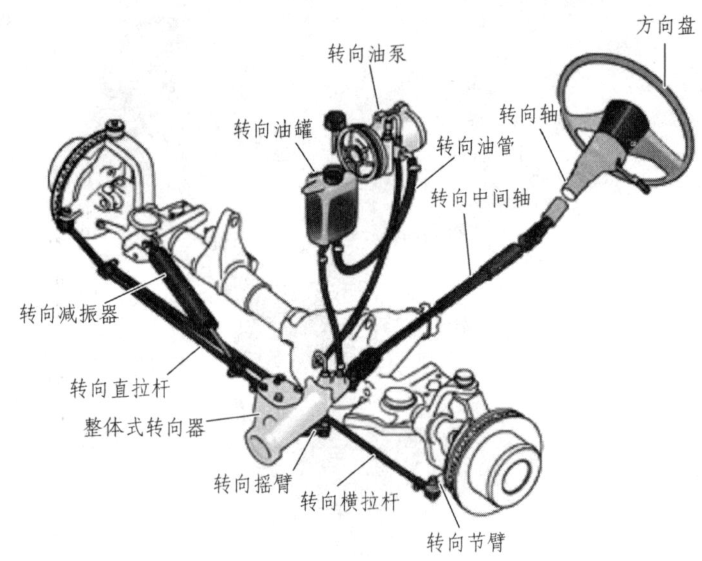

图 7-1-4　动力转向系统

（2）良好的转向力。在不采取措施的情况下，停车时的转向力很大，而随着车速的提高，转向力减小。因此，为了得到较容易的转向和较好的路面感觉，转向器在低速时应较轻，而在高速时较重。

（3）平稳恢复。车辆在转向时，驾驶人必须牢牢地抓住转向盘。但在转向结束后，驾驶人松开转向盘时，转向盘应能平稳地恢复原位，也就是说，车轮有自动返回直线行驶的能力。

（4）将来自路面的冲击减至最小。不允许由于路面不平造成的转向轮控制失灵以及转向轮带动转向盘转动的现象。

4. 机械转向系统的结构组成

机械转向系统由转向操纵机构（转向盘和转向管柱等）、转向器（齿轮齿条式转向器、循环球式转向器、蜗杆曲柄指销式转向器等）和转向传动机构（转向摇臂、转向直拉杆、转向横拉杆、转向节梯形臂等）三大部分组成。齿轮齿条式机械转向系统和循环球式机械转向系统如图 7-1-5 和图 7-1-6 所示。

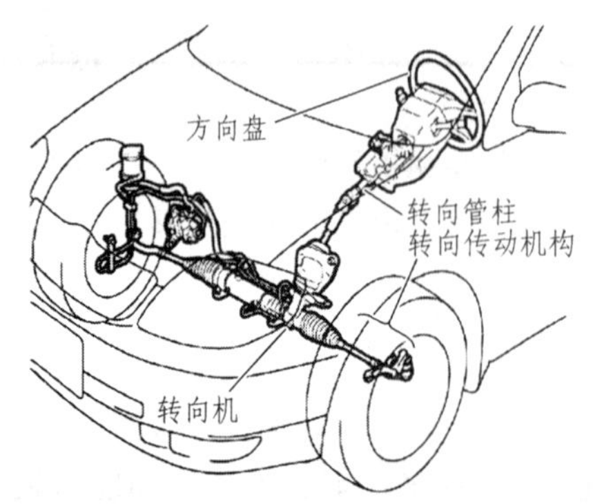

图 7-1-5　齿轮齿条式机械转向系统示意图

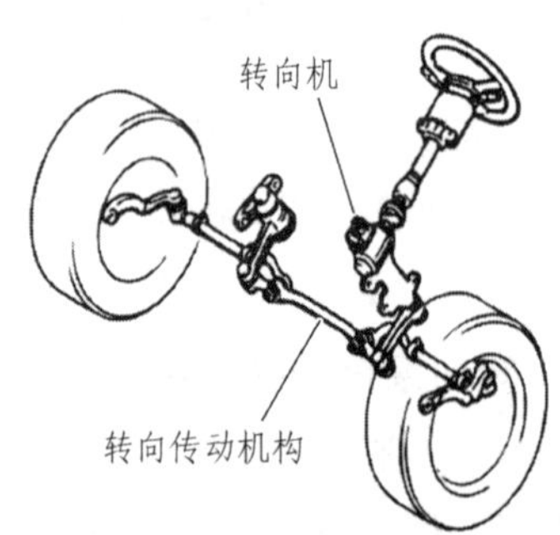

图 7-1-6　循环球式机械转向系统示意图

5. 转向操纵机构的结构组成和原理

转向系统是从转向操纵机构的转向盘和转向管柱开始，其作用是允许驾驶人控制车辆的行驶方向。

1）转向盘

转向盘由轮圈、轮辐和轮毂组成。轮辐和轮圈都有由钢、铝或镁合金制的骨架，外表面通过注塑方法包裹一定形状的塑料外层或合成橡胶，以改善操纵转向盘的手感并提高驾驶时的安全性。转向盘轮毂的细牙内花键与转向轴连接，端部通过螺母轴向压紧固定，如图 7-1-7 所示。

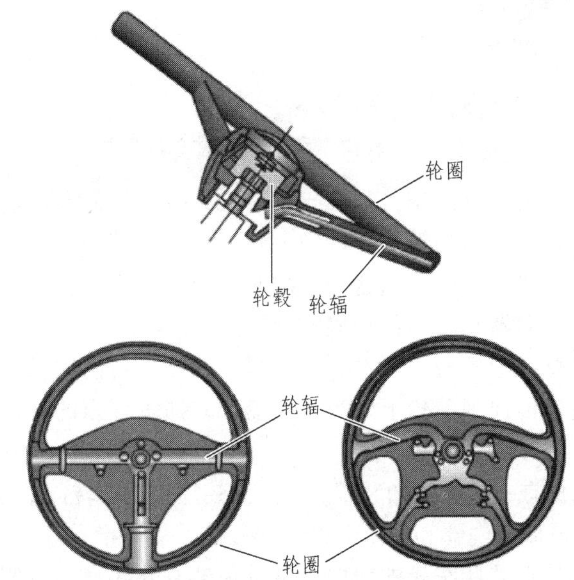

图 7-1-7　转向盘基本结构示意图

转向盘上都装有喇叭按钮，很多轿车的转向盘上还装有车速控制开关和安全气囊。

由于转向系各传动件之间都存在着装配间隙，而且这些间隙会随零件的磨损而增大，因此，在一定的范围内转动转向盘时，转向节并不随之同步转动，而是在消除这些间隙并克服机件的弹性变形后，才作相应的转动，即转向盘有一空转过程。转向盘空转过的角度称为转向盘自由行程。

转向盘自由行程对于缓和路面冲击以及避免驾驶人过度紧张是有利的，但过大的自由行程会影响转向灵敏性。一般规定转向盘从直行中间位置向任一方向的自由行程不超过 10°。当零件磨损到使转向盘的自由行程超过 25° ~ 30° 时，则必须进行调整。通常是通过调整转向器传动机构的啮合间隙来调整转向盘自由行程。

2）转向管柱总成

转向管柱总成是由把转向盘旋转传送到转向器的转向主轴机构和把转向主轴固定到车身上的柱管组成的。转向管柱总成包括下列零部件：上管柱、中间轴、万向节和轴承等，有些车还有安全气囊，如图 7-1-8 所示。转向主轴是通过万向节和转向器相连，也有的转向主轴是直接与转向器输入轴连接。

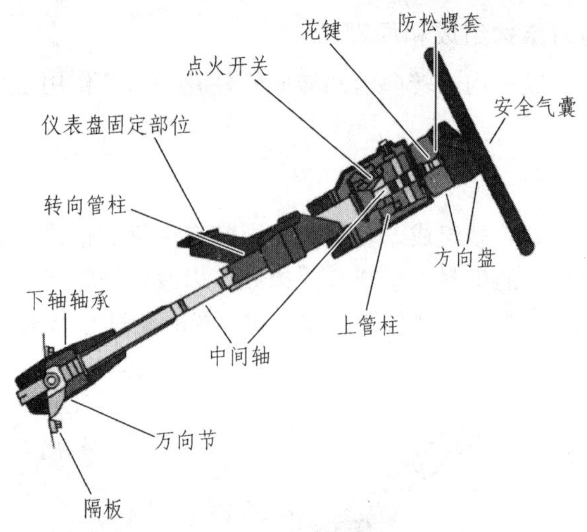

图 7-1-8　转向盘和转向管柱总成结构

安全气囊通常是位于转向盘的中央部位。维修时，拆卸转向盘之前，安全气囊必须先处于解除状态。输入轴和管柱之间的轴承允许输入轴能自由地转动。转向盘是用花键与输入轴相连的。转向管柱通常是溃缩式的，当遇到事故时能防止受伤。转向管柱使用螺栓固定在仪表盘的下侧，并连接到转向器和转向传动机构上。

转向盘和转向管柱总成把机械力从驾驶人通过转向器、转向主轴机构传递到转向齿轮机构，再通过转向传动机构传递到前轮上。当转向盘和转向管柱内的转向主轴转动时，此运动就使转向系统转动。

转向管柱中通常包含有一些附加的装置，如点火钥匙机构、转向信号操纵控制杆、巡行车速控制装置，以及风窗玻璃清洗器和刮水器控制器、危险信号指示灯控制器及喇叭的开关等。

除碰撞吸能机构外，在某些车辆的转向主轴上还装有一些转向控制系统，例如，转向锁定机构，倾斜转向机构，伸缩式转向机构。

（1）碰撞吸能机构。

当车辆遭到碰撞时，该机构有两种方法帮助防止转向主轴伤及驾驶人，这两种方法是：在碰撞（初次撞击）时断开；还有当驾驶人由于惯性再次撞向转向盘时，减轻二次撞击的冲击。

碰撞吸能转向管柱类型有：弯曲托架型、球型、密封的破碎硅橡胶型、啮合型和波纹管型等。

如图 7-1-9 所示为弯曲托架型碰撞吸能机构，由下托架、断开式托架、中间轴和碰撞吸能板组成。转向管柱通过下托架和断开式托架安装在仪表板加强件上。转向管柱和转向器壳体与中间轴连接。

当转向器壳体在一次碰撞（第一次碰撞）过程中移动，中间轴收缩，这样减少了转向管柱和转向盘伸进客厢的机会，如图 7-1-10 所示。

再一次撞击（第二次撞击）中，把碰撞动能传递给转向盘时，碰撞吸能机构和驾驶人安全气囊帮助吸收碰撞动能。另外，断开式托架和下托架分离，使整个转向管柱向前移动。此时，碰撞吸能板变形，帮助吸收第二次撞击的碰撞动能。

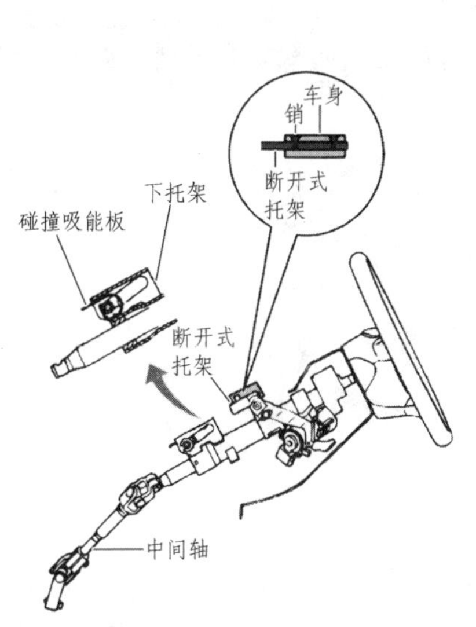

图 7-1-9　转向盘管柱总成的碰撞吸能机构

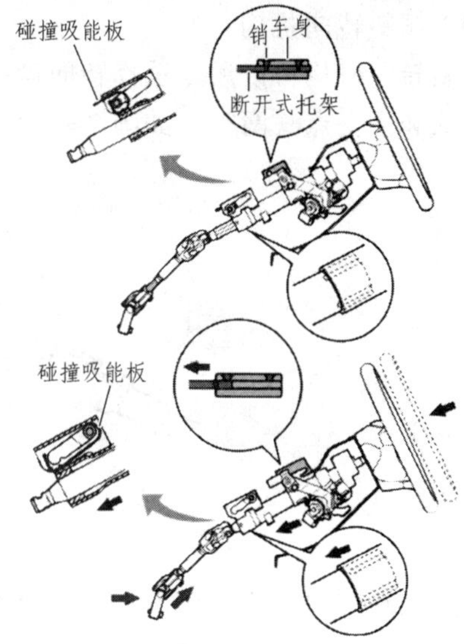

图 7-1-10　转向管柱总成的碰撞吸能原理图

取下转向盘时，千万不能试图用锤敲打转向主轴，因为用劲可能会使碰撞吸能机构中的销断裂。破损后的转向管柱不可再用，必须更换新的转向管柱。

（2）转向锁定机构。

这是一种防盗功能，当拔出点火钥匙后，会将转向主轴锁定到转向管柱上，禁止转向盘转动。有两种类型的转向锁定机构：推式点火钥匙筒和按钮式点火钥匙筒，如图 7-1-11 所示。

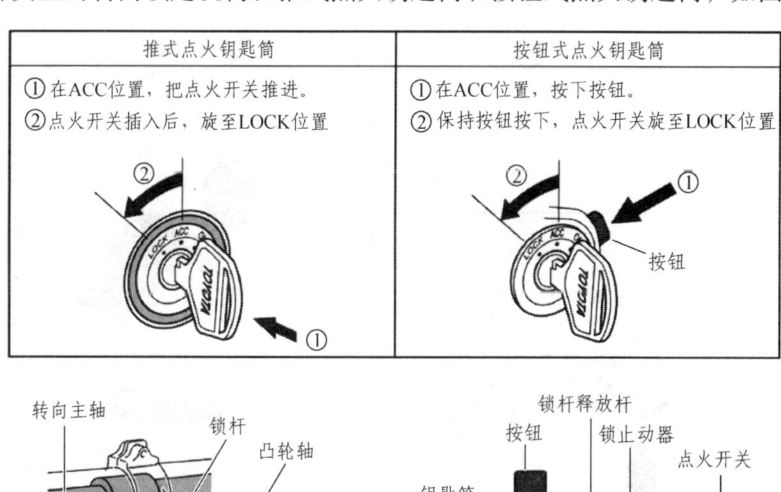

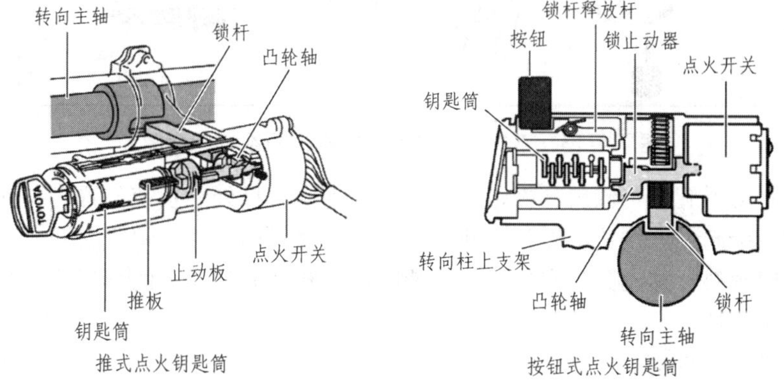

图 7-1-11　转向锁定机构的结构示意图

（3）倾斜转向机构。

倾斜转向机构可以用来选择转向盘位置（以垂直方向）以匹配驾驶人驾车姿态，可分为上支点式和下支点式两类，如图 7-1-12 所示。

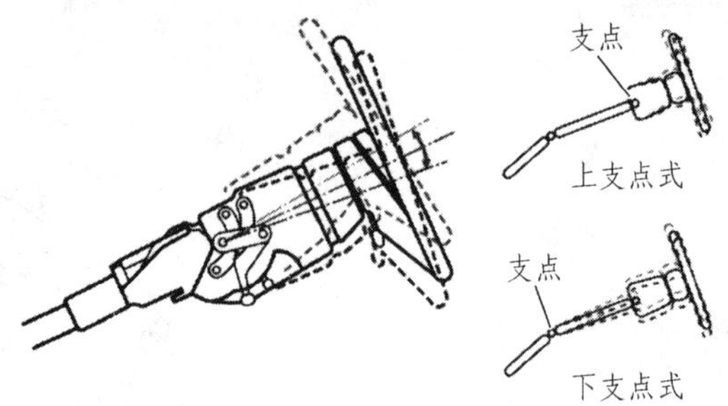

图 7-1-12　上、下支点式倾斜转向机构示意图

下支点式倾斜转向机构由一对倾斜转动制动器、断开式托架和倾斜杆等组成，如图 7-1-13 所示。

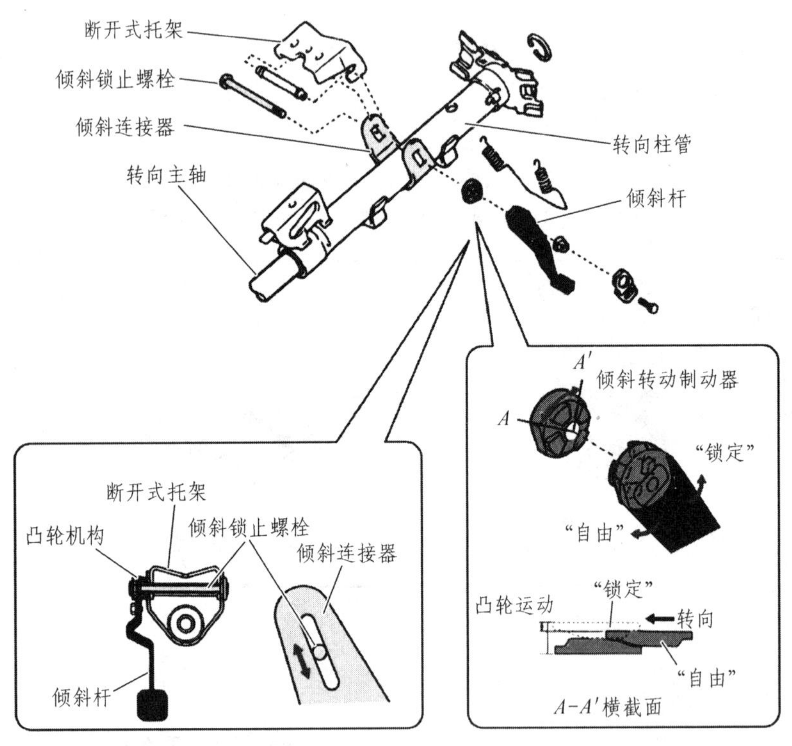

图 7-1-13　下支点式倾斜转向机构的结构示意图

倾斜转动制动器旋转与倾斜杆操作一起进行。当倾斜杆处于锁定位置时，倾斜度向止动器的最高点向上抬起，并推止动器顶到断开式托架和倾斜固定件，锁紧断开式托架和倾斜固定件。另外，把倾斜杆移动到自由位置上，消除倾斜转动制动器上的高度差，然后可以以垂直方向调节转向管柱。

（4）伸缩式转向机构。

伸缩式转向机构可以向前或向后调整转向盘位置以适合驾驶人的姿态。伸缩机构由滑动轴管、两个楔形锁定块、止动器螺栓、伸缩调整杆等组成。

楔形锁定块移动和伸缩调整杆操作同时进行。当楔形调整杆处于锁定位置时，伸缩调整杆就压住楔形锁定块顶到滑动轴管，锁定滑动轴管。另外，当把伸缩调整杆移动到自由位置上时，在楔形锁定块与滑动轴管之间有间隙并且可以把转向管柱向前或向后进行调节，如图 7-1-14 所示。

电动倾斜和电动伸缩式转向柱是用电动方式调节倾斜机构和伸缩机构的转向柱，其各机构都使用电机，电机用开关操纵。用于操纵这些电机的开关安装在转向管柱盖板上，如图 7-1-15 所示。

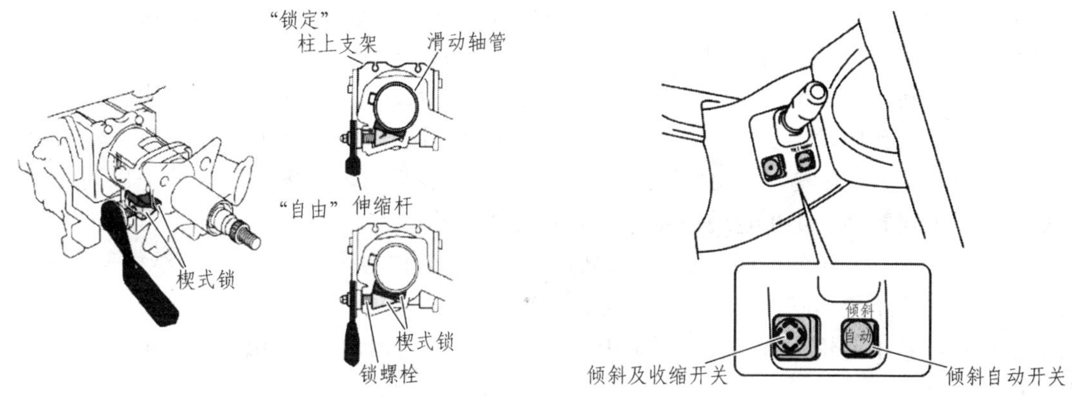

图 7-1-14　伸缩式转向机构的工作示意图　　图 7-1-15　电动倾斜和伸缩式转向柱控制开关

电动倾斜机构部分由倾斜电机、倾斜蜗杆轴、倾斜蜗轮蜗杆传动装置和滑动器组成。电动伸缩式转向柱机构部分由伸缩电机、滑动管和伸缩螺杆组成。电动倾斜机构和电动伸缩机构的操作如图 7-1-16 所示。

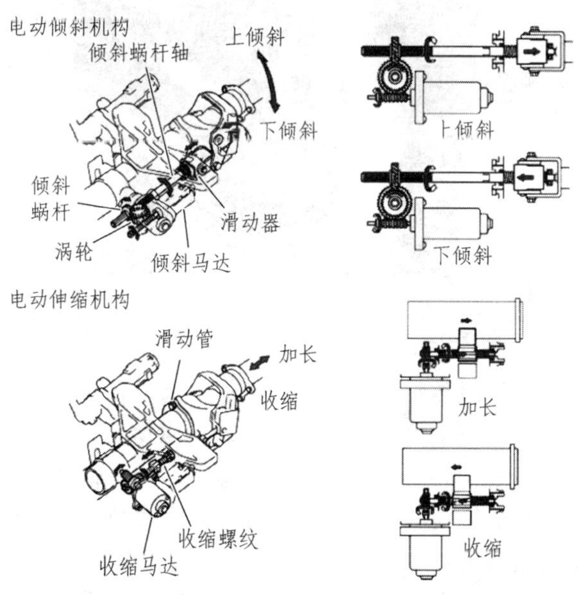

图 7-1-16　电动倾斜和伸缩机构操作示意图

6. 转向器的结构组成和原理

转向器的作用是把转向盘的转动传送到转向传动机构上去，并改变力的传递方向。转向器组件里的传动装置不仅使前轮转向，而且同时起减速齿轮的作用，利用增加输出扭矩来减小转向盘转向用力。减速比也叫作转向比，又称传动效率。它通常在（18～20）∶1。虽然较大的转向比能减小转向用力，但转弯时则需更多地转动转向盘。

对齿轮齿条式而言，转向比等于转向盘转动量（以度为单位）与前轮转向角（以度为单位）的比值。循环球式，转向比等于转向盘转动量（以度为单位）与转向摇臂运动（以度为单位）之间的比值。

逆效率高的转向器称为可逆式转向器，这种转向器有利于汽车转向后的自动回正，但也很容易将坏路面反力经转向传动机构传给转向盘，发生“打手”情况。逆效率很低的转向器称为不可逆式转向器。不平路面对转向轮的冲击载荷输入到这种转向器中，即由各传动零件承受，而传不到转向盘上。同样，路面作用于车轮的回正力矩也不能传给转向盘，转向轮不能自动回正。此外，驾驶人不能得到路面的反馈信息，丧失所谓“路感”，无法据以调节转向力矩。由于上述特性，不可逆转向器在汽车上很少采用。

转向器按照动力源的不同，分为机械转向器和动力转向器。机械转向器的结构形式很多，通常按照转向器中传动副的结构类型分类，常用的转向器有：循环球式、齿轮齿条式和蜗杆曲柄指销式。其中齿轮齿条式转向器由于结构简单紧凑，操控轻便灵敏，在轿车和轻型汽车上应用较广。

1）循环球式转向器

循环球式转向器结构如图 7-1-17 所示。

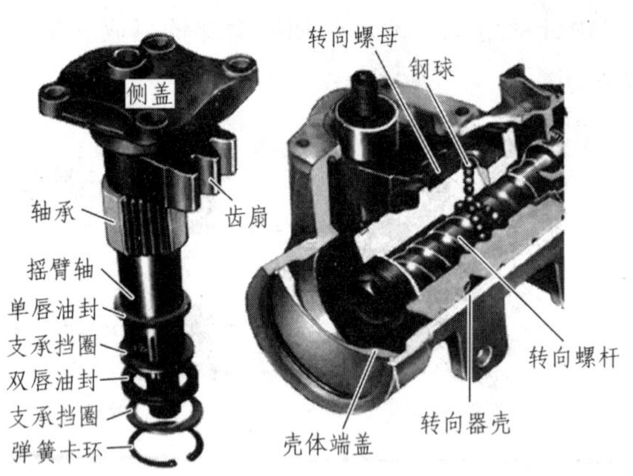

图 7-1-17　循环球式转向器结构示意图

循环球转向器中一般有两级传动副，第一级是螺杆螺母传动副，第二级是齿条齿扇传动副。通常是用于部分后轮驱动车辆、货车和大多数四轮驱动的车辆上。循环球式转向器也被称为整体式转向器。在螺杆螺母传动副中加进了传动元件——钢球。螺杆转动时，通过钢球将力传给转向螺母，使螺母沿轴向移动。同时，在螺杆、螺母和钢球间的摩擦力矩作用下，所有钢球便在螺旋管状通道内滚动，形成“球流”。

在循环球式转向器中，转向齿轮的功能是把转向盘旋转运动转变为齿轮轴的摆动。

循环球式转向器的传动关系如图 7-1-18 所示，转向器处于中间位置，如图 7-1-19 所示。

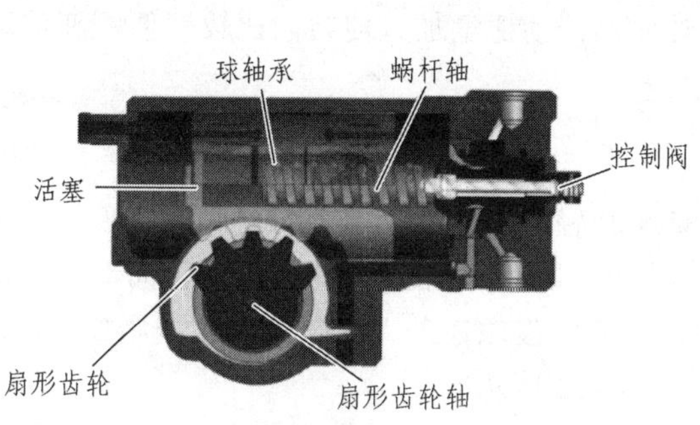

图 7-1-18　循环球式转向器传动关系示意图

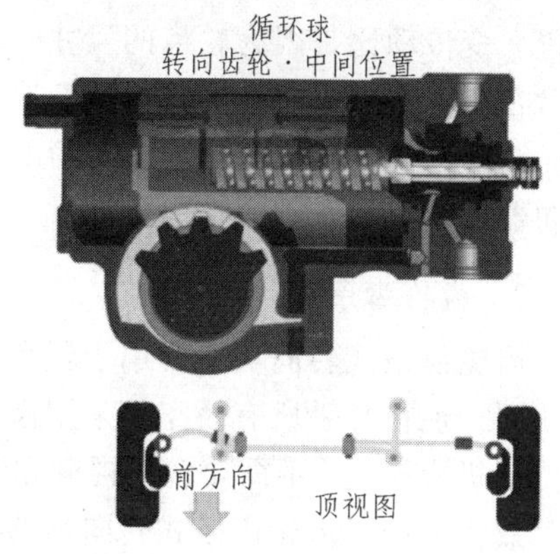

图 7-1-19　转向器处于中间位置示意图

当向左转动时，转向盘和轴使蜗杆齿轮转动。位于蜗杆齿轮和活塞内壁之间的沟槽中的循环球就使活塞运动。活塞上的轮齿与扇形齿轮轴上的轮齿啮合就使扇形齿轮轴转动。当扇形齿轮轴转动时，会带动转向摇臂摆动，从而通过转向传动机构使车轮偏转，如图 7-1-20 所示。

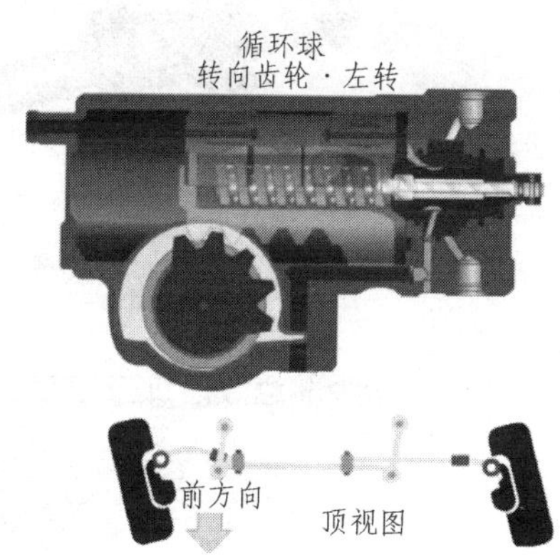

图 7-1-20　转向器左转时示意图

向右转动的工作过程与向左转动相类似，但活塞移动和扇形齿轮转动的方向相反。

循环球转向器特性：正传动效率高（最高可达 90%～95%），自动回正作用较好，故操纵轻便，磨损小，使用寿命长。但其逆传动效率也很高，路面冲击力很容易反传递至转向盘上，出现“打手”的感觉，并易发生转向盘抖动和摆振现象。

循环球式转向器的扇形齿轮有定传动比和变传动比两种形式。

（1）定传动比：在定传动比转向器中，如图 7-1-21（a）所示，扇形齿轮的齿形相同，通过整个齿扇或齿条运动范围时传动比保持不变。这表明在转向盘的两个极端范围内，转向盘转动一定量时，齿扇或齿条也运动一定的量，而与位置无关。

（2）变传动比：在变传动比转向器中，如图 7-1-21（b）所示，传动比随机构位置的变化而变化。与定传动比不同，变传动比能使齿扇或齿条运动更多或更少一些，这取决于机构的

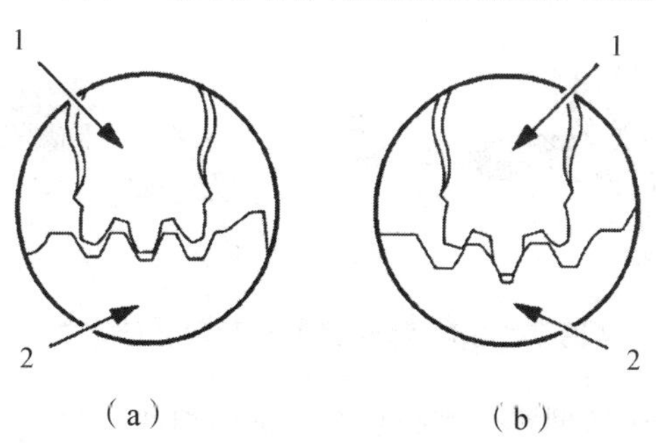

图 7-1-21　转向器左转时示意图

1—转向垂臂齿扇；2—齿条柱塞

位置。变传动比是因为轮齿的尺寸改变了，其结果是在不增加中心灵敏度的同时，减少了转向盘在左、右极限位置的转动数。这对经常在高速公路上行驶的汽车很重要。当汽车要急转弯时，随车速的降低和转向盘转角的增大，转向器传动比增加，使转向比较轻便。变传动比转向器通常只用于动力转向器中。

2）齿轮齿条式转向器

齿轮齿条式转向器通常用于轿车、微型货车和轻型货车上，适合与麦弗逊式独立悬架配合使用，现在几乎所有轿车都采用齿轮齿条式转向器系统。采用齿轮齿条式转向器可以使转向传动机构简化（不需要转向摇臂和转向直拉杆等），齿轮齿条无间隙啮合无需调整，而且逆传动效率很高。齿轮齿条式转向器的结构如图 7-1-22 所示。

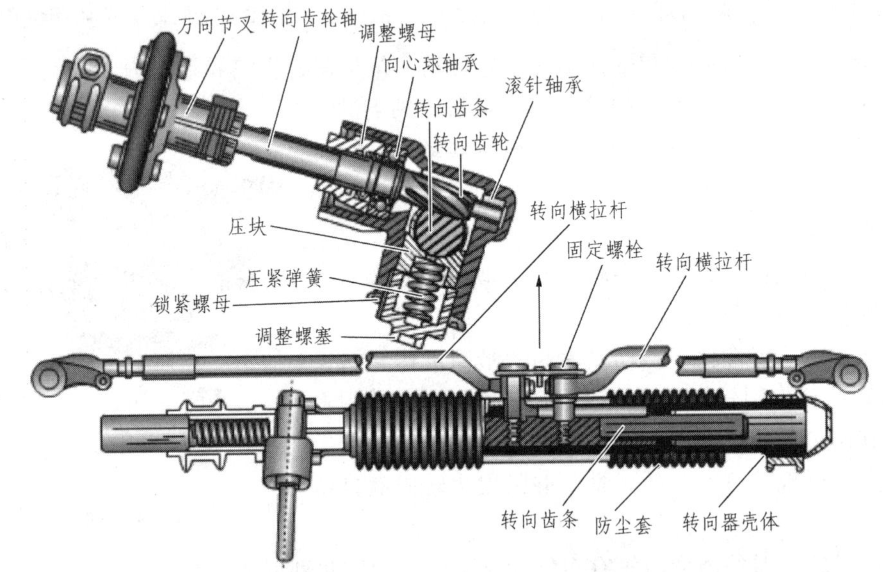

图 7-1-22　齿轮齿条式转向器结构示意图

齿轮齿条转向器设计有两种类型：端部输出（ETO）和中部输出（CTO）。每种类型的名称表明了转向横拉杆相对于齿条的位置，如图 7-1-23 所示。两种设计功能相同，都能够和机械转向或动力转向系统一起使用。

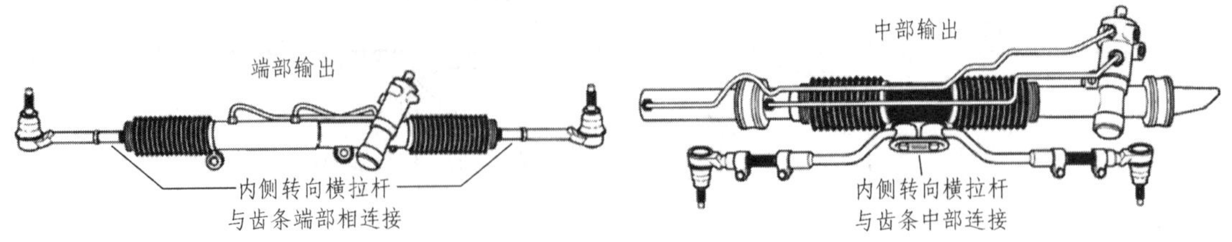

图 7-1-23　齿轮齿条式转向器的类型

齿轮齿条式转向器是把转向盘的旋转运动转变为横向运动。当转向盘转动时，主动齿轮的轮齿就啮合齿条的轮齿，引起齿条的运动。齿条的运动使转向横拉杆移动，带动了车轮的转动。

齿轮齿条转向器右转时的工作过程：右转转向盘时，与主动齿轮啮合的齿条向右移动；齿条的右移使转向横拉杆向右伸；转向横拉杆带动车轮向右转动，实现车辆向右转向，如图 7-1-24 所示。左转向时工作过程与上类似，只是齿条通过横拉杆带动车轮向左转动。

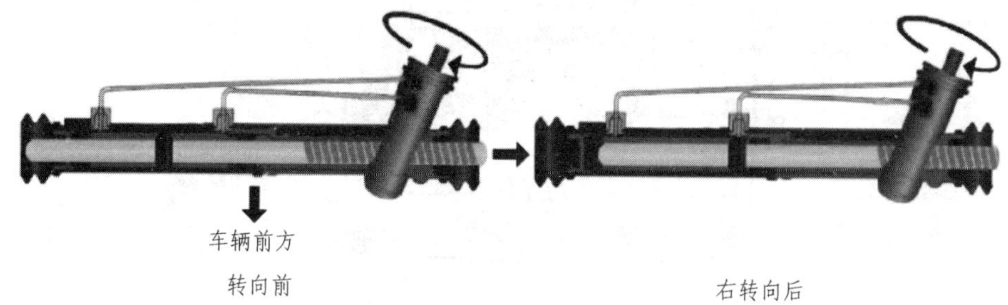

图 7-1-24　齿轮齿条式转向器右转时工作过程示意图

齿轮齿条式转向器的特点：结构紧凑、简单和轻便，齿轮箱小，并且齿条本身可用作转向传动机构；直接齿轮啮合，转向反应非常灵敏；滑动和转动阻力小，转矩传送好，转向轻；转向齿轮组件完全密封，因此不需要维护。

3）蜗杆曲柄指销式转向器

蜗杆曲柄指销式转向器是以蜗杆为主动件，曲柄销为从动件的转向器。蜗杆具有梯形螺纹。手指状的锥形指销用轴承支承在曲柄上，曲柄与转向摇臂轴制成一体。具有梯形截面螺纹的转向蜗杆支承在转向器壳体两端的球轴承上。当转向蜗杆随转向盘转动时，指销沿蜗杆螺旋槽上下移动，并带动曲柄及摇臂轴转动，如图 7-1-25 所示。

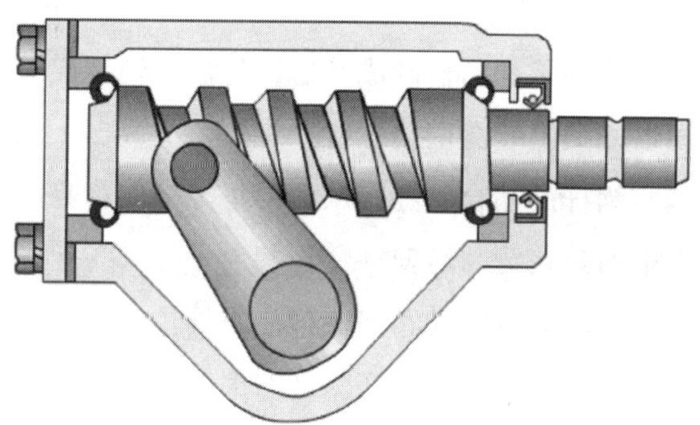

图 7-1-25　蜗杆曲柄指销式转向器示意图

转向时，通过转向盘转动蜗杆，嵌于蜗杆螺旋槽中的锥形指销一边自转、一边绕转向摇臂轴做圆弧运动，从而带动曲柄和转向垂臂摆动，再通过转向传动机构使转向轮偏转。

这种转向器通常用于转向力较大的载货汽车上。

目前，汽车使用的蜗杆曲柄指销式转向器多数是双指销式，即有两个指销，其结构如图 7-1-26 所示。

蜗杆与两个锥形的指销相啮合，构成传动副。两个指销均用双列圆锥滚子轴承支承在曲柄上，并可绕自身轴线转动，以减轻蜗杆与指销啮合传动时的磨损，提高传动效率。销颈上的螺母用来调整轴承的预紧度，以使指销能自由转动而无明显轴向间隙为宜，调整后用锁片将螺母锁住。

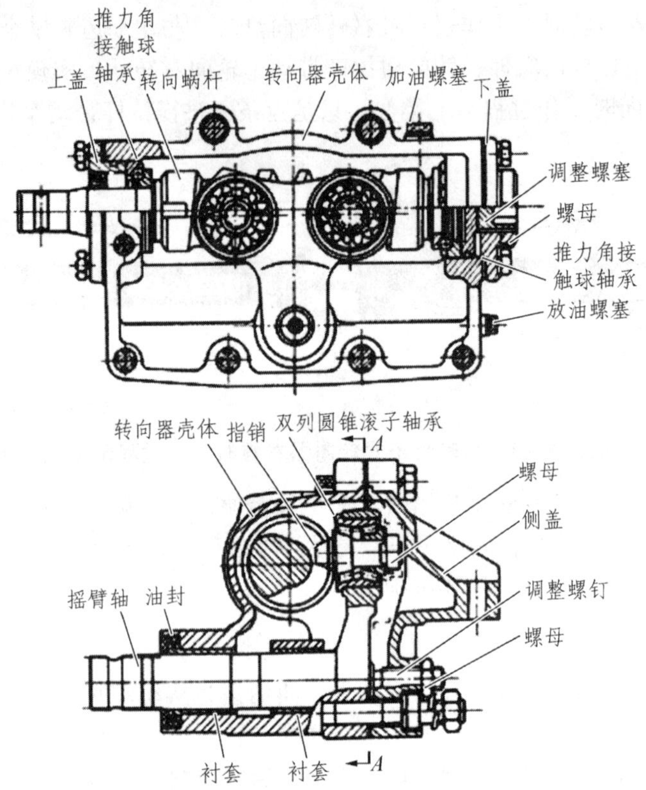

图 7-1-26　EQ1090E 蜗杆曲柄指销式转向器结构

安装指销和双排圆锥滚子轴承的曲柄制成叉形，与摇臂轴制成一体。摇臂轴用粉末冶金衬套支承在壳体中。转向器侧盖上装有调整螺钉，旋入（或旋出）调整螺钉可以改变摇臂轴的轴向位置，以调整指销与蜗杆的啮合间隙，从而调整了转向盘自由行程，调整后用螺母锁紧。摇臂轴伸出壳体的一端通过花键与转向摇臂连接。

汽车转向时，驾驶人通过转向盘转动转向蜗杆（主动件），与其相啮合的指销（从动件）一边自转，一边以曲柄为半径绕摇臂轴轴线在蜗杆的螺纹槽内作圆弧运动，从而带动曲柄、转向摇臂摆动，实现汽车转向。

蜗杆曲柄指销式转向器传动副中的指销数决定了转向摇臂的摆角大小，单销式的摆角只有 80°，而双销式的则可达 120° 左右。因为当摇臂轴转角很大时，双销式中的一个指销虽已与蜗杆脱离啮合，但另一个指销仍保持啮合。此外，当摇臂轴转角不大时，双销式的两个指销均与蜗杆啮合，每个指销所承受的载荷比单销式指销的载荷小，故双销式的指销比单销式的指销磨损小而且寿命长。

蜗杆曲柄指销式转向器的特点：指销全部是在滚动摩擦的情况下工作，因而传动效率高，操纵轻便。由于采用分段式转向轴，便于整车的布置和维修，并提高了行车的安全性，也有助于转向器系列化生产。

二、基本技能

1. 转向操纵机构检修

1）准备工作

（1）防护装备：工作服、工作帽、手套、劳保鞋。

（2）车辆、台架、总成：卡罗拉整车。

（3）车间设备：举升机，工具车。

（4）手工工具：拆装工具一套。

（5）辅助材料：翼子板布和前格栅布、三件套、抹布、手套、白板笔等。

2）实施步骤

以下以丰田卡罗拉为例，介绍转向操纵装置检查方法。

（1）检查转向盘是否松旷。从上、下、左、右 4 个方向，检查转向盘是否松旷，如图 7-1-27 所示。

图 7-1-27　检查转向盘

（2）检查转向锁的工作情况。

a. 检查并确认拔出钥匙后转向锁止机构被激活；

b. 检查并确认插入钥匙并将其置于 ACC 位置后，转向锁止机构解除锁止（见图 7-1-28）。

图 7-1-28　检查点火开关置于 ACC 位置时，转向盘可否自由移动

（3）检查转向盘自动返回功能。汽车在行驶过程中，转动方向盘后，具有自动回正的功能。检查此功能是否正常（见图 7-1-29）。

（4）紧固转向操纵机构螺栓。检查转向盘大螺母应紧固，支承轴承完好无松旷，柱管装置稳固、支架无断裂，装置螺栓紧固；转向传动轴万向节不松旷，各螺栓紧固，弹簧垫完好，防尘套完好无损。

图 7-1-29　转动转向盘

图 7-1-30　紧固转向机构螺栓

2. 转向器的检修

现以大众桑塔纳轿车为例，介绍转向器的拆装与检查。

1）准备工作

（1）防护装备：工作服、工作帽、手套、劳保鞋。

（2）车辆、台架、总成：桑塔纳整车，或转向机总成。

（3）车间设备：举升机，工具车。

（4）专用工具：转向盘固定器、拉杆球头夹具。

（5）手工工具：拆装工具一套，气动工具。

（6）辅助材料：翼子板布和前格栅布、三件套、抹布、手套、白板笔等。

2）转向器拆卸步骤

（1）拆卸夹紧箍自锁螺母。用 13 mm 梅花扳手拆下转向柱下段的夹紧箍自锁螺母，取下夹紧箍自锁螺母。螺母位置如图 7-1-31 所示。

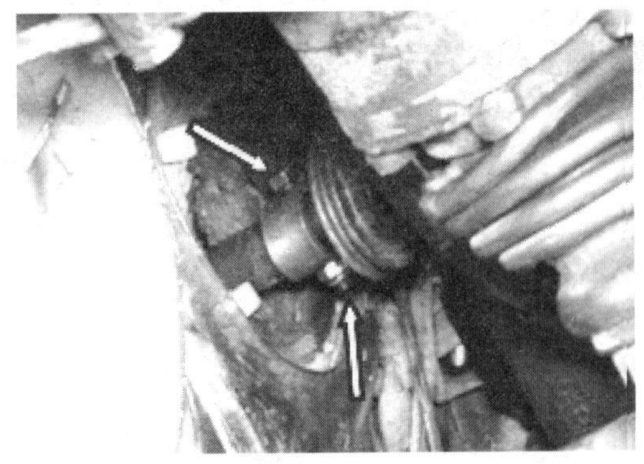

图 7-1-31　拆卸夹紧箍自锁螺母

图 7-1-32　拆卸固定螺栓

（2）拆卸固定螺栓。用 17 mm 开口扳手拆松并取下转向减振器连接件与转向支架的固定螺栓，螺栓位置如图 7-1-32 所示。

（3）转动转向器。将转向减振器连接件向上转动，脱离与转向支架的连接，如图 7-1-33 所示。

图 7-1-33　转动转向器

图 7-1-34　拆卸固定螺栓

（4）拆卸固定螺栓。用 17 mm 梅花扳手拆下转向支架与齿条的两个固定螺栓，如图 7-1-34 所示。

（5）拆卸拉杆球头螺母。用专用拉拔器和 17 mm 套筒配合棘轮扳手，拆卸拉杆球头螺母，如图 7-1-35 所示。

拆卸方法：用专用拉拔器顶住转向横拉杆的球节头，旋转棘轮扳手带动套筒运动，拧下前减振器与转向横拉杆球节头的固定螺母。

图 7-1-35　拆卸拉杆球头螺母

图 7-1-36　分离横拉杆

（6）分离横拉杆。向下拉动转向横拉杆，使转向横拉杆与前减振器分离，如图 7-1-36 所示。

（7）拆下转向器固定螺栓。用 17 mm 梅花扳手，拆下转向器凸缘与车身的 2 个固定螺栓。螺栓位置如图 7-1-37 所示。

（8）取出转向器总成。将拆卸下的转向器总成放置在工作台上，如图 7-1-38 所示。

3）桑塔纳转向器分解、检查与组装步骤

（1）检查转向器外壳。检查转向器外壳有无破裂或损坏，如破损严重，应予更换转向器总成，如图 7-1-39 所示。

（2）拆下压盖锁紧螺栓。用 13 mm 梅花扳手拆下压盖上的锁紧螺栓，如图 7-1-40 所示。

图 7-1-37 拆下转向器固定螺栓

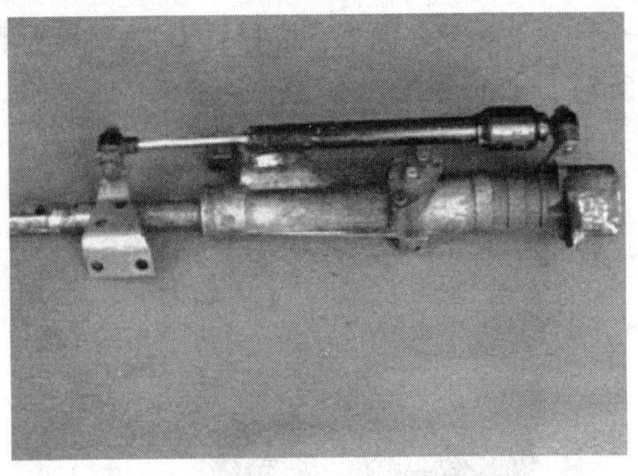

图 7-1-38 转向器总成

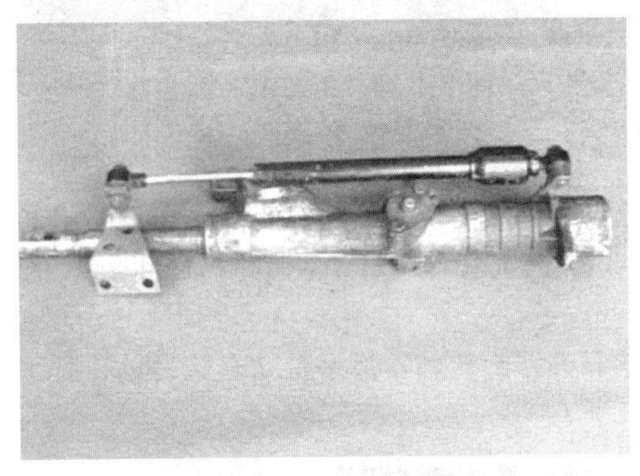

图 7-1-39 检查转向器外壳

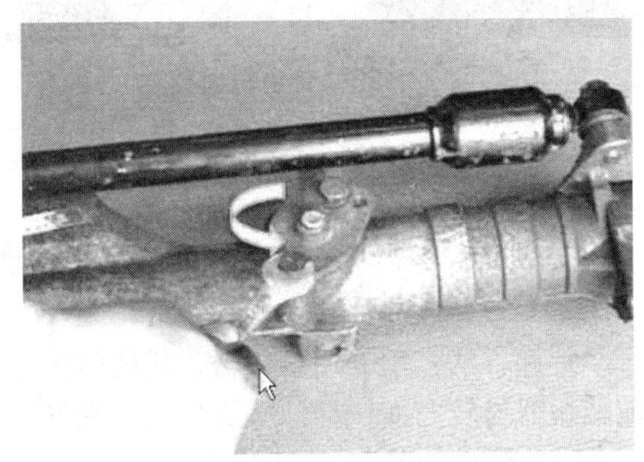

图 7-1-40 拆下压盖锁紧螺栓

（3）分解压盖零部件。取下压盖、密封圈、补偿弹簧和压块，如图 7-1-41 所示。

（4）检查密封圈。目测检查密封圈是否完好，如图 7-1-42 所示。如有漏油或破损，必须更换。

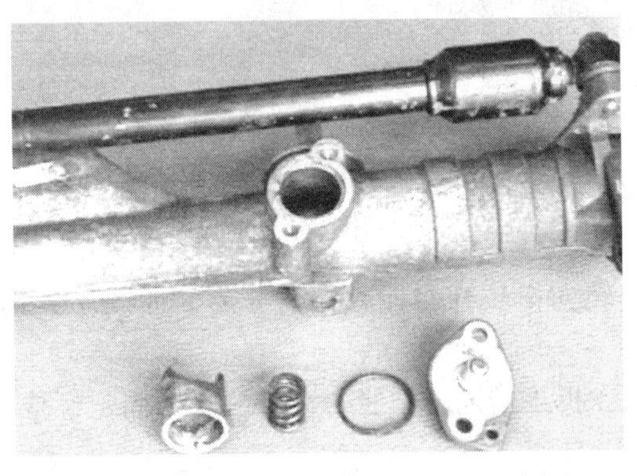

图 7-1-41 分解压盖零部件

图 7-1-42 检查密封圈

（5）检查补偿弹簧。检查补偿弹簧是否变形，用手按压弹簧，检查弹性是否正常，如图 7-1-43 所示。如有异常，必须更换。

（6）检查压块。检查压块是否有裂纹、烧蚀等损伤，如图 7-1-44 所示。如有上述损伤，必须更换。

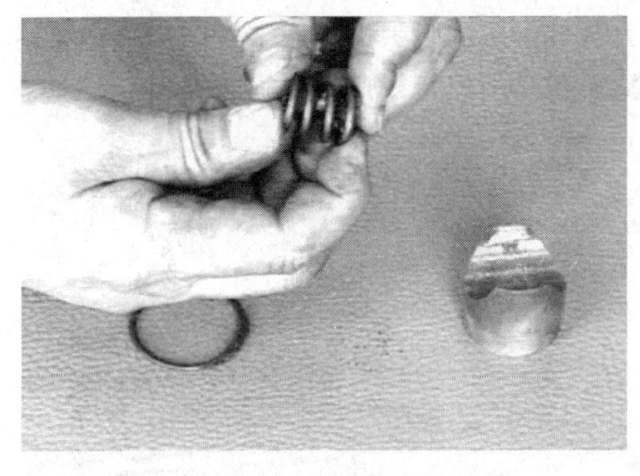

图 7-1-43　检查补偿弹簧

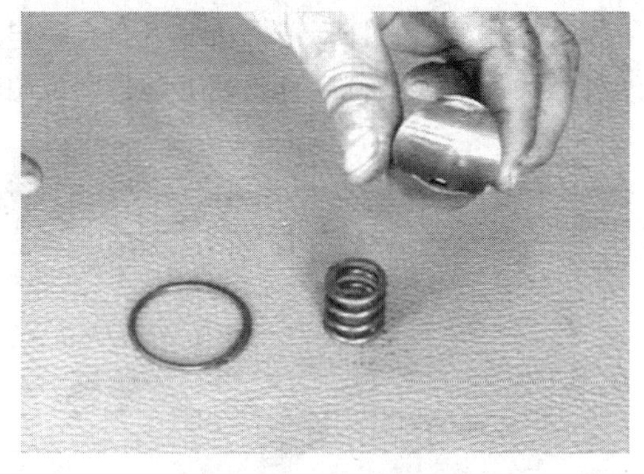

图 7-1-44　检查压块

（7）检查齿条。检查齿条是否有明显的划痕、裂纹或扭曲变形等损伤，如图 7-1-45 所示。如损伤严重，则必须更换转向器总成。

（8）检查防尘罩。检查防尘罩是否有老化、破损等损坏，如图 7-1-46 所示。如有则必须更换。

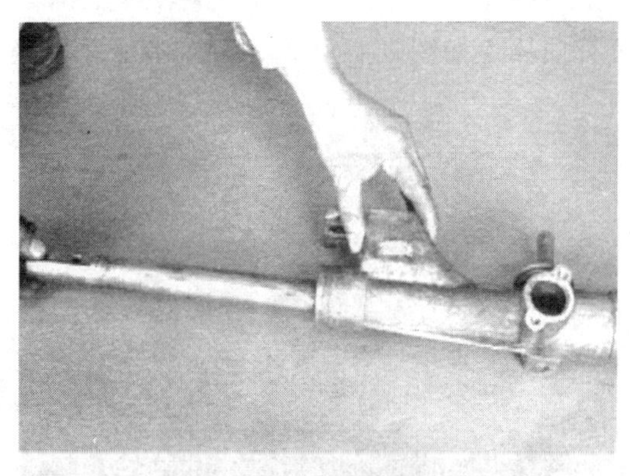

图 7-1-45　检查齿条

图 7-1-46　检查防尘套

（9）取下转向减振器。用 15 mm 梅花扳手拆下转向减振器与转向器壳体的固定螺栓，取下转向减振器，如图 7-1-47 所示。

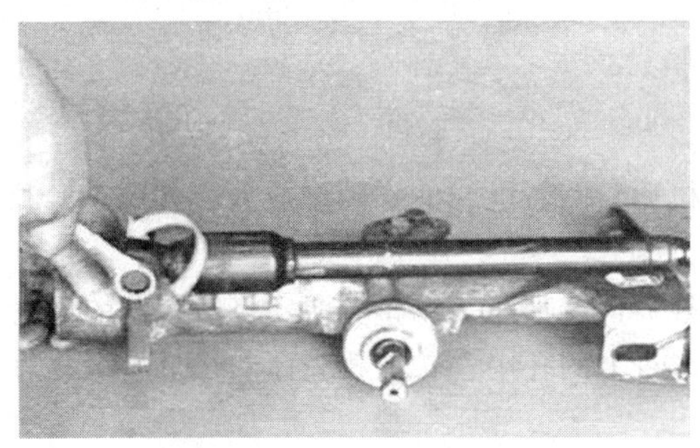

图 7-1-47　取下减振器

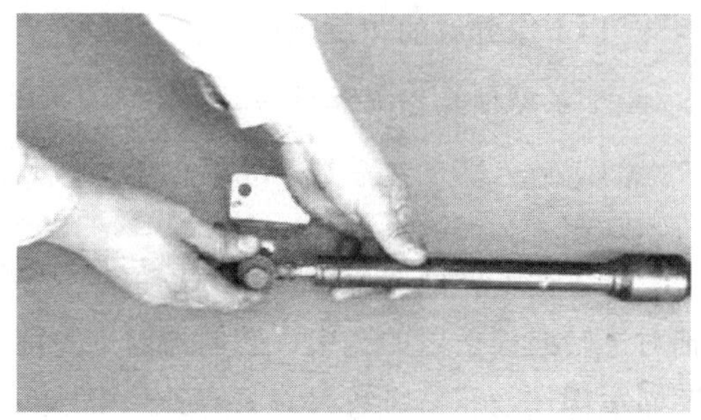

图 7-1-48　检查减振器是否漏油

（10）检查转向减振器是否漏油。检查转向减振器是否漏油，是否有裂纹、变形等损伤，如图 7-1-48 所示。如果损伤严重，则应予更换。

（11）检查减振器阻尼力。检查减振器阻尼力，如图 7-1-49 所示。检查方法：用手下压、上拉减振器的活塞杆，正常情况下会有一定的阻力，且下压的阻力应小于上拉阻力。如果活塞杆软而无力或上拉后自己往下落，则说明转向减振器已经损坏，应予更换减振器。

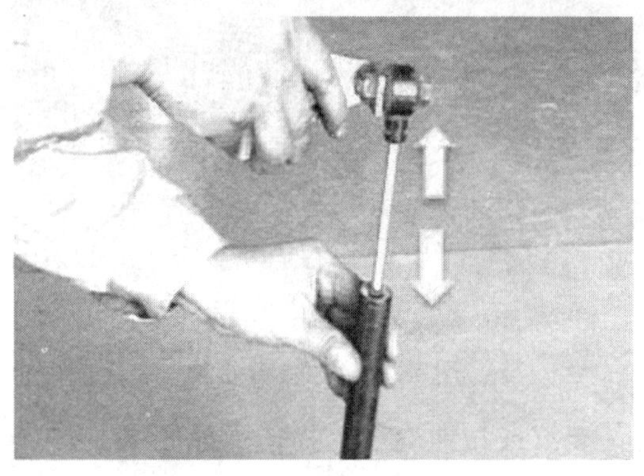

图 7-1-49 检查减振器阻尼力

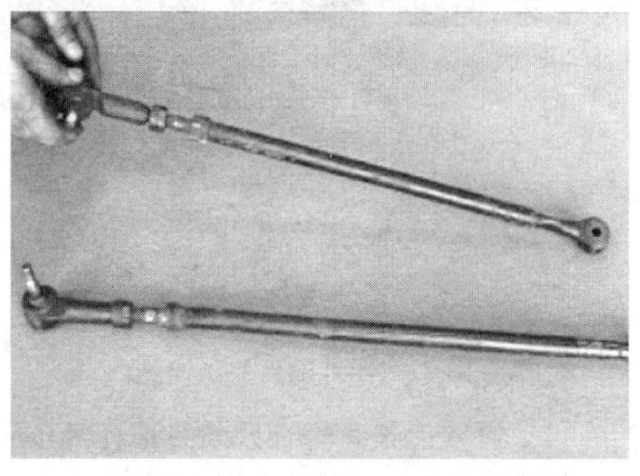

图 7-1-50 检查左右横拉杆

（12）检查左右转向横拉杆。检查左右转向横拉杆是否有裂纹、弯曲变形等损伤，如图 7-1-50 所示。如有则应更换横拉杆。

（13）检查球头销螺纹。检查球头销螺纹是否有损坏，如图 7-1-51 所示。如有必须更换球头节。

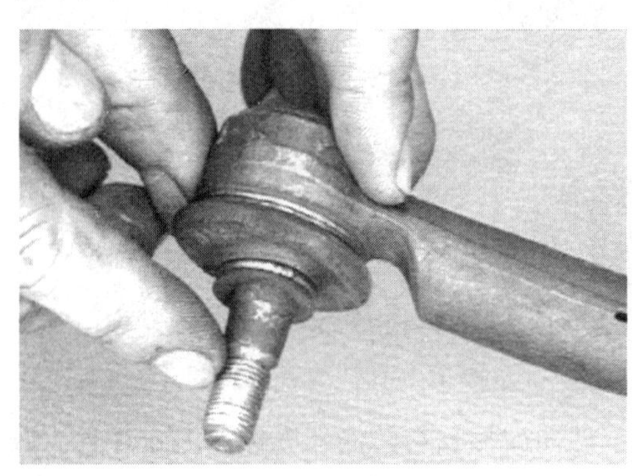

图 7-1-51 检查球头销螺纹

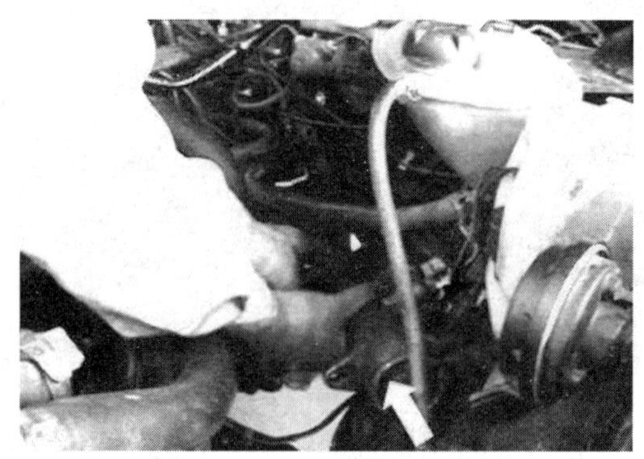

图 7-1-52 放入转向器

（14）按分解的相反顺序组装。

4）桑塔纳转向器安装步骤

（1）放入转向器总成。将转向器总成从发动机舱管路、电线的空隙中放入，如图 7-1-52 所示。

（2）调整转向器位置。调整转向器位置，如图 7-1-53 所示。调整方法：将转向器的齿轮轴对准转向柱下段的孔中，转向器对准左前罩处车身上的孔中，转向器壳体凸缘上的螺孔对准固定螺栓，然后将转向器装入各孔中。

（3）旋上自锁螺栓和螺母。用 13 mm 套筒结合扭矩扳手，旋上转向管下段与齿轮轴夹紧箍自锁螺栓和螺母。螺栓与螺母位置如图 7-1-54 所示。扭紧力矩为 25 N · m。

（4）旋上转向器在车身上的固定螺栓。用 17 mm 套筒结合扭矩扳手，旋上转向器壳体与车身的两个固定螺栓。螺栓位置如图 7-1-55 所示。旋紧力矩为 25 N · m。

图 7-1-53 调整转向器位置

图 7-1-54 旋上自锁螺栓和螺母

图 7-1-55 旋上转向器与车身的固定螺栓

图 7-1-56 旋上左前罩处与车身的固定螺栓

（5）旋上左前罩处与车身的固定螺栓。用 6 mm 内六角扳手，旋上左前罩处转向器与车身的 2 个固定螺栓和螺母，如图 7-1-56 所示。旋紧力矩为 20 N · m。

（6）安装横拉杆。将左右转向横拉杆装入转向支架，用连接器上的两个螺栓将两者连接，旋上两个固定螺栓，如图 7-1-57 所示。以防止转向横拉杆脱落。

（7）放入横拉杆。将转向横拉杆和转向支架一起转入发动机舱中，如图 7-1-58 所示。

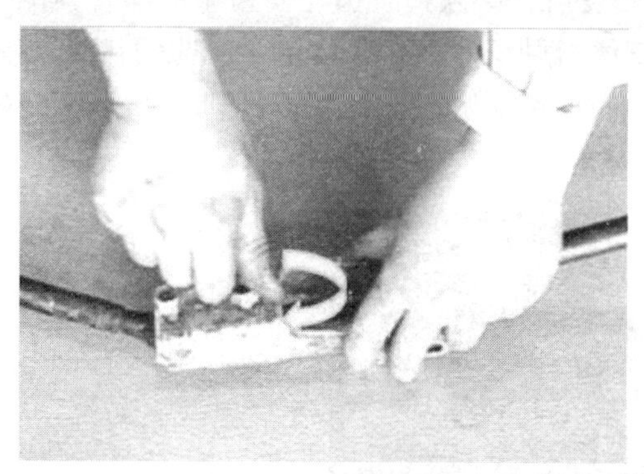

图 7-1-57 安装横拉杆

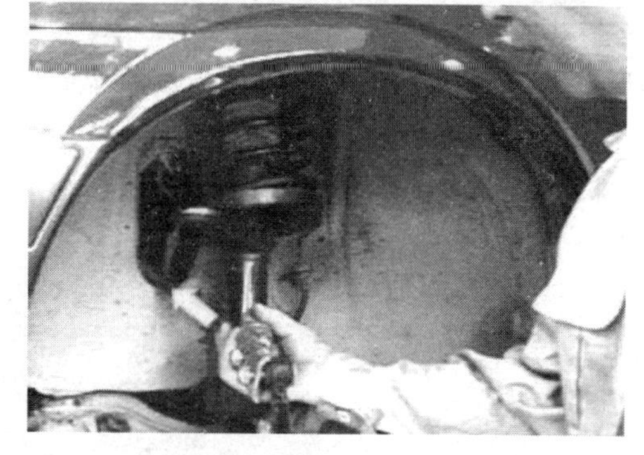

图 7-1-58 放入横拉杆

（8）旋紧齿条螺栓。用 17 mm 套筒结合扭矩扳手，对准转向支架与齿条的两个螺纹孔，旋紧固定螺栓和螺母，如图 7-1-59 所示。扭紧力矩为 55 N · m。

（9）旋下连接器的两个固定螺母。用 17 mm 套筒结合扭矩扳手，旋下连接器与转向横拉杆的两个固定螺母，如图 7-1-60 所示。

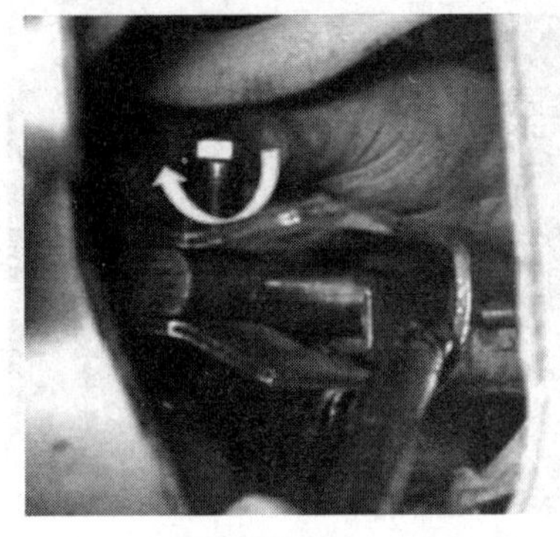

图 7-1-59　旋紧齿条螺栓

图 7-1-60　旋下连接器的两个固定螺母

（10）旋上转向减振器支架的固定螺栓。用 17 mm 套筒配合扭力扳手，旋上转向减振器支架对准螺纹孔装在连接器的螺栓，如图 7-1-61 所示。扭紧力矩为 55 N · m。

（11）旋上转向横拉杆球头锁紧螺母。将转向横拉杆球头的球头销装入前减振器的螺纹孔中，用 17 mm 套筒配合扭矩扳手旋上锁紧螺母，如图 7-1-62 所示。扭紧力矩为 40 N · m。

图 7-1-61　旋上转向减振器支架的固定螺栓

图 7-1-62　旋上转向横拉杆球节头锁紧螺母

（12）检查齿轮与齿条的啮合间隙。转向器装复后，必须检查齿轮与齿条的啮合间隙，如图 7-1-63 所示。当需要调整时，将车辆处于直线行驶位置，用 13 mm 梅花扳手松开锁紧螺母，用 10 mm 梅花扳手转动调整螺栓至接触止推垫圈块为止，然后用六角扳手拧紧六角螺母，以防调整螺栓转动。

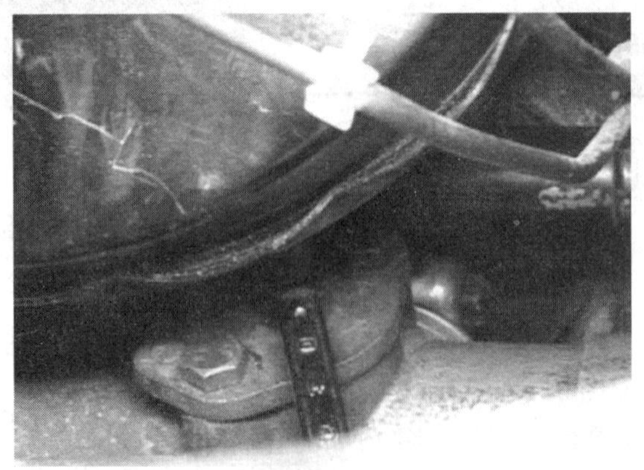

图 7-1-63　检查齿轮与齿条的啮合间隙

三、拓展知识

转向机构传动比，是使车轮旋转 1° 时转向盘必须转动的角度数值，如图 7-1-64 所示。在该图中，转向盘转动 17.5°，可转动车轮 1°。该转向机构传动比为 17.5：1。

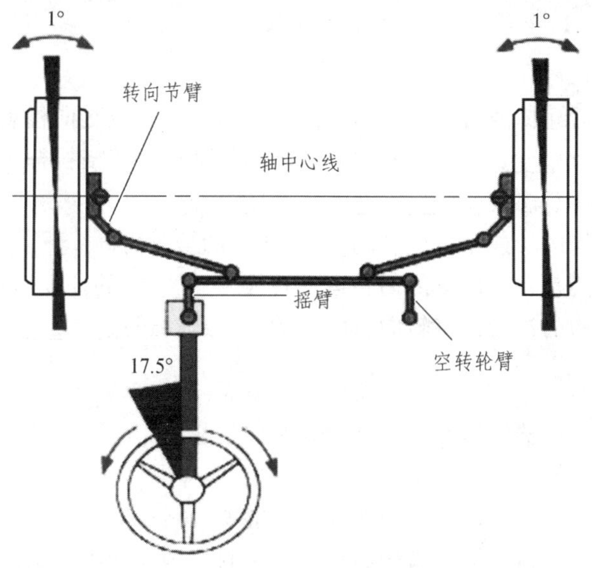

图 7-1-64 转向传动角度

转向机构传动比能够提供机械效益，可以把小的输入力，变成更大的输出力。当驾驶员给转向盘使用相对较小的输入力时，很大的力输出给道路车轮。例如，10 磅力可以使转向盘转动 17.5°。17.5：1 的转向机构传动比，需要使用很大的力，才能使车轮转动 1°。

有些转向机构系统提供可变转向机构传动比。随着转向盘从标准位置开始转动，该转向机构传动比随之发生改变。

最典型的改变应是 16：1～13：1 的转向机构传动比。转向盘在中央两旁运动的首个 40° 内，转向机构传动比仍保持在 16：1。这种高转向机构传动比，保证了在公路上行驶具有较好的操纵控制。当转向盘转过 40° 时，转向机构传动比降为 13：1。该转向盘转动不必像车轮那样转得远。该较低的转向机构传动比，能够在驾驶员转弯或者在停车时，为驾驶员提供帮助。

四、学习小结

（1）转向系统是由转向操纵机构、转向器、转向传动机构三大部分组成。其作用是使汽车根据驾驶员意志改变行驶方向。

（2）转向传动机构的结构组成和原理。

（3）转向器的结构组成和原理。

（4）转向操纵机构的检修方法。

（5）转向器的检修方法。

五、任务分析

本情境中，应检查转向操纵机构（转向柱和转向盘），根据检查情况进行更换或调整。

六、自我评估

1. 填空题

（1）车辆发生前后碰撞或者气囊因为事故打开后，应检查转向柱和________。

（2）转向系统是由__________、转向器、转向传动机构（横拉杆）三大部分组成。其作用是使汽车根据驾驶员意志改变__________。

（3）转向操纵机构的功能是产生转动_____所需的操纵力。

（4）转向器的功能是将转向盘的回转运动转换为_______的往复运动。

（5）转向传动机构的功能是将转向器输出的力和运动通过_______传递给转向轮。

2. 判断题

（1）齿轮齿条式转向器输出端的运动形式是线位移。（　　）

（2）循环球式转向器输出端的运动形式是线位移。（　　）

（3）机械转向系统是以发动机动力作为转向能源。（　　）

（4）齿轮齿条式转向器的转向齿轮组件完全密封，因此不需要维护。（　　）

3. 选择题

（1）技师 A 认为在转向操作过程中，转向柱连接器可以使转向柱在转向操作中，以各种不同的角度转动。技师 B 认为使用转向柱连接器，连接转向柱和驱动轴。谁是正确的？

A. 技师 A

B. 技师 B

C. 技师 A 和技师 B 都正确

D. 技师 A 和技师 B 都不正确

（2）轿车上常用的转向器是（　　）。

A. 齿轮齿条式转向器　　B. 循环球式　　C. 电动式　　D. 以上都不是

（3）拆卸转向系统主要部件后，车辆需要做（　　）。

A. 轮胎换位　　B. 轮胎动平衡　　C. 车轮定位　　D. 以上都不是

工作任务 2　转向传动机构检修

任务情境

一、任务描述

一辆卡罗拉轿车，行驶转向时，需要较大幅度转动转向盘才能控制汽车的行驶方向，开到维修店后，经维修技师检查确认是转向拉杆球头（球节）松旷，需要更换，你能完成这个任务吗？

二、任务提示

转向拉杆球头是转向系统的重要部件，一旦松旷甚至脱落，方向就会失控，造成严重的事故。因此，必须严格检查，发现问题必须更换，不可维修。

任务目标

一、知识目标

（1）能够描述转向传动机构横直拉杆及球头的基本组成以及功用。
（2）能够描述检查与更换转向横直拉杆以及球头的操作方法。

二、能力目标

能够规范地检查与更换转向横直拉杆以及球头。

必备知识

一、基本知识

1. 转向传动机构的作用

转向传动机构是一个杆和臂的组合件。转向传动机构的作用是把转向齿轮输出轴的运动传送到转向节上，转向节使车轮转动，控制车辆的行驶方向。它允许有一些挠性的运动，来适应车轮和悬架的运动。转向传动机构的组成和布置因转向器结构形式、安装位置及悬架类型而异。

2. 转向传动机构的类型和结构组成

1）与非独立悬架配用的转向传动机构

与非独立悬架配用的转向传动机构一般由转向摇臂、转向直拉杆、转向节臂和转向梯形等零部件共同组成，其中转向梯形由梯形臂、转向横拉杆和前轴共同构成，如图 7-2-1 所示。各杆件之间都采用球形铰接连接，并设有防止松脱、缓冲吸振、自动消除磨损后的间隙等结构措施。

当前桥仅为转向桥时，由左、右梯形臂和转向横拉杆组成的转向梯形一般布置在前桥之后，如图 7-2-1（a）所示，称为后置式，这种布置简单方便。当发动机位置较低或前桥为转向驱动桥时，为避免运动干涉，往往将转向梯形布置在前桥之前，如图 7-2-1（b）所示，称为前置式。若转向摇臂是在与路面平行的平面内左右摆动，则可将转向直拉杆横向布置，并用球头销直接带动转向横拉杆，从而使左右梯形臂转动，如图 7-2-1（c）所示。

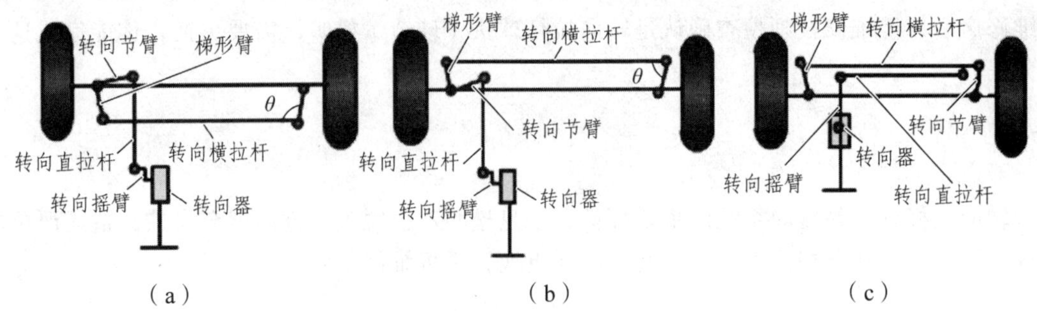

图 7-2-1　与非独立悬架配用的转向传动机构示意图

2）与独立悬架配用的转向传动机构

当转向轮采用独立悬架时，为了满足转向轮独立运动的需要，转向桥是断开式的，转向传动机构中的转向梯形也必须断开。

与独立悬架配用的多数是齿轮齿条式转向器，其形式有两端输出式和中间输出式，如图 7-2-2 所示。转向器布置在车身上，转向横拉杆通过球头销与齿条及转向节臂相连。

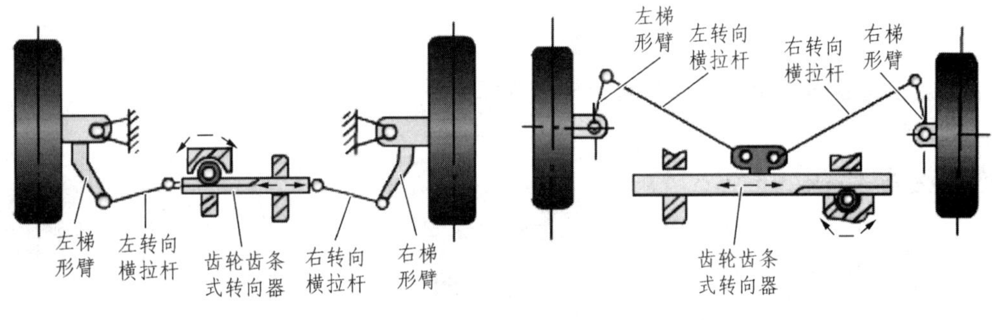

图 7-2-2　与独立悬架配用的转向传动机构示意图

齿轮齿条式转向器为两端输出式，转向器齿条本身就是转向传动机构的一部分，转向横拉杆的内端通过球头销与齿条铰接，外端通过螺纹与连接转向节的球头销总成相连，如图 7-2-3 所示。需要调整前束时，松开锁紧螺母，转动横拉杆体，达到合理的前束值时，再将锁紧螺母锁紧。

齿轮齿条式转向器为中间输出式，横拉杆的内端通过内、外托架和螺栓与转向器齿条的一端相连，外端通过球头销与转向节铰接，如图 7-2-4 所示。由于横拉杆体不能绕自身轴线转动，为调整前束，在横拉杆体与球头销之间装有调节螺栓，螺栓两端的螺纹旋向相反，并各旋装一个锁紧螺母。当需要调前束时，先拧松两端的锁紧螺母，然后转动调节螺栓，达到合理的前束值时，再将锁紧螺母锁紧。

当采用循环球式转向器时，转向传动机构的杆件较多，如图 7-2-5 所示。摇杆前端固定于车架横梁中部，后端借球头销与转向直拉杆和左、右横拉杆连接。

转向直拉杆外端与转向摇臂球头销相连。左、右横拉杆外端也用球头分别与梯形臂铰接。转向直拉杆仅在外端有球头销座，故有必要在两球头销座背面各设一个压缩弹簧，分别吸收由横拉杆传来的两个方向的路面冲击，并且自动消除球头与座之间的间隙。

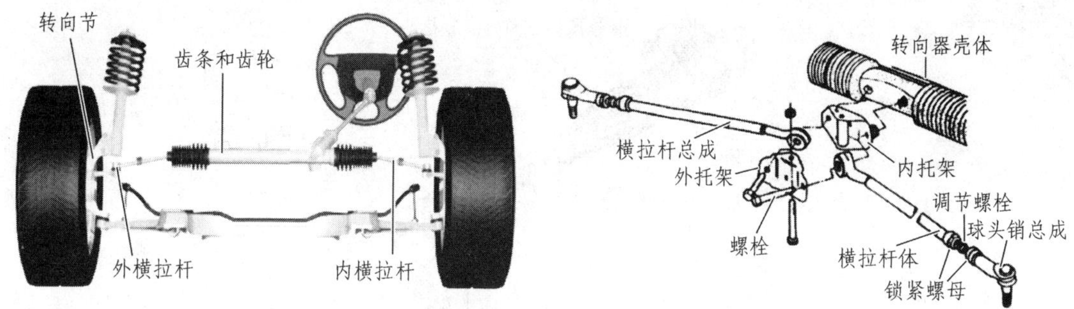

图 7-2-3　两端输出型齿轮齿条式转向器结构　　图 7-2-4　中间输出型齿轮齿条式转向器结构

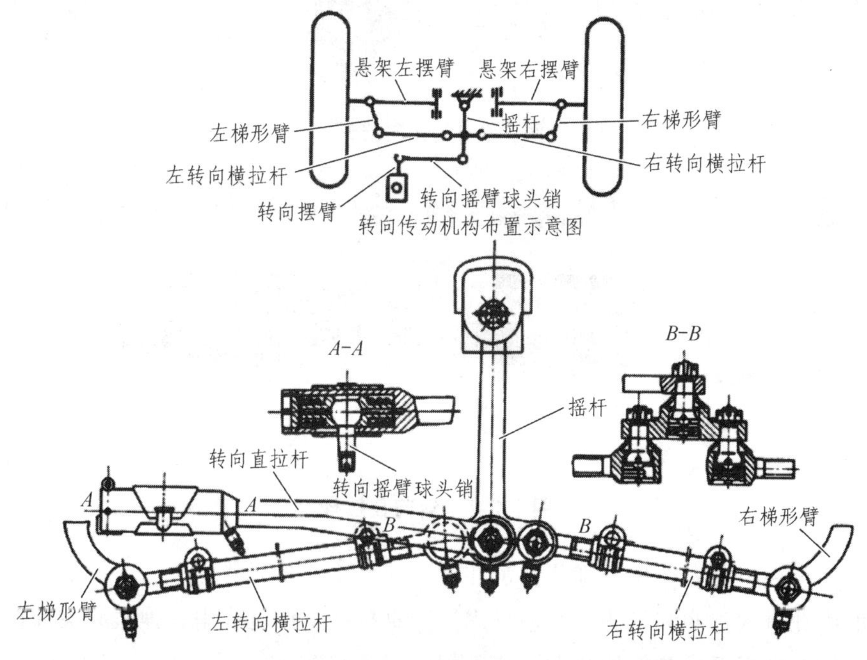

图 7-2-5　循环球式转向器的转向传动机构布置

3. 转向传动机构主要零部件

1）转向摇臂

循环球式转向器和蜗杆曲柄指销式转向器通过转向摇臂与转向直拉杆相连。转向摇臂的大端用锥形三角细花键与转向器中摇臂轴的外端连接，小端通过球头销与转向直拉杆作空间铰链连接，如图 7-2-6 所示。

为了保证转向摇臂在中间位置，在摇臂轴的外端面和转向摇臂孔外端面上刻印有短线，或是在两者的花键部分上的一个齿作为装配标记。装配时应将标记对齐。

2）转向直拉杆

转向直拉杆是转向摇臂与转向节臂之间的传动杆件，具有传力和缓冲作用，如图 7-2-7 所示。直体拉杆是一根两端扩大的钢管，其两端孔腔内装有球头销。球头销的球部两侧装有两块带内圆弧的球头销座，与球头紧靠。球头销内侧装有弹簧和弹簧座，球头销外侧的杆端装有螺塞。转动螺塞可调整弹簧的预张力，使球头销座与球头保持紧密接触，调好后用开口

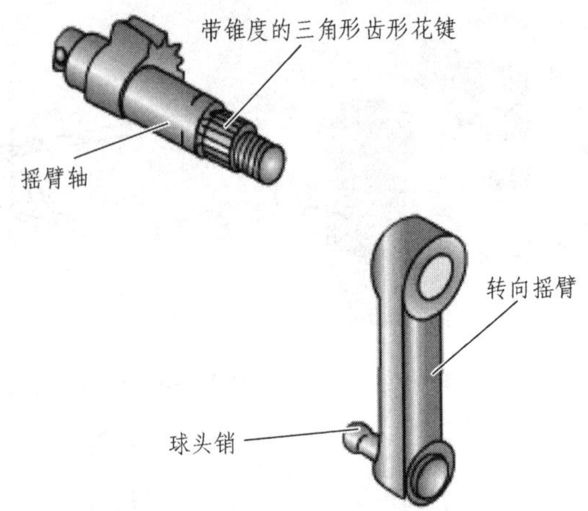

图 7-2-6　转向摇臂

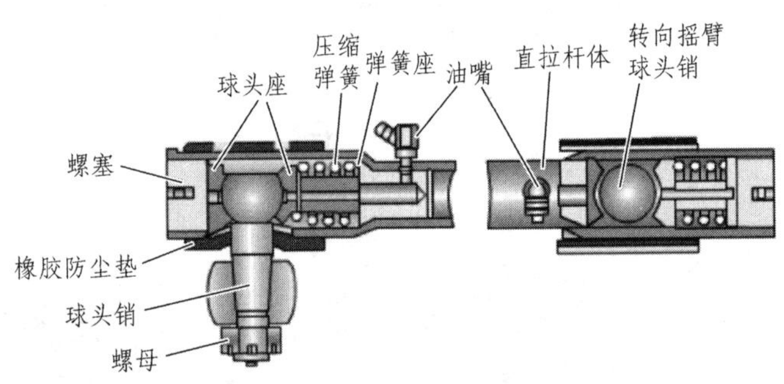

图 7-2-7　转向直拉杆

销将螺塞锁住。在拉杆两端还分别装有黄油嘴，加入黄油（润滑脂）后，黄油沿着弹簧座和球头销座的内孔进入球头和销座之间进行润滑。直拉杆工作过程中，弹簧起缓冲作用，而且球头与球头销座磨损后，弹簧能自动调节其间的配合间隙。

转向轮偏转且因悬架弹性变形而相对于车架跳动时，转向直拉杆与转向摇臂及转向节臂的相对运动都是空间运动，为了不发生运动干涉，三者之间的连接件都是球形铰链。

3）转向横拉杆

转向横拉杆是转向梯形机构的底边，由横拉杆体和旋装在两端的横拉杆接头组成。其特点是长度可调，通过调整横拉杆的长度，可以调整前轮前束，如图 7-2-8 所示。

4）转向节臂和梯形臂

转向直拉杆通过转向节臂和转向节相连，转向横拉杆两端经左、右梯形臂与转向节相连。转向节臂和梯形臂的一端与转向节相连，另一端的锥形孔和相应的拉杆球头销锥形柱部配合，用螺母紧固后插入开口销把螺母锁住。

5）转向拉杆球头

转向拉杆球节，俗称“球头”，安装在转向拉杆的两端，如图 7-2-9 所示，起到增加拉杆的自由度，减小磨损的作用，同时起到车轮转向的作用。

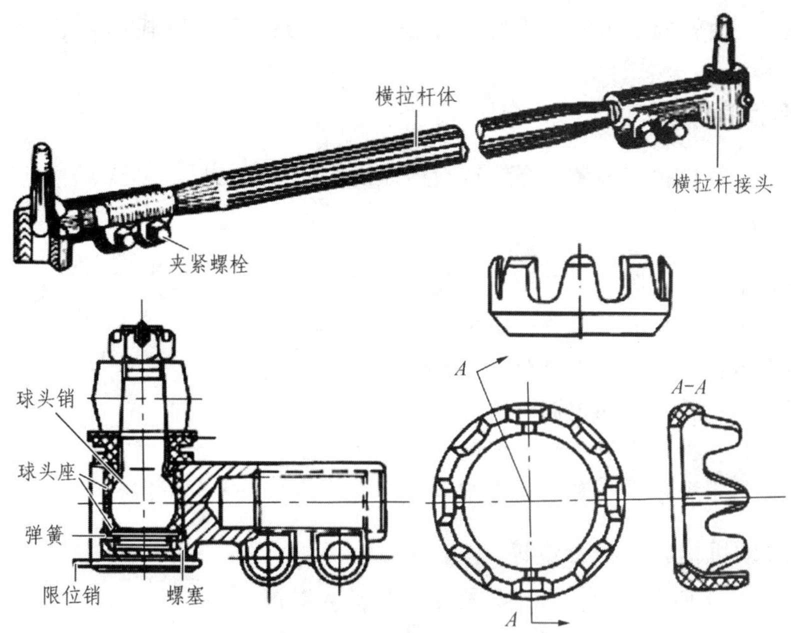

图 7-2-8　转向横拉杆结构

图 7-2-9　转向拉杆球头安装位置

转向拉杆球头主要由上球头座、下球头座、防尘套、密封圈、球头销、开口销、弹簧、锁紧螺母和转向拉杆等组成，如图 7-2-10 所示。

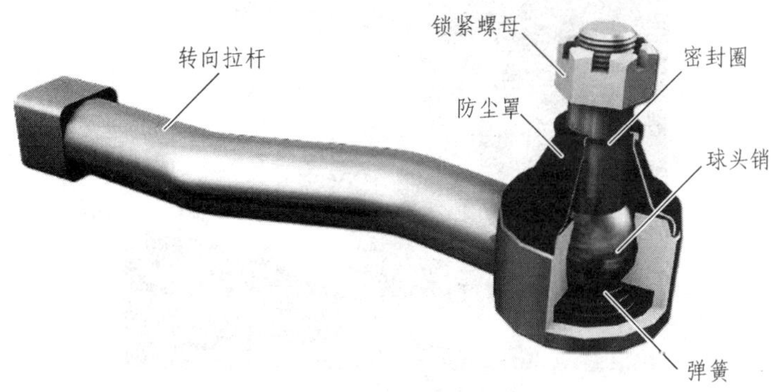

图 7-2-10　转向拉杆球头结构

转向拉杆球头的工作原理：转向时，转向齿条将力传给转向拉杆，转向拉杆通过球头杆将力传给转向节，由转向节再将力传给转向轮，使车轮达到转向的作用。

二、基本技能

以下以丰田卡罗拉轿车为例，介绍转向传动机构的检查与更换方法。

1. 准备工作

（1）防护装备：工作服、工作帽、手套、劳保鞋。

（2）车辆、台架、总成：卡罗拉整车。

（3）车间设备：举升机，工具车。

（4）专用工具：转向盘固定器、拉杆球头夹具。

（5）手工工具：拆装工具一套，气动工具。

（6）辅助材料：翼子板布和前格栅布、三件套、抹布、手套、白板笔等。

2. 转向传动机构就车检查步骤

（1）如图 7-2-11 所示，检查传动机构是否松动和摇摆。

（2）如图 7-2-12 所示，检查转向传动机构是否弯曲和损坏。

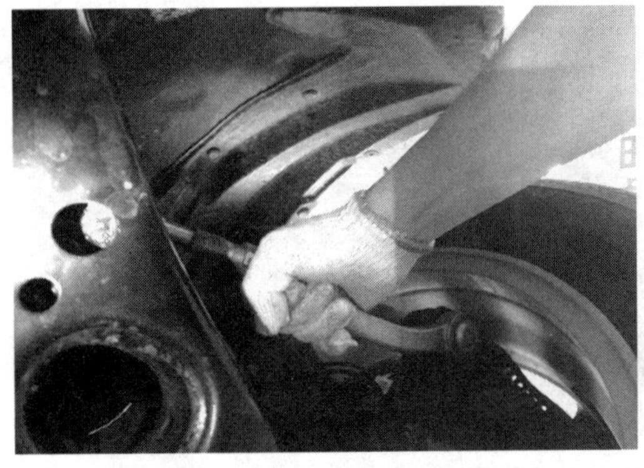

图 7-2-11　检查转向传动机构是否松动和摇摆

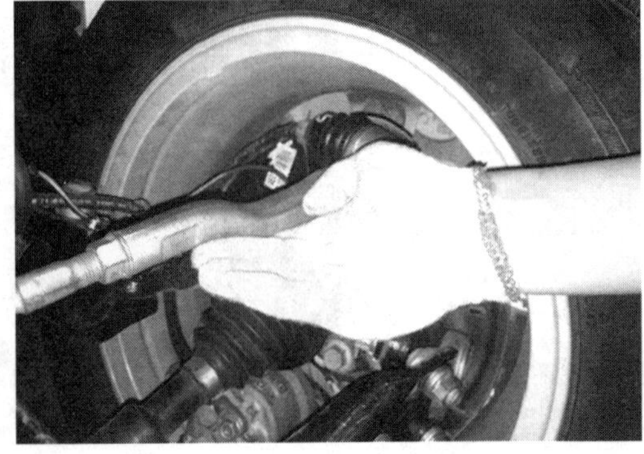

图 7-2-12　检查转向传动机构是否弯曲和损坏

（3）如图 7-2-13 所示，检查转向传动机构防尘罩是否有裂纹和损坏。

图 7-2-13　检查转向传动机构防尘罩是否有裂纹和损坏

（4）如图 7-2-14 所示，检查稳定杆是否损坏。

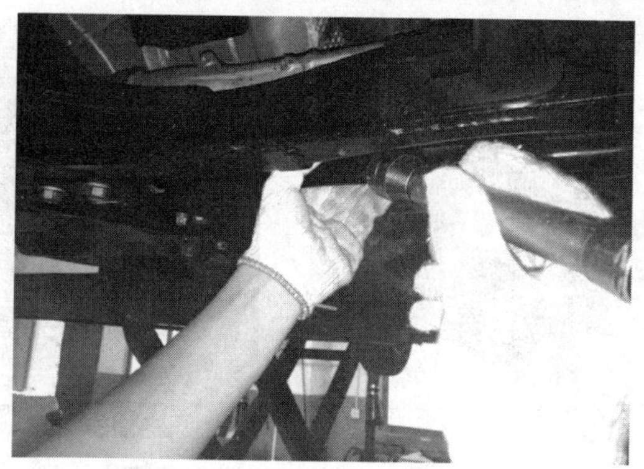

图 7-2-14　检查稳定杆是否损坏

3. 横拉杆球头拆卸步骤

（1）如图 7-2-15 所示，转向盘打正，使前轮处于正前位置。

（2）固定转向盘，如图 7-2-16 所示。

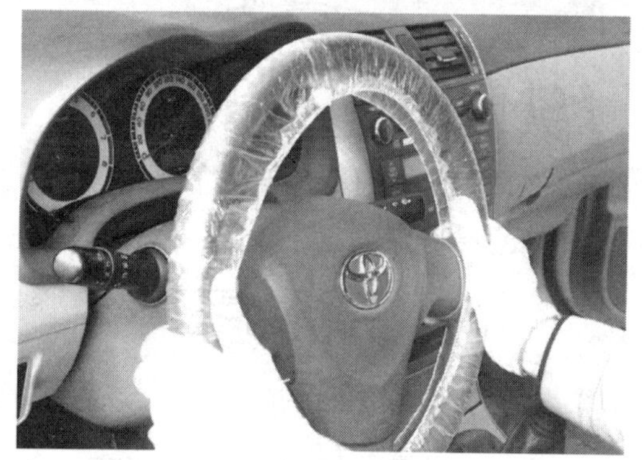

图 7-2-15　转向盘打正

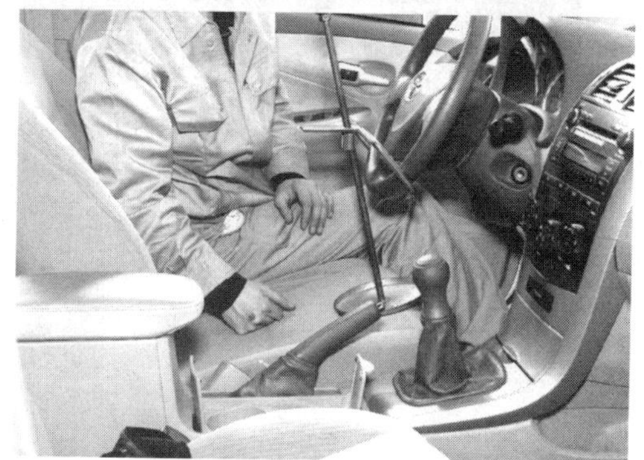

图 7-2-16　固定转向盘

提示：该操作有助于防止损坏螺旋电缆。

（3）根据实际情况，拆卸可能影响后续操作的部件，如前轮、发动机底罩、发动机前悬置支架下加强件、悬架横梁加强件等，如图 7-2-17 所示。

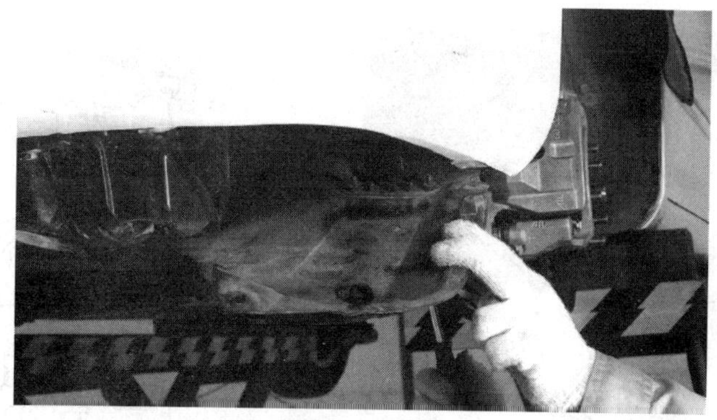

图 7-2-17　拆卸发动机后部左侧底罩

（4）拆下开口销和螺母，如图 7-2-18 所示。

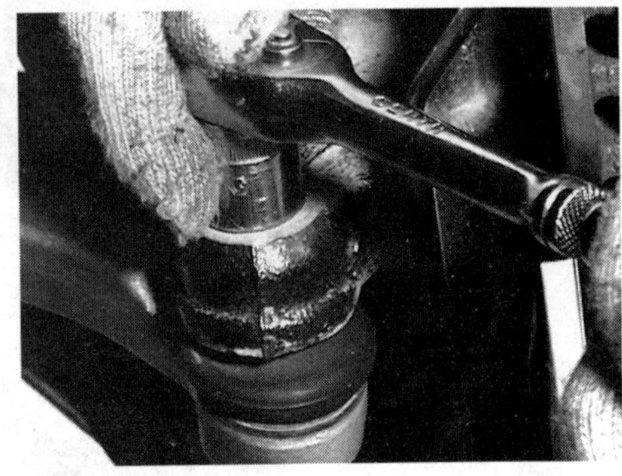

图 7-2-18　拆卸开口销和螺母

（5）如图 7-2-19 所示，将球头夹具安装至横拉杆接头。检查并确保专用工具与前桥总成间距为 1 mm。

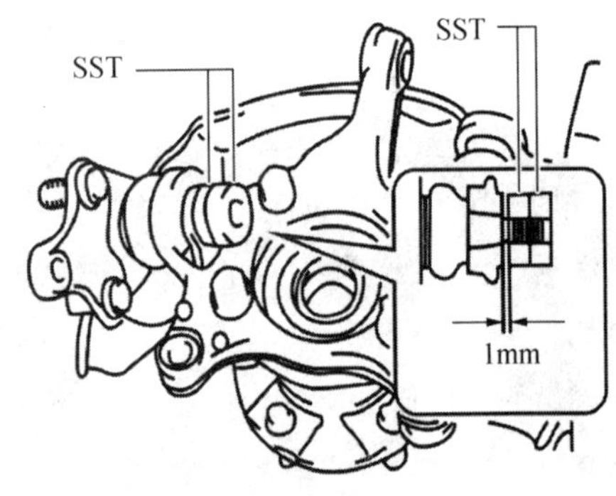

图 7-2-19　安装 SST 到球头

（6）用球头夹具从转向节上拆卸横拉杆接头，如图 7-2-20 所示。

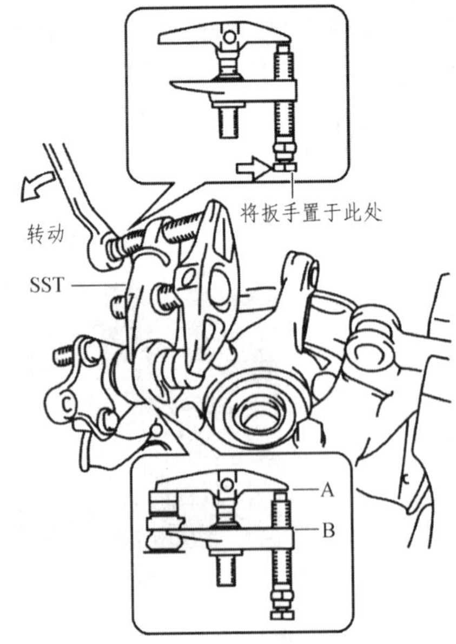

图 7-2-20　拆卸横拉杆球头

小心：

a. 安装专用工具使 A 和 B 平行。

b. 确保将扳手放至如图 7-2-20 所示位置。

c. 不要损坏防尘罩。

4. 横拉杆球头检查步骤

（1）检查球头转矩。如图 7-2-21 所示，将球头固定在台虎钳上（用铝板或软布防护球头），将螺母安装至球头的球头销，用扭矩扳手以 3 ~ 5 s 一圈的速度连续转动螺母，并在第五圈时读取扭矩的读数。

扭矩：0.98 ~ 3.40 N·m。如果转矩不在规定范围，必须更换。

（2）检查防尘罩无裂纹且其上没有润滑脂。

（3）检查球头销。如图 7-2-22 所示，检查球头销螺纹是否有损坏，如有必须更换球头。

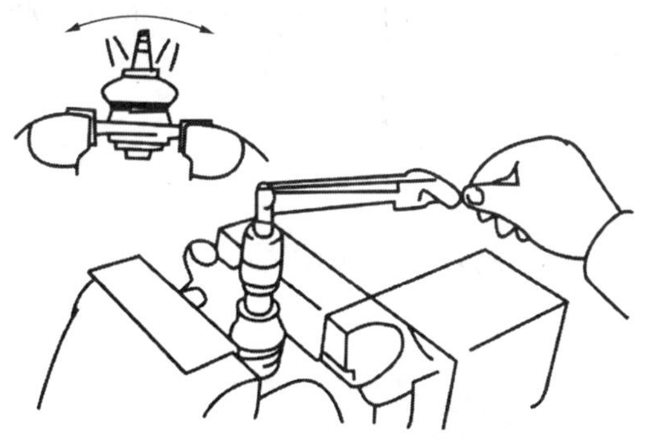

图 7-2-21　检查球头转矩

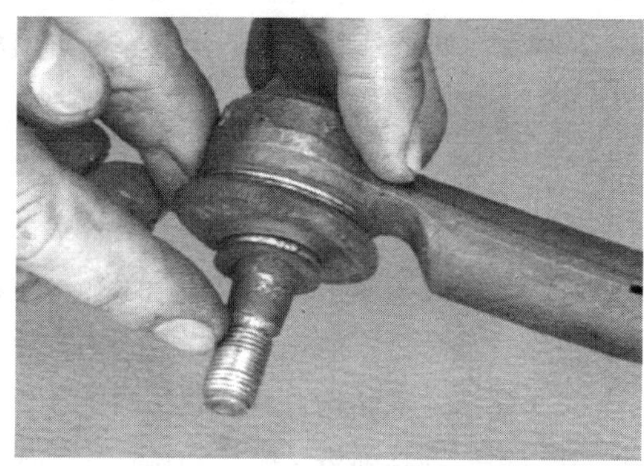

图 7-2-22　检查球头销螺纹

5. 横拉杆球头安装步骤

（1）连接左、右侧横拉杆接头分总成。如图 7-2-23 所示，用螺母将横拉杆接头分总成连接至转向节。扭矩：133 N·m。

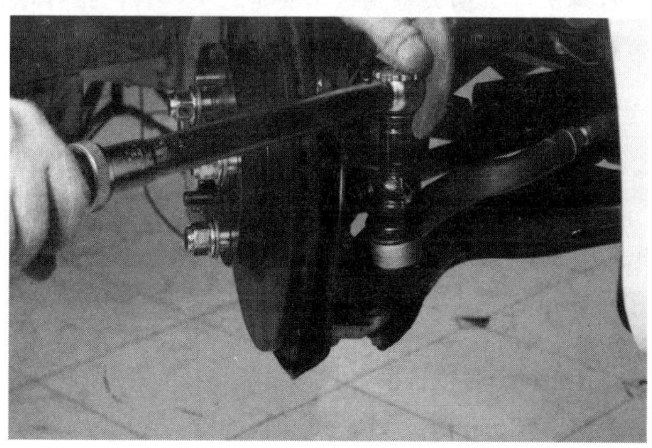

图 7-2-23　连接左侧横拉杆接头分总成

（2）安装新的开口销。如图 7-2-24 所示，如果开口销孔未对齐，则将螺母进一步拧紧，最多可拧紧 60°。

图 7-2-24 安装新的开口销

（3）安装前轮、发动机底罩、发动机前悬置支架下加强件、悬架横梁加强件等预先拆卸的部件，并做车辆前轮定位。

三、学习小结

（1）转向球头安装位置及作用：转向拉杆球头，安装在转向拉杆的两端，起到增加拉杆的自由度，减小磨损的作用，同时起到车轮转向的作用。

（2）转向球头结构：转向拉杆球头主要由上球头座、下球头座、防尘套、密封圈、球头销、开口销、圆锥弹簧、螺栓和拉杆等组成。

（3）检查和更换转向拉杆球头的主要步骤。

四、任务分析

本情境中，转向拉杆球头等机构关系到行车安全，更换转向拉杆球头操作时必须采用专用的球头夹具，按规范操作，安装完成后必须仔细检查。

五、自我评估

1. 填空题

（1）转向拉杆球节，俗称“球头”，安装在______的两端，也起到车轮____的作用。

（2）转向拉杆球头主要由 _____、______、防尘套、密封圈、______、开口销、圆锥弹簧、螺栓和_______等组成。

2. 判断题

（1）球节连接很紧，需要用铁锤击打，否则无法拆卸。（ ）

（2）如果球节转矩不在规定范围（扭矩：0.98 ~ 3.40 N · m），必须更换。（ ）

（3）更换球节后，必须做前轮定位。（ ）

工作任务3　液压助力转向系统检修

任务情境

一、任务描述

一辆桑塔纳轿车，转动转向盘时有呜呜的噪声，在低速行驶和停车时，很难转动转向盘。你的主管把检修任务交待给你，你能完成吗?

二、任务提示

根据故障现象，难于转动转向盘，如果传动机构正常，需要对助力转向系统进行检修。

任务目标

一、知识目标

（1）能描述液压转向系统的作用、类型、结构组成和工作原理。
（2）能描述液压助力转向系统主要零部件的结构。
（3）能描述液压助力转向系统检查的注意事项。

二、能力目标

能进行液压助力转向系统维修。

必备知识

一、基本知识

1. 液压助力转向系统的作用

由于机械转向系统很难同时满足转向轻便和转向灵敏两方面的要求，所以在中型以上的载货汽车以及大部分轿车的转向系统中，均采用了助力（也称动力）转向装置。助力转向装置是以发动机输出的部分动力为能源来增大驾驶人操纵转向轮转向的力量，从而使转向操纵轻便，同时转向器的角传动比比较小，故又能满足转向灵敏的要求。

2. 液压助力转向系统的类型

助力转向系统按传能介质的不同，可分为液压式和气压式两种。液压式助力转向系统的部件结构紧凑、尺寸小、工作滞后时间短、工作时无噪声、能吸收冲击和振动，故目前广泛应用于各类各级汽车。本教材所述的助力转向装置只限于液压式。

目前，广泛应用于各类各级汽车的是液压式助力转向装置。液压式助力转向装置可分为两类配置：液压助力式和电子控制式。

3. 液压助力转向系统的结构组成及工作原理

液压助力转向系统由机械转向器、转向控制阀、转向动力缸以及将发动机输出的部分机械能转换为液压能的转向油泵、油罐等组成。

1）常流式和常压式

液压助力转向系统按液流形式分为常流式和常压式两种。

常压式液压转向助力装置示意图如图 7-3-1 所示。其特点是无论汽车是否处于转向状态，液压系统的工作管路中总是保持高压状态，因此称为常压式。当转向盘处于中立位置时，转向控制阀关闭，转向油泵输出的压力油充入储能器，当储能器的压力达到规定值后，转向油泵即自动卸荷空转。驾驶人转动转向盘时，机械转向器工作，同时带动转向控制阀开启，储能器中的压力油流入转向动力缸，产生推力以助转向。转向盘一旦停止转动，转向控制阀关闭，助力作用停止。储能器起到了保持系统高压的作用。

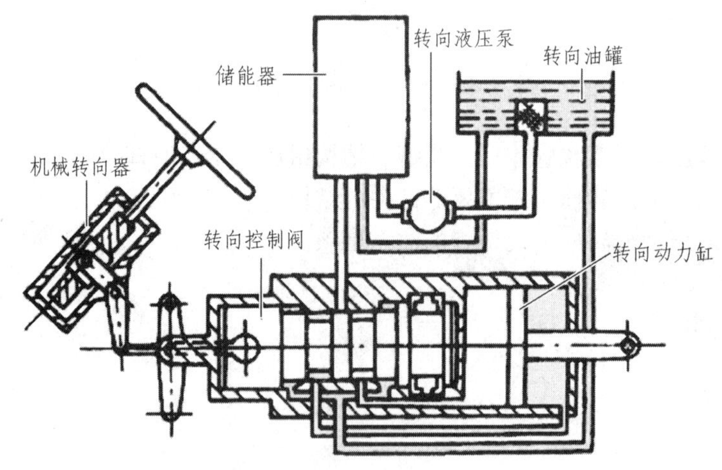

图 7-3-1　常压式液压转向助力装置示意图

常流式液压转向助力装置的工作原理示意图如图 7-3-2 所示。其特点是无论汽车是否处于转向状态，液压系统的工作管路中的油也总是在流动，压力较低，只有在转向时才产生瞬时高压，因此称为常流式。当转向盘处于中立位置时，流量控制阀保持开启，转向动力缸活塞两侧压力相等，不产生动作，此时系统中的油泵在空转，油液处于低压流动状态。驾驶人转动转向盘时，机械转向器工作，同时带动转向控制阀动作，处于某一转弯方向相应的工作位置，此时转向动力缸相应的工作腔与回油管路隔断，转而与油泵输出管路相通，压力急剧升高，而另一个工作腔则仍然通回油管路，压力较低，转向动力缸活塞移动，产生推力。转向盘停止转动后，转向控制阀随即回到中立位置，动力缸停止工作。

上述两种液压转向助力装置相比较，常压式的优点在于有储能器积蓄液压能，可以使用流量较小的转向油泵，而且还可以在油泵不运转的情况下保持一定助力转向能力，使汽车能够续驶相当大的距离。常流式的优点在于结构简单，油泵消耗功率小，管路压力低，泄漏少，工作寿命长，广泛应用于各种汽车上。

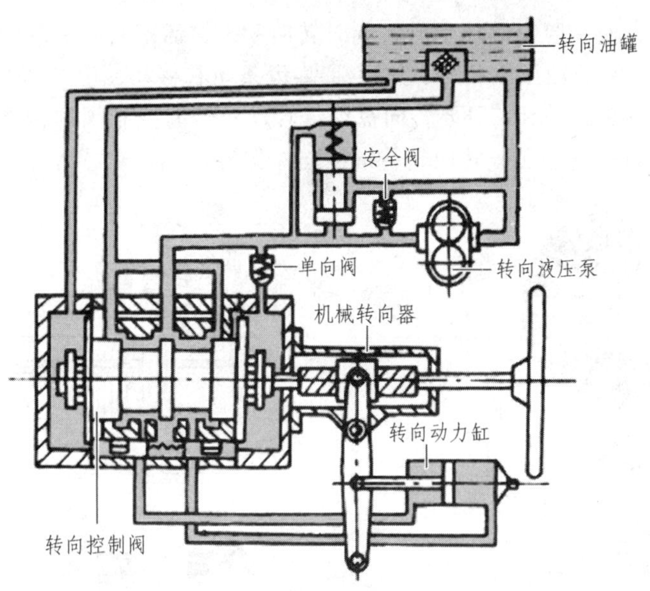

图 7-3-2　常流式液压转向助力装置示意图

2）滑阀式和转阀式

液压式助力转向系统按其转向控制阀阀芯的运动方式可分为滑阀式和转阀式两种形式。

滑阀式转向控制阀的阀体沿轴向移动来控制油液流量的转向控制阀，称为滑阀式转向控制阀，简称滑阀，如图 7-3-3 所示。

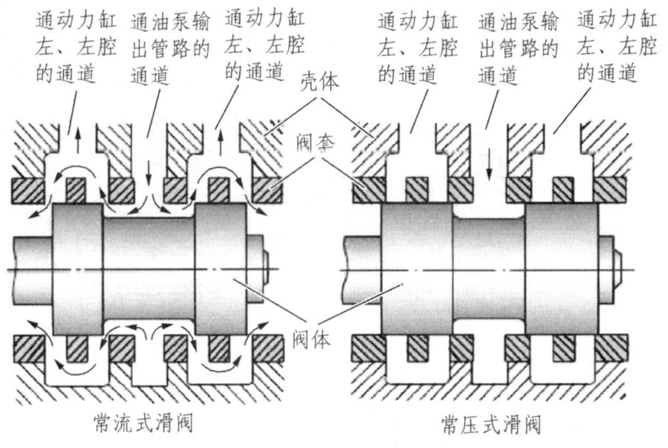

图 7-3-3　滑阀的结构

转阀式转向控制阀的阀体绕其轴线转动来控制油液流量的转向控制阀，称为转阀式转向控制阀，简称转阀，如图 7-3-4 所示。

转阀式液压助力转向系统的工作原理简述如下：

（1）汽车直线行驶时，转阀处于中间位置。来自油泵的油液经过转向控制阀流入转向动力缸活塞的左、右腔室，并经回油管流回油罐。两腔室的油压相等，活塞-齿条保持在中间位置，不起转向及转向助力作用，所以车轮处于直行状态。

（2）汽车左转向时，驾驶人向左转动转向盘，转向控制阀把来自油泵的油液导入转向动力缸活塞的左腔室，使该腔室油压上升；同时转向动力缸活塞右腔室的油液经转向控制阀回油罐。活塞左、右腔室的油压不相等，迫使活塞-齿条向右移动，转向助力起作用，转向轮开始向左偏转，如图 7-3-5 所示。只要转向盘继续转动，转向控制阀的转阀芯与阀体的相对角位置不变，转向助力一直存在，转向轮将继续向左偏转。

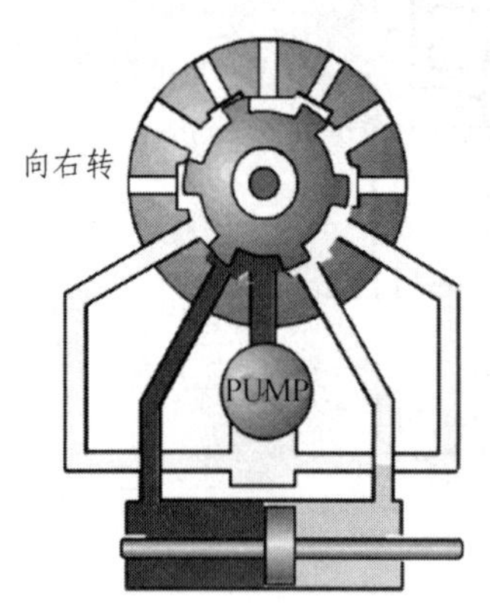

图 7-3-4　转阀的结构

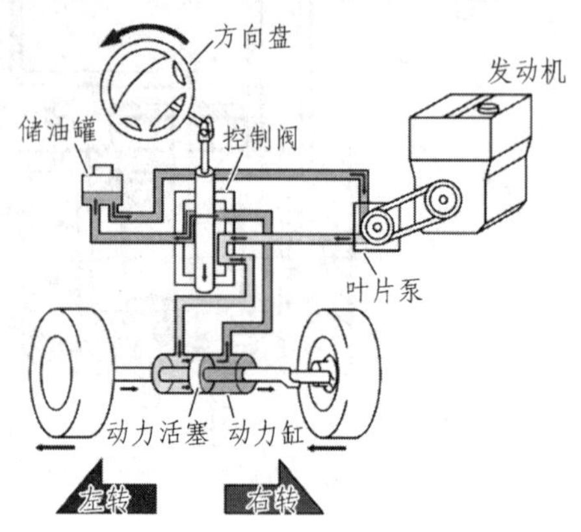

图 7-3-5　汽车左转向时助力示意图

但转向盘停止转动并维持在某一转角位置不变时，转向控制阀的转阀芯回到阀体的中间位置，动力缸活塞左、右腔室的油压又相等，不起转向助力作用，活塞和齿条保持在一定位置，使转向轮的偏转角维持不变。

（3）汽车右转向时，驾驶人向右转动转向盘，油泵的油液进入转向动力缸活塞的右腔室，使该腔室油压上升；左腔室的油液回油罐。左、右腔室的油压不相等，活塞和齿条向左移动，转向轮开始向右偏转，如图 7-3-6 所示。只要转向盘继续转动，转向助力就一直存在，转向轮将继续向右偏转。同理，转向盘停止转动并维持在某一转角位置不变时，动力缸两腔室油压相等，不起转向助力作用，活塞和齿条保持在一定位置，使转向轮的偏转角维持不变。

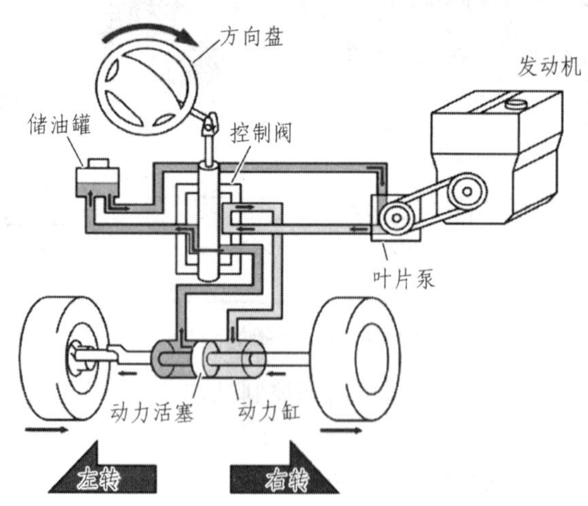

图 7-3-6　汽车右转向时助力示意图

4. 液压助力转向系统主要零部件

液压助力转向系统主要零部件包括：液力转向油泵、储油罐、控制阀、转向器阀体总成、液力转向冷却器、管道和软管、怠速提速装置等。

1）液力转向油泵

助力转向系统使用发动机的动力来驱动产生液压力的助力转向油泵，给转向器的动力缸提供液力。助力转向油泵通常是由发动机曲轴带动的皮带驱动的；泵出的油液与发动机的速度成正比例关系，送给转向器动力缸的油液通过流量控制阀来调节，过多的油液返回转向油泵吸油口。

液压转向油泵有4种类型：叶片油泵、滑动叶片油泵、齿轮油泵和滚子油泵。现仅以使用较多的叶片泵作详细介绍。

（1）叶片油泵。

叶片油泵有6～10片旋转的叶片，如图7-3-7所示。油液被强制通过旋转的叶片产生油压。叶片泵有一个外径带槽的转子，叶片装配到转子槽里。固定的内表面为椭圆形的绕着泵环的转子，叶片的外侧边与环的内表面接触。转子转动时，叶片在各自槽中来回滑动，并与泵环内表面保持接触，转子、环和任何两个相邻叶片形成泵腔。

当转子旋转时，由于泵环是椭圆形，因此每一泵腔容积不断地变化；叶片运动通过环的“长轴”部分时，容积增大，通过进油口吸进油液。当叶片运动通过环的“短轴”部分时，容积减少，减小后的容积使压力增加，迫使油液流出排油口。

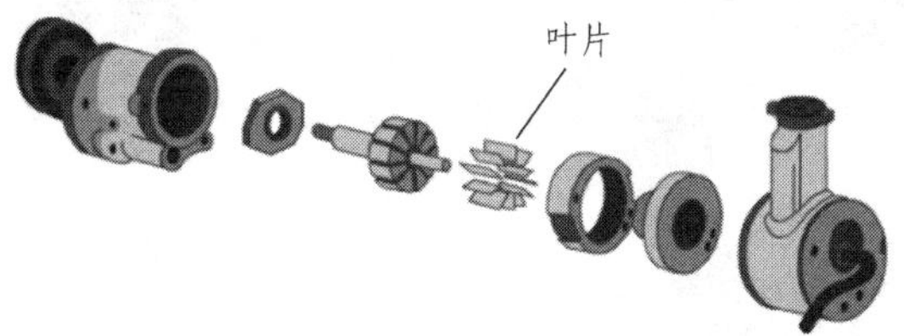

图7-3-7　叶片式液力转向油泵

叶片泵进油口吸入来自储油罐的低压油液。排油口排出高压油液流向转向器动力缸，为助力转向提供所需的液压力，如图7-3-8所示。为了避免液压泵运转不平衡（产生噪声和振动），通常采用平衡式设计，即泵转子每旋转一周，泵腔吸入和排放油液两次，因此作用在转子上的液压作用力大小相等、方向相反，使液压泵平稳地运转。

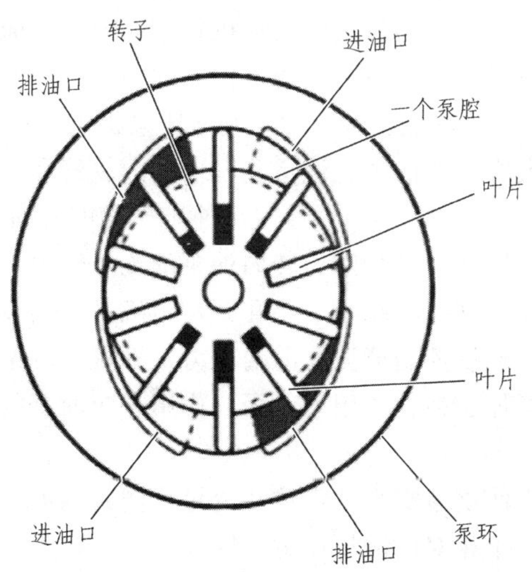

图7-3-8　叶片式液力转向油泵工作原理图

（2）滑动叶片油泵。

在滑动叶片油泵中，一个凸轮上嵌有 4～10 个靠弹簧加载的滑动叶片，如图 7-3-9 所示。

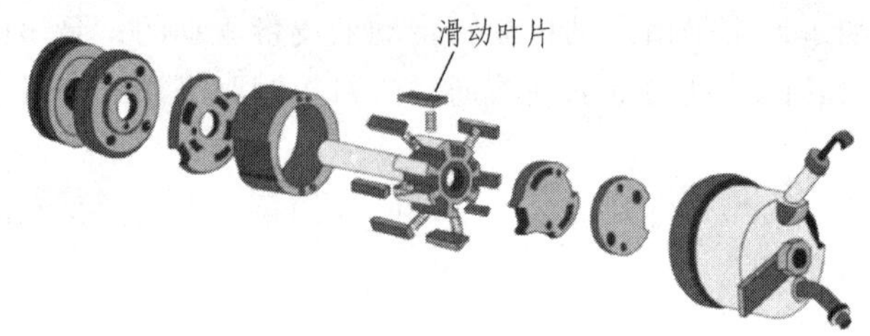

图 7-3-9　滑动叶片式液力转向油泵

齿轮式和滚子式液力转向油泵，如图 7-3-10 和图 7-3-11 所示。

在齿轮油泵中，油液被强制通过齿轮机构，产生了油压。滚子油泵内的滚子在一个凸轮内旋转，油液被强制通过旋转的滚子，产生了油压。

图 7-3-10　齿轮式液力转向油泵　　　　图 7-3-11　滚子式液力转向油泵

2）储油罐

储油罐位于液力转向泵附近，用于储存液力转向油。它可以直接安装到泵体上也可以分开安装。通常储油罐盖上有液位指示，用于检查液位。如果储油罐中的油液低于标准液位以下时，泵就会吸入空气，导致操作失灵。

3）流量控制阀

转向油泵由发动机驱动，其输出流量随发动机转速而变化，流量控制阀可以控制从油泵流向转向器动力缸的流量，保持流量恒定。流量控制阀的结构及原理如图 7-3-12 所示。

在发动机低转速时，转向系统能够容易地控制液压泵提供的液压液体容积，在高转速时，由于液压泵吸入和排放更大容积的液体，流量急剧增加。软管和转向器阀总成中的流动阻力也随之增加，导致整个系统产生高背压。这些状况使工作温度升高，并减少液压泵使用寿命。

流量控制阀在发动机高转速时减少助力转向油泵的流量输出。油液经过油泵排油口，进入流量控制阀的腔室，这个腔室在一端有个小孔，称为流量控制节流孔。流量控制节流孔限制油液流向转向器动力缸，流量控制节流孔前的压力“抵抗”流量控制阀弹簧弹力。节流孔后的压力移到阀的背面，增加了弹簧作用力。因此作用在阀面上的液压作用力“抵抗”弹簧弹力和低液压力的合力。

流量控制阀通过弹簧，使钢球牢牢地定位在流量控制阀内侧上，在减压模式外的所有转向状态下，弹簧弹力始终大于相对的液压压力，因此钢球保持不动。只有在驾驶人转动并保持转向盘在最左或最右极限位置时，才会发生减压。

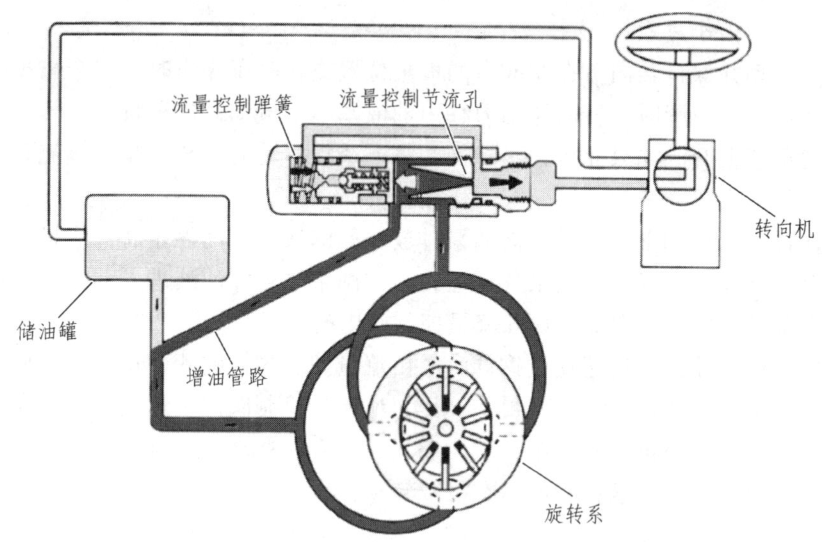

图 7-3-12 流量控制阀的结构及原理示意图

（1）流量控制工作过程。

在发动机低转速时，通过流量控制节流孔的排放流量不大，因此在流量控制阀上仅产生微小的压力差别。在流量控制腔里没有足够的压力来克服阀后面的弹簧弹力和液压力，使阀产生移动，如图 7-3-13 所示。

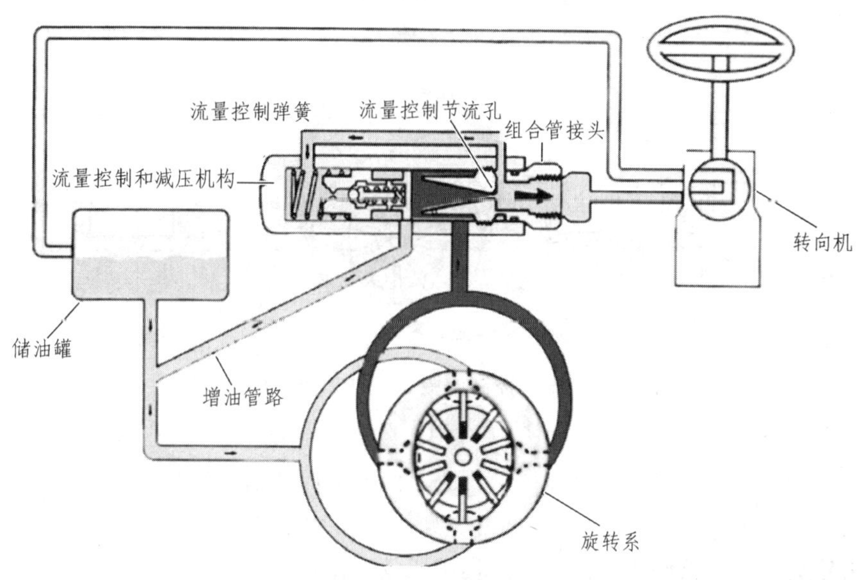

图 7-3-13 流量控制阀流量控制工作过程示意图

当发动机高转速，液压泵转速增加时，液压泵引导更多的液体通过流量控制阀。高流量流过小节流孔将会在流量控制腔里产生背压。当背压足以克服流量控制阀后面的弹簧弹力和液压力，流量控制阀压缩弹簧，从而开启增压管路。通过增压管路，液体经由最低阻力路径返回到液压泵吸油口。由于过剩油液是受压的，因此实际上它改善了转向油泵的吸入性能。

（2）减压控制工作过程。

当驾驶人转动并保持转向盘在左或右的极限位置或在驻车操作时，将会出现减压操作。

当车轮转到极限位置时，转向器动力缸内油液基本不流动，这种将导致转向油泵排放一侧压力和温度迅速上升。如果此压力不降低，将严重损坏转向系统。减压节流孔通过限制助力转向系统中的最大压力来起到安全阀的作用。

减压工作过程简述如下：一旦转向油泵排放一侧的液体流动停止后，流量控制节流孔和减压节流孔都不能使压力降低。油泵继续运转，试图泵送更多油液进入系统，使得油泵压力持续增加。这个增大的液压力最终顶开流量控制阀内的钢球，如图 7-3-14 所示。当钢球被顶离阀座时，阀后的高压油液迅速流过钢球，经由流量控制阀体的侧面小孔，返回到低压吸入处。同时，减压节流孔使油液流速减慢，液压力使流量控制阀产生运动，开启增压管路。因此整个排放油液再次循环进入液压泵。减压期间，只有在要求完全排放再循环时，流量控制阀内的钢球才离开阀座。注意：转向盘在极限转动位置时间过长，将可能导致转向油泵过热或损坏。

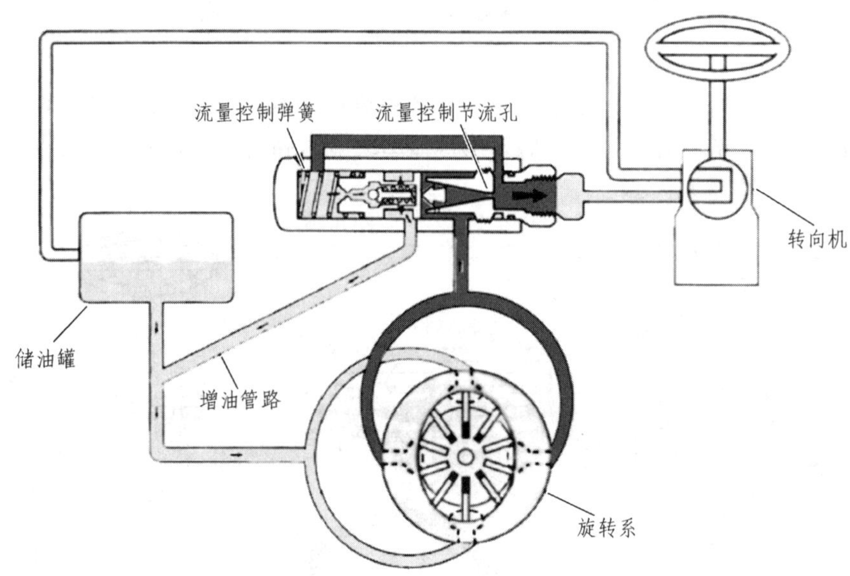

图 7-3-14　流量控制阀减压控制工作过程示意图

4）转向器阀体总成

转向器阀体总成使用滑阀来控制液体进入相应的转向器动力缸腔室。整体式转向器和齿轮齿条转向器阀的工作过程类似。

现以齿轮齿条转向器阀为例阐述其结构组成及工作过程。

（1）转向器阀体总成的结构。

转向器阀体总成包括下列主要零部件，如图 7-3-15 所示：

a. 滑阀轴：滑阀轴安装到转向中间轴上，滑阀轴的下端装配到主动齿轮上；

b. 阀体：阀体安装在滑阀轴上，用销钉保持阀体处于主动齿轮的相应位置上；

c. 扭力杆：扭力杆一端用销钉固定在滑阀轴上，另一端采用花键与主动齿轮连接。注意，阀体经由主动齿轮间接地连接到滑阀轴上。

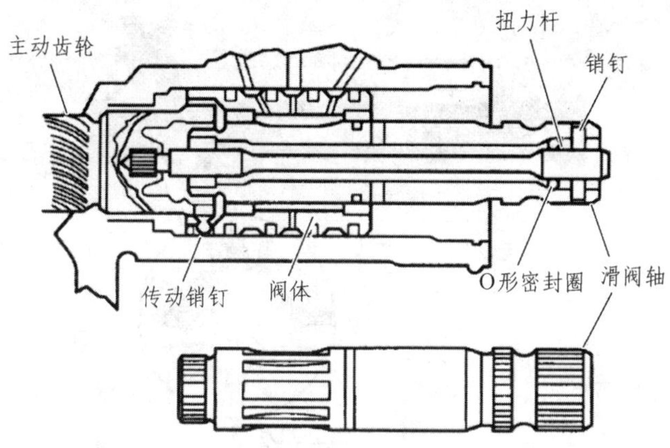

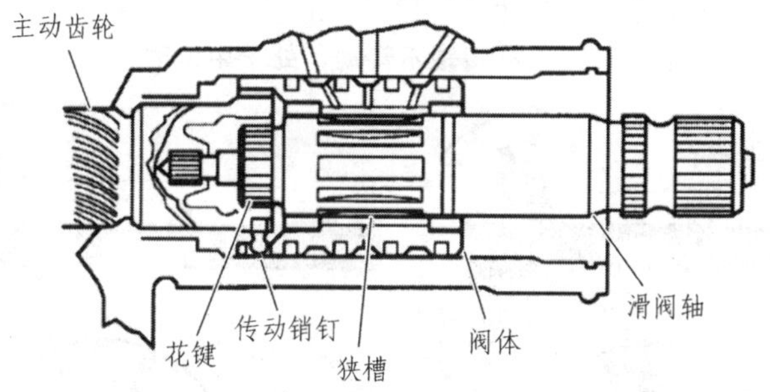

图 7-3-15　带有滑阀的转向器阀体总成结构示意图

滑阀轴外径上的狭槽和阀体内表面互相错开，防止液体流进转向器。

（2）转向器阀体总成的工作过程。

当转向盘转动时，滑阀轴和扭力杆上端也随之转动；主动齿轮、扭力杆下端和阀体开始时阻碍运动，最终也随之转动。当上端转动、下端滞后，滑阀轴上狭槽和阀体瞬时对准时，"裂缝"开启了通向转向器气缸的微细液体通路，随着阀的位置不同，引导油液进入下列 3 条通路中的某一条。

a. 滑阀轴不转动，处于中位时，油液输送到转向器动力缸的两侧。

当滑阀轴不转动，处于中间位置时，油液通过阀体上的 4 个供油孔流入阀体。转向器阀体是一个"中部敞开"阀，因此引导油液自由地进入转向器动力缸活塞的两侧，动力缸活塞两侧压力相等，齿条不移动，车轮保持原行驶状态，如图 7-3-16 所示。

b. 滑阀轴左转时，油液输送到转向器动力缸右侧。

当驾驶人把转向盘向左转动时，滑阀轴逆时针旋转，限制油液流入动力缸左侧；并引导油液进入右侧，在动力缸活塞两端压力差的作用下，转向器的齿条向左移动，实现车轮向左转动。当转向盘和滑阀轴连续转动时，滑阀轴保持相对于阀体的位置，作用在动力缸活塞右端的力持续增加，从而使车轮连续转动，如图 7-3-17 所示。

当驾驶人放开转向盘时，扭力杆松开滑阀轴，使其回到阀体的中间位置。若汽车正在行驶，则来自车轮的反作用力帮助转向器返回到直线行驶位置。

c. 滑阀轴右转时，油液输送到转向器动力缸左侧，其工作过程与上述相反，如图 7-3-17 所示。

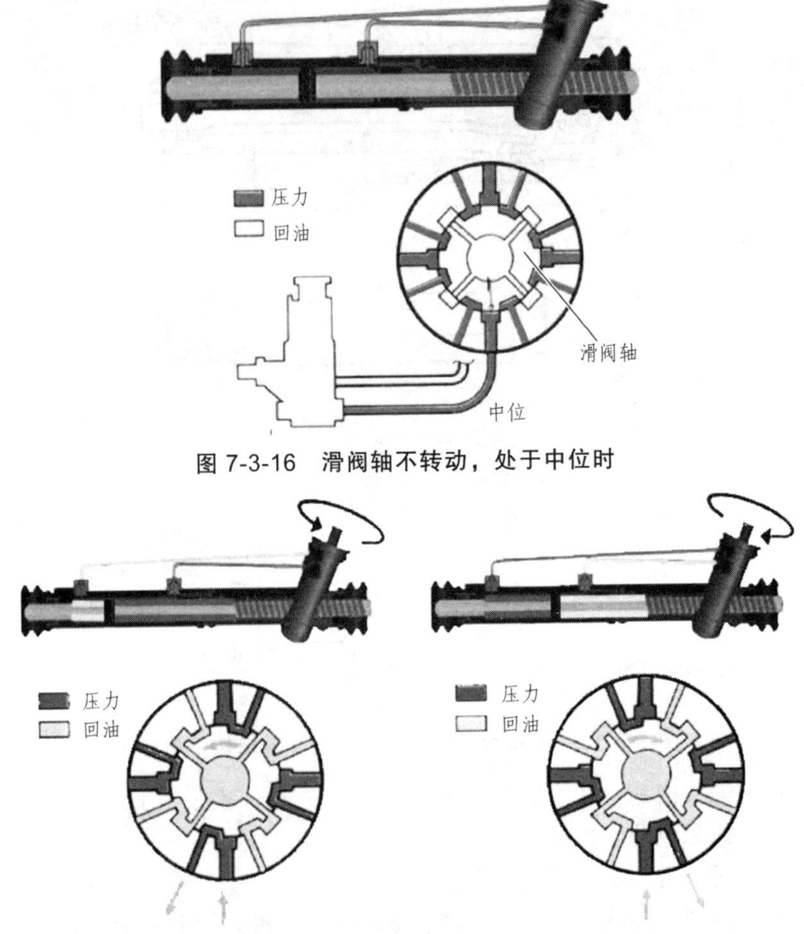

图 7-3-16　滑阀轴不转动，处于中位时

图 7-3-17　滑阀轴左转或右转时

5）液力转向冷却器

有些系统中使用金属的管道或者一种小型的辐射散热类型的冷却器。被液力转向油泵压缩的油液在转向器动力缸中吸收热量后，流过冷却器，在冷却器中释放热量。当冷却器用于液力转向系统时，安装在回油侧，转向器动力缸与储油罐之间，如图 7-3-18 所示。

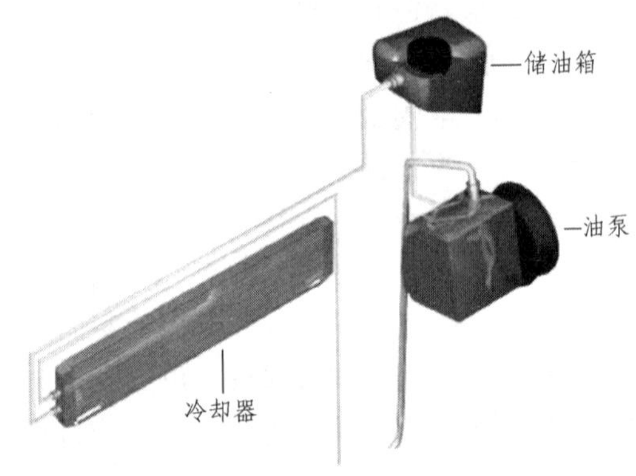

图 7-3-18　液力转向冷却器示意图

6）怠速提速装置

当右转或左转到极限位置时，转向油泵会产生最大液压力。此时，油泵上的大载荷将导致发动机怠速降低。为了解决这个问题，几乎所有的车辆上都装有怠速提升装置，它在油泵有大载荷时提高发动机怠速，使发动机稳定运转。

5. 液压助力转向系统检查的注意事项

（1）液压系统必须保持清洁，每隔一定时间要检查储油罐的液位，需要时将缺少的油补足。参看相应维修手册中的“维修润滑”部分，了解油液的种类和检查加油的时间间隔。

（2）如果液压油变脏或系统中有污物，应冲洗液压系统。如果液压系统特别脏，泵和转向器必须在继续使用前完全拆卸。此外，储油罐在重新使用前必须彻底清洗。

（3）每隔一定时间检查全部硬管、软管和接头是否发生渗漏。接头必须拧紧。务必使压板、卡箍、硬管和软管支撑全都位于应处位置并被正确固定。

（4）在车轮处于正向前方位置时检查软管，然后将车轮向左和向右转到极限，同时察看软管的移动情况。软管如与车辆其他部件碰触，会产生磨损，应予纠正。

（5）动力转向系统的软管和硬管不得发生扭曲、结节或硬弯。在管路上软管必须有足够的弯曲部分，以便在车辆运转时，吸收位移并补偿软管的收缩。

（6）液压系统中的空气会造成海绵作用，并在工作时产生噪声。当软管拆下或由于任何原因造成液压油流失时，在重新注油后必须对系统进行排气。

二、基本技能

以下以桑塔纳轿车为例，介绍液压助力转向系统的检修方法。

1. 准备工作

（1）防护装备：工作服、工作帽、手套、劳保鞋。

（2）车辆、台架、总成：桑塔纳整车或其他液压助力转向系统的整车。

（3）车间设备：举升机，工具车。

（4）手工工具：拆装工具一套，气动工具。

（5）辅助材料：翼子板布和前格栅布、三件套、抹布、手套、白板笔等。

2. 液压助力转向系统检修步骤

1）液力转向油泵皮带张力检查与调整

检查皮带是否有裂纹、剥落等其他损坏，发现异常应更换。

一些车辆采用单皮带蛇形管辅助装置驱动系统。蛇形管系统有张紧功能，不需要调整。有关三角皮带调整程序请参阅相应的维修手册。

2）液压助力转向系统的空气排放

维修过程中进入动力转向系统中的空气必须排出，然后才能行驶该车辆。如果空气滞留在系统内，会导致系统工作时产生噪声或出现不正常现象。

排放方法如下：

（1）进入驾驶室，启动发动机，并让其怠速运转。

（2）重新检查液面，必要时，添加转向助力油，使液面达到 MIN 标记位置。

（3）将转向盘从左到右，从右到左来回移动，排除系统中的空气。

（4）检查储液罐中的油液是否起泡或者乳化，如果有起泡或乳化，则检查系统是否有泄漏并修复。

（5）使方向盘回到中心位置，让发动机继续运转，1 ~ 3 min 后，关闭点火钥匙，使发动机停止运转。

3）冲洗液压助力转向系统

在更换转向油泵时，一定要冲洗整个系统，工作步骤如下：

（1）将车辆前部升离地面，使车轮能够自由转动。

（2）把回油管从液压泵进油接头上拆下。

（3）堵住泵的进油接头。

（4）将回油管一端放到大容器上盛接排出的油。

（5）使发动机怠速运转，同时让助手向储油罐内注入新的动力转向油。

（6）转动转向盘接近限位器。如果转向盘保持在限位器位置，油液将停止流动，油泵将处于减压状态，储油罐可能发生突然溢流。

（7）把所有硬管、软管和零部件（如果拆下来的话）安装到车辆上。

（8）给系统注入新的动力转向油，并按本单元介绍的程序对系统进行排气。

（9）开动发动机约 15 min。

（10）将泵的回油管从泵的进油嘴上拆下，堵住泵上的接头。

（11）重新给储油罐加注油时，检查排放出的油是否变脏。如果仍能看到异物，要更换全部管路，并拆卸清洗或更换动力转向系统零部件。不要重新使用排放出的动力转向油。

4）漏油检查

（1）在发动机关闭的情况下把整个动力转向系统擦干（转向器、泵、软管和接头）。

（2）检查液压泵储油罐的油位，并按照维修手册“油位调整”部分的说明进行调整。

（3）启动发动机，左右转动转向盘到极限位置，转动数次。不要使转向盘保持在极限的位置，这样可能会损坏液压泵。

（4）查找渗漏的准确部位，采用推荐的方法进行修理。

5）检查或补充动力转向液力油

（1）动力转向储油罐的盖式量油尺上的标志清楚地指明了油位。在补充或更换转向液力油时，一定要使用干净的新油。

（2）当触摸转向油感到很烫时（77 °C），油位应在“FULL HOT”的位置。如果转向油是凉的（室温），正确的油位应在“FULL COLD”位置。

（3）动力转向液力油的技术要求：当补充动力转向液力油或全部更换动力转向液力油时，一定要使用正确型号的液力油。使用不正确的转向液力油将造成软管或密封圈的损坏，从而导致漏油。

三、学习小结

（1）液压转向系统的作用。
（2）液压转向系统的类型。
（3）液压转向系统的结构组成和工作原理。
（4）液压助力转向系统主要零部件的结构。
（5）液压助力转向系统检查的注意事项。
（6）液压助力转向系统维修。

四、任务分析

本情境中，在排除转向传动机构故障的前提下，对助力转向系统进行检修，主要是皮带、助力转向油液及相关管路。

五、自我评估

1. 填空题

（1）助力转向系统按传能介质的不同，可分为______和_______两种。目前应用广泛的是______。

（2）液压助力转向系统由机械转向器、__________、转向动力缸以及___________、油罐等组成。

2. 判断题

（1）常压式液压转向助力装置的特点是液压系统的工作管路中总是保持高压状态。（　　）

（2）助力转向油泵通常是由转向盘带动的皮带驱动的。（　　）

（3）空气滞留在液压助力转向系统内，会导致系统工作时产生噪声或出现不正常现象。（　　）

（4）只要不脏，液压助力油可以反复使用，以节约成本。（　　）

工作任务 4　转向系统典型故障诊断

任务情境

一、任务描述

一辆丰田卡罗拉手动挡轿车，出现转向沉重的故障。你能排除这个故障吗？

二、任务提示

根据故障现象，必须明确转向沉重的原因，才能进一步诊断和排除故障。

任务目标

一、知识目标

（1）能描述转向系统典型的故障现象。
（2）能描述转向系统故障的可能原因。

二、能力目标

能够对转向沉重进行故障诊断与排除。

必备知识

一、基本知识

1. 机械转向系统常见故障现象

1）转向盘不在直线行驶位置

转向盘不居中指的是汽车直线行驶时，转向盘不在直线行驶位置，即不能遮挡驾驶人对仪表盘的视线位置。如果转向盘不居中，则应检查前轮和后轮的前束，具体步骤和方法参考相关车型维修手册。

2）转向盘回正能力差

转向盘回正能力指的是转向盘转动一整圈后，能够回复到中心位置的能力。转向盘回正能力差的主要因素是主销内倾角、后倾角和汽车质量，具体调整及修理步骤参考相关车型维修手册。

3）冲击转向

冲击转向是前束变化不相等所造成的一种转向情况。汽车在道路上行驶时，前束随着悬架的每一次上跳和反弹发生变化。这种微小的前束变化会引起车轮向内或向外偏转。如果汽车上跳和反弹时，两侧前束不相等，则两前轮便有转向或剧烈地移向另一方的趋势。在不平整的道路上，驾驶人会感到前轮左右摆动。整前束方法参考相关车型维修手册。

4）行驶跑偏

跑偏是一种影响汽车方向稳定性的情况，当汽车有向一侧或另一侧“跑偏”趋势时，驾驶人需要持续地向相反的方向转动转向盘，以维持汽车直线行驶。

缓慢跑偏是指转向盘松开后，汽车行驶中轻微地偏向右方或左方。缓慢跑偏不像跑偏那样严重，它是很轻微的方向改变。驾驶人一般不必像跑偏那样持续修正方向来维持汽车直驶。

跑偏的原因可能是转向盘调整不当，悬架系统故障，或车轮定位不正确等原因，具体调整及修理步骤参考相关车型维修手册。

2. 助力转向系统故障诊断

动力转向系统主要故障是转向盘感觉沉重。转向盘感觉沉重通常是转向助力不足的直接结果。助力不足是由于动力转向系统中的油压不足造成的。助力损失的可能原因很多，重要的是确定助力是否完全不起作用，还必须检测并排除转向盘阻力较大等机械原因。

1）系统故障症状

动力转向系统故障有两个最普通的症状：

（1）在车辆静止状态下转动转向盘时，动力转向明显不起作用，转向盘转动阻力非常大。当到达最大转向点时，转向盘可能也突然变重。

（2）在车辆低速和静止状态下，助力出现。但在其他情况下，助力消失，车轮变得非常重。

2）排除其他系统原因

（1）横直拉杆球头连接调整过紧或缺油。

（2）转向器内部机械故障。

（3）前轮轮胎气压不足。

（4）前轮定位失准：主销后倾过大、主销内倾过大或前轮负外倾。

（5）悬架系统故障。

3）液压助力系统原因

（1）确认液压油液面和品质正常。

（2）如果转向盘阻力在很多转向情况下都很大，可以认为动力转向系统不起助力作用。显然，负责产生油压的油泵是首先要检查的；如果油泵没有问题，则检查动力缸，确保油液从油泵流入动力油缸，油液管路可能损坏或堵塞；最后检查动力转向器和控制阀，如图 7-4-1 所示。

图 7-4-1　动力转向系统故障部位示意图

（3）当车轮转动到最大转向角时，动力转向损失通常是由于皮带打滑造成的。由于打滑皮带会产生噪声，故障现象通常很明显。

（4）在整个转向范围，如果注意到部分或间歇动力转向损失，这通常是由于油泵动力不足造成的；检查油液管路是否损坏和限流；检查转向器控制阀功能和转向器摩擦扭矩水平；检查转向管柱转动摩擦力矩水平；系统中某些地方机械摩擦增大可能是动力转向不足的原因。

（5）在冷天操作过程中，当发动机刚刚启动后，动力转向效率可能较低。这实际上不是故障。因为油温低，黏度高，在系统中流动性差。随着油温上升并开始自由流动，动力转向效率将恢复正常水平。

4）故障诊断步骤

（1）应在动力转向油液温度达到 50 ~ 60 °C 时进行。

（2）应在行驶后和发动机匀速运转后立即进行。某些故障排除步骤在执行之前要求转向盘向左和向右转动 5 ~ 6 次（转到极限）。

（3）在发动机怠速情况下，进行转向力检查，转向力检查必须在干燥路面上进行。

（4）使用带有锁止阀的动力转向测试仪套件，仪表状态应良好，以得到准确读数。

如果诊断中发现异常，则应根据实际情况进行调整、维修或更换，确保故障排除。

二、基本技能

1. 准备工作

（1）防护装备：工作服、工作帽、手套、劳保鞋。

（2）车辆、台架、总成：卡罗拉整车。

（3）车间设备：举升机；台虎钳。

（4）手工工具：拆装工具一套，气动工具。

（5）辅助材料：翼子板布和前格栅布、三件套、抹布、手套、白板笔等。

2. 实施步骤

转向系统故障诊断流程如图 7-4-2 所示。

（1）排除轮胎气压、四轮定位、悬架系统造成的故障。参照其他系统的内容。

（2）检查助力转向系统。

对于液压助力转向的车型：

a. 检查助力转向液液位。首先让发动机怠速时，保持汽车原地不动时转动转向盘数次，使转向液温度上升到 40 °C 和 80 °C（104 °C 和 176 °C）之间，回退转向盘到中间位置，然后发动机熄火，拧开转向助力油储液罐盖，检查储液罐中的液位是否处于规定的范围内，如图 7-4-3 所示（MAX 和 MIN 之间）。

注意：不要使转向盘完全停留在任何一侧超过 10 s。

b. 助力转向系统排空气：发动机怠速运转，原地转动转向盘数次，直到储液罐没有气泡出现。

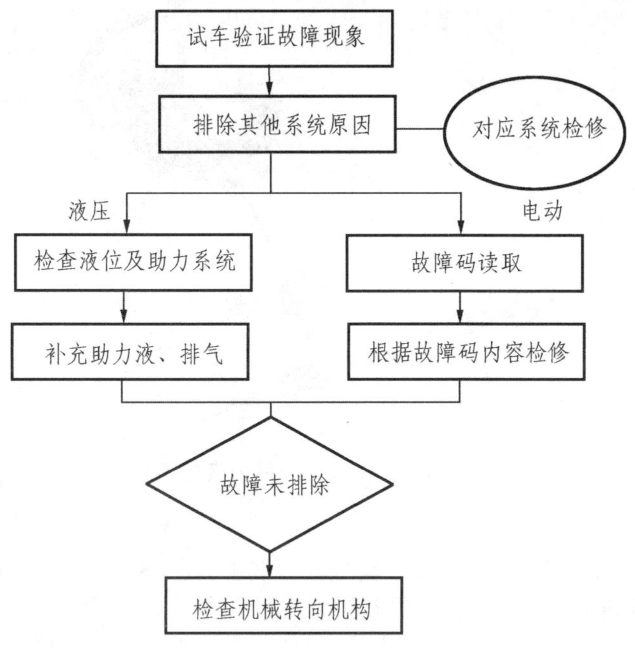

图 7-4-2　转向系统故障诊断流程图

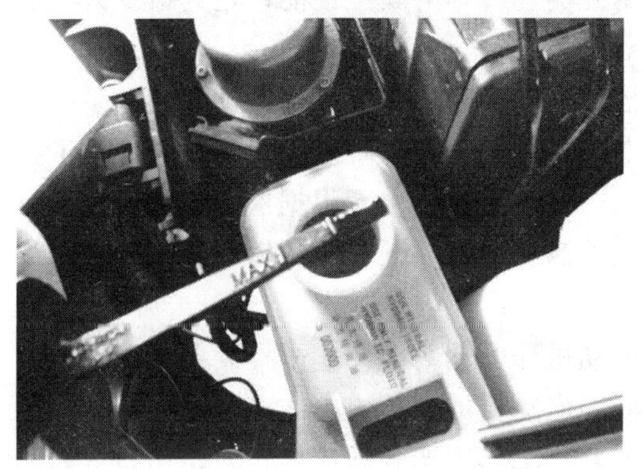

图 7-4-3　检查助力转向系统

c. 检查助力泵皮带是否磨损和打滑。

d. 如果以上都正常，分解检查助力泵是否磨损。

对于电动助力转向的车型：

如卡罗拉轿车采用电动转向系统（见图 7-4-4），应采用检测仪器进行故障自诊断。如果有故障码，根据故障码内容检修。

（3）机械转向机构故障。检查横直拉杆球头和转向机（转向器），如有损坏必须更换新件（转向机构涉及行车安全，不可维修）。

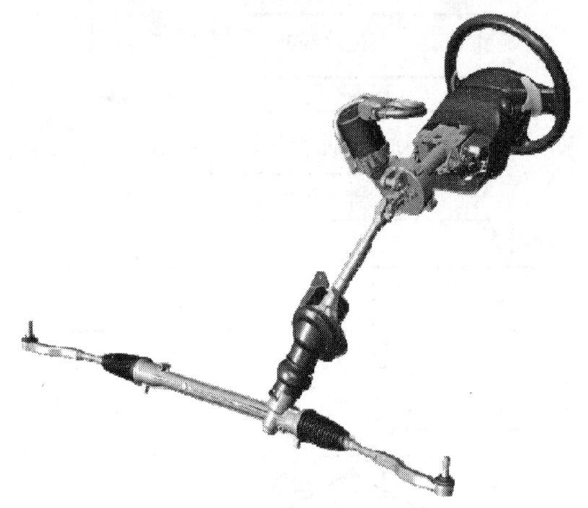

图 7-4-4 卡罗拉电动助力转向系统

三、拓展知识

1. 电动转向系统

电控式助力转向系统可使汽车在停车或低速行驶时转向操纵力减小，而在高速行驶时又可适当增大转动操纵力，从而提高整车的操纵稳定性能和行车的安全性能，达到最令人满意的汽车驾驶性能。

电控助力转向系统根据动力源不同可分为电控液压助力转向系统和电控助力转向系统。

电控液压助力转向系统（简称 EHPS）是在传统的液压助力转向系统的基础上增设了控制油液流量的电磁阀、车速传感器和电子控制单元等，电子控制单元根据检测到的车速信号控制电磁阀，使转向动力放大倍率实现连续可调，从而满足高、低速时的转向助力要求，如图 7-4-5（a）所示。

电控助力转向系统（简称 EPS）是利用直流电动机作为动力源，电子控制单元根据转向参数和车速等信号，控制电动机扭矩的大小和方向。电动机的扭矩由电磁离合器通过减速机构减速增加扭矩后，加在汽车的转向器上，使之得到一个与工况相适应的转向作用力，如图 7-4-5（b）所示。

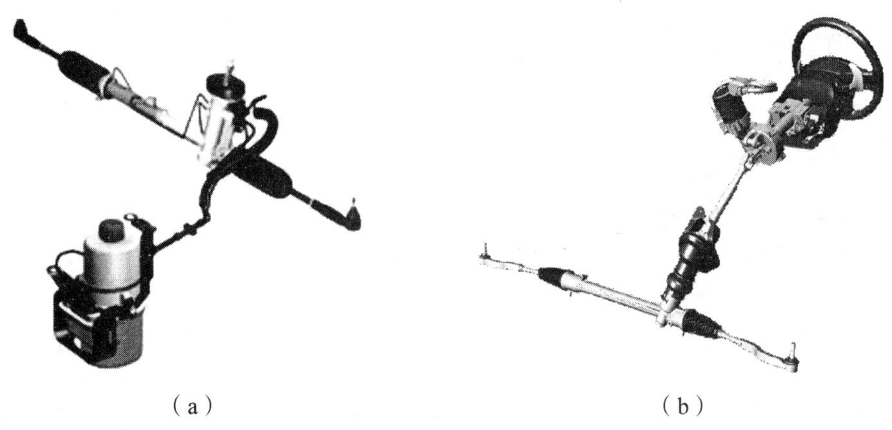

（a）　　　　（b）

图 7-4-5 电动助力转向系统示意图

2. 转向系统典型故障诊断及排除操作

以下以别克凯越轿车为例，介绍转向系统典型故障检查及排除操作方法。

1）动力转向泵故障

动力转向泵故障见表 7-4-1 ~ 7-4-4。

表 7-4-1 检查动力转向液中是否有泡沫或乳化（油液中有空气）

检 查	操 作
检查导致溢流的动力转向泵是否内部泄漏	修理泵内泄漏； 排出系统中的空气
检查液面是否过低	修理泵内泄漏； 排出系统中的空气； 液面过低容易在低温下导致系统中出现气泡

表 7-4-2 动力转向泵导致压力过低

检 查	操 作
检查动力转向泵密封处是否存在外部泄漏	更换密封； 修理漏油位置； 排出系统中的空气
检查蛇形附件传动皮带是否磨损	更换蛇形附件传动皮带

表 7-4-3 动力转向器导致压力过低

检 查	操 作
检查壳体缸套是否划伤	更换壳体缸套
检查阀门弹簧或密封是否泄漏	修理漏油位置； 排出系统中的空气

表 7-4-4 动力转向泵有嘎吱声

检 查	操 作
检查动力转向液中是否有空气	执行表 7-4-1“动力转向液中是否有泡沫或乳化（油液中有空气）”中列出的检查项目
检查动力转向液液面是否过低	修理内部或外部泄漏； 排出系统中的空气
检查动力转向泵座是否过松	紧固泵座至规定扭矩

2）齿轮齿条式转向机故障

齿轮齿条式转向机故障见表 7-4-5 ~ 7-4-12。

表 7-4-5　咝咝噪声

检　查	操　作
检查中间轴球节是否松动	坚固中间轴球节
检查动力转向软管是否碰到其他部件	确保动力转向管正确安装在软管卡夹中

表 7-4-6　转向机发出咯咯噪声

检　查	操　作
检查动力转向软管是否碰到车身	确保动力转向软管正确安装在软管卡夹中
检查转向器润滑是否不充分	润滑转向装置
检查转向器座是否安装不当	紧固转向器装配架螺母和螺栓
检查外转向横拉杆是否安装不当	紧固外转向横拉杆球节。更换外转向拉杆

表 7-4-7　转向盘不回中

检　查	操　作
检查转向盘是否碰到转向信号壳体	调整转向信号壳体
检查中间轴接头是否卡滞或松动	更换中间轴
检查动力转向泵流量控制阀是否卡滞和错位	更换动力转向泵
检查车轮定位	定位车轮
检查车轮轴承是否磨损或损坏	更换车轮轴承
检查中间轴接头是否安装不当	调整转向器与转向柱之间的中间轴； 更换中间轴
检查外转向横拉杆和球节是否卡滞或松动	紧固或更换转向横拉杆和球节
检查转向器的调整	执行直线行驶检查
检查转向柱轴密封是否与轴摩擦	更换前围板密封
检查转向轴轴承是否卡滞	更换短轴轴承

表 7-4-8　迅速打转向盘时突然感觉费力

检　查	操　作
检查动力转向泵是否内部泄漏	更换动力转向泵
检查软管是否损坏或堵塞油液流动	更换动力转向软管和/或接管
检查动力转向液液面	向动力转向液储液罐加注转向液
检查动力转向泵流量控制阀是否卡滞和操作不当	更换动力转向泵

表 7-4-9 在发动机运行期间转弯时转向振颤

检 查	操 作
检查动力转向泵压力是否不足	更换动力转向泵
检查动力转向泵流量控制阀是否卡滞和操作不当	更换动力转向泵
检查动力转向泵蛇形皮带是否打滑	张紧动力转向泵蛇形皮带
检查动力转向系统中是否有空气污染	排放动力转向系统中的空气

表 7-4-10 低速或静转向时转向振动

检查动力转向系统中是否有空气	排放动力转向系统中的空气
检查动力转向泵蛇形皮带是否过松	张紧动力转向泵蛇形皮带

表 7-4-11 转向盘反冲过大或过松

检 查	操 作
检查动力转向系统中是否有空气	排放动力转向系统中的空气
检查车轮轴承是否磨损或损坏	更换车轮轴承
检查转向机座是否安装不当	紧固转向机装配架螺母和螺栓
检查中间轴接头是否安装不当	调整转向机与转向柱之间的中间轴； 更换中间轴
检查外转向横拉杆和球节是否松动	紧固或更换转向横拉杆和球节

表 7-4-12 转向困难或助力差（特别是驻车时）

检 查	操 作
调整转向器与转向柱之间的中间轴，更换连接法兰	调整转向器与转向柱之间的连接法兰，必要时更换连接法兰
检查动力转向泵流量控制阀是否卡滞和安装不当	更换动力转向泵
检查动力转向泵压力是否不足	更换动力转向泵
检查动力转向泵是否内部泄漏	更换动力转向泵
检查中间轴是否松动或磨损	紧固中间轴，必要时，更换中间轴
检查动力转向泵蛇形皮带张紧度	张紧动力转向泵蛇形皮带

3）转向柱及锁定系统故障

转向柱及锁定系统故障见表 7-4-13 ~ 7-4-21。

表 7-4-13　锁定系统不解锁

检　查	操　作
检查锁芯是否损坏	更换锁芯
检查点火开关是否不灵活	润滑点火开关
检查转向柱壳体是否卡滞或损坏	拆卸转向轴并清理转向柱壳体，必要时，更换转向柱壳体

表 7-4-14　锁定系统锁不上

检　查	操　作
检查锁芯是否损坏	更换锁芯
检查点火开关是否不灵活	润滑点火开关
检查转向柱壳体是否卡滞或损坏	拆卸转向轴并清理转向柱壳体，必要时，更换转向柱壳体

表 7-4-15　开 锁 费 力

检　查	操　作
检查锁芯是否损坏	更换锁芯
检查点火开关是否不灵活	润滑点火开关
检查壳体和盖板是否严重错位	重新定位壳体盖板，必要时更换盖板
检查点火开关安装架是否弯曲	更换点火开关安装架

表 7-4-16　在 LOCK（锁定）位置无法拔出钥匙

检　查	操　作
查看点火开关位置是否正确	重新调整点火开关
检查锁芯是否损坏	更换锁芯

表 7-4-17　转向柱有噪声

检　查	操　作
检查转向器至转向柱球节是否安装不当	紧固转向轴万向节夹紧螺栓，必要时，更换转向轴球节
检查转向轴轴承是否磨损或损坏	更换转向轴轴承
检查球节是否润滑不充分	润滑球节
检查转向轴润滑是否不充分	润滑转向轴轴承
检查转向轴锁定弹簧卡环是否安装不当	调整转向轴锁定弹簧卡环，必要时更换转向轴锁定弹簧卡环

表 7-4-18　转动转向轴费力

检　查	操　作
检查转向轴轴承是否磨损或损坏	更换转向轴轴承
检查防尘密封件是否安装不当或变形	更换防尘密封件
检查上下轴承是否损坏	更换上轴承或下轴承
检查转向轴万向节是否不灵活	润滑转向轴万向节，必要时，更换转向轴万向节

表 7-4-19　转向柱有游隙

检　查	操　作
检查转向柱支架装配螺栓是否安装不当	紧固转向柱支架装配螺栓
检查转向柱套管上的焊接螺母是否断开	更换转向柱套管
检查转向柱壳体至转向柱套管支架螺钉是否松动	紧固支架螺钉

表 7-4-20　转向盘过松

检　查	操　作
检查转向盘支架或壳体中的孔与轴销直径之间的间隙是否过大	更换尺寸正确的轴销
查看上轴承是否正确安装在壳体上	正确固定上轴承位置，必要时更换上轴承
检查转向柱壳体支架螺钉是否松动	紧固转向柱壳体支架螺钉

表 7-4-21　倾斜转向柱时有噪声

检　查	操　作
检查上倾斜减振器是否磨损	更换上倾斜减振器
检查倾斜弹簧是否卡滞	调整倾斜弹簧，必要时，更换倾斜弹簧

四、学习小结

（1）机械转向系统常见故障现象。
（2）助力转向系统故障诊断。
（3）转向沉重的故障诊断与排除。

五、任务分析

本情境中，“转向沉重”的故障原因不一定出在转向系统，首先必须排除其他系统的原因，再查找转向系统，包括机械系统和液压助力系统的原因。

六、自我评估

1. 填空题

（1）机械转向系统常见故障现象有转向盘不在直线行驶位置、____________、冲击转向和____________等。

（2）冲击转向是________变化不相等所造成的一种转向情况。

2. 判断题

（1）转向系统典型的故障是转向太轻。（　　）

（2）卡罗拉轿车采用液压助力转向系统。（　　）

（3）转向沉重的故障原因一定出在转向系统。（　　）

（4）助力转向系统混入空气时必须排放干净。（　　）

学习项目 8　制动系统检修

本学习项目介绍制动系统的作用、组成、基本原理和检修方法，包含5个工作任务：任务1行车制动系统检修；任务2鼓式制动器检修；任务3盘式制动器检修；任务4驻车制动系统检修；任务5制动系统典型故障诊断。通过5个工作任务的学习，能够掌握制动系统的结构组成原理，以及拆装与检修的技能，能进行驻车制动、行车制动系统的检查、紧固、调整或更换。

工作任务1　行车制动系统检修

任务情境

一、任务描述

一位丰田卡罗拉的客户向维修顾问反映，最近刹车不太好，需要用较大的力踩刹车。即使用力踩下去，制动效果仍然不是很好。你的主管安排你对制动系统进行检修，你能完成这个任务吗？

二、任务提示

根据故障现象，需要对行车制动系统进行检查，特别是需要对制动分泵、真空助力器进行仔细检查与维修。

任务目标

一、知识目标

（1）能描述行车制动系统的功用、组成以及工作原理。
（2）能描述制动总泵的类型、结构和工作原理。
（3）能描述真空助力器的类型、结构和工作原理。
（4）能描述行车制动器的类型、结构和工作原理。

二、能力目标

（1）能够对制动管路进行检查。

（2）能够对制动总泵进行检查与更换。

（3）能够对真空助力器进行检查与拆装。

必备知识

一、基本知识

1. 制动系统的功用

制动系统是汽车最重要的安全系统之一，其功用包括：使行驶中的汽车按照驾驶人的要求进行强制减速甚至停车；使已经停驶的汽车在各种道路条件下（包括在坡道上）稳定驻车；使下坡行驶的汽车速度保持相对稳定，如图 8-1-1 所示。

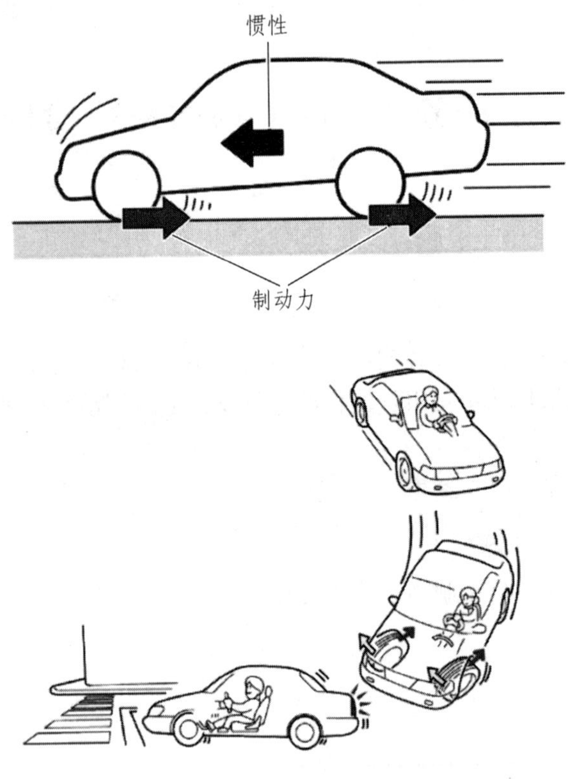

图 8-1-1　制动系统功用示意图

制动性能的好坏，会影响到汽车的行驶速度和运输效率，如果制动系统出现问题，会导致安全性下降，油耗增加，还可能造成交通事故。

2. 制动系统的分类

按制动系统作用可分为行车制动系统（又称脚制动系统）、驻车制动系统（又称手制动系统）以及应急和辅助制动系统等。用以使行驶中的汽车降低速度甚至停车的制动系统，称为行车制动系统。行车制动系统和驻车制动系统是每一辆汽车都必须具备的，是汽车最基本的两套独立的制动装置，如图 8-1-2 所示。

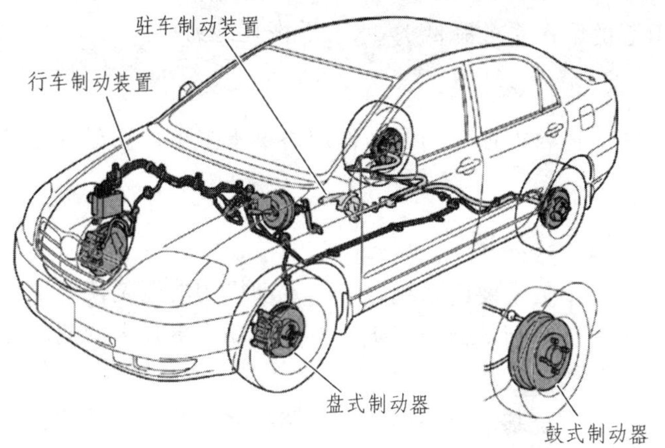

图 8-1-2　行车制动系统和驻车制动系统布置示意图

按制动系统操纵能源可分为人力制动系统、动力制动系统和伺服制动系统等。以人力作为唯一制动动力源的制动系统称为人力制动系统；由发动机的动力转换为气压或液压形式的动能进行制动的制动系统称为动力制动系统；兼用人力和发动机动力进行制动的制动系统称为伺服制动系统或助力制动系统。

按制动能量传输方式可分为机械式、液压式、气压式和电磁式等，同时采用两种以上传能方式的制动系统称为组合式制动系统。

按制动器类型可分为盘式制动系统和鼓式制动系统。

3. 对制动系统的要求

为了保证汽车能在安全的条件下发挥出高速行驶的能力，制动系统必须满足下列要求：

1）具有良好的制动效能

制动效能评价指标有：制动距离、制动减速度、制动力和制动时间。制动效能可以用制动试验台来检验，常用制动力来衡量制动效能。而在实际使用过程中，往往用制动距离来衡量整车的制动效能。制动距离是以某一速度开始紧急制动（如 30 km/h 或 50 km/h），从驾驶人踩下制动踏板起自至停车为止所走过的距离。

2）操纵轻便

操纵轻便即操纵制动系统所需的力不应过大。对于人力液压制动系统最大踏板力不大于 500 N（轿车）和 700 N（货车）。

3）制动稳定性好

制动稳定性好指制动时，前后车轮制动力分配合理，左右车轮上的制动力矩基本相等，汽车不跑偏，不甩尾。

4）制动平顺性好

制动力矩能迅速而平稳地增加，也能迅速而彻底地解除。

5）散热性好

连续制动时，制动鼓的温度高达 400 °C，摩擦片的抗“热衰退”能力要高（指摩擦片抵抗因高温分解变质引起的摩擦系数降低）；水湿后恢复能力快。

6）其他要求

对挂车的制动系统，还要求挂车的制动作用略早于主车；挂车自行脱钩时能自动进行应急制动。

4. 行车制动系统的工作原理

行车制动系统是车辆中最重要的系统之一。发动机的功能是使车辆移动，而制动器的功能是使车辆减速或停止。行车制动器能产生比发动机动力更强大的制动力。使用时，制动器甚至能使发动机熄火。

目前汽车的行车制动系统基本上采用液压管路控制。踩下制动踏板时，制动总泵（也称主缸）使制动液流入制动系统管路和软管。制动液的压力驱动制动分泵以及各车轮的制动器动作，制动蹄和制动鼓或制动衬块和制动盘之间的动摩擦会使车轮减速并停止旋转；轮胎和路面之间的摩擦使车辆停止。

对于控制制动液流动的液压制动回路，目前的汽车都采用双回路制动系统。双回路制动系统配有一个双活塞制动总泵、两个制动液储液罐以及两个独立的液压系统。一个液压系统控制两个车轮的制动器，另一个液压系统控制另两个车轮。这种布置提高了安全系数，如果一个系统失灵，另一个系统还可继续工作。

最早的双回路制动系统是将前轮制动与后轮制动分开，最新的双回路制动系统则采用对角线分路。对角线分路式系统上的每个系统各控制一个前轮制动器和一个后轮制动器，如图 8-1-3 所示。

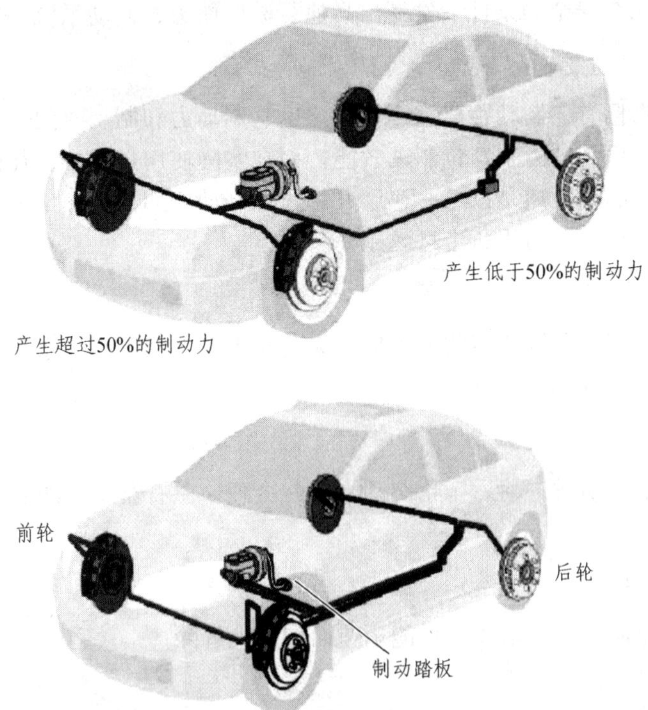

图 8-1-3　采用前/后分路式和对角线分路式的双回路制动系统

5. 行车制动系统的结构组成

液压行车制动系统主要由制动总泵（主缸），真空制动助力器、行车制动器、制动管路等组成，如图 8-1-4 所示。

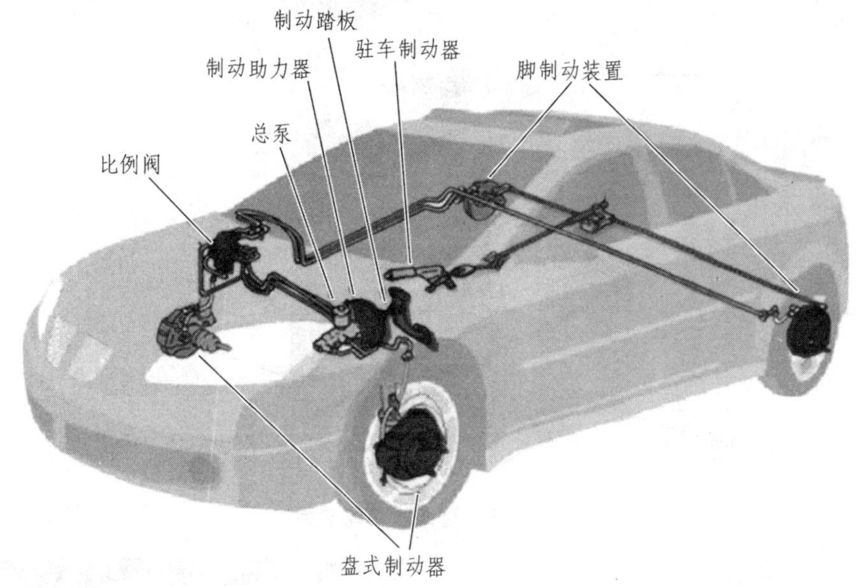

图 8-1-4　制动系统的基本组成

1）制动总泵

制动总泵（主缸）是将踏板上的作用力转换成液压力的装置，向制动分泵（输出缸）提供带压力的液体。鼓式制动器的输出缸称为轮缸，盘式制动器的输出缸称为制动卡钳。

常见的制动总泵有整体式和串联双腔式两种类型。

（1）整体式制动总泵。

整体式制动总泵是带有双储液罐的整块铸铁元件，如图 8-1-5 所示，称为整体式制动总泵是因为储液罐集成在制动总泵总成内。一些老式大型汽车和轻卡上仍使用这种制动总泵。

（2）串联双腔式制动总泵。

现在的大多数车辆都采用串联双腔式制动总泵总成，这种制动总泵由铸铝制成。塑料储液罐通过橡胶密封圈直接附装在制动总泵上，密封圈能确保紧密密封，如图 8-1-6 所示。

制动总泵能将制动踏板的机械力转换为液压力。整体式和串联双腔式制动总泵的工作原理相同。油缸孔内充满制动液，当驾驶员踩下制动踏板时，制动总泵的活塞向前移动，将活塞作用力产生的压力传递给轮缸。当驾驶员放开制动踏板时，活塞回位弹簧将活塞回位。活塞往回移动时，活塞作用力及产生的液压力消除。

在串联双腔式制动总泵内，两个活塞在同一个缸孔内来回移动，如图 8-1-7 所示。每个活塞前方的空间就是制动液腔。制动液腔上方有个储液罐，使制动液腔始终充满制动液。

每个储液罐底部都有两个开孔，朝前的开孔是旁通孔，连通储液罐和高压腔，使制动液可以流入和流出高压腔。朝后的开孔是补偿孔，连通储液罐和低压腔，让低压腔的制动液得到补偿。

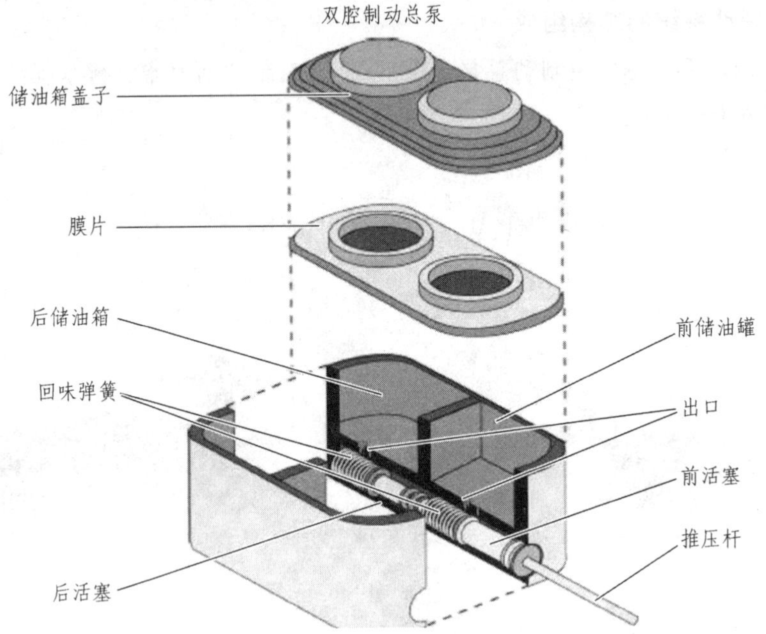

图 8-1-5 整体式制动总泵

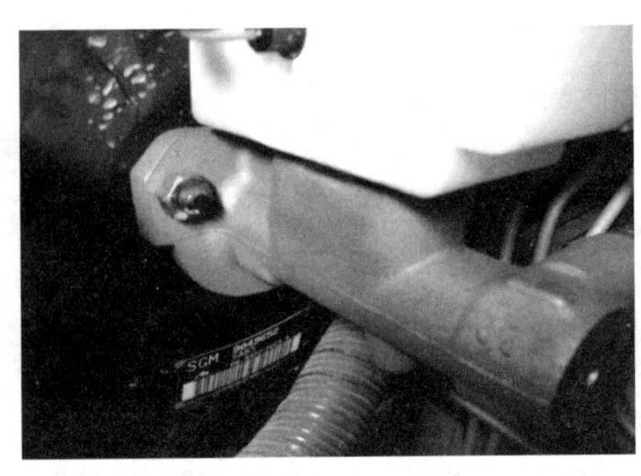

图 8-1-6 串联双腔式制动总泵实物图

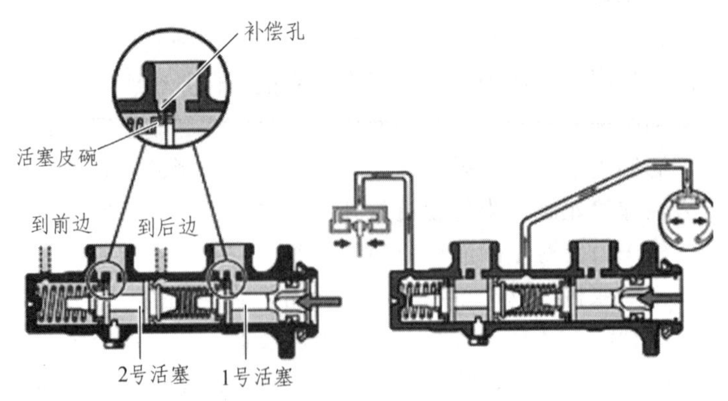

图 8-1-7 串联双腔式制动总泵内部结构

在对制动器施力时，活塞皮碗（密封圈）会移动穿过旁通孔，并使之与缸孔隔离。皮碗会密封制动液腔和活塞，使制动液不能流入低压腔。

当活塞继续向前移动时，制动液压力增加，并通过制动管路传递给轮缸。

补偿孔对活塞后方的低压腔进行充液。如果低压腔是空的，可能会产生真空，真空会试图将活塞拉回，如图 8-1-7（a）所示。

放开制动踏板后，回位弹簧将活塞回位。活塞会在制动液返回管路之前移动，从而在高压腔内形成部分真空，使制动液通过活塞皮碗与缸体内表面之间的间隙从低压腔流入高压腔，如图 8-1-7（b）所示。

2）真空助力器

真空助力器安装在车辆前围板发动机一侧，位于制动踏板杠杆和总泵之间。真空助力器是一种使用真空提供额外能量以增加制动压力的装置，如图 8-1-8 所示，使驾驶员轻踩制动踏板就能实现制动。真空可由发动机的进气歧管或单独的真空泵，或由两者一起供应。

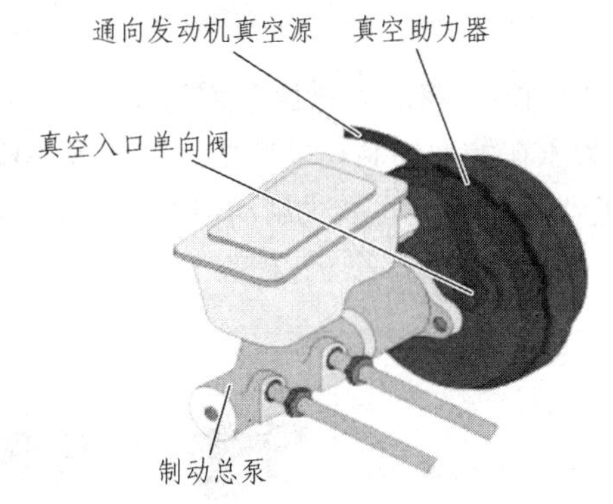

图 8-1-8 真空助力器

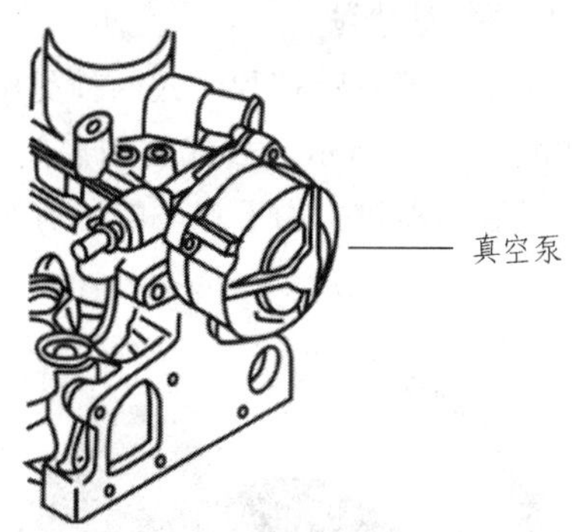

图 8-1-9 采用单独真空泵装置

在一些发动机真空不足的车辆上，如柴油发动机、涡轮增压发动机等，采用单独的真空泵来供制动真空助力器使用，真空泵由凸轮轴直接驱动，如图 8 1 9 所示。

真空助力器壳体是个钢罐，被一块位于两根推杆之间的挠性橡胶膜片分成两个腔室。其中一根推杆从助力器后侧穿过前围板并附装到制动踏板杠杆上，另一根推杆则从助力器前侧伸出，并与主缸内侧的主活塞接触，如图 8-1-10 所示。

与制动踏板相连的推杆与制动总泵动力活塞相连。动力活塞是前后推杆之间的接口，动力活塞内侧有一个控制阀，控制阀调节通向助力器两个单独腔室的气压和真空流量。

控制阀有两个端口，一个端口（真空阀）是常开的，允许真空进入后腔；另一个端口（空气阀）是常闭的，当驾驶员踩压制动踏板时，空气阀打开使空气在大气压力下进入后腔。同时，通向后腔的真空阀闭合，使两个腔室之间产生一个压差。高压侧会迫使膜片和动力活塞推动推杆移向主缸，这就产生了“助力”。当驾驶员停止踩压踏板时，两个阀门都闭合，这是“待命”位置。

驾驶员放开踏板时，空气阀闭合，真空阀打开。真空在膜片两侧达到平衡，膜片前侧的弹簧能协助将制动踏板推回其停止位置。

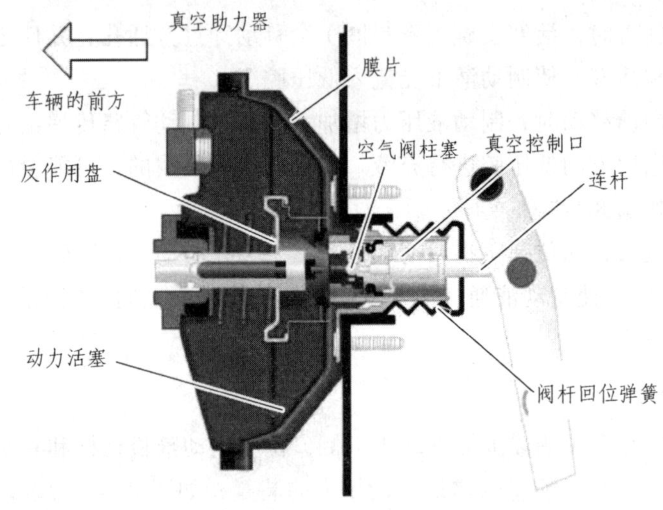

图 8-1-10　真空助力器结构

3）行车制动器

行车制动器有盘式和鼓式两种类型。盘式制动器使用液压将制动衬块夹紧在转动的制动盘上，如图 8-1-11 所示。鼓式制动器使用液压将制动蹄压在转动的制动鼓内侧，如图 8-1-12 所示。鼓式制动器过去用于汽车的所有车轮，在当今的小型车辆上，鼓式制动器通常用于后轮。

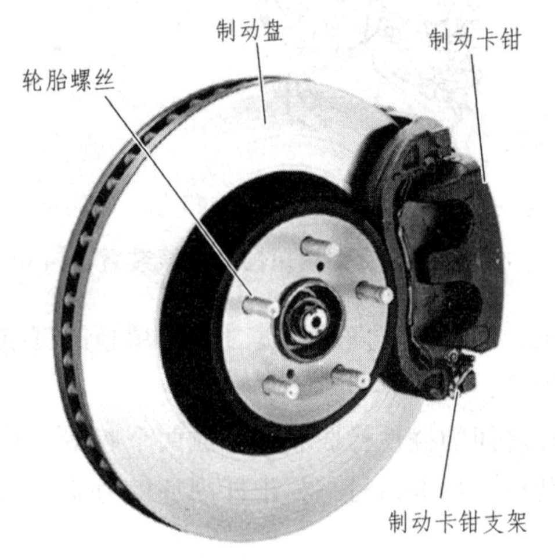

图 8-1-11　盘式制动器

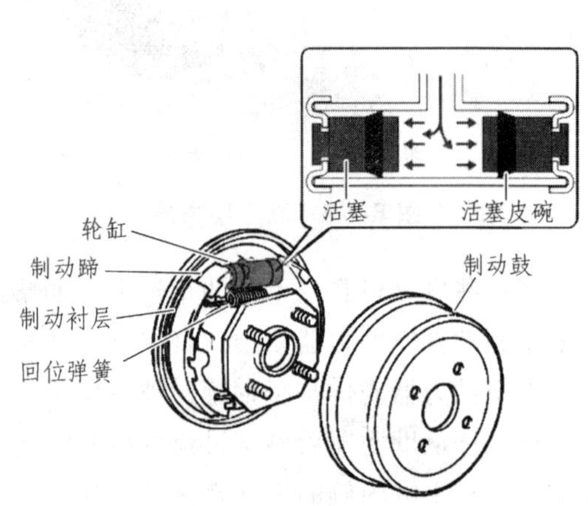

图 8-1-12　鼓式制动器

4）制动管路

行车制动器的作用是使运动中的车辆减速或停车，如果制动系统管路出现故障，会形成安全隐患，当紧急制动时，可能造成管路爆裂，造成制动失灵，导致严重的交通事故，因此对制动管路及软管的检查和维护非常重要。

检查制动管路的重要性：制动软管容易退化和损坏，例如裂纹和凸起，如不及时检查，会引起制动液泄漏，制动器不能工作。

制动管路检查/更换的间隔：制动软管应当定期（每行驶 20 000 km 或 1 年）进行检查。发现任何问题，立即更换软管。

二、基本技能

1. 准备工作

（1）防护装备：工作服、工作帽、手套、劳保鞋。

（2）车辆、台架、总成：卡罗拉整车或桑塔纳整车。

（3）车间设备：举升机，工具车。

（4）专用工具：推杆固定工具 SST 0937-00020

（5）手工工具：拆装工具一套、气动工具、手电筒。

（6）辅助材料：制动液、锂皂基乙二醇润滑脂、胶带、翼子板布和前格栅布、三件套、抹布、手套、白板笔等。

2. 制动管路检查

（1）将车辆停放在举升机位，并做好车辆及安全防护，要求如图 8-1-13 所示。

图 8-1-13　车辆就位

图 8-1-14　举升至合适高度

（2）将车辆举升至合适高度。要求如图 8-1-14 所示，将车辆举升至便于操作的高度，一般在轮胎与手臂齐平。

（3）举升机安全锁止。要求如图 8-1-15 所示。

a. 按下举升机控制柜上的锁定按钮，确认锁止机构已经锁止可靠；

b. 发出“举升机锁止安全，可以作业”的指令，然后开始相应作业项目的作业。

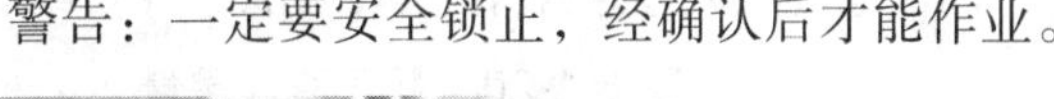

警告：一定要安全锁止，经确认后才能作业。

图 8-1-15　举升机安全锁止

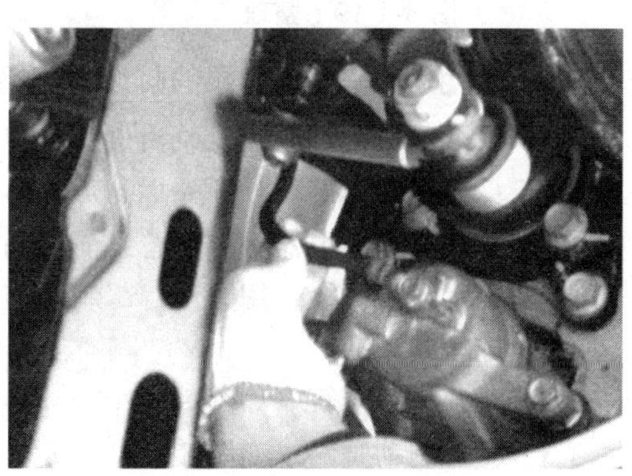

图 8-1-16　检查制动软管

（4）检查制动软管，要求如图 8-1-16 所示。

a. 用手摸并观察有无扭曲、裂纹，凸起；

b. 检查是否松动和摆动。

（5）检查制动管路管接头处，要求如图 8-1-17 所示，用手摸并观察，有无泄漏、损坏。

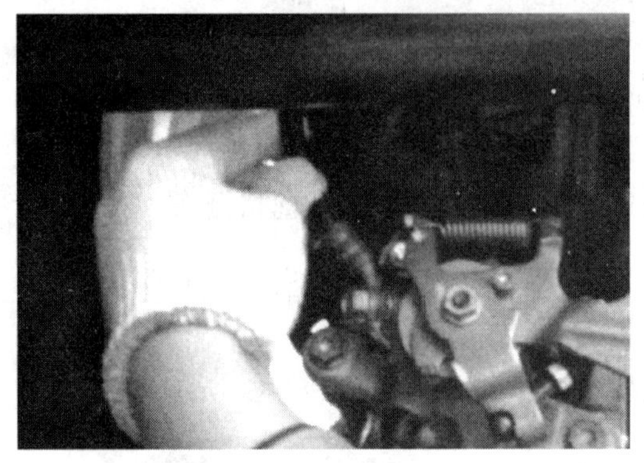

图 8-1-17　检查制动管路管接头处

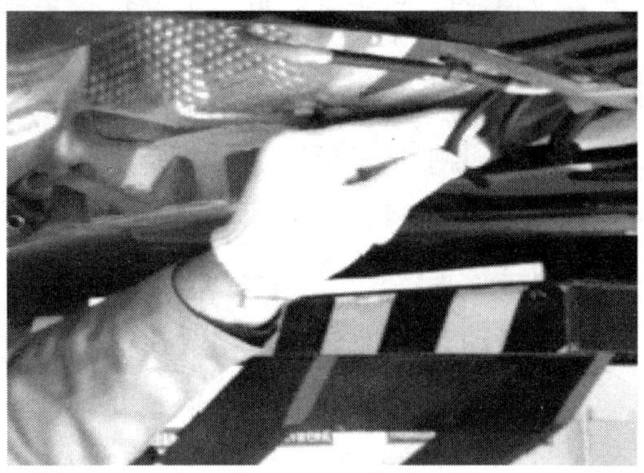

图 8-1-18　检查制动管路

（6）检查制动管路。要求如图 8-1-18 所示。

a. 用手摸并观察；

b. 检查有无裂纹、损坏、压痕；

c. 检查安装是否牢固，有无干涉。

（7）降下车辆。如图 8-1-19 所示，降下车辆，并按 5S 要求操作。

图 8-1-19　整理车间

图 8-1-20　断开离合器管

3. 卡罗拉轿车制动总泵的拆装与检查

以丰田卡罗拉轿车制动总泵为例，介绍制动总泵的拆装与检查方法。

提示：根据实际需要，预先拆卸可能妨碍操作的部件。

注意：从制动助力器上拆下总泵前，确保释放制动助力器真空。

方法：发动机熄火，用力反复踩制动踏板，直到踏板变“硬”。

（1）排净制动液。

（2）断开离合器管。如图 8-1-20 所示，移动卡子并断开离合器管。

（3）断开制动管路。如图 8-1-21 所示，从制动总泵分总成断开 2 个制动管路。

（4）拆卸制动总泵分总成。

a. 如图 8-1-22 所示，断开连接并分离 2 个卡夹；

图 8-1-21　断开制动管路

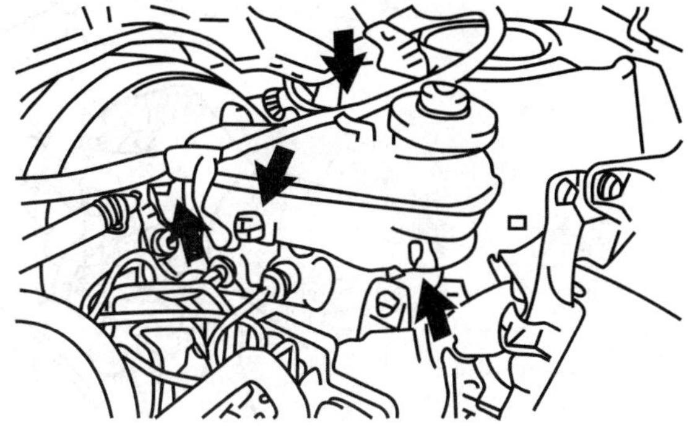
图 8-1-22　断开连接并分离 2 个卡夹

b. 如图 8-1-23 所示，拆下 2 个螺母、卡夹支架和制动总泵分总成；

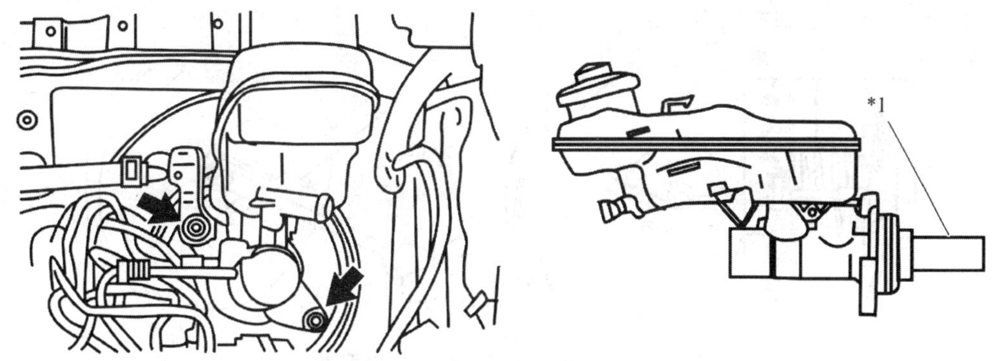

图 8-1-23　拆下 2 个螺母

c. 从制动总泵分总成拆下 O 形圈。

注意：

- 总泵需小心处理。避免总泵遭受任何冲击，例如掉落。掉落的总泵不能再使用。
- 不要敲击和挤压总泵活塞，也不要通过其他任何方式损坏总泵活塞。
- 从制动助力器上拆下总泵前，确保释放制动助力器真空。
- 将总泵安装至制动助力器或从制动助力器上拆下总泵时，确保总泵水平或端面向下（活塞朝上）以防总泵活塞掉落。
- 不要让任何异物污染总泵活塞。如果活塞沾染异物，则用抹布或布条将其擦掉，然后在活塞周边（滑动部件）上均匀涂抹锂皂基乙二醇润滑脂。
- 不要使用其他种类的润滑脂或液体。

（5）拆卸制动总泵储液罐加注口盖总成。

（6）拆卸制动总泵储液罐滤网。

（7）拆卸制动总泵储液罐总成，如图 8-1-24 所示。

a. 将制动总泵分总成安装至台钳；

b. 用尖冲头和锤子敲出直销并拆下制动总泵储液罐总成。

注意：在台钳上放置铝板以防止损坏制动总泵总成。

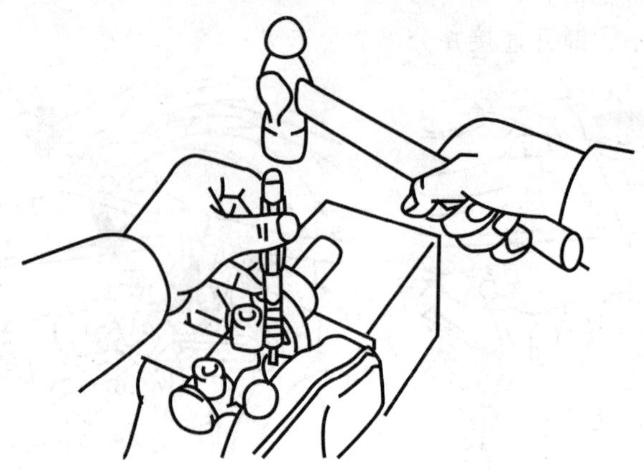

图 8-1-24　拆卸制动总泵储液罐总成

（8）拆卸主缸储液罐密封垫。从制动总泵储液罐总成上拆下 2 个主缸储液罐密封垫。

（9）检查并调节制动助力器推杆，如图 8-1-25 所示。

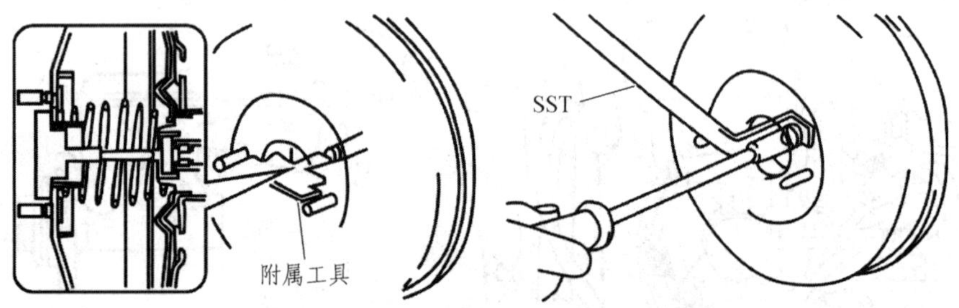

图 8-1-25　检查并调节制动助力器推杆

提示 1：

a. 换上新的制动总泵分总成时，需要调节制动助力器推杆。

b. 重复使用拆下的制动总泵分总成和换上新的制动助力器总成时，无需调节制动助力器推杆。

c. 在附属工具的头部涂抹白垩粉。

提示 2：

- 附属工具同新制动总泵分总成封装在一起。
- 将附属工具放置在制动助力器总成上。
- 测量制动助力器推杆和附属工具之间的间隙，标准间隙：0 mm（0 in）。

提示 3：

在下列情况下调节间隙：

- 如果附属工具和制动助力器壳之间有间隙（浮动附属工具），则推杆凸出过度。
- 如果白垩粉没有粘到制动助力器推杆的头部，则推杆凸出不足。
- 如果间隙不符合规定，则用 SST 固定推杆并用套筒螺丝刀（7 mm，0.28 in）转动推杆头部，以调节推杆长度。（SST 0937-00020）

提示 4：

调节后再次检查推杆间隙。

（10）安装总泵储液罐密封垫。

a. 在 2 个新的总泵储液罐密封垫上涂抹锂皂基乙二醇润滑脂；

b. 将 2 个总泵储液罐密封垫安装至制动总泵储液罐总成。

（11）安装制动总泵储液罐总成。

a. 如图 8-1-26 所示，安装新的制动总泵储液罐总成时，切开制动总泵储液罐总成的离合器管端部（手动传动桥），离合器管端部的长度：22 ~ 24 mm（0.866 ~ 0.945 in）；

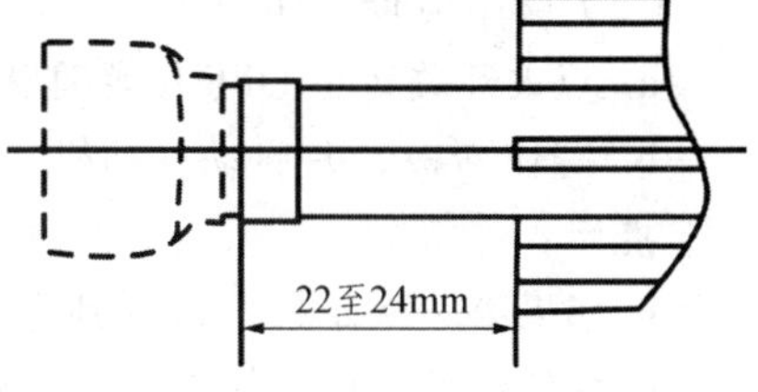

图 8-1-26 离合器管端部的长度

b. 将制动总泵储液罐总成安装至总泵体；

c. 将制动总泵分总成安装至台钳；

d. 用尖冲头和锤子敲入直销。

注意：

- 不要让任何异物进入制动总泵储液罐总成。
- 确保制动液供应不受切管的影响。
- 在台钳上放置铝板以防止损坏制动总泵分总成。

（12）安装制动总泵储液罐滤网。

（13）安装制动总泵储液罐关注口盖总成。

（14）检查并调节制动助力器推杆。

（15）安装制动总泵分总成。

a. 将新 O 形圈安装至制动总泵分总成；

b. 用 2 个螺母安装卡夹支架和制动总泵分总成，扭矩：13 N · m；

c. 接合 2 个卡夹并连接连接器。

（16）连接制动管路，如图 8-1-27 所示。将 2 个制动管路连接至制动总泵分总成，扭矩：20 N · m。

（17）连接离合器管（手动传动桥）。如图 8-1-28 所示，连接离合器管并将卡子移至其初始位置。

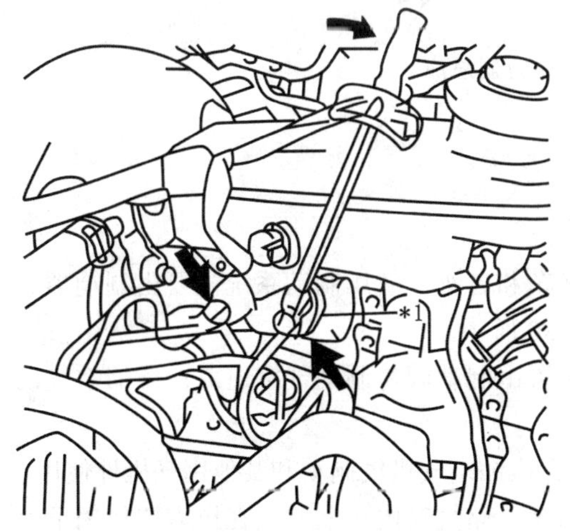

图 8-1-27 连接制动管路

图 8-1-28 连接离合器管

（18）安装其他预先拆卸的部件，添加制动液并排放空气。

4. 卡罗拉轿车真空助力器的检查

以丰田卡罗拉轿车制动助力器为例，介绍真空助力器的检查方法。

（1）气密性检查。

a. 启动发动机并在 1 ~ 2 min 后关闭发动机，慢慢踩下制动踏板数次；

b. 发动机运转时踩下制动踏板，并在踩下制动踏板时停止发动机。

（2）操作检查。如图 8-1-29 所示。

a. 点火开关置于 OFF 位置时踩下制动踏板数次，检查并确认踩下踏板行程余量没有改变；

b. 踩住踏板，并启动发动机。

提示：

- 如果第一次踏板可以踩到底，但第二次和第三次不能踩到底，则助力器气密性良好。
- 踩住踏板 30 s，如果踏板行程余量没有变化，则说明助力器气密性良好。
- 如果踏板稍稍下移，则说明操作正常。

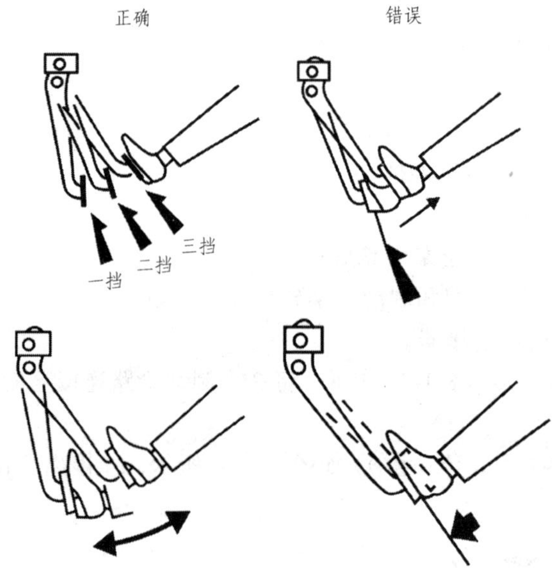

图 8-1-29　检查制动助力器总成

三、拓展知识

1. 气压制动系统的功用和组成

气压制动系统适合于中型以上特别是重型的货车和客车。气压制动系统主要由制动器、制动传动装置和压缩空气供给装置组成，如图 8-1-30 所示。

制动器为凸轮张开式车轮制动器；制动传动装置由制动阀与制动气室组成；压缩空气的供给装置由空气压缩机与储气筒组成。

空气压缩机向储气筒输送压缩空气，储气筒储存压缩空气供气制动和其他用气机件使用。

当踩下制动踏板，联动机件打开制动阀的进气阀，储气筒内压缩空气在压力差作用下，经制动阀和输气管进入各轮制动气室，推动制动臂和凸轮轴的凸轮把制动蹄张开与鼓压紧产生制动。

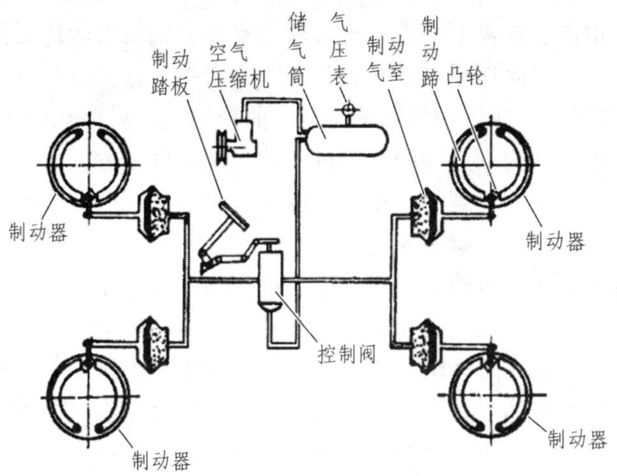

图 8-1-30　气压制动系统组成示意图

2. 空气压缩机

空气压缩机为汽车制动和其他用气设备，如气喇叭、气动刮雨器等提供动力空气。空气压缩机为往复活塞式，由润滑系统提供润滑。

空气压缩机的结构如图 8-1-31 所示。铸铁缸体外制有散热片，用螺栓与曲轴箱连接。上

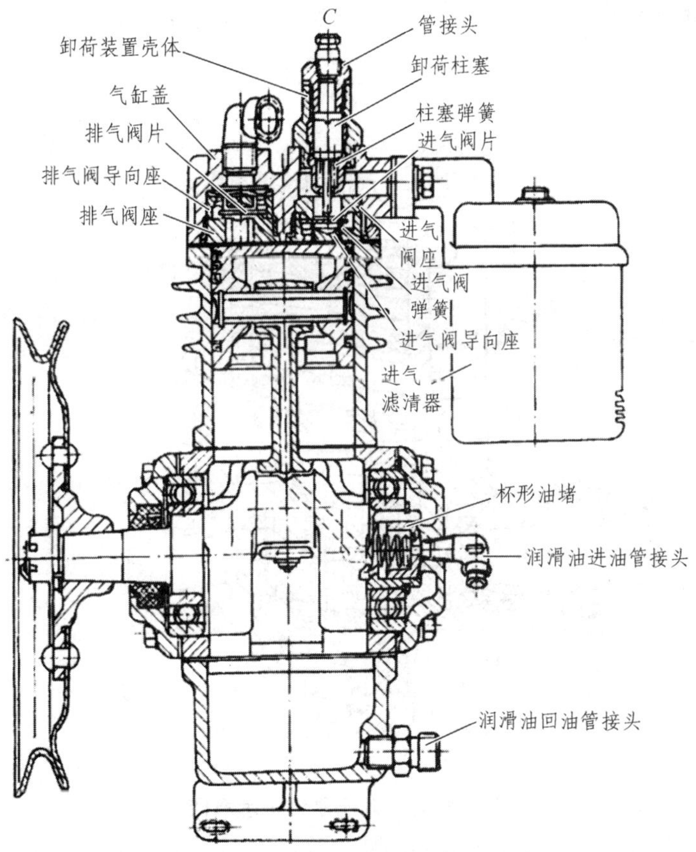

图 8-1-31　空气压缩机结构示意图

部与铝制缸盖用螺栓相连。缸盖上有进、排气室，室内分别装有带压紧弹簧的片状进、排气阀门。排气阀经气管与储气筒连通，进气阀与空气滤清器连通。进气阀上方装有松压阀（又叫卸荷阀），与调压器连通。曲轴用球轴承支承在曲轴箱前、后座孔内。

空气压缩机的工作过程为两个冲程，即进气冲程和排气冲程。

进气冲程时，活塞从上止点到下止点，缸内负压将进气阀吸开，外部空气在压力差作用下经空气滤清器、进气管、进气阀进入气缸。

排气冲程时，活塞从下止点到上止点。进、排气阀同时关闭，随着活塞的上行，缸内气压逐渐升高，当气压达到克服排气阀弹簧张力和排气管气压反力的合力时，推开排气阀，将压缩空气排入储气筒。当储气筒气压达到 0.70 ~ 0.74 MPa 时，压缩空气经调压器通过松压阀将进气阀顶开，空气压缩机的气缸与大气相通，不再向储气筒供气，处于空载运转。

3. 调压器

调压器作用是维持储气筒规定气压（CA1092 汽车为 0.80 ~ 0.83 MPa，EQ1090E 汽车为 0.70 ~ 0.74 MPa），确保汽车的安全制动；气压超过规定后，空气压缩机转入空载运转，以降低发动机的功率消耗。

调压器构造如图 8-1-32 所示，由壳体、盖子、膜片、芯杆、调压弹簧、调压螺钉、两只带滤芯的管接头，以及排气阀和弹簧等组成。阀底部的气孔与大气相通，通过气管与储气筒和空气压缩机松压阀相连。

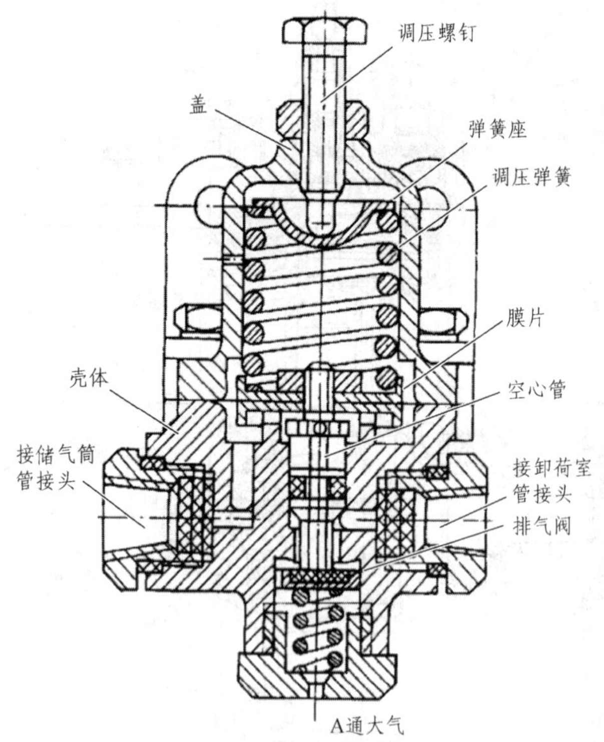

图 8-1-32　调压器结构示意图

调压器的工作原理如图 8-1-33 所示。当储气筒气压小于规定值，调压器膜片下方气室的气压小于调压弹簧的预张力，调压弹簧将膜片连同芯杆向下移，芯杆下口与排气阀接触并将排气阀推离阀座。此时，储气筒与松压阀气室隔断，松压阀气室经调压器与大气相通，松压阀在弹簧作用下回升到最高位置，进气阀落座，空气压缩机不断向储气筒充气。

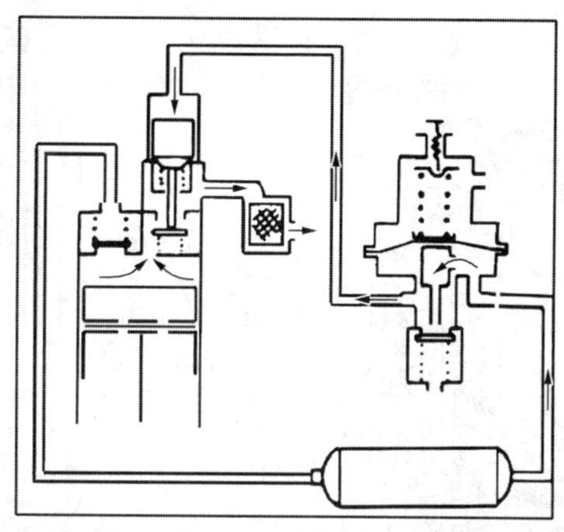

图 8-1-33　EQ1090E 调压器工作原理图

当气压超过规定值后，调压器膜片下方气室的气压升高到大于调压弹簧预张力时，膜片带着芯杆压缩调压弹簧上移至排气阀落座后，芯杆离开排气阀。松压阀气室与大气隔断而与储气筒连通。储气筒压缩空气经调压器进入松压阀气室，克服松压阀弹簧张力后，将松压阀向下压，松压阀杆强行将进气阀推离阀座而不能关闭。此时，空气压缩机从进气阀吸入空气，压缩时由于进气阀敞开而将气体从进气阀压出，空气压缩机处于空载运转，不再向储气筒充气。

储气筒气压的高低决定于调压器调压弹簧的预张力大小。调压弹簧预张力大，储气筒充气压力高，反之则充气压力低。调压器在出厂时，调压弹簧的预张力已根据要求调好并加封，一般不要随便进行调整。需要调整时，转动调压螺钉进行，螺钉向里转，气压调高；向外转，气压调低。

4. 制动阀

制动阀又叫制动控制阀，作用是控制储气筒到各轮制动气室和挂车制动控制阀的空气量，并有渐进的随动作用，使作用在制动器上的力与施加在制动踏板上的力成正比。有单腔式、双腔式和三腔式等。

1）单腔制动阀

单腔制动阀的结构如图 8-1-34 所示，由壳体、平衡弹簧组件、阀门组件，以及操纵和调整组件组成。拉臂中部通过销轴固定在壳体上，下端与踏板拉杆相连，上端有调整螺钉。螺钉 1 用来调整芯杆下端与橡胶片阀门之间的排气间隙，螺钉 2 用来调整拉臂的摆转角度大小，即阀门开度大小。

在上、下壳体之间装有橡胶尼龙膜片，膜片中部固定着芯杆和导向杯。膜片上腔有孔通大气，芯杆离开阀片时，大气经芯杆内部与膜片下腔和各制动气室相通。平衡弹簧组件包括芯杆、膜片、导向杯、上弹簧座、平衡弹簧和膜片回位弹簧等零件。平衡弹簧穿过芯杆支承在膜片上方的导向杯内，上弹簧座套在芯杆上端的螺杆上，由螺母限位，并使平衡弹簧具有一定的长度和预张力。预紧力可通过弹簧上座与弹簧之间的垫片厚度来调整。阀门为一双用阀，既是进气阀又是排气阀。阀门在不制动时，由弹簧张力关闭，芯杆距阀门保持有 1.5 ~ 2.0 mm 的间隙，此间隙为排气间隙，也是制动踏板的自由行程。此间隙过大，会使阀门开度不足，造成制动力下降；间隙太小，会使排气不通畅，造成制动拖滞。制动阀下方装有制动开关。

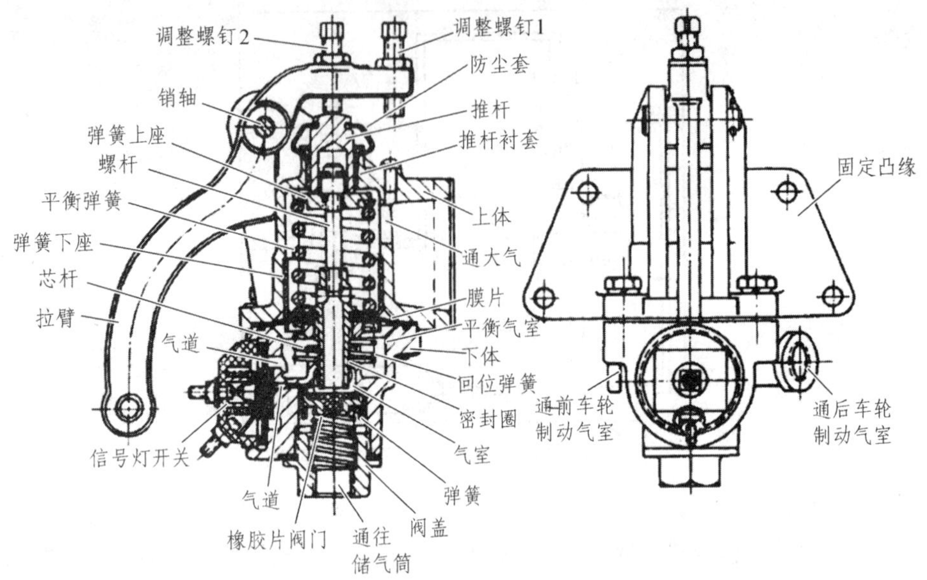

图 8-1-34　单腔气压制动控制阀结构示意图

单腔制动阀的工作过程如图 8-1-35 所示。踩下制动踏板，通过踏板拉杆拉动拉臂摆动，通过调整螺钉压下罩帽，推动平衡弹簧，并带动膜片和芯杆下移。芯杆下端与阀门接触，排气通道关闭，踏板的自由行程结束。此时，制动阀处于双阀关闭。随后将阀门推离阀座，即进气阀打开，储气筒的压缩空气经气管从 A 孔进入制动阀，分别由 B、C 孔经管路到前、后制动气室，使车轮产生制动作用。进气阀开度越大，开放时间越长，进入制动气室和平衡气室的气量越多，气压也越高。

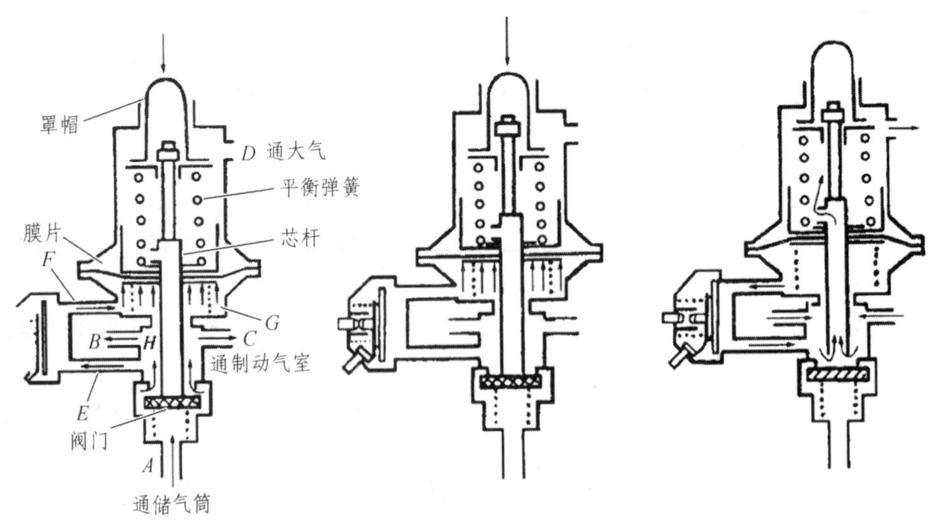

（a）踩下制动踏板时　（b）一定踏板行程下的平衡状态　（c）松开制动踏板时

图 8-1-35　单腔气压制动控制阀工作过程示意图

制动踏板踩到一定位置不动时，进气阀开度保持不变，随着时间增长，制动气室和平衡气室的气压也随之逐步升高，当气压和膜片回位弹簧及阀门弹簧的弹力之和超过平衡弹簧的预张力时，平衡弹簧被压缩，膜片带着芯杆上移，直至阀门关闭，平衡气室的气压不再升高，芯杆也停止上移，实现双阀关闭状态，这就是平衡弹簧的“随动作用”。

若感到制动力不够，驾驶人可将制动踏板再往下踩一定程度，此时，作用在平衡弹簧上的压力增大，平衡弹簧推动膜片和芯杆下移，使进气阀进一步开大，向制动气室的充气量再增加，制动力比原来增大。若此时踏板位置维持不动，平衡弹簧又可在新的条件下“随动”，维持新的制动平衡。

2）双管路制动双腔并联式制动阀

双腔并联式制动阀的结构如图 8-1-36 所示，右腔为前桥制动阀，左腔为后桥制动阀，上部为控制部件，外壳上装有拉臂和调整螺钉。控制部件包括平衡弹簧、弹簧座、推杆和平衡臂。平衡弹簧无预张力。平衡臂中部呈凹字形，通过钢球与推杆相连。推杆上部通过钢球与平衡弹簧下座相连。平衡臂两端支在前、后腔芯杆上。上盖有通气孔。

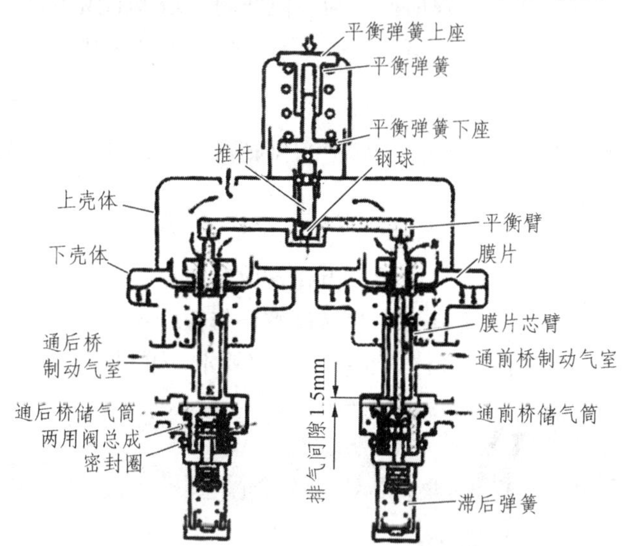

图 8-1-36 双腔气压制动控制阀结构和工作过程示意图

前腔（右腔）室中有滞后机构，制动时，前、后腔有时间差（后腔早于前腔），使前、后轮制动作用协调一致。滞后机构包括推杆、密封柱塞、可调滞后弹簧和调整螺母等机件。气室内两用阀的中心孔内与柱塞滑动配合并用密封圈密封，下端螺纹孔装有调整螺母，可调整滞后弹簧。在滞后弹簧张力作用下，经密封柱塞和芯杆中心孔中的推杆支承着芯杆。芯杆下端面与进气阀之间有 1.5 mm 排气间隙。

后桥（左腔）比前桥（右腔）少一根推杆，使滞后机构不起作用。

两腔有相同的膜片芯杆组件、平衡气室和相同的双用阀门。芯杆上端的罩帽上有排气孔。双用阀上有轴向通孔，将阀门上、下两腔连通。其下腔用密封柱塞密封。轴向气孔的主要作用是使阀门上、下受气体压力而相互平衡，提高阀门启闭的灵敏性和稳定性。

外壳上的拉臂上端与踏板机构相连，下部呈双叉形，并配有调整螺钉。调整螺钉用来调整排气间隙，装在壳体上的调整螺钉用来调整拉臂的摆动角度，即调整最大工作气压。

双腔并联式制动阀工作过程如图 8-1-36 所示，不制动时，两腔情况和单腔阀一样。

制动时，踩下制动踏板，连动机件带动拉臂摆转，压下平衡弹簧，通过推杆压动平衡臂，推动两腔膜片和芯杆。后桥腔室不受滞后弹簧的影响，下移时的阻力较小，因而平衡臂先推开后桥腔室的进气阀，使后桥制动气室先充气。随着后腔室平衡气室内气压的升高，以及回位弹簧的反力增大，平衡臂对前腔室膜片芯杆组的压力也在增加，前腔室的阀门也随后被打开，使前桥制动气室跟随得到充气制动。

维持制动时，随着进气过程的继续，两腔平衡气室的气压不断升高，加之各部回位弹簧的张力，使膜片和芯杆逐渐上移，平衡弹簧不断被压缩，进气阀随之关闭，芯杆不再上移而处于双阀关闭状态。踏板踩到制动拉臂上的限位块 A 和限位螺钉相碰时为踏板的最大行程，此时的最大工作气压为 0.6 MPa。

一根管路失效时的工作情况：

如后桥管路工作失效，由于后桥（左面）平衡气室无气压，平衡臂左端继续下移，当两用阀内腔抵靠在柱塞端面后，平衡臂以左端为支点使右端下移，压开后腔（前桥）进气阀，使压缩空气充入前桥制动气室，实现前桥制动。但踩制动踏板的阻力比正常时要大。

若前桥管路工作失效时，后桥腔室仍能按正常工作时一样工作。

5. 制动气室

制动气室的作用是将压缩空气的压力转变为制动凸轮的机械力。制动气室的形式有膜片式、活塞式和强力弹簧式。

膜片式制动气室的结构如图 8-1-37 所示，它由盖子、外壳、膜片、膜片弹簧、推杆和金属托盘等组成。膜片夹装在盖与壳体之间，由弹簧使其回位。推杆的左端通过金属托盘与膜片接触，弹簧左端压在托盘上，推杆另一端通过螺杆与推杆连接叉连接。推杆连接叉与调整臂（又叫制动臂）连接，推杆伸出壳体的长度有一定要求，可根据要求通过推杆连接叉调整。

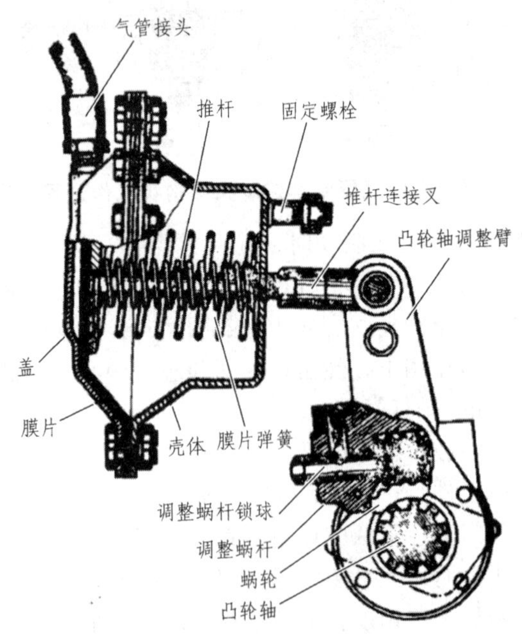

图 8-1-37　制动气室与调整臂结构示意图

制动时，推杆的最大行程一般不大于 40 mm。由于载重汽车后桥载荷大于前桥，故后气室的容量大于前气室容量。

6. 气压车轮制动器

气压车轮制动器一般采用鼓式制动器，如图 8-1-38 所示。与液压制动器不同的是：

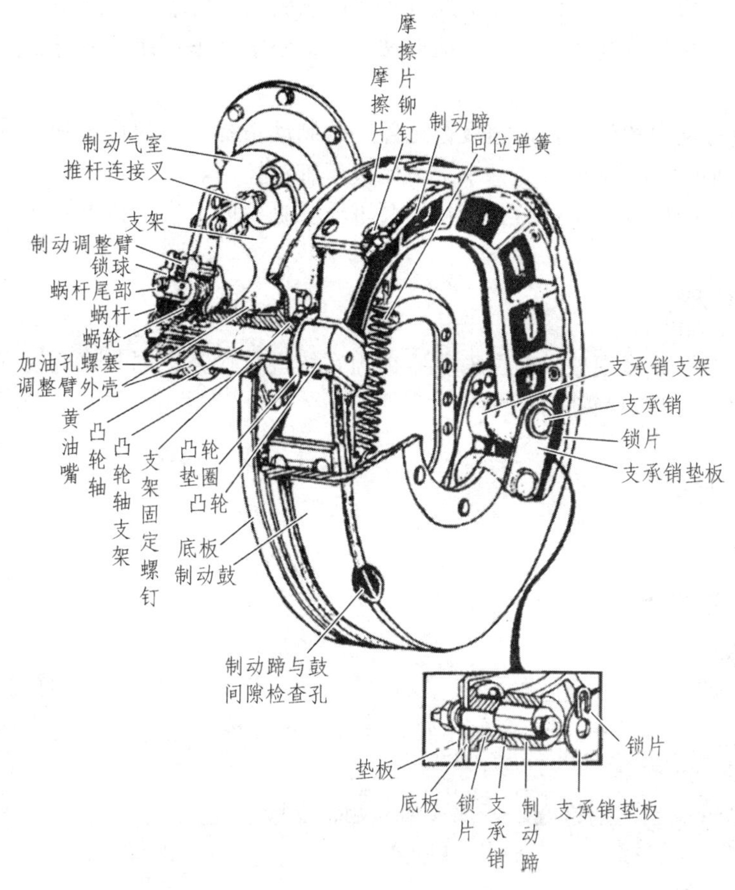

图 8-1-38 气压车轮制动器

（1）制动蹄的张开机构为制动凸轮。凸轮为等臂双面凸轮，通过凸轮轴、制动调整臂与制动气室相连。

（2）蹄鼓间隙的调整机构除蹄片支承销的调整相同外，它的另一个调整机构在制动调整臂上。凸轮轴端部花键与调整臂壳内的调整蜗轮的内花键相连。制动调整臂的蜗杆与蜗轮啮合并用弹簧和锁球固定。

调整制动器的蹄、鼓间隙时，可用扳手转动蜗杆轴，蜗杆随蜗杆轴一同转动，带动蜗轮，蜗轮又带动凸轮轴，使凸轮偏转一个角度，在不改变调整臂位置的情况下，可以调整蹄、鼓间隙。

凸轮的张开用压缩空气作介质。制动时，压缩空气进入制动气室，压动膜片推动气室推杆带动调整臂，调整臂带动凸轮轴和凸轮偏转一个角度，等臂凸轮的上、下弧形端面分别将前、后制动蹄和摩擦片推压向制动鼓，从而实现车轮的制动。

这种制动器属于简单非平衡式制动器，非平衡原理与液压非平衡式制动器相同。解放CA1092 和东风 EQ1092 等中型载货车辆都采用这种制动器。

四、学习小结

（1）制动系统功用包括：使行驶中的汽车按照驾驶人的要求进行强制减速甚至停车；使已经停驶的汽车在各种道路条件下（包括在坡道上）稳定驻车；使下坡行驶的汽车速度保持相对稳定。

（2）用以使行驶中的汽车降低速度甚至停车的制动系统，称为行车制动系统。

（3）目前汽车的行车制动系统基本上采用液压管路控制。

（4）制动管路的检查，制动总泵的检查与更换，真空助力器的检查。

五、任务分析

本情境中，根据故障现象，需要对真空助力系统进行检查，同时也应检查行车制动系统其他部件，如制动管路和制动器。

六、自我评估

1. 填空题

（1）液压行车制动系统主要由制动总泵，___________、___________、___________等组成。

（2）制动液的压力驱动___________以及各车轮的制动器动作，制动蹄和制动鼓或制动衬块和___________之间的动摩擦会使车轮减速并停止旋转；___________和路面之间的摩擦使车辆停止。

（3）制动软管应当定期检查，发现任何问题，立即___________。

（4）制动管路每行驶___________ km 或___________年要进行检查。

（5）制动软管检查主要用手摸并观察有无___________、___________、___________。检查是否松动和___________。

2. 判断题

（1）丰田卡罗拉轿车前轮制动器采用的是盘式制动器。（　　）

（2）行车制动系统的主要作用是使已经停驶的汽车在各种道路条件下稳定驻车。（　　）

3. 选择题

（1）制动管路拆卸后，以下不需要的工作是（　　）

A. 添加制动液　　B. 检查制动液液面

C. 排放管路空气　　D. 调整驻车制动

（2）真空助力器发生真空泄漏时，驾驶员踩制动踏板的力量需要（　　）。

A. 不变　　B. 增加

C. 降低　　D. 先增加或降低

工作任务 2　鼓式制动器检修

任务情境

一、任务描述

一辆桑塔纳 3000 轿车，客户描述制动时后轮有异响，你的主管将检修任务分配给你，你能完成吗？

二、任务提示

典型的鼓式制动器主要由底板、制动鼓、制动蹄、轮缸（制动分泵）、回位弹簧、定位销等零部件组成。制动如有异响多数情况为制动片磨损不均或已到磨损极限所致。

任务目标

一、知识目标

（1）能够描述鼓式制动器的基本组成。
（2）能够描述鼓式制动器制动鼓与制动蹄片测量的基本方法。
（3）能够描述更换制动鼓与制动蹄片的操作步骤。

二、能力目标

（1）能够规范地进行鼓式制动器制动鼓与制动蹄片的测量。
（2）能够规范地更换制动鼓与制动蹄片。

必备知识

一、基本知识

1. 鼓式制动器作用和优缺点

鼓式制动器过去用于汽车的所有车轮，在现在的小型车辆上，鼓式制动器通常用于后轮，如图 8-2-1 所示。

图 8-2-1　鼓式制动器内部构造

鼓式制动器的优点：可以与简单的驻车制动机构结合在一起；比盘式制动器的噪声要小；可以实现自增力，当制动蹄一端与鼓接触后，就能像杠杆作用一样促使制动力的自动增加。

鼓式制动器的缺点：散热性能差；抗衰变能力较低；有

很大的侧滑和制动咬死的倾向;并且需要有专门的连接杆件才能进行制动器间隙的自动调整。

2. 鼓式制动器的部件组成及作用

鼓式制动器的主要零部件有：制动蹄、制动鼓、制动分泵（轮缸）、制动器底板、调整器、复位弹簧和压紧弹簧等，如图 8-2-2 所示。

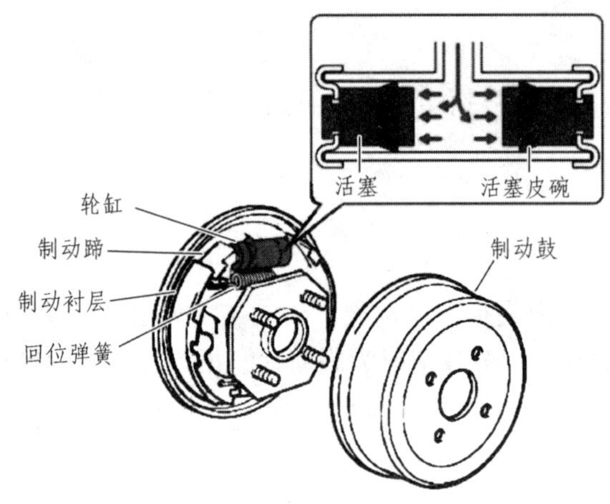

图 8-2-2　鼓式制动器的结构组成

制动蹄固定在制动器底板上，在实施制动之前，回位弹簧的拉紧张力使制动蹄脱离制动鼓。

制动时，总泵传送到分泵的制动液压力使制动蹄片张开顶压在旋转的制动鼓上，制动蹄片与鼓之间产生的摩擦力使制动鼓减速，安装在制动鼓上的车轮随着减速直至停止转动。

当解除制动时，分泵上的制动液压力消失，回位弹簧力拉动制动蹄片脱离制动鼓内表面返回原位。

由于制动蹄片被制动鼓包围，很难将产生的热量在较短的时间内散发掉，因此鼓式制动器抗热衰退性较差。

1）制动蹄

当把制动液压力施加到分泵（轮缸）上时，分泵活塞推动两侧的制动蹄片外张至制动鼓内圆表面，如图 8-2-3 所示。在左、右蹄片上产生不同的摩擦力。

摩擦力会使左制动蹄的蹄片沿旋转方向贴紧制动鼓；相反，右制动蹄的蹄片受到旋转制动鼓的排斥。

因贴紧制动鼓而增加制动蹄摩擦力作用称为增势作用，具有增势作用的制动蹄片叫作领蹄；因受制动鼓排斥而减小制动蹄摩擦力作用称为减势作用，具有减势作用的制动蹄片叫作从蹄。

2）制动鼓

制动鼓是鼓式制动器的旋转件，制动时它与制动蹄上的摩擦衬片相接触，产生摩擦力。制动鼓是由铸铁或者铸铁和钢的复合材料制成。由于制动过程中的磨损和发热等原因，摩擦面一定要是铁质的。

实心铸铁制动鼓是个一体式铁铸体，具有非常好的摩擦特性。这种制动鼓加工容易，吸热和散热效果很好，如图 8-2-4 所示。但实心式铸铁鼓质量大，且易碎，过热易导致制动鼓破裂。

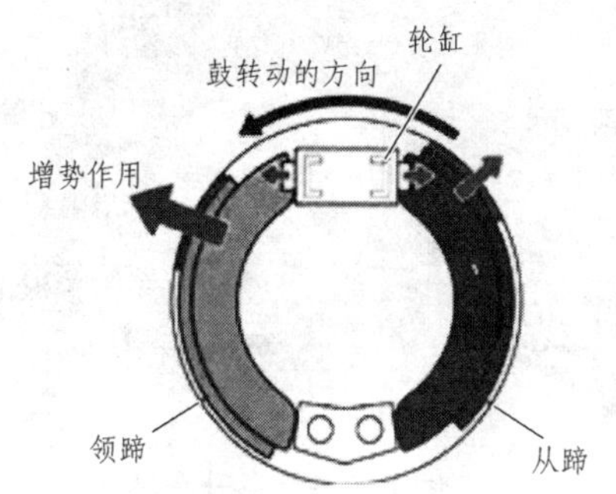

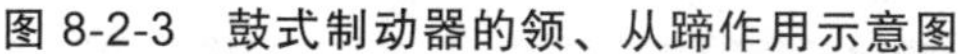

图 8-2-3　鼓式制动器的领、从蹄作用示意图

图 8-2-4　铸铁制动鼓实物

钢与铁质制动鼓被称为复合制动鼓，制动鼓质量轻，而且制造价格便宜。然而，制动鼓吸热和散热的能力较弱，防制动衰变的能力较差，这种制动鼓常用于一些小型车的后轮制动器。

二、基本知识

1. 准备工作

（1）防护装备：工作服、工作帽、手套、劳保鞋。

（2）车辆、台架、总成：桑塔纳整车。

（3）车间设备：举升机，工具车。

（4）专用工具：桑塔纳专用工具。

（5）测量工具：直尺、游标卡尺。

（6）手工工具：拆装工具一套、气动工具、手电筒。

（7）辅助材料：制动液、锂皂基乙二醇润滑脂、翼子板布和前格栅布、三件套、抹布、手套、白板笔等。

2. 鼓式制动器拆卸步骤

（1）将车辆停放在举升机位。

注意：请按举升机使用规范及车辆防护标准操作。

（2）手动拧松轮胎螺栓，如图 8-2-5 所示。

（3）举升车辆至车轮刚离开地面 10 cm，如图 8-2-6 所示。

注意：车辆举升到位锁止举升支臂。

（4）释放驻车制动器，如图 8-2-7 所示。

（5）拆卸轮胎螺栓，如图 8-2-8 所示。

（6）取下车轮并摆放整齐。手拿套筒逆时针方向旋动拆卸全部车轮螺栓，双手抱着左右两侧取下车轮并摆放整齐，如图 8-2-9 所示。

（7）拆下轮毂盖。左手托住专用工具支撑点，右手向下按压，拆卸轮毂盖，如图 8-2-10 所示。

图 8-2-5　拧松轮胎螺栓

图 8-2-6　举升车辆

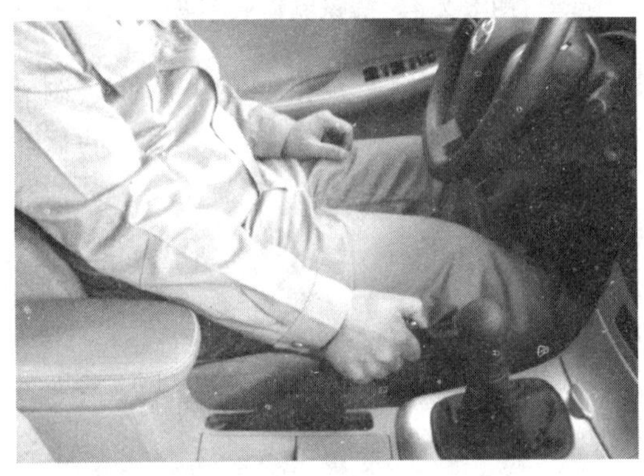

图 8-2-7　释放驻车制动器

图 8-2-8　拆卸轮胎螺栓

图 8-2-9　取下车轮并摆放整齐

图 8-2-10　拆卸轮毂盖

（8）拧下六角螺母。用 24 mm 套筒扳手逆时针旋转，拆装六角螺母，如图 8-2-11 所示。

（9）调整制动蹄片位置。用一字螺丝刀通过制动鼓螺孔向上拨动楔形块，使制动蹄片与制动鼓距离增大而放松，如图 8-2-12 所示。

（10）拉出制动鼓。在制动鼓上面用记号笔做下拆装记号后，边旋转边拉出制动鼓，取出外轴承，如图 8-2-13 所示。

（11）调整定位销位置，如图 8-2-14 所示。

图 8-2-11　拆卸六角螺母

图 8-2-12　调整制动蹄片位置

图 8-2-13　拉出制动鼓

图 8-2-14　调整定位销的位置

调整方法：一手抵住定位销，用尖嘴钳夹住弹簧座，压缩弹簧，旋转弹簧座 90°，使定位销的扁头与弹簧座一字槽对齐。

（12）拆卸定位销。左手指抵住定位销的背部端，右手用尖嘴钳依次取下弹簧座、弹簧、定位销，如图 8-2-15 所示。

图 8-2-15　拆卸定位销

图 8-2-16　拆卸回位弹簧

（13）拆下楔形块回位弹簧。尖嘴钳向下拉动，拆卸回位弹簧，如图 8-2-16 所示。

（14）撬出制动蹄。把后轮毂轴作为支点，用一字螺丝刀将制动蹄从下支架撬出，如图 8-2-17 所示。

（15）从底板上分离制动蹄。将两个制动蹄从制动底板中拆出，如图 8-2-18 所示。

图 8-2-17　撬出制动蹄

图 8-2-18　分离制动蹄与底板

（16）拆卸回位弹簧及驻车拉索。拆卸回位弹簧及驻车拉索，如图 8-2-19 所示。用尖嘴钳拆下制动调整弹簧，取下回位弹簧；再夹住驻车拉索端处，手指推动蹄片卡箍直至脱落。

（17）取下制动蹄。将取下的制动蹄片总成放置在清洁的工作台上，如图 8-2-20 所示。

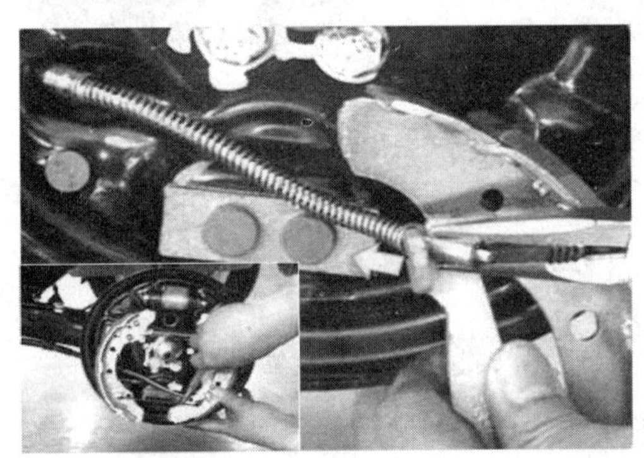

图 8-2-19　拆卸回位弹簧及驻车拉索

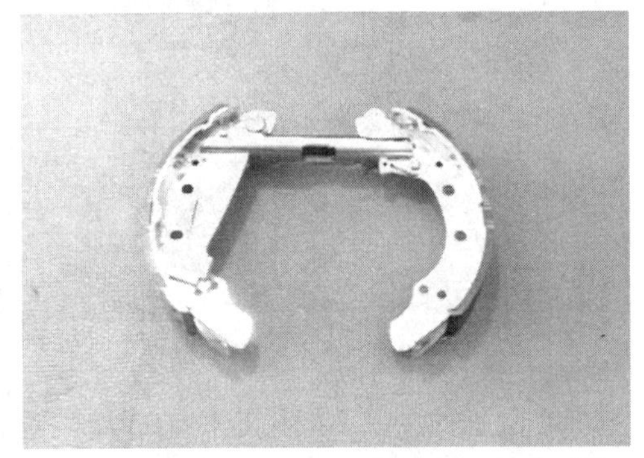

图 8-2-20　取下制动蹄片

（18）取出楔形块。用尖嘴钳拆卸制动蹄的回位弹簧，分离出左右制动蹄块，取出楔形块，如图 8-2-21 所示。

（19）分解后的制动蹄片及附件。分解后的前后制动蹄片及附件，如图 8-2-22 所示。

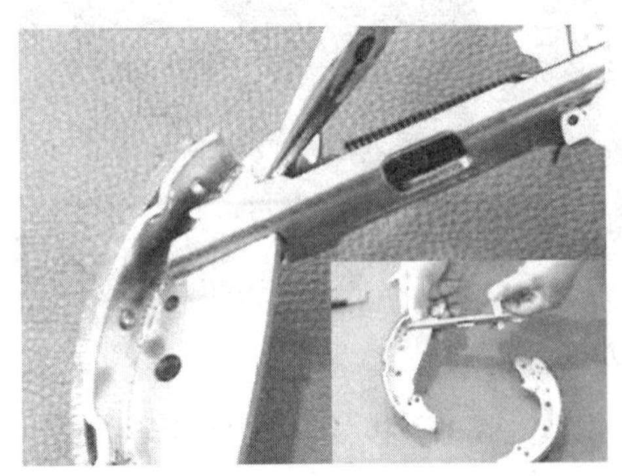

图 8-2-21　取出楔形块

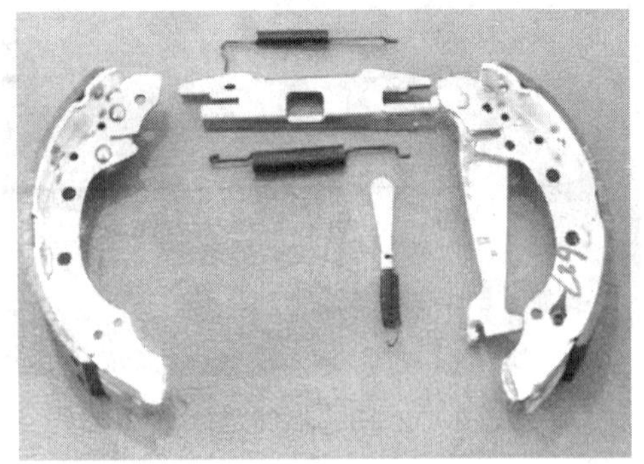

图 8-2-22　分解后的前后制动蹄片及附件

3. 鼓式制动器检查步骤

（1）检查车轮制动分泵。查看制动分泵的外表面和防尘盖内是否有制动液泄漏的痕迹，并检查分泵活塞是否能动作自如，如图 8-2-23 所示。

（2）检查制动蹄片。

a. 在检查制动蹄片时，要检查靠近铆接点处是否存在过度的或不均衡的磨损情况，如果有这些情况，可能表明车轮制动分泵被卡住了。

b. 检查制动蹄磨损情况，领蹄与从蹄的磨损量应该是不相同的。检查是否有受污染情况。制动蹄表面发蓝表明制动器曾经过热了，如果出现了发蓝现象，则可能调整弹簧和压紧弹簧已失去了张力，需要更换。

c. 检查衬片的受污染情况，不要使用被制动液浸渗过的衬片。

d. 衬片的厚度小于最小规定值时，应该予以更换。标准厚度：5.0 mm；极限厚度 2.5 mm，如图 8-2-24 所示。

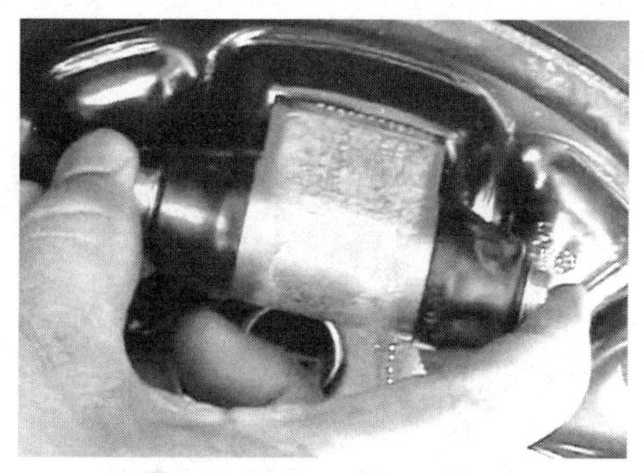

图 8-2-23　检查制动分泵

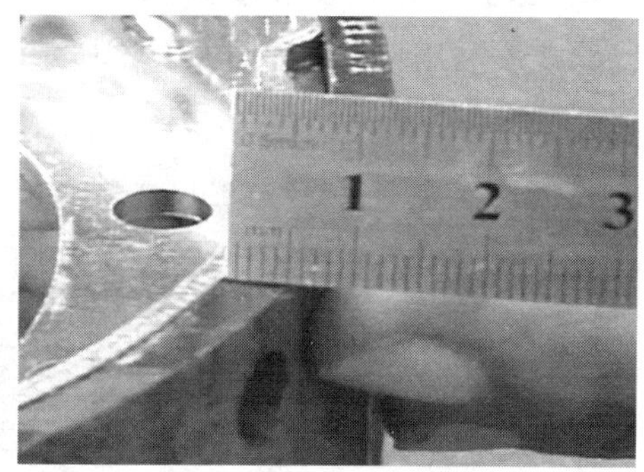

图 8-2-24　制动蹄片检查

（3）检查弹簧。查看所有的弹簧是否存在过度伸展或下垂变形的簧圈，是否有受损的端面和变色。任何一种损伤现象都表明弹簧必须更换，如图 8-2-25 所示。

（4）检查驻车制动拉索。检查驻车制动拉索是否伸拉自如，如图 8-2-26 所示。

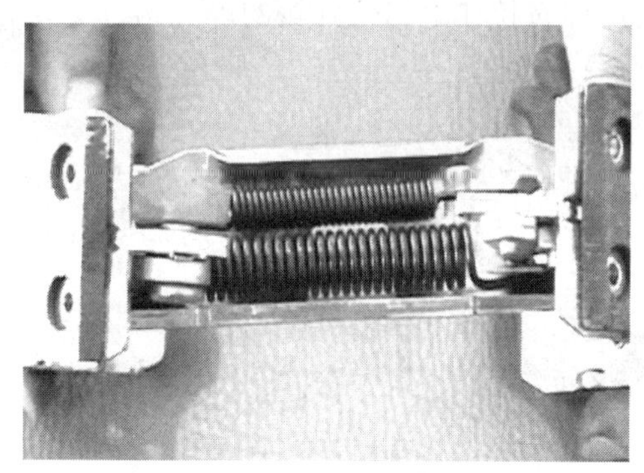

图 8-2-25　弹簧检查

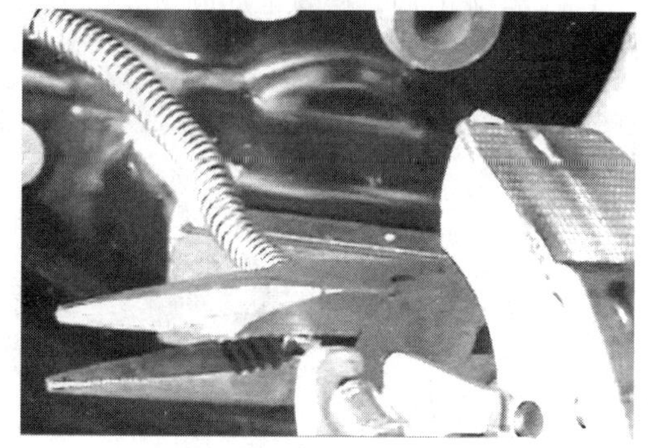

图 8-2-26　驻车制动拉索检查

（5）检查制动鼓。

a. 检查制动鼓是否存在裂纹、硬点、表面擦伤或者表面发蓝。表面发蓝表明制动鼓曾经过热，这会引起制动鼓变形。

b. 使用游标卡尺测量其内径是否在规定的尺寸规范之内，超出极限值应更换。标准内径：200 mm；极限内径：201 mm。如图 8-2-27 所示。

（6）检查其他部件。检测制动器底板、调整器等其他部件是否损坏。

图 8-2-27　制动鼓检查

4. 鼓式制动器安装步骤

（1）安装压力杆。如图 8-2-28 所示，安装压力杆。

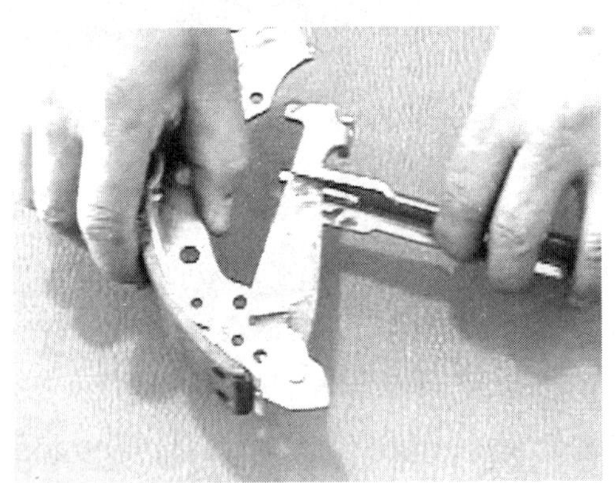

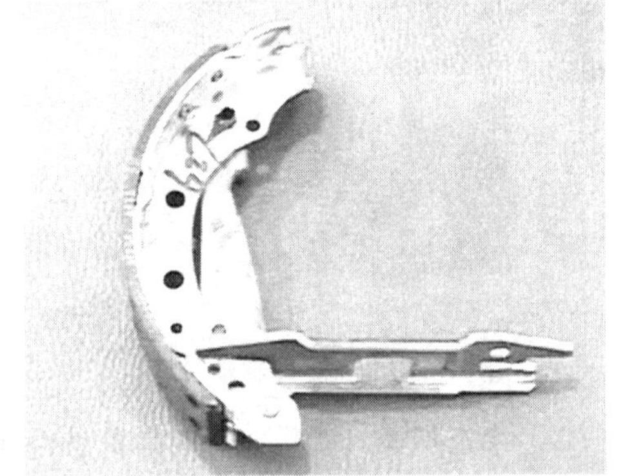

图 8-2-28　安装压力杆

（2）安装上回位弹簧。如图 8-2-29 所示，用另一弹簧拉住上回位弹簧的弹簧钩，安装上回位弹簧。

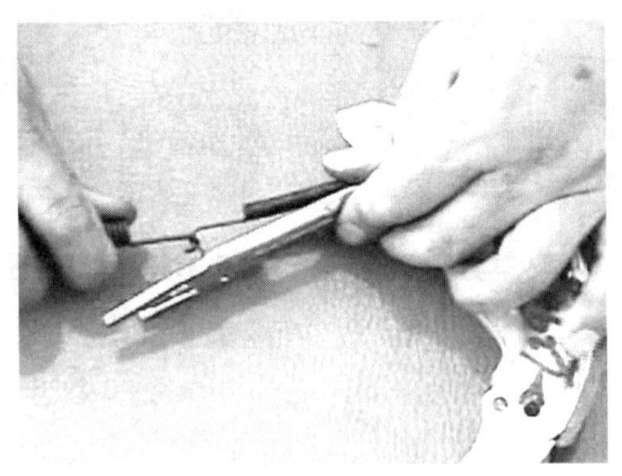

图 8-2-29　安装上回位弹簧

（3）安装楔形块。如图 8-2-30 所示，安装楔形块，并使凸出一端朝向制动底板。

（4）安装制动蹄。如图 8-2-31 所示，将制动蹄放入压力杆楔形块一侧的槽内。

（5）安装定位弹簧。如图 8-2-32 所示，用下回位弹簧拉动定位弹簧的弹簧钩，安装定位弹簧。

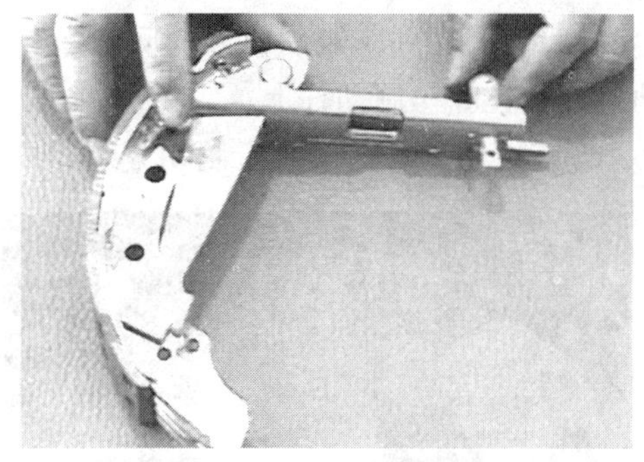

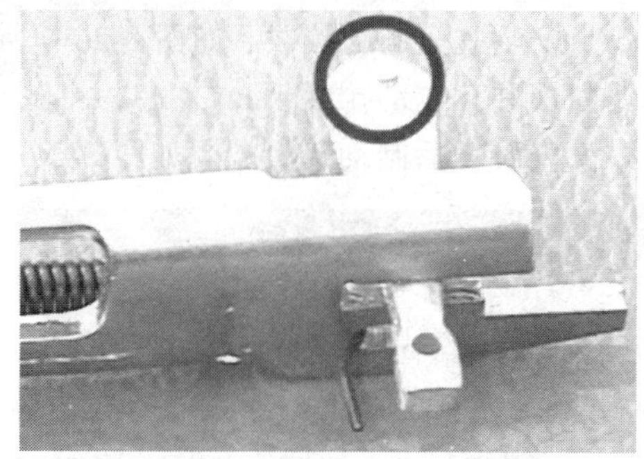

图 8-2-30 安装楔形块

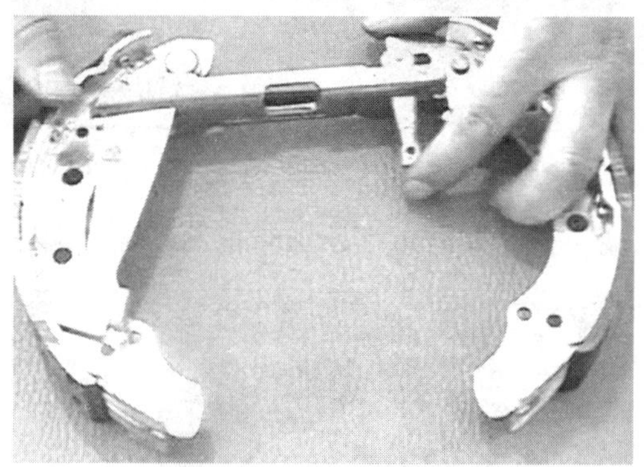

图 8-2-31 安装制动蹄

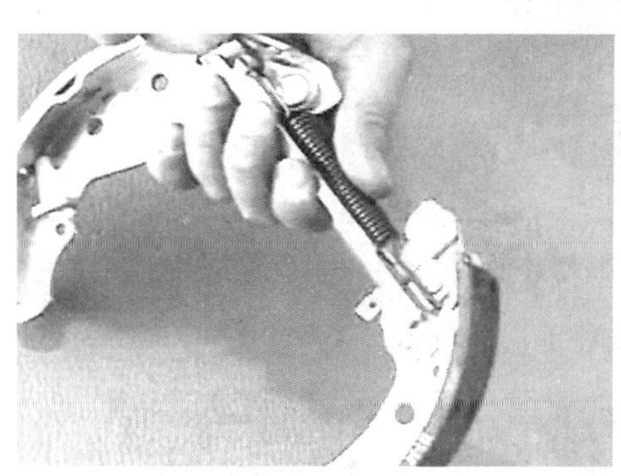

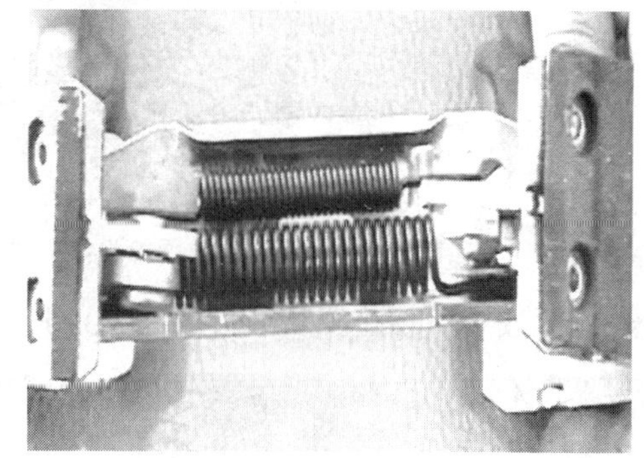

图 8-2-32 安装定位弹簧

（6）安装楔形块回位弹簧。如图 8-2-33 所示，安装楔形块回位弹簧。

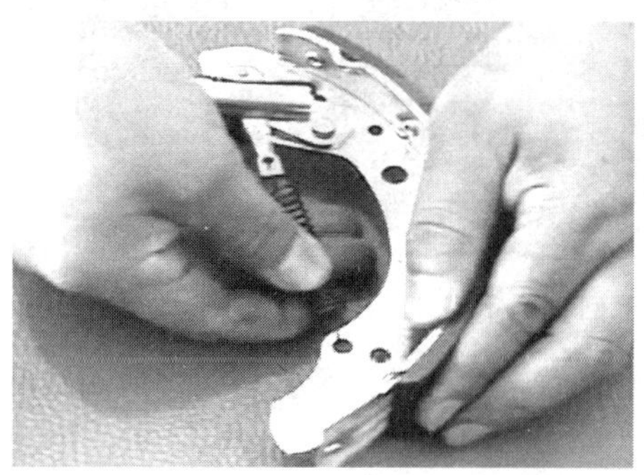

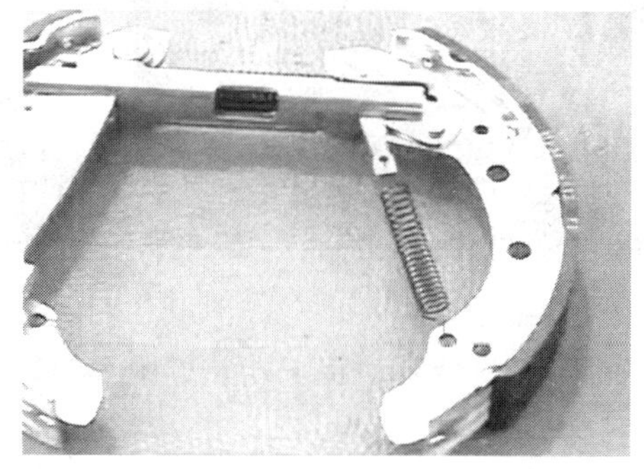

图 8-2-33 安装楔形块回位弹簧

（7）安装驻车制动拉索。如图 8-2-34 所示，用尖嘴钳夹住驻车制动拉索的回位弹簧，用鲤鱼钳拉出驻车制动拉索 1 cm 左右，将驻车制动拉索装在驻车制动杆上。

（8）安装前后制动蹄上端。如图 8-2-35 所示，将前后制动蹄上端装于制动分泵凹槽中。

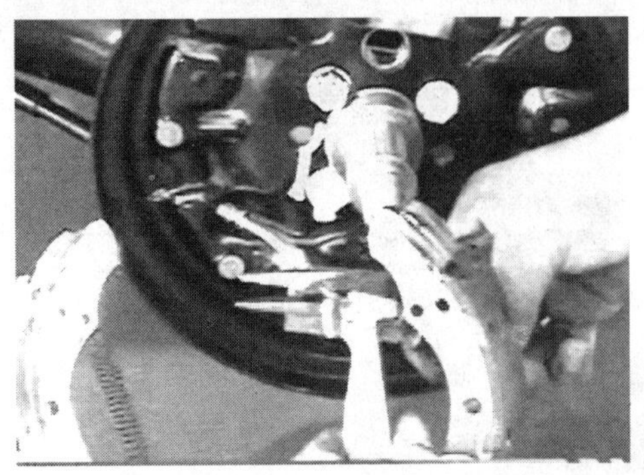

图 8-2-34　安装驻车制动拉索

图 8-2-35　安装前后制动蹄上端

（9）安装前制动蹄下端。如图 8-2-36 所示，将前制动蹄下端装在下支架内。

图 8-2-36　安装前制动蹄下端

（10）安装下回位弹簧。如图 8-2-37 所示，安装下回位弹簧。

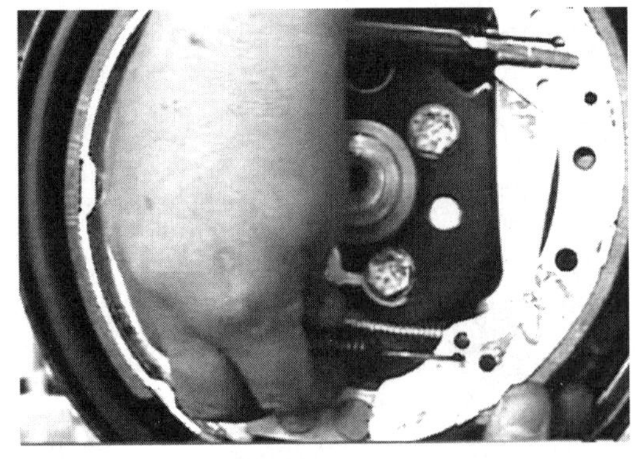

图 8-2-37　安装下回位弹簧

（11）安装后制动蹄下端。如图 8-2-38 所示，以后轮毂短轴作为支点，将后制动蹄下端撬入下支架内。

（12）调整制动蹄。如图 8-2-39 所示，调整制动蹄，使其居中。

图 8-2-38　安装后制动蹄下端

图 8-2-39　调整制动蹄

（13）安装定位销、保持弹簧和座圈。如图 8-2-40 所示，将定位销装入制动底板和制动蹄定位销孔中，一手将定位销抵在制动底板上，另一手用尖嘴钳夹住弹簧座圈和保持弹簧，压缩保持弹簧并使弹簧座旋转 90°，使定位销卡在弹簧座槽内。

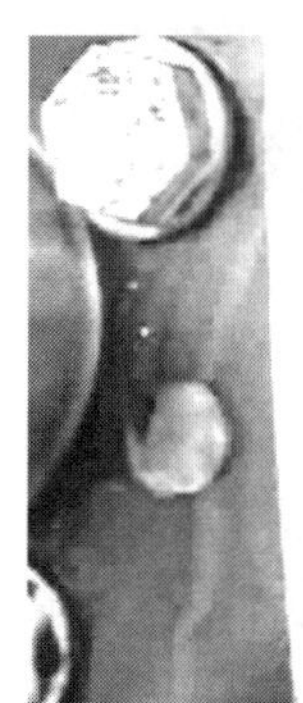

图 8-2-40　安装定位销、保持弹簧和座圈

（14）上调楔形块。如图 8-2-41 所示，用一字螺丝刀将楔形块上调 1 cm 左右。

（15）安装制动鼓。确认制动蹄片安装好后，按照拆卸时的记号位置安装制动鼓，如图 8-2-42 所示。

图 8-2-41　上调楔形块

图 8-2-42　安装制动鼓

（16）安装并拧紧调整螺母。如图 8-2-43 所示，将调整螺母装上轮毂，用扭矩扳手扭紧调整螺母到制动鼓不能转动后，再将调整螺母旋松 1/4 圈，以调整轴承间隙。

图 8-2-43　将调整螺母拧紧

（17）装上轮毂盖。如图 8-2-44 所示，装上轮毂盖。

（18）安装车轮。如图 8-2-45 所示，安装车轮和螺栓。

图 8-2-44　装上轮毂盖

图 8-2-45　安装车轮

（19）检查。转动车轮，经过适当调整后的制动器只会在车轮上引起十分微弱的制动拖滞现象，如图 8-2-46 所示。

（20）紧固车轮螺栓。先用手依次将对角的轮胎螺栓旋紧入槽，将可调扭力扳手力矩调整到 110 N · m，用调好的扭力扳手对角拧紧车轮的固定螺栓，如图 8-2-47 所示。

图 8-2-46　检查车轮

图 8-2-47　安装车轮

（21）降下车辆。降下车辆，并按 5S 要求操作。

三、学习小结

（1）鼓式制动器的优点：与驻车制动机构结合在一起；噪声小；可以实现自增力。鼓式制动器的缺点：散热性能差；抗衰变能力较低；有很大的侧滑和制动咬死的倾向；并且需要有专门的连接杆件才能进行制动器间隙的自动调整。

（2）鼓式制动器的主要零部件有：制动蹄、制动鼓、制动分泵（轮缸）、制动器底板、调整器、复位弹簧和压紧弹簧等。

（3）鼓式制动器拆装，部件检查。

四、任务分析

本情境中，该车型后轮采用鼓式制动器，发生异响时必须拆卸进行检查，发现异常进行重新装配和调整，对于损坏的元件应更换，确保行车安全。

五、自我评估

1. 填空题

（1）典型的鼓式制动器主要由________、________、_______、轮缸（制动分泵）、回位弹簧、定位销等零部件组成。

（2）制动鼓吸热和散热的能力较弱，常用于小型车的________制动器。

2. 判断题

（1）在拆装鼓式制动器时，最好的方法是拆装一边，保留一边以做参考。（　　）

（2）制动鼓拆下后，可以踩下制动踏板检查轮缸。（　　）

（3）制动鼓内有粉尘，先使用压缩空气吹下净后再拆轮缸、蹄。（　　）

3. 选择题

下列说法正确的是。（　　）

A. 鼓式制动器只有 1 个制动分泵　　B. 鼓式制动器中制动蹄片分为领蹄和从蹄

C. 鼓式制动器中含有驻车制动机构　　D. 现在普遍使用鼓式制动器

工作任务 3　盘式制动器检修

任务情境

一、任务描述

一辆卡罗拉轿车保养时发现制动片需要更换，你的主管将这个更换任务分配给你，你能完成吗？

二、任务提示

制动钳上的两个制动片分别装在制动盘的两侧，分泵的活塞受油管输送来的液压作用，推动制动片压向制动盘发生摩擦制动，动作起来就好像用钳子钳住旋转中的盘子，迫使它停下来一样，随着使用时间延长，制动片越来越薄，达到极限时必须更换，否则会有安全隐患。

任务目标

一、知识目标

（1）能够描述盘式制动器的基本组成。
（2）能够描述盘式制动器制动盘与制动片厚度测量的基本方法。
（3）能够描述更换制动盘与制动片的操作步骤。

二、能力目标

（1）能够规范地进行盘式制动器制动盘与制动片厚度的测量。
（2）能够规范地更换制动盘与制动片。

必备知识

一、基本知识

盘式制动器的工作方式是利用制动片与制动盘之间的摩擦力来使车辆减速或停止，实施制动时，汽车的动能会转化成大量的热能。

为了有效地降低制动时制动盘的温升，很多制动盘上都开有通风槽，这样就可以利用汽车行驶时的自然风散热。很多轿车的前轮采用了通风式制动盘设计，而后轮却采用了非通风式制动盘设计，这多数是基于降低成本的考虑，因为通风式制动盘的制造工艺相对复杂，价格也相对较高。通风盘可以分为：平面式制动盘、打孔式制动盘以及划线式制动盘。相对而言，平面式制动盘散热能力较低，打孔式制动盘的散热能力优于平面式制动盘，如图 8-3-1 所示。盘式制动器的主要零部件有：制动盘、卡钳（包括制动分泵）、制动片等，如图 8-3-2 所示。

制动系统不工作时，制动盘与制动卡钳之间有间隙，车轮和制动盘可自由旋转；驾驶人要汽车减速，脚踏下制动器踏板通过推杆和主缸活塞，使主缸油液在一定压力下流入轮缸，并通过两轮缸活塞的推力使制动蹄片抱紧制动盘，使制动盘停止旋转；当放开制动踏板时制动活塞退回原位，制动力消失，如图 8-3-3 所示。

卡钳把由制动总泵通过制动管道和软管传递来的液压力变换为机械作用力，推动刹车片挤压在制动盘上，使车轮产生制动。

盘式制动器卡钳有两种形式：固定钳式和浮动钳式或滑动钳式。

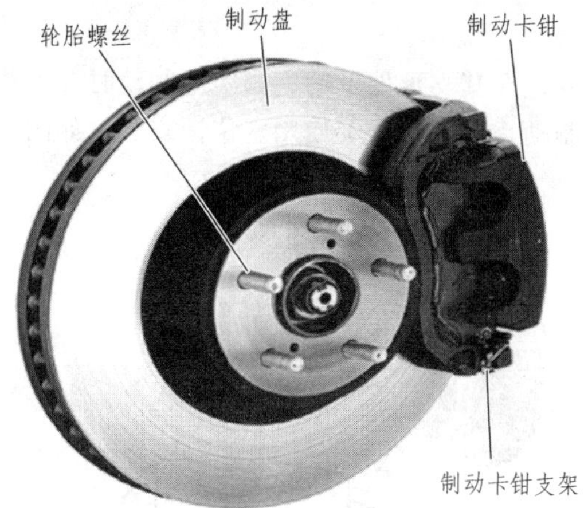

图 8-3-1　平面式制动器

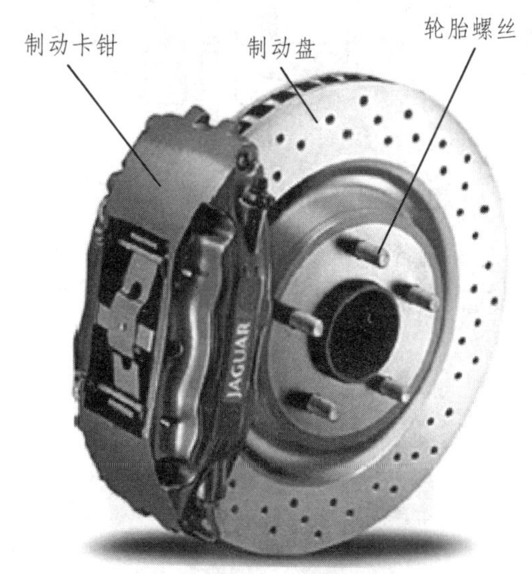

图 8-3-2　打孔式制动器

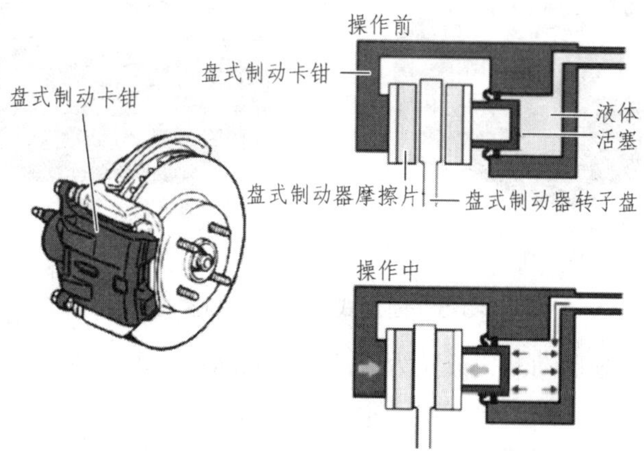

图 8-3-3　盘式制动器制动工作过程

1. 固定式卡钳

固定式卡钳是用螺栓固定在其支承件上的，当实施制动时并不移动。在钳体内制动盘的内、外两侧有两组活塞。制动片（刹车片）使用定位销安装，如图 8-3-4 所示。

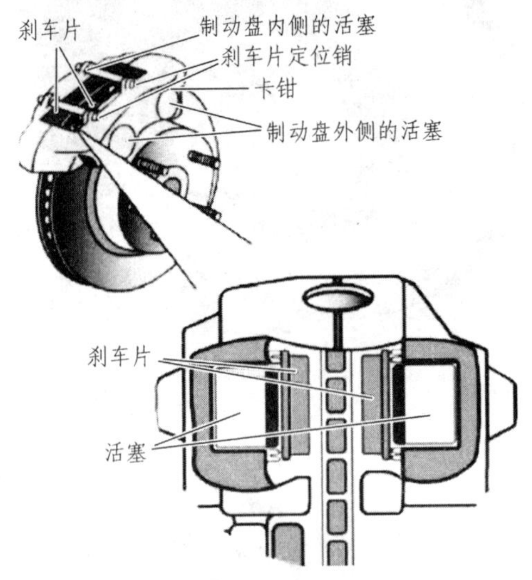

图 8-3-4 固定式卡钳结构组成

活塞有不同的布置形式：每侧各有一个活塞，共有 2 个活塞；每侧各有 2 个活塞的布置形式，共有 4 个活塞；有些汽车上使用 3 个活塞的布置形式，如图 8-3-5 所示。

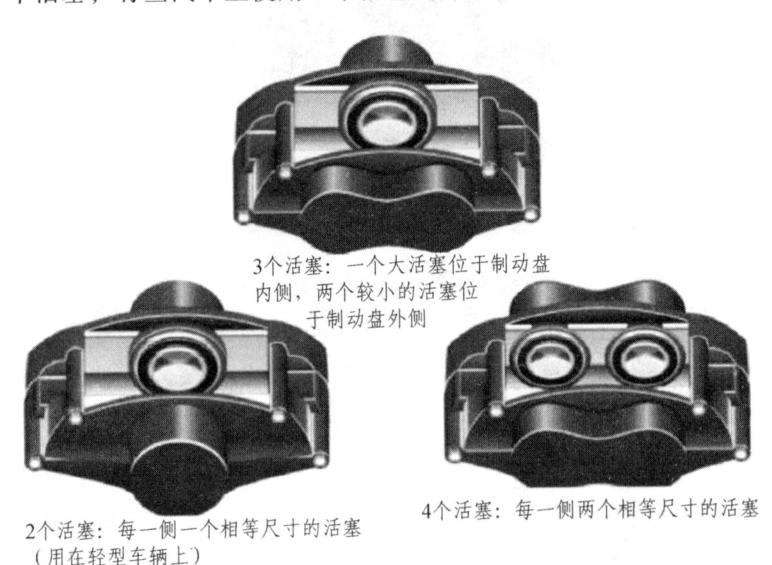

图 8-3-5 固定式卡钳活塞布置形式

固定钳式制动器实施制动时，液压力使活塞向制动盘移动，使刹车片与制动盘接触，在刹车片和制动盘之间产生摩擦力使车轮停止转动。

为了使各个活塞能在相同的时刻对制动盘施加同样的作用力，卡钳必须被精确地安装在制动盘中心面的上方，保证各个活塞移动相同的距离到达制动盘，如图 8-3-6 所示。

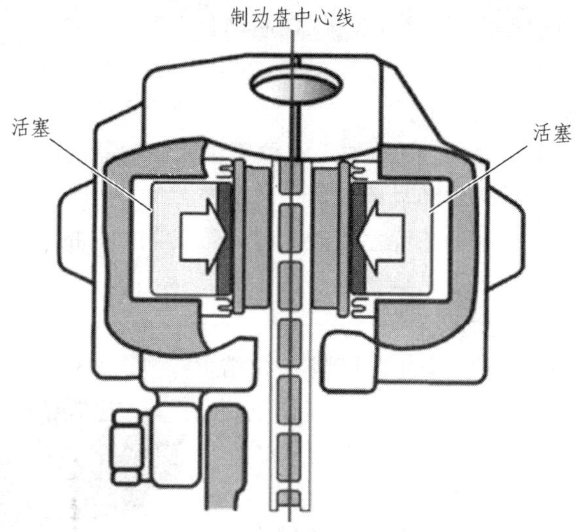

图 8-3-6 固定式卡钳安装要求

2. 浮动式卡钳

浮动式卡钳和滑动式卡钳是非常相似的，它们都使用一个位于卡钳内、制动盘内侧的活塞，如图 8-3-7 所示。制动盘内侧的刹车片（制动片）是附于活塞上的，而制动盘外侧的刹车片是固定在卡钳壳体上的。

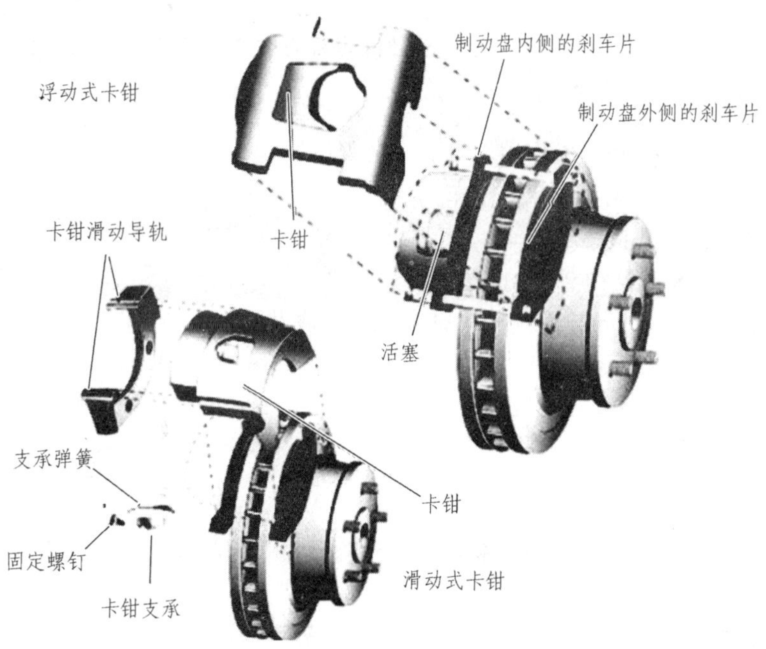

图 8-3-7 浮动式卡钳和滑动式卡钳结构组成

实施制动时，液压力使活塞伸出，推动制动片，制动片压向制动盘的内侧表面。制动盘反作用于活塞上的压力使卡钳沿着导轨向内侧移动。卡钳的移动对外侧的制动片施加了压力，使得制动片压向制动盘外侧表面上。于是两侧的制动片都压向制动盘的表面，逐渐增大的制动摩擦力使车轮停止转动。

制动片位于卡钳和制动盘之间。当被挤压在制动盘上时，制动片产生摩擦力，使车辆停止行驶。

制动片和制动蹄的材料及固定方式：

制动片是由表面带摩擦材料的钢板制成，它位于盘式制动器的制动盘两侧，卡钳的内侧。踩下制动后，制动片被迫压紧在制动盘的表面，依靠摩擦力制动汽车。

制动片所选用的摩擦材料一般来说比较硬，这是因为制动片的接触面小，需要承受更大的压力。制动片的边缘通常是斜面结构，这是为了减小制动时的噪声，如图 8-3-8 所示。

盘式制动器和鼓式制动器是通过铆钉或者黏结剂，或者两者组合的方式将摩擦材料附在刹车片或制动蹄上。

图 8-3-8　制动片实物

盘式制动器检查维护内容如下：

（1）制动器制动片的厚度，内侧和外侧（用直尺垂直测量）。

（2）制动盘的磨损和损坏，用千分尺测量其厚度，用磁性表座测量其端面跳动。

（3）制动卡钳处，检查有无泄漏状况，活塞回位是否卡滞。

二、基本技能

以丰田卡罗拉轿车前轮制动器为例，介绍制动器的拆卸、检查、安装方法。

1. 准备工作

（1）防护装备：工作服、工作帽、手套、劳保鞋。

（2）车辆、台架、总成：卡罗拉整车。

（3）车间设备：举升机，工具车。

（4）专用工具：S 形挂钩 2 个（或自制）。

（5）测量工具：0 ~ 25 mm 千分尺或直尺、百分表及磁性表座。

（6）手工工具：拆装工具一套、气动工具。

（7）辅助材料：制动液、锂皂基乙二醇润滑脂、胶带、翼子板布和前格栅布、三件套、抹布、手套、白板笔等。

2. 盘式制动器检修步骤

提示：前轮制动器拆装检查的车辆左侧操作程序与右侧相同，下面列出的程序适用于车辆左侧。

（1）拆卸前轮。

（2）拆卸制动卡钳钳体螺栓，要求如图 8-3-9 所示。

a. 右手拿 17 号扳手，左手拿 14 号扳手；

b. 两手配合使用，拆下钳体螺栓。

（3）挂上制动分泵，要求如图 8-3-10 所示。

a. 取出分泵用 S 形钩把制动分泵挂在螺旋弹簧上；

b. S 形钩挂牢，以防钳体掉落。

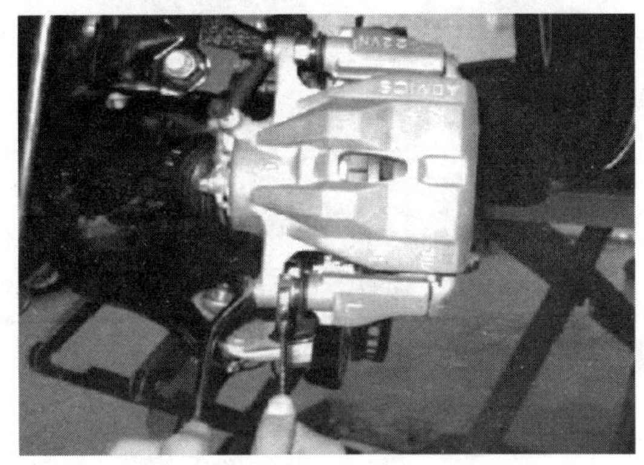

图 8-3-9　拆卸制动卡钳钳体螺栓

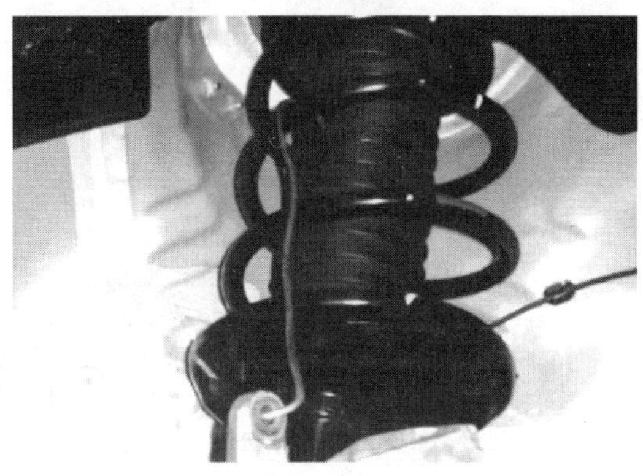

图 8-3-10　挂上制动分泵

（4）卸下制动片，要求如图 8-3-11 所示。

a. 双手卸下两个制动片；

b. 卸下制动片时小心消音片掉落。

（5）测量制动片厚度（内侧），要求如图 8-3-12 所示。

a. 清洁表面，目视制动片有无不均匀磨损；

b. 左手水平托住制动片，右手用直尺垂直测量；

c. 测量其内侧厚度 4 个位置（标准 10 ~ 12 mm），磨损极限 1 mm。

图 8-3-11　卸下制动片

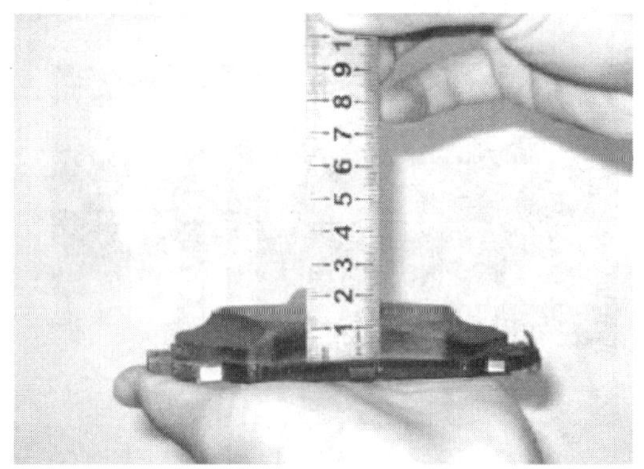

图 8-3-12　测量制动片厚度（内侧）

（6）测量制动片（外侧），要求如图 8-3-13 所示。

a. 清洁表面，目视制动片有无不均匀磨损；

b. 左手水平拖住制动片，右手用直尺垂直测量；

c. 测量其内侧厚度 4 个位置（标准 10 ~ 12 mm），磨损极限 1 mm。

（7）检查消音片，要求如图 8-3-14 所示。

a. 打开消音片，目视消音片；

b. 观察是否有损坏，支撑板有无裂纹。

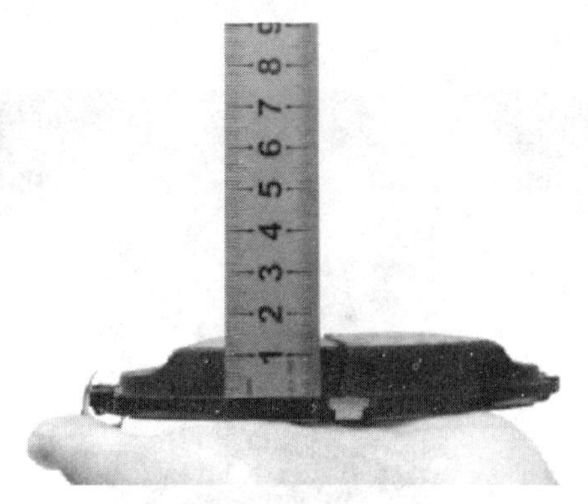

图 8-3-13　测量制动片（外侧）

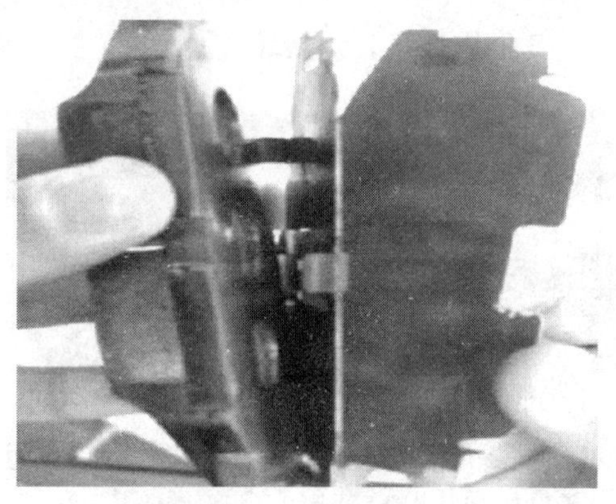

图 8-3-14　检查消音片

（8）拆卸制动卡钳支架螺栓，要求如图 8-3-15 所示。

a. 用指针式扭力扳手配上 17 号套筒旋松卡钳螺栓；

b. 用手卸下螺栓；

c. 把制动卡钳支架卸下。

（9）旋紧车轮螺栓，要求如图 8-3-16 所示。

a. 旋上车轮螺母 3 个（对角）；

b. 使用扭力扳手，104 N · m；

c. 偏转车轮，使车轮回到正位；

d. 用专用工具配合使用，旋紧车轮螺栓。

图 8-3-15　拆卸制动卡钳支架螺栓

图 8-3-16　旋紧车轮螺栓

（10）组装磁性表座。

要求：正确安装，如图 8-3-17 所示。

（11）测量制动盘跳动量（安装磁性表座），要求如图 8-3-18 所示。

a. 磁性表座安装位置要正确；

b. 百分表表头安装位置要正确，距离边缘 10 mm。

注意：精密仪器使用过程中需仔细。

图 8-3-17　组装磁性表座

图 8-3-18　测量制动盘跳动量（安装磁性表座）

（12）测量制动盘跳动量（调零），要求如图 8-3-19 所示。

a. 百分表预压（1～2 格）；

b. 消除百分表间隙。

警告：

- 百分表预压过大或过小。
- 消除间隙提拉幅度不易过大。

（13）测量制动盘跳动量（测量），要求如图 8-3-20 所示。旋转车轮至少一周，同时观察其跳动量。标准值：小于 0.05 mm。

图 8-3-19　测量制动盘跳动量（调零）

图 8-3-20　测量制动盘跳动量（测量）

问题：旋转车轮过快，百分表易偏离正确位置。

（14）拆卸制动盘（卸下螺栓），要求如图 8-3-21 所示。

用粉笔或记号笔做上装配标记，用气动扳手卸下车轮螺栓（对角操作）。

（15）拆卸制动盘（取下制动盘），要求如图 8-3-22 所示。

a. 双手把住水平移出，谨防碰撞螺栓及车身；

b. 将制动盘放到工作台上。

注意：

- 小心，不要撞击车身，谨防碰伤手指或车辆。
- 制动盘平稳取下，以防损坏螺栓。

（16）测量制动盘厚度（目视表面），要求如图 8-3-23 所示。

图 8-3-21　拆卸制动盘（卸下螺栓）

图 8-3-22　拆卸制动盘（取下制动盘）

（17）清洁制动盘表面，目视制动盘表面，观察有无不均匀磨损。

（18）测量制动盘厚度（测量），要求如图 8-3-24 所示。

a. 测量其厚度，距离边缘 10 mm；

b. 每 120° 测量 1 次，共 3 次。标准值：22 mm，极限值：19 mm。

图 8-3-23　测量制动盘厚度（目视表面）

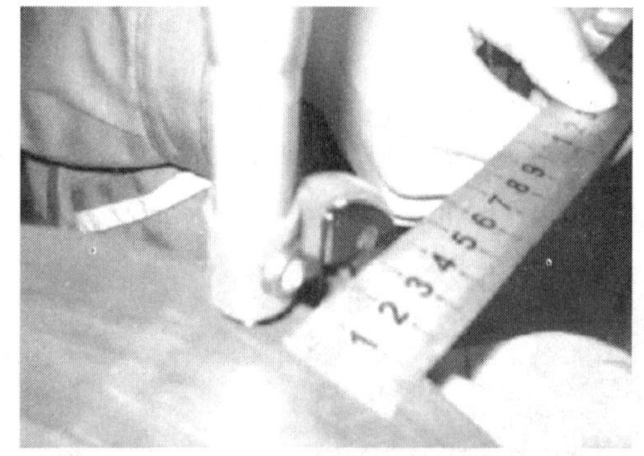

图 8-3-24　测量制动盘厚度

（19）安装制动盘，要求如图 8-3-25 所示。

a. 双手拿制动盘；

b. 对上标记安装制动盘；

c. 清除标记。

（20）安装车轮螺栓，要求如图 8-3-26 所示。偏转车轮，安装车轮螺母对角（3 个）。

图 8-3-25　安装制动盘

图 8-3-26　安装车轮螺栓

（21）安装制动卡钳支架。如图 8-3-27 所示。

a. 安装制动卡钳支架；

b. 安装制动卡钳支架螺栓；

c. 用扭力扳手旋紧至 107 N · m。

（22）安装制动片，要求如图 8-3-28 所示。双手安装制动片。

问题：制动片装反，制动片安装不到位。

图 8-3-27　安装制动卡钳支架

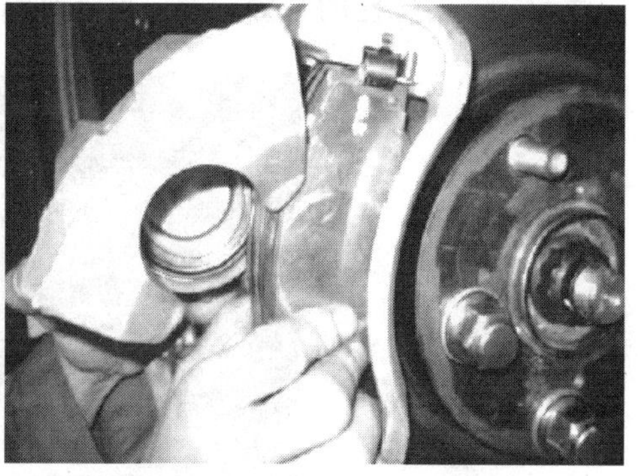

图 8-3-28　安装制动片

（23）安装制动卡钳钳体，要求如图 8-3-29 所示。

a. 安装制动卡钳钳体；

b. 用 14 号与 17 号扳手配合使用旋紧；

c. 使用扭力扳手旋紧至 34 N · m；

d. 偏转车轮（正向）。

（24）取下轮胎螺栓并安装车轮，要求如图 8-3-30 所示。

a. 按照轮胎拆卸时位置将轮胎装回原位；

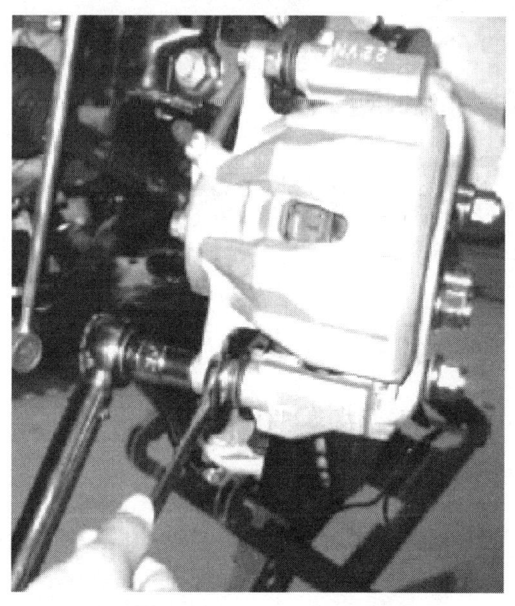

图 8-3-29　安装制动卡钳钳体

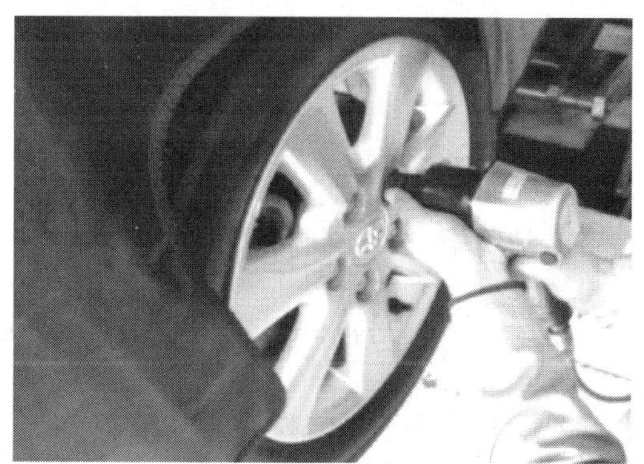

图 8-3-30　安装轮胎

b. 双手抱着轮胎举升，卡到安装位置后左手在下端稳定轮胎，右手旋上轮胎螺栓；

c. 气动扳手选择好方向（顺时针）套上合适套筒后以顺时针方向旋紧螺栓。

（25）紧固轮胎螺栓，要求如图 8-3-31 所示。

a. 降下车辆至轮胎接触地面；

b. 使用 21 mm 套筒和可调式扭矩扳手，以对角的顺序按规定扭矩旋紧轮胎螺栓，拧紧扭矩 103 N · m；

注意：轮胎螺栓的紧固顺序，是以对称的方向紧固，所有螺栓扭矩都必须达到规定扭矩。

图 8-3-31　紧固车轮

（26）降下车辆。降下车辆，并按 5S 要求操作。

三、学习小结

（1）盘式制动器的工作方式是利用制动片与制动盘之间的摩擦力来使车辆减速或停止，实施制动时，汽车的动能会转化成大量的热能。

（2）盘式制动器的主要零部件有：制动盘、卡钳（包括制动分泵）、制动片等。

（3）盘式制动器拆装步骤。

（4）盘式制动器检查：制动盘、制动片测量。

四、任务分析

本情境中，盘式制动片的更换涉及行车安全，必须严格按规范操作。

五、自我评估

1. 填空题

（1）制动片磨损极限不能小于______mm。

（2）制动盘的跳动必须小于______mm。制动盘与制动块接触的两个平面的平行度误差不能超________。

2. 判断题

（1）安装制动块和制动盘前，一定要对制动盘表面进行清洁。（ ）

（2）在测量制动片时需要测量两个点。（ ）

（3）制动盘只需测量厚度即可。（ ）

3. 选择题

（1）哪一个零件把液压作用力变换为机械作用力将制动片压紧在制动盘上？（ ）

A. 制动管路　　B. 制动卡钳

C. 制动主缸　　D. 压紧弹簧

（2）制动片被磨损掉之后会发出刺耳的尖叫声，由下列哪个零部件产生？（ ）

A. 制动踏板开关　　B. 电子磨损指示器

C. 机械磨损指示器　　D. 液压警告开关

（3）关于制动盘的说法，以下不正确的是（ ）。

A. 制动盘的厚度极限可以从盘上得到

B. 制动盘厚度不需要检查，到规定的行驶里程后直接更换

C. 制动盘可以进行打磨处理，但完成后需进行测量

D. 制动盘安装时不能轻易改变安装位置

（4）在更换盘式制动系统的制动蹄片时，下列的操作步骤哪项有错？（ ）

A. 在松开制动钳，拆卸蹄片前，必须将多余制动液从制动主缸内抽出

B. 在更换新的制动蹄片前，必须用活塞回位工具把活塞推回缸筒内

C. 从制动钳上取下活塞，清除活塞上的锈、腐蚀点和灰尘

D. 对滑销涂上少量的高温润滑脂

工作任务 4 驻车制动系统检修

任务情境

一、任务描述

一辆丰田卡罗拉轿车，客户抱怨手刹不起作用，你的主管将检查与调整，任务分配给你你能完成吗？

二、任务提示

驻车制动器通常是指汽车安装的手动刹车，简称手刹，在车辆停稳后用于稳定车辆，避免车辆在斜坡路面停车时由于溜车造成事故。

任务目标

一、知识目标

（1）能够描述驻车制动系统的基本组成。
（2）能够描述检查与调整驻车制动手柄行程的操作方法。
（3）能够描述调整驻车制动器的操作方法。

二、能力目标

（1）能够检查与调整驻车制动手柄行程。
（2）能够调整驻车制动器。

必备知识

一、基本知识

1．驻车制动系统的功用和组成

驻车制动系统通常是指汽车安装的手动刹车，简称手刹，在车辆停稳后用于稳定车辆，避免车辆在斜坡路面停车时由于溜车造成事故。常见的手刹一般置于驾驶员右手下垂位置，便于使用。目前，市场上的部分自动变速器车型均在驾驶员左脚外侧设计了功能与手刹相同的脚刹，个别高端车型亦加装了电子驻车制动系统。

驻车制动系统是独立控制的制动系统，通常采用机械力操纵，主要零部件包括：驻车制动操纵杆（或者驻车制动踏板，见图 8-4-1）、驻车制动器、拉杆（索）、警告灯开关及警告灯等。

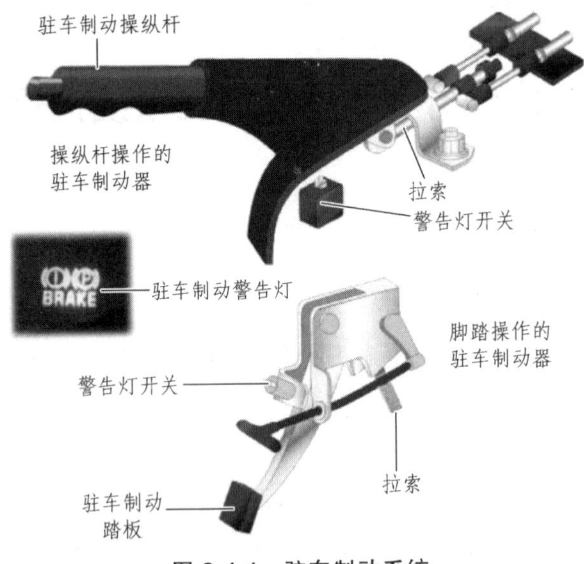

图 8-4-1　驻车制动系统

多数驻车制动器安装在变速器或分动器之后，也有少数汽车装在后驱动桥输入轴前端，还有的汽车以后轮制动器兼作驻车制动器。

2. 驻车制动器的类型

驻车制动器的常见类型如图 8-4-2 所示。

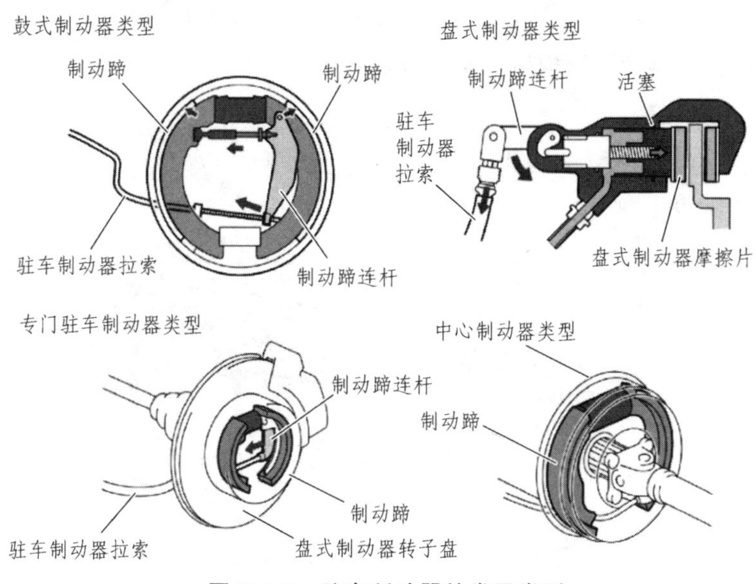

图 8-4-2　驻车制动器的常见类型

1）脚踩制动共用式

鼓式制动器：该类型使用的是汽车后轮制动鼓，广泛用于后轮鼓式制动车辆。

盘式制动器：该类型使用在盘制动器的制动后轮，在紧凑型轿车中使用。

典型的鼓式驻车制动器是在驾驶人拉起操纵杆时工作的。拉索向前拉动驻车制动驱动臂，把驱动臂楔入领蹄和从蹄之间，使两个制动蹄移动顶住了制动鼓，如图 8-4-3 所示。

有些盘式制动器上使用了“盘中蹄”系统，即后制动盘的中心是个制动鼓。驾驶人拉动操纵杆，拉索拉动驱动臂使调整器推动两个制动蹄顶住了制动盘上的制动鼓。

有些盘式制动器上使用了整体式驻车制动器。在驾驶人拉起手制动操纵杆后，拉索使卡钳活塞调整器螺钉转动伸出，实施制动，如图 8-4-4 所示。

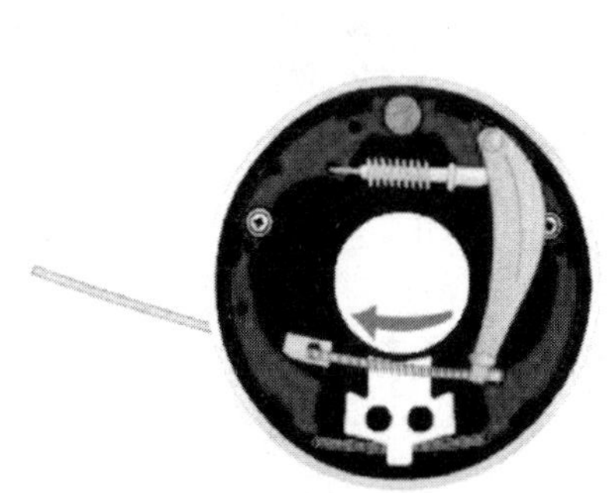

图 8-4-3　鼓式驻车制动器

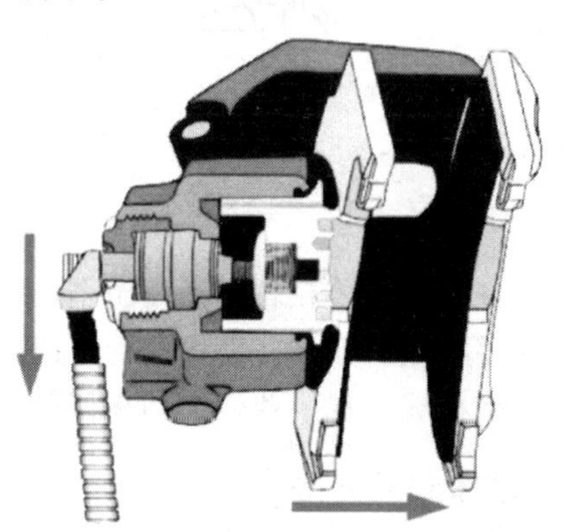

图 8-4-4　盘式驻车制动器

2）专门驻车制动器

专门驻车制动器的盘式制动器中央置有驻车制动鼓，用来进行驻车制动，通常在中型以上的轿车中使用。

3）中央制动器

中央制动器是在变速器与传动轴之间装有鼓式或盘式驻车制动器，主要用于公共汽车和货车中。EQ1090驻车制动器结构如图8-4-5所示。

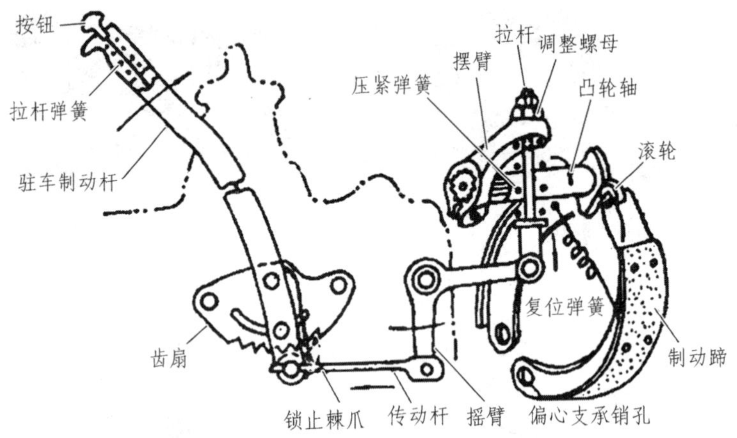

图8-4-5　EQ1090驻车制动器结构

3. 驻车制动器操纵机构

驻车制动器的操纵机构的形式，如图8-4-6所示。

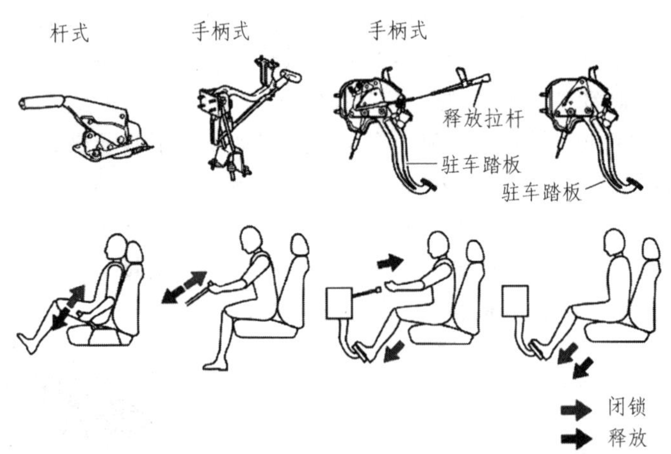

图8-4-6　驻车制动器的操纵机构

（1）杆式：主要在轿车和商用车辆中使用。

（2）手柄式：在一些商用车辆中使用。

（3）踏板式：在一些轿车和高档车辆中使用，用踏板操作释放。

4. 驻车制动方法

以常见的杆式驻车制动操纵机构为例，进行驻车制动时，向下踏住制动器踏板，向上全部拉出驻车制动杆；欲松开驻车制动，向下踏住制动器踏板，将驻车制动杆向上稍微拉动，用拇指按下手柄端上的按钮，然后将驻车制动杆放低到原始的位置。对装备有自动变速器的汽车而言，一定要先施加驻车制动，再将排挡杆移动到“P”（停车）位置。在倾斜地面停车时，如果先换挡到“P”位置，然后才进行驻车制动，车身的重量将使您在准备开动汽车时难于从“P”（停车）挡换出来。在准备开动汽车时，应在松开驻车制动之前先将变速杆从“P”（停车）挡换出来，不得在开动汽车时拉紧驻车制动器，否则会因过热，使后刹车作用下降，制动器寿命缩短或产生永久性制动器损坏。

如果驻车制动器不能稳定地制动汽车或不能完全松开，则应立即要求经销商或服务站进行检查。离开汽车之前，通常均应全部拉上驻车制动器，否则汽车会移动，引起伤害或损坏。驻车时，确保使手动变速器汽车的变速杆处于一挡或“R”（倒车挡）位置，使自动变速器汽车的变速杆处于“P”（停车挡）位置。请记住，即使变速器是挂着挡或在驻车位置同样必须拉紧驻车制动器。

5. 驻车制动行程调节

驻车制动的操纵方式无论是杆式、手柄式还是踏板式，在车辆长时间使用后或维修时都需进行行程调节，如图 8-4-7 所示。

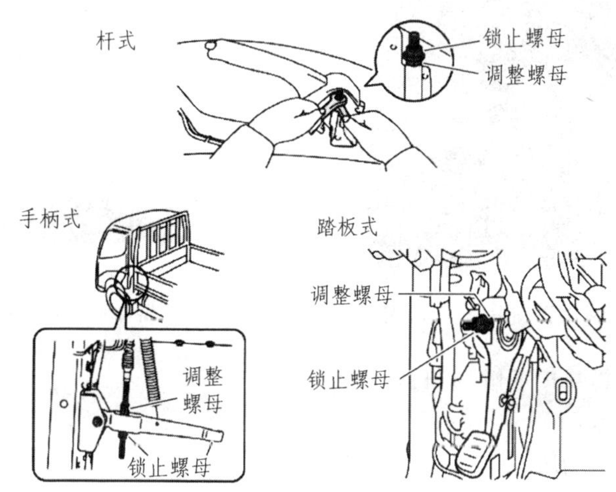

图 8-4-7 驻车制动行程调节

（1）在调节驻车制动杆（或踏板）行程之前，应确定已经调整好驻车制动蹄片间隙。

（2）松开锁紧螺母。

（3）拧动调节螺母或螺钉，直到驻车制动杆或踏板行程正确为止。

（4）紧固锁止螺母。

二、基本技能

以丰田卡罗拉轿车为例，介绍驻车制动器检查与调整的方法和步骤。

1. 准备工作

（1）防护装备：工作服、工作帽、手套、劳保鞋。

（2）车辆、台架、总成：卡罗拉整车。

（3）车间设备：举升机，工具车。

（4）专用工具：饰板拆装工具。

（5）手工工具：拆装工具一套，气动工具。

（6）辅助材料：翼子板布和前格栅布、三件套、抹布、手套、白板笔等。

2. 实施步骤

注意：请按举升机使用规范及车辆防护标准操作。

（1）检查驻车制动系统指示灯情况，要求如图 8-4-8 所示。

a. 拉起驻车制动器一格，观察仪表盘指示灯是否点亮；

b. 依次拉到底观察指示灯是否保持常亮。

警告：禁止拉紧手柄时用力过猛，谨防损坏。

（2）检查驻车制动器行程，要求如图 8-4-9 所示。

图 8-4-8　检查驻车制动系统指示灯情况

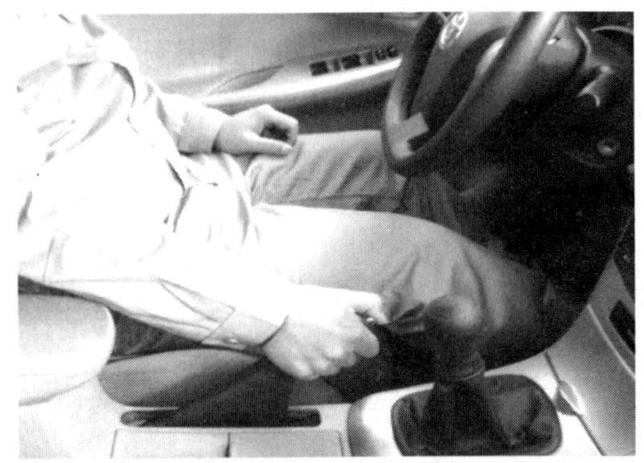

图 8-4-9　检查驻车制动器行程

a. 拉起驻车制动器并按下解锁钮；

b. 放下驻车制动器；

c. 一次拉起驻车制动器到底（6 ~ 9 格）。

（3）调整驻车制动器，步骤如图 8-4-10 ~ 8-4-19 所示。

图 8-4-10　拆卸排挡盖饰条

图 8-4-11　拆卸排挡盖固定螺钉

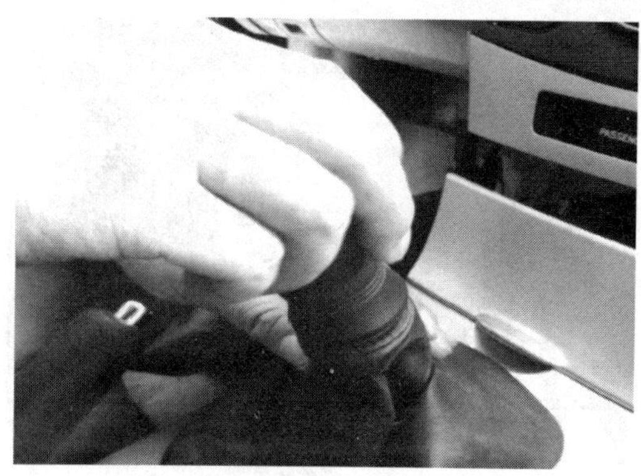

图 8-4-12　拆卸排挡头

图 8-4-13　拆卸排挡防尘套

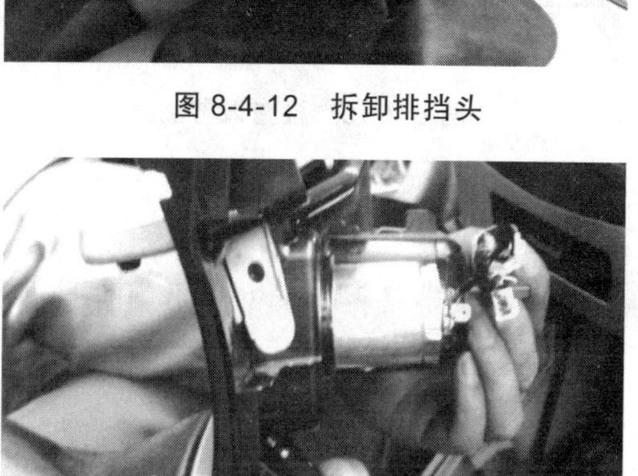

图 8-4-14　拆卸排挡盖

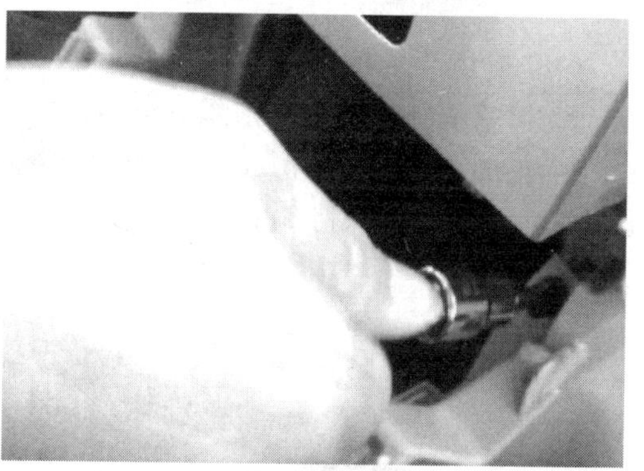

图 8-4-15　拆卸扶手固定螺钉

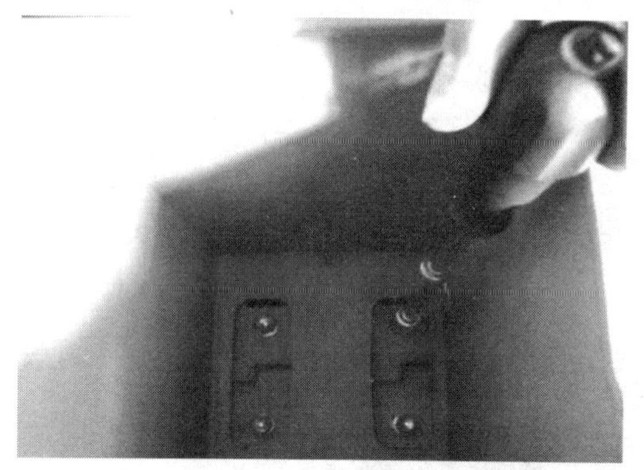

图 8-4-16　拆卸扶手固定螺栓

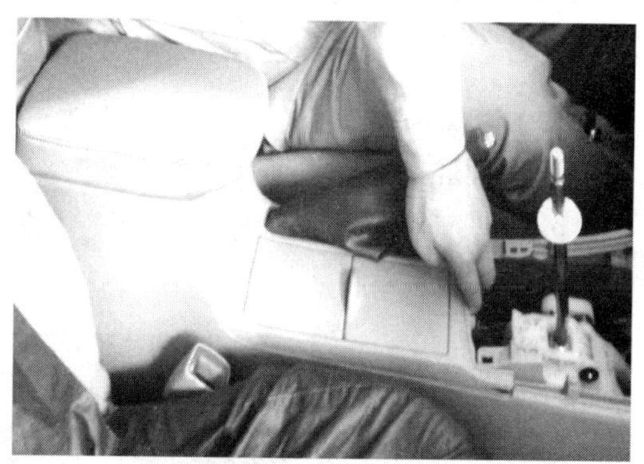

图 8-4-17　取下扶手

提示：当拉起驻车制动器手柄超过 6 ~ 9 格就需要调整。

a. 拆卸驻车制动手柄饰板露出调节螺帽；

b. 使用一把扳手卡住调整螺母，再用另外一把扳手拧松锁紧螺母。根据需要，转动调整螺母来伸长或缩短拉索的长度。

（4）举升车辆。

要求：按照举升机操作规则举升车辆到合适高度。

（5）检查调节结果，要求如图 8-4-19 所示。转动车轮，经过适当调整后的驻车制动器只会在车轮上引起十分微弱的制动拖滞现象。

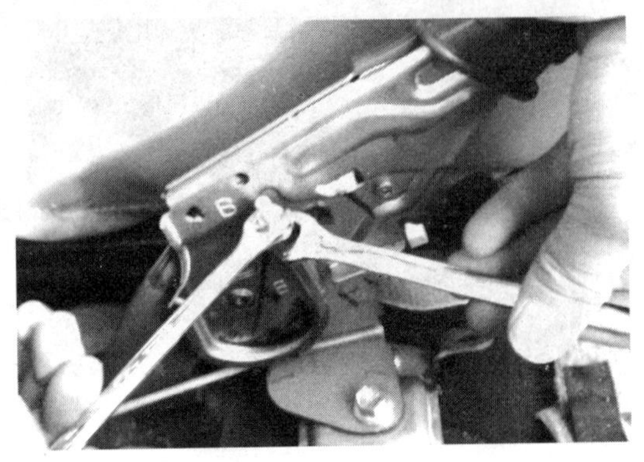

图 8-4-18　调节驻车拉索

图 8-4-19　检查调节结果

（6）降下车辆检查。

a. 按照举升机操作规则降下车辆；

b. 如图 8-4-20 所示，最后在空挡情况下，检查驻车制动器是否能在 30% 坡度的上坡和下坡状态下使车辆保持 5 min 的止动。

图 8-4-20　检查

（7）装回饰板，要求如图 8-4-21 所示。

a. 紧固驻车制动调节锁紧螺帽；

b. 装回饰板。

注意：锁紧螺母一定要锁紧。

图 8-4-21　装回饰板

（8）收起三件套。收起三件套，并按 5S 要求操作。

三、学习小结

（1）驻车制动定义：驻车制动器通常是指机动车辆安装的手动刹车，简称手刹，在车辆停稳后用于稳定车辆，避免车辆在斜坡路面停车时由于溜车造成事故。

（2）驻车制动类型：手拉、脚踩、电子驻车。

（3）驻车制动调整：拆卸驻车制动手柄饰板露出调节螺帽；使用一把扳手卡住调整螺母，再用另外一把扳手拧松锁紧螺母。根据需要，转动调整螺母来伸长或缩短拉索的长度。

四、任务分析

本情境中，驻车制动器调整程序比较简单，但涉及安全，必须严格按规范操作。

五、自我评估

1. 填空题

（1）驻车制动器通常是指机动车辆安装的______刹车，在车辆停稳后用于稳定车辆，避免车辆在______停车时由于溜车造成事故。

（2）进行驻车制动时，向下踏住制动器踏板，向上全部拉出______。

（3）对装备有自动变速器的汽车而言，一定要先_______，再将排挡杆移动到“P”（停车）位置。

（4）当拉起驻车制动器手柄超过_______格就需要调整。

（5）使用一把扳手卡住调整螺母，再用另外一把扳手拧松锁紧螺母。根据需要，转动调整螺母来伸长或缩短拉索的长度。

2. 判断题

（1）在倾斜地面停车时，先换挡到“P”位置，然后才进行驻车制动。（　　）

（2）在准备开动汽车时，应在松开驻车制动之前先将变速杆从“P”（停车）挡换出来。（　　）

（3）驻车制动调整首先拆卸驻车制动手柄饰板露出调节螺帽。（　　）

（4）驻车制动调整所使用工具是活动扳手。（　　）

3. 选择题

（1）驻车制动调整后的检查正确的是（　　）。

A. 转动轮胎应无拖滞

B. 转动轮胎有轻微拖滞

C. 当拉起驻车制动器手柄超过 9 格

D. 以上都错误

（2）驻车制动试车检查正确的是（　　）。

A. 在空挡情况下，检查驻车制动器是否能在 30% 坡度的上坡和下坡状态下使车辆保持 5 min 的止动

B. 在驻车挡情况下，检查驻车制动器是否能在 30% 坡度的上坡和下坡状态下使车辆保持 5 min 的止动

C. 以上都正确

D. 以上都错误

工作任务 5　制动系统典型故障诊断

任务情境

一、任务描述

一辆卡罗拉轿车，客户描述说制动时车子刹不住，好几次差点造成追尾事故。你能排除这个故障吗？

二、任务提示

根据故障现象，必须对制动系统做全面检查。

任务目标

一、知识目标

（1）能描述制动力不足的故障现象和原因。

（2）能描述制动跑偏的故障现象和原因。

二、能力目标

（1）能够对制动力不足进行故障诊断与排除。

（2）能够对制动跑偏进行故障诊断与排除。

必备知识

一、基本知识

制动系统典型的故障是制动力不足和制动跑偏等。

1. 制动力不足

1）制动力不足的故障现象

（1）汽车制动时，制动效果不明显。

（2）紧急制动距离过长。

2）制动力不足的故障原因

（1）制动液缺乏，或制动液变质。

（2）制动管路系统有空气。

（3）制动液泄漏。

（4）制动主缸（总泵）磨损（内部泄漏）。

（5）制动分泵泄漏。

（6）制动摩擦片磨损、脏污。

（7）制动摩擦片间隙过大。

（8）制动踏板自由行程过大。

（9）制动盘磨损。

（10）真空助力器泄漏。

2. 制动跑偏

1）制动跑偏的故障现象

车辆行驶过程中，如果踩下制动踏板，车辆会偏向一边，严重时甚至甩尾。制动系统故障指示灯正常。

2）制动跑偏的故障原因

（1）与ABS相关的原因：

- ABS控制单元收到某个车轮轮速太高（打滑），对相应车轮施加更大的制动力。
- ABS液压总成的电磁阀不良，导致某个车轮制动力和其他车轮不一致。

（2）与制动器相关的原因：

如果制动时车辆向一侧偏转，通常起因于制动力不均。首先，校验另一侧制动器的运行是否正常，车辆会向制动器工作的一侧偏转。制动偏转的原因包括：

- 衬块沾染了制动液、油或脂。
- 制动卡钳被卡住。
- 活塞粘在制动卡钳内。
- 制动卡钳松动。
- 衬片不匹配。
- 制动衬块弯曲或扭曲。

（3）与制动系统无关的原因：

- 轮胎型号或气压不一致。
- 四轮定位参数不准。
- 悬架弹簧或减振器失效，悬架部件松动。

二、基本技能

1. 准备工作

（1）防护装备：工作服、工作帽、手套、劳保鞋。

（2）车辆、台架、总成：卡罗拉整车，或其他同类车辆

（3）车间设备：举升机。

（4）检测设备：KT600 诊断仪、万用表。

（5）测量工具：螺旋测微器、百分表。

（6）手工工具：拆装工具一套，气动工具。

（7）辅助材料：翼子板布和前格栅布、三件套、抹布、手套、白板笔等。

2. 制动力不足故障诊断步骤

故障诊断流程如下（见图 8-5-1）：

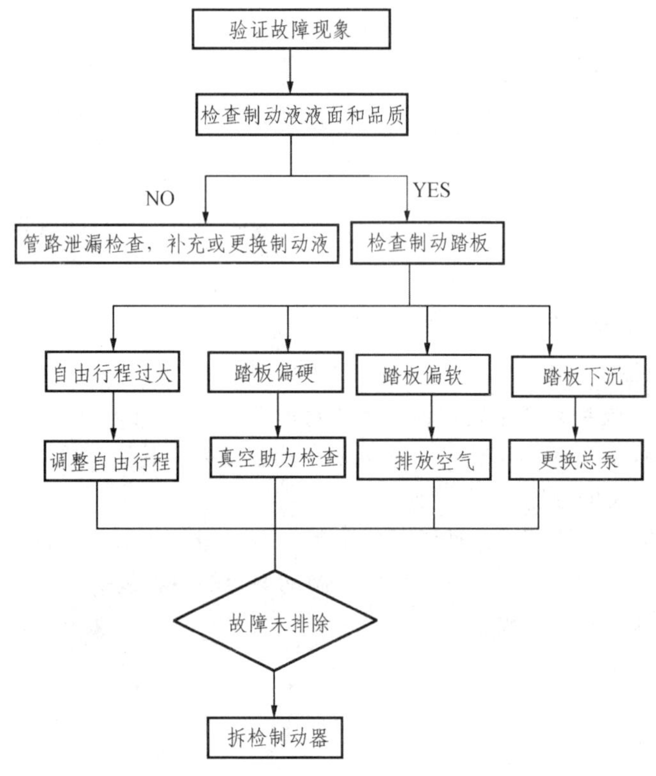

图 8-5-1　制动力不足故障诊断流程图

（1）询问驾驶员制动液更换时间，或检测制动液。不正常时更换制动液。

（2）如果制动液不足，应检查液压管路是否泄漏。

（3）检查制动踏板自由行程，不正确则调整。

（4）如图 8-5-2 所示，启动发动机，踩下制动踏板，如果觉得“软”，进行系统排放空气。

（5）踩住制动踏板，如果踏板缓慢下沉，则制动总泵泄漏。

（6）启动发动机，反复踩踏制动踏板，如果觉得“很硬”，检查真空助力器是否泄漏真空。

（7）如图 8-5-3 所示，拆卸车轮制动器，检查制动分泵、制动蹄片、制动盘，异常则更换。

图 8-5-2　踩下制动踏板

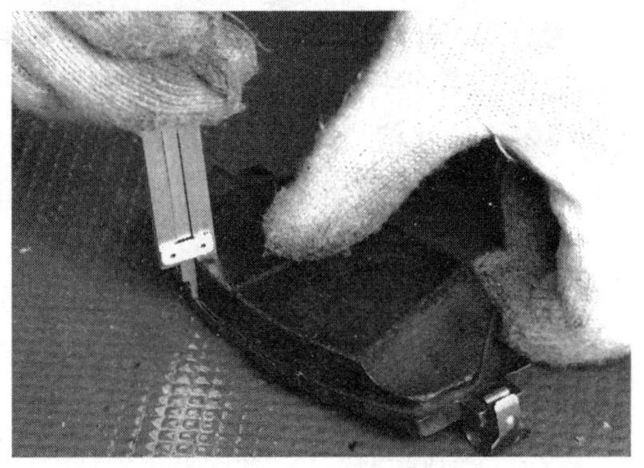

图 8-5-3　检查制动蹄片

3. 制动跑偏故障诊断步骤

以丰田卡罗拉轿车为例，具体介绍制动跑偏的故障诊断与排除方法。

故障诊断流程如下（见图 8-5-4）：

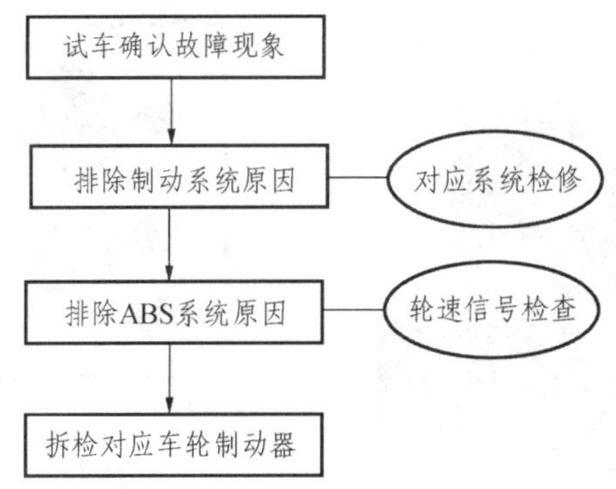

图 8-5-4　制动跑偏故障诊断流程图

（1）排除和制动系统无关的原因。检查轮胎型号和气压、四轮定位参数，以及悬架系统等和制动系统无关的因素。

（2）排除 ABS 系统的故障。如图 8-5-5 所示，拆下 ABS 的保险丝、继电器，或电控单元的连接器，让 ABS 系统不工作（此时故障指示灯亮），进行试车，如果故障还存在，说明故障原因不在 ABS 系统。如果故障依旧，进行如下检查。

图 8-5-5　中断 ABS 控制单元电源

警告：ABS 系统不工作，必须由经验丰富的驾驶员小心驾驶试车！

a. 检查轮速传感器信号。进入数据流，读取轮速传感器数据流（因故障出现时 ABS 指示灯不亮，轮速信号即使异常，但没达到故障码设定条件，系统可能不会记忆故障码），观察车辆直线行驶时 4 个轮速传感器数据流，如果出现某个不一致，检查对应的传感器。不正常则更换。

b. 如果轮速信号正常，故障原因出现在液压制动系统，检查对应的制动分泵及管路，必要时更换分泵。如果故障依旧，更换液压控制总成。

提示：制动系统的元件涉及行车安全，请勿分解和修理，必须更换。

（3）检查制动衬片。如图 8-5-6 所示，测量制动蹄片厚度，是否存在不均匀磨损。

（4）检查制动分泵。如图 8-5-7 所示，检查分泵活塞是否生锈或有划痕，检查分泵防尘罩有无老化、破损，如有必要，则更换防尘罩或盘式制动器分泵总成。

提示：在安装新的防尘罩前，涂抹锂皂基乙二醇润滑脂。

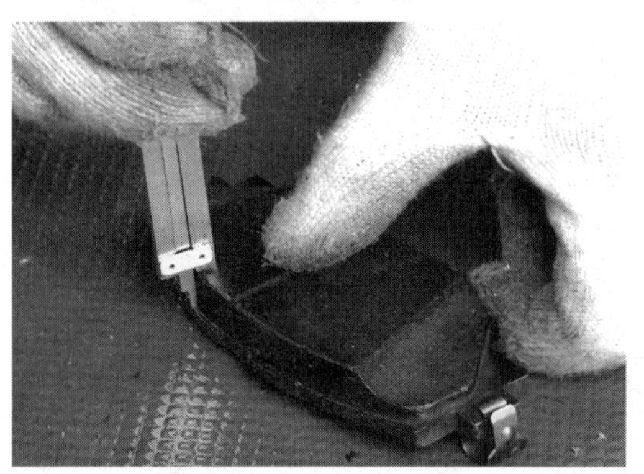

图 8-5-6　检查制动蹄片

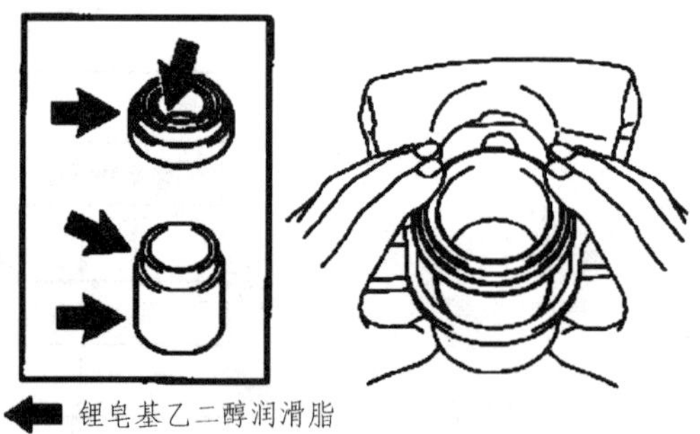

图 8-5-7　检查制动缸和活塞

（5）检查制动器制动缸滑套。如图 8-5-8 所示，检查滑套有无老化、破损，如有必要，则更换制动器制动缸滑套。

（6）检查制动器制动缸滑销。如图 8-5-9 所示，检查滑销在滑销孔中的运动情况，能否自由运动，有无卡滞，如有必要，清洁滑销及滑销孔。

图 8-5-8　检查制动缸滑套

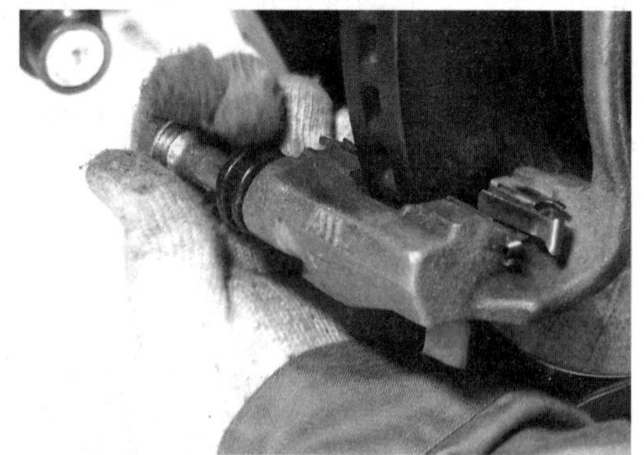

图 8-5-9　检查盘式制动器制动缸滑销

（7）检查制动盘。

a. 外观检查。观察制动盘是否存在擦伤。

b. 制动盘厚度检查。如图 8-5-10 所示，用螺旋测微器测量制动盘厚度，标准厚度：22.0 mm，最小厚度：19.0 mm，如果制动盘厚度小于最小值，则更换前制动盘。

c. 制动盘轴向跳动检查。要求如图 8-5-11 所示，固定制动盘，使用百分表，在距离前制动盘外缘 10 mm 的地方测量制动盘的轴向跳动。

制动盘最大轴向跳动：0.05 mm。

如果轴向跳动超过最大值，则改变车桥轮毂上制动盘的安装位置以减小轴向跳动。如果安装位置改变后轴向跳动仍超过最大值，则抛光制动盘。如果制动盘厚度小于最小值，则更换前制动盘。

图 8-5-10 测量制动盘的厚度

图 8-5-11 检查制动盘轴向跳动

三、拓展知识

制动系统常见的故障现象和原因见表 8-5-1。

表 8-5-1 制动系统常见的故障现象和故障原因

故障现象	故障原因
制动系统警示灯常亮	• 驻车制动不能完全释放； • 制动液液面高度低； • 制动系统警示灯线路故障； • 制动总泵活塞皮碗泄漏
制动踏板低	• 制动器间隙调节螺丝不能固定； • 分泵活塞或制动钳螺栓卡滞； • 车轮轴承松旷
制动抖动	• 制动蹄和摩擦片磨损或损坏； • 制动钳螺栓松旷； • 滑动部件润滑脂不足； • 制动盘或制动鼓表面有异物或划痕； • 制动盘或制动鼓接触表面磨损变形

续表

故障现象	故障原因
制动不佳	• 液压系统泄漏； • 制动摩擦片磨损或损坏； • 制动鼓（盘）或制动摩擦片上有异物； • 分泵活塞故障； • 总泵故障
制动跑偏或侧滑	• 制动摩擦片磨损或损坏； • 制动鼓（盘）或制动摩擦片上有异物； • 制动盘或制动鼓非正常磨损或变形； • 分泵活塞故障； • 车轮定位不准确； • 轮胎气压不准确； • 车轮轴承预紧度调整不当
无法制动	• 制动液不足； • 制动液不合格； • 制动踏板拉杆（索）卡滞或损坏
制动踏板自由行程过大	• 制动系统中有空气； • 制动管路接头松动； • 制动总泵故障； • 制动液不足或不合格； • 车轮轴承预紧度调整不当； • 踏板衬套和紧固件松动或缺失
停车所需制动踏板力过大	• 制动踏板杆系卡滞或损坏； • 真空管损坏； • 制动液不合格； • 助力器有故障； • 摩擦片磨损或污染
制动踏板绵软	• 系统中有空气； • 制动踏板、踏板支架、助力器、总泵连接松动或不正常； • 制动液不合格
制动器拖滞、缓慢或无法完全释放	• 驻车制动拉索调节不当或卡滞； • 车轮轴承预紧度调整不当； • 总泵补偿孔堵塞； • 盘式制动器或鼓式制动器的制动蹄夹子松动或缺失； • 制动器间隙调整不当； • 液压管路堵塞； • 助力器没有将制动踏板推回释放位置； • 分泵活塞卡滞； • 制动液不合格

四、学习小结

（1）制动力不足的故障现象和原因。
（2）制动跑偏的故障现象和原因。
（3）制动力不足的故障诊断步骤。
（4）制动跑偏的故障诊断步骤。

五、任务分析

本情境中，制动力不足涉及行车安全，而且原因较多，几乎涵盖了整个制动系统。检修时应参照流程图进行故障诊断，从简单到复杂的顺序排除故障。

六、自我评估

选择题

（1）制动衬块上磨损不均，说明如下部件很可能发生问题：（　　）

A. 轮缸　　B. 制动衬块紧固件
C. 制动卡钳　　D. 制动衬块紧固螺栓

（2）在更换盘式制动系统的制动蹄片时，下列的操作步骤哪项有错（　　）。

A. 在松开制动钳，拆卸蹄片前，必须将多余制动液从制动主缸内抽出
B. 在更换新的制动蹄片前，必须用活塞回位工具把活塞推回缸筒内
C. 从制动钳上取下活塞，清除活塞上的锈、腐蚀点和灰尘
D. 对滑销涂上少量的高温润滑脂

（3）关于制动盘的说法，以下不正确的是（　　）。

A. 制动盘的厚度极限可以从盘上得到
B. 制动盘厚度不需要检查，到规定的行驶里程后直接更换
C. 制动盘可以进行打磨处理，但完成后需进行测量
D. 制动盘安装时不能轻易改变安装位置

参考文献

[1] 李效春. 汽车底盘机械系统检修[M]. 北京：北京大学出版社，2011.
[2] 邹龙军，王晓. 汽车底盘机械系统检修邹龙军[M]. 长沙：中南大学出版，2012.
[3] 张红伟. 汽车底盘机械系统检修[M]. 北京：清华大学出版社，2010.
[4] 陈俊杰. 汽车底盘机械系统检修[M]. 北京：北京理工大学出版社，2014.
[5] 陈建宏. 汽车底盘机械系统检修[M]. 2 版. 北京：人民交通出版社，2011.
[6] 张卫红. 汽车底盘维修实训[M]. 北京：机械工业出版社，2011.